Erhard Gorys

Litauen und Königsberg

Stadtkultur und historische Landschaften am Baltischen Meer

DUMONT

Kunst-Reiseführer

In der vorderen Umschlagklappe:
Übersichtskarte Litauen und das Königsberger Gebiet

In der hinteren Umschlagklappe:
Stadtplan Vilnius

Wichtige Orte auf einen Blick

kein Stern
interessant

☆
Umweg lohnt

☆☆
nicht versäumen

Vollständiges Verzeichnis der Orte im hinteren Registerteil

Inhalt

Praktische Reisehinweise

Fremde Kulturen kennenlernen und gastfreundlichen Menschen begegnen – wie sehr genießen wir das auf Reisen. Zu Hause bei uns jedoch wird mancher Ausländer von einer kleinen Minderheit beschimpft, bedroht und sogar mißhandelt. Alle, die in fremden Ländern Gastrecht genossen haben, tragen hier besondere Verantwortung. Deshalb: Lassen Sie es nicht zu, daß Ausländer diffamiert und angegriffen werden. Lassen Sie uns gemeinsam für die Würde des Menschen einstehen.

Verlagsleitung und Mitarbeiter des DuMont Buchverlags

Im Dzūkija-National-
park im südlichen
Litauen

Vorwort

Litauen und das heute russische Königsberger Gebiet haben vor allem eines gemeinsam: die großartige, einsame und weithin unberührte Landschaft, bewußt ursprünglich belassen wie in den litauischen Nationalparks und vielfach auch in den vergangenen Jahrzehnten von der Natur zurückerobert. Was Wilhelm von Humboldt einst über die Kurische Nehrung sagte, die heute je zur Hälfte zu Litauen und zum Königsberger Gebiet gehört, gilt auch für beide Länder insgesamt: »... man muß sie ebensogut als Spanien und Italien gesehen haben, wenn einem nicht ein wunderbares Bild in der Seele fehlen soll.«

Bevor im 13. Jh. die Ritter des Deutschen Ordens erschienen, waren die Bewohner dieser Regionen, die Litauer und die Prussen, enger miteinander verwandt als die baltischen Litauer mit den finnisch-ugrischen Esten. Die Nahtstelle beider Gebiete, das Memelland, gehörte ursprünglich zum Prussenland, dann wurde es Ordensland, später Teil des Königreichs Preußen, bis es schließlich an Litauen fiel. Daher besuchen auch heute viele deutsche Touristen nicht nur das ehemalige nördliche Ostpreußen, sondern auch das benachbarte Litauen, wie es Thomas Mann tat, als er 1929 vom samländischen Rauschen, dem heutigen Swetlogorsk, in das schon damals litauische Nida (Nidden) fuhr und sich dort ein Haus ›mit Italienblick‹ baute. Heute fliegt man binnen zwei Stunden nach Vilnius oder Palanga oder in das russische Kaliningrad (Königsberg) und erreicht von dort aus mit Mietwagen, Taxi, Bus oder Eisenbahn jedes gewünschte Ziel. Und noch eines verbindet beide Gebiete: der Bernstein, »Tränen einer Meeresprinzessin«. Im Königsberger Dohnaturm und im Schloß von Palanga befinden sich die beiden bedeutendsten, schönsten und informativsten Bernsteinsammlungen der Welt.

Eine Reise, um Litauen kennenzulernen, führt in seine beiden Kapitalen Vilnius und Kaunas, nach Klaipėda – der alten Hansestadt Memel –, zur Inselburg Trakai, einst Residenz der litauischen Großfürsten, in das Heilbad Druskininkai und das Seebad Palanga. Auch dürfen der Aukštaitija-Nationalpark und das ethnographische Freilichtmuseum Rumšiškės, der »Berg der Kreuze« als Symbol litauischer Freiheit und der Marienwallfahrtsort Šiluva nicht fehlen. Schließlich sind da die malerischen Städte an der Memel (Nemunas) und die Kurische Nehrung mit den höchsten Dünen Europas, den Elchrevieren und den berühmten Seebädern Nida (Nidden) und Juodkrantė (Schwarzort).

Im Kaliningrader Gebiet wartet das alte Königsberg, einst Residenz der Hochmeister des Deutschen Ordens und Krönungsstadt der preußischen Könige, auf Besucher. Ostpreußische Landsleute sind zwar über das heutige Aussehen der Stadt entsetzt, denn sie vermissen ihr einstiges Wahrzeichen, das prächtige Schloß, und die alten Bürgerhäuser im Kneiphof, die Speicher am Hundegatt und die vielen Kirchtürme. Wer allerdings noch nie in Kaliningrad war, ist angetan von dieser lebendigen Stadt, die von Jahr zu Jahr an Schönheit und Charme gewinnt, je mehr sich der riesige Dom seiner völligen Wiederherstellung nähert. Das Samland lockt mit seinen gepflegten Seebädern Swetlogorsk (Rauschen) und Selenogradsk (Cranz), mit dem einzigen Bernsteinbergwerk der Welt in Jantarnyj (Palmnicken) sowie mit der weltberühmten Vogelwarte Rybatschij (Rossitten) auf der Kurischen Nehrung. Im Landesinnern sind unter anderem das geschichtsträchtige Sowjetsk (Tilsit) mit der Königin-Luise-Brücke, Tschernjachowsk, das alte Insterburg, mit dem wiedererstehenden Trakehnergestüt der »Barrings« in Majowka (Georgenburg), die Städte Gussew (Gumbinnen) mit den Schinkelbauten, Bagrationowsk (Preußisch Eylau) und Prawdinsk (Friedland) zu besuchen, natürlich auch Trakehnen, heute Jasnaja Poljana, das einstige Zentrum der weltberühmten Pferdezucht.

Allen, die eine Reise nach Litauen oder in das Königsberger Gebiet planen oder sich an einen früheren Aufenthalt erinnern, möchte der vorliegende Kunst-Reiseführer eine Hilfe sein. Verfasser und Verlag waren sich darüber im klaren, daß es der Umfang eines Kunst-Reiseführers nicht zuläßt, sämtliche Städte und Stätten aufzunehmen, wenn nicht die Ausführlichkeit der Beschreibung darunter leiden sollte. Eine Auswahl war also erforderlich.

Damit sich Reisende an Ort und Stelle zurechtfinden und Autokarten wie Stadtpläne nutzbringend verwenden können, wählt der Kunst-Reiseführer die offiziellen litauischen bzw. russischen Orts- und Straßennamen – die russischen zusätzlich auch in kyrillischer Schreibweise, ergänzt durch die alten deutschen Namen. Bei Flüssen und sonstigen geographischen Bezeichnungen stehen die deutschen Namen an erster Stelle, weil sie deutschsprachigen Reisenden im allgemeinen geläufiger sind, zum Beispiel: Memel (Nemunas bzw. Neman), Pregel (Pregolja), Kurische Nehrung (Kuršių nerija bzw. Kurschskaja kosa).

Besonders werden westliche Besucher von der Freundlichkeit, ja Herzlichkeit der litauischen und russischen Gastgeber angetan sein. Und so möchte ich an dieser Stelle allen danken, die meine Arbeit an diesem Kunst-Reiseführer mit Rat und Tat unterstützt haben: den zahlreichen Litauern und Russen, die mich auf interessante Details aufmerksam machten, auch den vielen deutschen Institutionen, die mir ergänzende Informationen beschafften, und nicht zuletzt meiner Frau Christel, die immer ›dabei war‹, die alle Unternehmungen und Arbeiten sachkundig mitgestaltete und auswertete und die Reisen fotografisch dokumentierte.

Land und Geschichte

Naturraum und Klima

Litauen und das Königsberger Gebiet, die Oblast Kaliningrad, sind Teile der Osteuropäischen Tiefebene, die während der letzten Eiszeit von einer bis zu 3000 m hohen Gletscherplatte geformt wurde. Charakteristisch für diese Tiefebene sind die großen geomorphologischen Gegensätze, welche die Vielfältigkeit der heutigen Landschaftsbilder bestimmt haben. Ständig wechseln Anhöhen mit Niederungen, Moränen mit Senken, die von Wäldern und Wiesen bedeckt sind. Ausgedehnte Hochmoore, kleine Grünlandmoore und mehr als 20 000 Seen speicherten das Schmelzwasser der Gletscher. Zahllose Wasserläufe vom Ostbaltischen Höhenrücken, dem bis zu 284 m hohen einstigen Gletscherrand, und vom Schemaitischen Hochland vereinigen sich zur Memel (lit. Nemunas, russ. Neman) und zum Pregel (Pregolja), die dem Kurischen bzw. dem Frischen Haff zustreben. Beide Haffs sind einstige Meeresbuchten, die der Westwind durch Nehrungen von der Ostsee, dem Baltischen Meer, trennte. Diese Nehrungsküste besteht aus feinstem Sand, den Wind und Wellen zu mächtigen Dünen, den höchsten Europas, auftürmten.

An Bodenschätzen sind Litauen und das Königsberger Gebiet nicht reich. Nur Steine gibt es hier in zahlreichen Varianten: Granit, mehr noch Dolomit, Anhydrit, Selenit und Kalkstein. Erdöl wird in Ostlitauen sowie östlich und südlich von Kaliningrad (Königsberg) in kargen Mengen aus dem Boden gepumpt. Bedeutend ist der Bernstein, ein Mineral organischer Herkunft aus dem Harz vorzeitlicher Nadelwälder. Man findet ihn an der Küste, hauptsächlich aber in dem Tagebau von Jantarnyj (Palmnicken) mit allein über 80 % der weltweiten Bernsteinförderung. Mineralquellen sprudeln fast ausschließlich an den Ufern der Memel, ohne daß eine Verbindung zum Flußwasser festzustellen wäre, wie böse Zungen behaupten. Druskininkai und Birštonas sind berühmte litauische Heilbäder.

Das Klima ist eine Mischung aus westeuropäischem Meeresklima und asiatischem Kontinentalklima, wobei die westlichen Küstengebiete regenreicher und milder sind als die östlichen Landesteile. Der regenärmste Monat ist der März, der regenreichste leider der August. Die Temperaturen übersteigen im Hochsommer selten 25 °C und sinken im Winter nicht allzuoft in den Frostbereich. Allerdings wurden schon +34 °C und –43 °C gemessen. Überhaupt ist das Wetter recht launisch, wechselt schnell von Regen zu Sonnenschein und umgekehrt.

Wohl in keinem Land Europas scheinen Flora und Fauna noch so intakt zu sein wie in Litauen und im Königsberger Gebiet. Im 13. Jh. waren noch über 80 % des Landes von Mischwald aus Eichen, Birken, Linden, Erlen, Eschen, Weiß- und Rotbuchen, Kiefern und Fichten bedeckt, eine »große Wildnis«, in der sich Bären, Wisente und Wildpferdherden tummelten und die den Heeren des Deutschen

◁ *Panorama von Vilnius aus der Zeit des 16. bis 17. Jh., Kupferstich eines unbekannten Meisters*

In der Elchniederung und auf der Kurischen Nehrung hat der »Clown der Moore und Brüche« sein Revier

Ordens und der Litauerfürsten fast undurchdringlich schien. Erst im 16. Jh. wurde der letzte wildlebende Wisent erlegt, zu Beginn des 17. Jh. das letzte Wildpferd eingefangen, 1755 bei Wehlau, dem heutigen Snamensk, der letzte Auerochse getötet. Seit 1804 gibt es in Ostpreußen und Litauen keine Bären mehr, und 1869 verendete der letzte Luchs in einer Falle. Schon im 18. Jh. beklagten die Jäger das Zurückgehen der Elchpopulation, 1786 befahl Friedrich Wilhelm II. daher, »dieses Wildbret sechs Jahre gänzlich zu schützen«. Noch heute gilt der »Clown der Moore und Brüche« als lebendiges Wahrzeichen der Bruchgebiete rings um das Kurische Haff. Und man darf ihn wieder jagen, freilich in genau festgesetzter Stückzahl. Heute bestehen nur noch knapp 20 % des Landes aus Wald, dessen Boden aber nach wie vor ein dichter Teppich von leckeren Beeren und würzigen Pilzen bedeckt. Botaniker haben hier 230 verschiedene eßbare Pilzsorten entdeckt.

Mehr noch als Litauen ist das Königsberger Gebiet ein Land der Störche. Fast auf jedem Dach, jedem Kirchturm und besonders auf Telegrafenmasten nisten die gerngesehenen Vögel. Da fast jedes Ding zwei Seiten hat, muß der Reisende im Sommer auch mit vielen Mücken rechnen. Die Russen sagen: »Viele Mücken viele Frösche, viele Frösche viele Störche, viele Störche viele Kinder«, und schlagen wegen einer Mücke nicht gleich um sich. In der Kaliningrader Oblast scheint überhaupt die Natur vielfach über die Zivilisation gesiegt zu haben, zumindest auf dem Lande. Nirgendwo anders sieht man so viele alte Bäume, so viele dichte Wälder, so viele unbestellte Äcker. Die Entwässerungskanäle wachsen zu, das Sumpfland dehnt sich aus. In Litauen dagegen ist fast jedes Eckchen wohlbestellt, doch auch hier wuchert die Natur – in den riesigen Nationalparks.

Staat, Gesellschaft und Wirtschaft

Litauen

Die Republik Litauen (Lietuvos Respublika, kurz: Lietuva) besitzt eine Fläche von 65 300 km^2 (Deutschland: 357 000 km^2); damit ist sie das größte Land des Baltikums. Litauen grenzt an vier Staaten: Lettland im Norden, Weißrußland (Belarus) im Osten und Süden, Polen im Südwesten und Rußland (Kaliningrader Oblast) ebenfalls im Südwesten. Die litauische Ostseeküste zwischen der russisch-litauischen Grenze bei Nida (Nidden) und der litauisch-lettischen Grenze nördlich von Palanga ist 99 km lang.

Das litauische Staatswappen, hier am Parlamentsgebäude in Vilnius, zeigt den legendären Helden Vytis. Auf dem Schild erscheint das Vytautas-Kreuz

In Litauen leben 3,75 Mio. Menschen (1995) bei einer Bevölkerungsdichte von 57,4 Einwohnern je km^2 (Deutschland: 228 Einwohner je km^2). Die Altersstruktur beträgt: 0–14 Jahre 22,5 %, 15–64 Jahre 65,6 % (Deutschland: 0–14 Jahre 16,2 %, 15–64 Jahre 67,9 %). Die Bevölkerung setzt sich zusammen aus 81,1 % Litauern, 8,5 % Russen, 7 % Polen, 1,5 % Weißrussen sowie 1 % Ukrainern. 2,76 Mio. Menschen in Litauen (73,6 %) gehören der römisch-katholischen Kirche an; Protestanten, Russisch-Orthodoxe und Einwohner ohne Religionszugehörigkeit bilden die Minderheit. In den Städten leben 68 % der Bevölkerung (Deutschland: 86 %). Hauptstadt ist Vilnius mit 590 000 Einwohnern; weitere Großstädte sind: Kaunas mit 430 000, Klaipėda mit 205 000, Šiauliai mit 150 000 und Panevėžys mit 130 000 Einwohnern. Das litauische Staatsgebiet ist administrativ in 44 Landkreise (Rayons) und elf kreisfreie Städte gegliedert. Die Nationalflagge zeigt die Farben Gelb, Grün und Rot, sie galt von 1918 bis 1940 und weht wieder seit 1988. Das Staatswappen zeigt den legendären Helden Vytis, der mit gezücktem Schwert westwärts reitet; sein Schild trägt das »litauische Kreuz«, das sogenannte Vytautas-Kreuz.

Wirtschaftlich ist Litauen auch heute stark von Rußland und den Staaten der GUS abhängig. Aus der Russischen Föderation bezieht es Erdöl, das in der Raffinerie von Mažeikiai verarbeitet und zum größten Teil wieder nach Rußland zurückgeliefert wird. Elektrizität aus dem Wasserkraftwerk am Kaunasser Meer und dem Atomkraftwerk Ignalina geht hauptsächlich in das Königsberger Gebiet und nach Lettland.

Drei große Industriezweige, die fast ausschließlich in Vilnius, Kaunas und Klaipėda konzentriert sind, exportieren ihre Produkte ebenfalls überwiegend nach Rußland: Textil-, Metall- und Nahrungsmittelindustrie. Die chemische und die holzverarbeitende Industrie haben eine geringere Bedeutung. Größter Außenhandelspartner der Republik Litauen ist Rußland (46 % der Exporte, 24 % der Importe), gefolgt von Deutschland (13 % der Exporte, 10 % der Importe), der Ukraine, Polen, Kasachstan, Weißrußland und Lettland.

Königsberger Gebiet

Das Königsberger Gebiet (Kaliningradskaja Oblast) ist eine Exklave der Russischen Föderation mit einer Fläche von 15 100 km². Es wird von Litauen im Norden und Osten und von Polen im Süden umfaßt. Die Länge der Ostseeküste beträgt 158 km.

In dieser Region leben 930 000 Menschen (1995) bei einer Bevölkerungsdichte von 61,5 Einwohnern je km². Die Bevölkerung setzt sich aus 78 % Russen, 10 % Weißrussen, 6 % Ukrainern, 4 % Litauern und 2 % anderen, darunter etwa 6000 Rußlanddeutschen, zusammen. Einwohner ohne Religionszugehörigkeit stellen den größten Bevölkerungsteil, doch die Zahl der russisch-orthodoxen Gläubigen wächst von Jahr zu Jahr; genaue Zahlen sind nicht bekannt. Katholiken und Protestanten bilden die Minderheit. In den Städten leben 78,5 % der Einwohner.

Hauptstadt des Gebiets ist Kaliningrad (Königsberg) mit 415 000 Einwohnern, die nächstgrößeren Städte sind Sowjetsk (Tilsit) mit 45 000, Tschernjachowsk (Insterburg) mit 41 000, Baltijsk (Pillau) mit 29 000 und Gussew (Gumbinnen) mit 28 000 Einwohnern. Das Stadtgebiet von Kaliningrad ist administrativ in fünf Kreise (Rayons), das Gesamtgebiet (Oblast) ohne Kaliningrad in 13 Kreise (Rayons) gegliedert. Die Nationalflagge der Russischen Föderation zeigt die Farben Weiß, Blau und Rot.

Wirtschaftlich spielt das Königsberger Gebiet zur Zeit keine bedeutende Rolle. Es war in den Jahrzehnten nach 1945, in der Ära der totalen Abschottung vom Ausland und sogar von der übrigen Sowjetunion, in starkem Maß auf die Versorgung der Militärstützpunkte ausgerichtet und wurde mit Industriegütern aus der Sowjetunion beliefert. Seit 1991 strebt man eine höhere Produktivität der Landwirtschaft, eine verstärkte Industrieansiedlung und die Modernisierung vorhandener Betriebe an, wozu ausländisches Kapital benötigt wird. Der Aufbau der Freihandelszone »Jantar« (Bernstein) für die Kaliningrader Oblast soll diese Entwicklung fördern.

Geschichtlicher Überblick

Litauen

Von der Vorgeschichte bis ins Mittelalter (bis 1200 n. Chr.)

Die bislang ältesten menschlichen Spuren auf dem Boden des heutigen Litauen stammen vom Ende der letzten Eiszeit um etwa 10 000 v. Chr. In diese Übergangsphase von der Altsteinzeit (Paläolithikum)

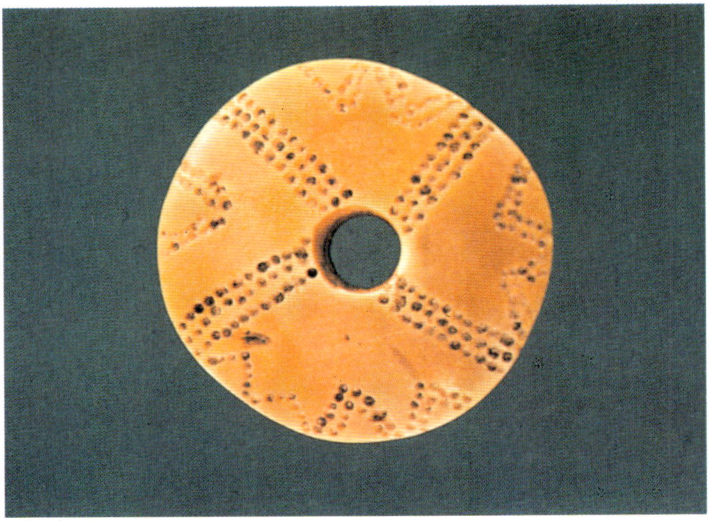

Das Bernsteinamulett aus der Jungsteinzeit (ca. 4000–3000 v. Chr.) wurde in der Gegend von Palanga gefunden

zur Mittelsteinzeit (Mesolithikum) gehören z. B. Siedlungsreste von Fischern an den Ufern der Memel (Nemunas) bei Merkinė und der Kirsna bei Marijampolė in Südlitauen. Erste primitive Tongefäße waren mit Kamm- und Grübchenmustern geschmückt.

Im 5. Jt. v. Chr., während der Jungsteinzeit (Neolithikum) also, kamen Ackerbau und Viehzucht ins Baltikum. Die Keramik war jetzt mit band- und schnurartigem Dekor versehen (Kretinga, Westlitauen). Spätere Funde stammen aus der Bronzezeit und schließlich aus der älteren Eisenzeit (bis 400 n. Chr.). In dieser letzten Epoche bilden sich bereits unterschiedliche Volksgruppen heraus, die allesamt der ostbaltischen Kulturfamilie angehören: die Kuren an der Ostseeküste, die Semgalen (Semgaller) um das heutige Šiauliai, die Samogitier (Samaiten, Schamaiten, Schemaiten) südlich der Semgalen, die Aukschtaiten im Osten des Landes.

Der Name Litua (für Litauen) erschien erstmals 1008 in den »Quedlinburger Annalen«. Die russische »Nestor-Chronik«, entstanden vor 1116, unterscheidet die beiden litauischen Hauptstämme: die Aukschtaiten und die Samogitier.

Erste Herrschaftsbildungen (13. Jh.)

Als der Deutsche Orden um die Mitte des 13. Jh. auf litauische Gebiete vorzudringen versuchte, kam es zu ersten Zusammenschlüssen kleinerer und größerer litauischer Herrschaften. Fürst Mindaugas (1236–63) einigte die aukschtaitischen Stämme, unterwarf große Gebiete Weißrußlands bis zum oberen Dnjepr und wehrte mehrere Überfälle der Deutschordensritter ab. Als er dieser kriegerischen

Auseinandersetzungen überdrüssig wurde, ließ er sich 1253 taufen, wodurch er dem Orden jede Möglichkeit nahm, sich unter dem Vorwand christlicher Mission Litauen anzueignen. 1257 schenkte er dem Orden das ganze Samogitien, die angestrebte Landverbindung zwischen dem prussischen und dem livländischen Ordensland. Freilich mußten die Deutschritter dieses Samogitien, um dessen Herrschaft sich Mindaugas vergeblich bemüht hatte, erst erobern, und das schafften sie nie so recht, zumal Mindaugas seine samogitischen Landsleute mehr als einmal mit Truppen unterstützt haben soll. Die Taufe des Landesherrn und das »Geschenk Samogitien« waren auch die Bedingungen, unter denen sich die Kirche und das Heilige Römische Reich bereit erklärten, Mindaugas zum König von Litauen zu krönen. Mit Litauens Hilfe sollte die christliche Abwehrfront gegen den Mongolensturm gestärkt werden. Die Mongolen hatten das südliche Rußland überrannt und waren bis Schlesien vorgedrungen (Schlacht bei Liegnitz, 1241). Auf dem zugefrorenen Peipus-See hatte Aleksander Newskij, Fürst von Nowgorod und Vasall der Mongolen, die deutschen Ordensritter besiegt. 1263 fiel Mindaugas, der erste und einzige König Litauens, einem Mordanschlag der Samogitier zum Opfer.

Mindaugas, Gemälde von Janina Malinauskajte, 1989

In Samogitien, oft auch Schemaiten genannt, herrschte Fürst Tautvila, ein überaus selbstbewußter Mann, der seine Herrschaft weder an Mindaugas noch an den Deutschen Orden verlieren wollte. Er verbündete sich mit starken slawischen Stämmen und schließlich sogar mit dem Ritterorden und ließ sich 1248 nach lateinischem Ritus taufen. Nach der von ihm veranlaßten Ermordung des Königs Mindaugas versuchte Tautvila, die Gesamtherrschaft über Litauen an sich zu reißen, doch sein Bruder Treniota sowie Vaišilkas, ein Sohn des Mindaugas, mißgönnten Tautvila die Führung der litauischen Stämme. So war die Zeit nach 1263 für Litauen eine Epoche der Zerrissenheit, in der jegliche zentrale Gewalt fehlte.

Im Jahre 1270 endlich gelang es Traidenes, einem aukschtaitischen Stammesfürsten, das Land halbwegs zu einen. Nach seinem Tod 1282 ging die Oberherrschaft über Litauen auf eine aukschtaitische Fürstendynastie über, welche die Geschicke des Landes über mehrere Jahrhunderte bestimmen sollte. Erster historisch bezeugter Herrscher aus dieser Dynastie war Vytenis (1294–1316). Er regierte Litauen von seiner Burg Trakai aus. Vytenis kämpfte vor allem gegen den Deutschen Orden, der ab 1283 Litauen mit regelmäßigen Kriegszügen, den sogenannten »Litauerreisen«, bedachte. Von den modernisierten Burgen Tilsit und Ragnit aus brachen die »Ritter des Kreuzes« in das schwer zugängliche Land ein, denn noch immer war die Landverbindung zum Norden unterbrochen, noch immer beteten die Litauer zu ihren alten Göttern. Vytenis überschritt seinerseits die Grenzen zum Ordensland, brandschatzte prussische Dörfer, zerstörte Kirchen und führte zahllose Christen in die Sklaverei. Er fügte dem litauischen Reich die slawischen Gebiete um Nowogródek und im Dünaraum hinzu. 1315 oder 1316 wurde Vytenis ermordet.

Gediminas, Gemälde von J. Malinauskajte, 1989

Der Aufstieg zur Großmacht (14. Jh.)

Nach Vytenis' Tod trat sein jüngerer Bruder Gediminas (1316–41) die Herrschaft über das litauische Reich an. Es war die Zeit, in der Litauens Nachbarn zu hoher politischer Blüte gelangten. Ihre Macht ließ auch Litauen erstarken, dessen Großfürst Gediminas durch Verträge, Heiraten und Feldzüge klug und erfolgreich das litauische Großreich schuf. 1320 unterwarf er das Fürstentum Smolensk, drei Jahre später verlegte er seine Residenz von Trakai nach Vilnius. 1325 schloß er mit dem Polenkönig Wladyslaw I. einen Schutz- und Bündnisvertrag und verheiratete seine Tochter Aldona mit dem polnischen Thronerben Kasimir. Eine zweite Tochter gab Gediminas 1331 dem Fürsten von Halitsch und Wolhynien zur Frau, nach dessen Ermordung 1340 Polen und Litauen das Fürstentum, heute Teil der Ukraine, untereinander aufteilten. Als Statthalter setzte Gediminas in den Teilfürstentümern des Reiches durchweg seine Brüder und Söhne sowie ihm ergebene Gefolgsleute ein. Gediminas lehnte die Taufe ab, doch duldete er in seinem Reich sowohl die lateinische als auch die orthodoxe Religion. Er holte deutsche Kaufleute, Handwerker, Bauern und auch Geistliche ins Land, an seinem Hof wirkten Dominikaner und Franziskaner. Mit der Hanse und den nordbaltischen Städten pflegte Gediminas rege Handelskontakte. Das alles hinderte den Deutschen Orden aber nicht daran, nahezu jährlich einen ergebnislosen Feldzug gegen Litauen zu führen, um das heidnische Land zu missionieren.

Kęstutis, Gemälde von J. Malinauskajte, 1994

Gediminas hatte seinen ältesten Sohn Jaunutis zu seinem Nachfolger bestimmt. Doch 1345, wenige Jahre nach Gediminas' Tod, rissen zwei weitere Söhne des verstorbenen Großfürsten, Algirdas (1345–77) und Kęstutis (1345–82), die Herrschaft an sich. Sie hielten Jaunutis nicht für fähig, die Krisensituation zu meistern, in die Litauen nach der Aussöhnung zwischen Polen und dem Deutschen Orden (Vertrag von Kalisch, 1343) geraten war. Und wirklich begann der Orden 1344 mit einer großen Heerfahrt gen Litauen. Kęstutis beantwortete den Einfall mit einem Überraschungsangriff auf das Samland, was die Ordensritter zum Rückzug zwang. Doch sie gaben nicht auf und unternahmen in den folgenden vier Jahrzehnten über 140 Kriegszüge gegen Litauen, die zu schweren Verwüstungen der Grenzgebiete führten, aber keine Entscheidung brachten.

Die beiden Brüder verstanden sich zeitlebens und hatten ihre Herrschaftsaufgaben sinnvoll verteilt. Während sich Fürst Kęstutis, der in Trakai residierte, vor allem mit den Ordensrittern herumschlug, war Großfürst Algirdas in seiner Residenz Vilnius für die Ostpolitik Litauens zuständig. Geschickt nutzte er den Verfall des Tatarenreichs an der unteren Wolga und die Schwäche der russischen Fürstentümer und dehnte die litauischen Grenzen immer weiter nach Osten aus. Von der oberen Oka bis an den mittleren Dnjepr umfaßte Litauen bald mehr als die Hälfte des alten Kiewer Reiches. Mehrmals – 1368, 1370 und 1372 – erreichten Algirdas' Truppen

Moskau, der einmal sogar – wie die Sage berichtet – sein Schwert in das Kremltor geschlagen haben soll. 1373 erwirkte Algirdas die Einsetzung eines Metropoliten im nunmehr litauischen Kiew, eines geistlichen Oberhirten für »Kiew und ganz Rußland«, wodurch der Moskauer Metropolit an Bedeutung verlor. Ob Algirdas selbst orthodoxer Christ wurde, ist umstritten; einige seiner Kinder nahmen das orthodoxe, andere das lateinische Christentum an.

Litauen erreichte im 14. Jh. seine höchste politische und wirtschaftliche Entfaltung, russische und deutsche Kaufleute unterhielten an den litauischen Fürstensitzen, vor allem in Vilnius, Kaunas und Trakai, ihre Handelshäuser und Warenlager. Kirchen der beiden Glaubensrichtungen bildeten den Mittelpunkt der Kaufmannssiedlungen, wie die Nikolauskirche in Vilnius, die älteste Kirche Litauens. Das Land war ein blühendes Bindeglied zwischen Ost und West geworden.

Das polnisch-litauische Doppelreich (1386–1572)

1377 starb Algirdas. Nachfolger als Großfürst in Vilnius wurde Jogaila (poln. Jagiello, Großfürst 1377–1401, König 1386–1434), sein ältester Sohn aus zweiter Ehe. Mit Kęstutis, seinem Onkel, geriet Jogaila schon bald in Streit, er ließ ihn festnehmen und 1382 ermorden. 1385 unterzeichnete Jogaila den Vertrag von Krewo, der eine Personalunion zwischen Litauen und Polen vorsah und die Rivalität zwischen den beiden etwa gleichstarken Mächten beendete. Die Selbständigkeit des Königreichs Polen und des Großfürstentums Litauen sollte weitgehend erhalten bleiben.

1384 war die zehnjährige Jadwiga (Hedwig) nach dem Tod ihres Vaters Ludwig I., König von Polen und Ungarn, zur polnischen Königin gekrönt worden. Die polnischen Magnaten erkoren den Litauer Jogaila zu deren Ehemann, was Polens Stellung gegenüber dem Deutschen Orden stärkte. Jogaila trat zum katholischen Christentum über, heiratete Jadwiga und bestieg 1386 in Krakau als Wladyslaw II. Jagiello den polnischen Königsthron. Damit begann die mächtige Dynastie der Jagiellonen, die bis 1572 über Polen und Litauen, 1471 bis 1526 in Böhmen und 1490 bis 1526 auch in Ungarn herrschen sollte. 1387 wurde das Bistum Vilnius gegründet.

1401 überließ Wladyslaw II. die Würde des litauischen Großfürsten seinem Vetter Vytautas, dem Sohn des Kęstutis aus dessen Ehe mit der schönen Priesterin Birutė. Vytautas hatte den litauischen Reichsteil inzwischen bis zum Schwarzen Meer ausgedehnt. Ihm war es auch zu verdanken, daß Litauen von Polen relativ unabhängig blieb, wenn er auch ab und zu die Unterstützung des polnischen Heeres in Anspruch nahm. So bereiteten Vytautas und Wladyslaw II. am 15. 7. 1410 dem Deutschen Orden mit einer vereinigten litauisch-polnischen Streitmacht bei Tannenberg im südlichen Ostpreußen eine vernichtende Niederlage, die den allmählichen Verfall des Ritterordens auslöste. Samogitien, das der Orden praktisch nur zwölf Jahre in Besitz hatte, fiel an Litauen zurück.

Vytautas, Gemälde von J. Malinauskajte, 1989

Das Bestreben der litauischen Adligen, die Privilegien des polnischen Adels zu erhalten, führte zu einer Annäherung der beiden Gesellschaftsgruppen; Reformen in Verwaltung und Rechtsprechung bewirkten sogar eine allmähliche Polonisierung Litauens.

Unter seinem Hochmeister Heinrich von Plauen (1410–13) erholte sich der Deutsche Orden ein wenig, so daß die litauisch-polnische Union erneute Angriffe befürchtete und längs der Memel eine Kette von Burgen errichtete. Von 1419 bis 1422 kam es zu kriegerischen Auseinandersetzungen zwischen der Union und dem Orden, die der Frieden am Melno-See 1422 beendete. Hier wurde auch jene Grenze zwischen Litauen und dem preußischen Ordensland festgelegt, die bis 1920 nahezu unverändert bestehen sollte.

1425 starb Wassilij I., Großfürst von Moskau, der Vytautas, seinen Schwiegersohn, testamentarisch zum Schutzherrn über seine Gattin Sophia und seinen noch kleinen Sohn Wassilij II. bestimmt hatte. Das eröffnete dem Litauer die Möglichkeit, weitere russische Fürstentümer zu unterwerfen. Vytautas förderte die Schwarzmeerhäfen, vor allem den Handelsverkehr von Chadschibey, dem späteren Odessa, mit der italienischen Republik Genua. Litauen war unter Vytautas' Herrschaft größer und mächtiger als Polen geworden, und Vytautas erstrebte die Königswürde, um das Ansehen Litauens innerhalb der Union zu stärken. Kaiser Sigismund hatte bereits der Krönung zugestimmt, doch der polnische Adel befürchtete ein Zerbrechen der Union unter zwei Königen. So wurde 1430 die kaiserliche Krongesandtschaft in Polen abgefangen. Wenige Wochen darauf starb der 80jährige Vytautas, dem Historiker den Beinamen »der Große« gaben.

Da Vytautas keine Kinder hatte, setzte Wladyslaw II. Jagiello 1430 seinen jüngsten Bruder Švitrigaila als Großfürst in Vilnius ein. Doch das widersprach dem Recht des litauischen Adels, seinen Fürsten selbst zu wählen. So kam es 1432 zum Aufruhr, Švitrigaila wurde gefangengenommen und Žygimantas, ein jüngerer Bruder des Vytautas, zum neuen Großfürsten gewählt. Der polnische Adel stimmte zu, ließ sich sein Plazet aber mit territorialen Zugeständnissen und mit der Zusicherung bezahlen, auf eine eigene litauische Außenpolitik und auf alle Bemühungen um die Erlangung der Königskrone zu verzichten. Damit war Litauens Abhängigkeit von Polen festgeschrieben. 1434 starb Wladyslaw II. Jagiello, dem sein Sohn Wladyslaw III. (1434–44) auf dem polnischen Thron nachfolgte. Er war erst zehn Jahre alt und stand vollkommen unter dem Einfluß des polnischen Regentschaftsrats. Noch immer stritten Žygimantas und der inzwischen wieder freigelassene Švitrigaila um die Vorherrschaft in Litauen. Schließlich wurde Švitrigaila aus all seinen Besitzungen verdrängt, und Žygimantas fiel 1440 einem Mordanschlag zum Opfer.

Der polnische Regentschaftsrat setzte Kazimieras (1440–92), den zweiten Sohn Wladyslaws II., als königlichen Statthalter in Vilnius ein. Wider Erwarten war der litauische Adel mit dem 13jährigen

Das polnisch-litauische Doppelreich am Ende des 15. Jh.

Kazimieras einverstanden und wählte ihn 1440 zum Großfürsten von Litauen. Nachdem König Wladyslaw III. im Jahre 1444 im Kampf gegen die Türken gefallen war, trugen die Polen dem jungen Kazimieras die Königskrone an. Dieser stimmte unter der Bedingung zu, daß Litauen selbständig bleibe. Nach dem Unionsvertrag von Brest (1446) sollte die Personalunion das einzige Bindeglied zwischen den beiden Staaten sein. 1447 wurde Kazimieras als König Kasimir IV. gekrönt.

Bald begann Moskau, zunächst unter Wassilij II., dann unter dessen Sohn Iwan III., die alten russischen Gebiete von Litauen zurückzuerobern. Um Litauens Selbständigkeit wenigstens formell zu erhalten, beschloß der litauische großfürstliche Rat beim Tod Kasimirs IV. 1492, nicht den neuen polnischen König Johann Albrecht, einen Sohn Kasimirs, zum Großfürsten zu wählen, sondern dessen jüngeren Bruder Aleksandras (1492–1506). Aleksandras heiratete 1495 eine Tochter Iwans III., um Moskaus Vordringen nach Westen zu stoppen. Doch er erreichte das Gegenteil, denn Iwan III. beanspruchte, über litauische Angelegenheiten mitzuentscheiden. Von 1500 bis 1503 herrschte zwischen Moskau und Vilnius sogar Krieg, der Litauen große Teile seiner östlichen Territorien kostete und Rußland ein deutliches Übergewicht in Osteuropa verschaffte. Aleksandras konnte die litauischen Interessen nicht ausreichend wahrnehmen, da man ihn bereits 1501 als Nachfolger des inzwischen verstorbenen Johann Albrecht nach Polen geholt und dort zum König gekrönt hatte.

Künftiger Großfürst von Litauen sollte Žygimantas (1506–48), ein jüngerer Bruder des Aleksandras, werden. 1506 starb Aleksandras, und der gerade zum Großfürsten ernannte Žygimantas wurde noch im selben Jahr König von Polen. 1510 griffen die Russen erneut an und eroberten unter anderem Smolensk, den wichtigen Verkehrsknoten zwischen Ostsee und Schwarzem Meer. Erst 1522 kam es zum Waffenstillstand. 1525 wurden die Territorien des Deutschen Ordens in das weltliche Herzogtum Preußen umgewandelt und der Oberhoheit Polens unterstellt, wodurch Polens Einfluß innerhalb der Union nochmals wuchs.

Wie vom Reichstag zu Vilnius 1528/29 beschlossen, setzte Žygimantas das »Erste Litauische Statut« in Kraft. Dieses Gesetzbuch faßte verfassungs-, straf- und zivilrechtliche Bestimmungen zusammen, die bislang nur durch großfürstliche Erlasse und durch Gerichtsurteile festgelegt waren. Auch garantierte es die beherrschende Stellung des großfürstlichen Rates, der Rada, und bewies die noch immer weitgehende Selbständigkeit Litauens. Im Jahre 1529 ließ Žygimantas seinen neunjährigen Sohn Žygimantas Augustas (1529/48–72) durch die Rada zum Großfürsten von Litauen wählen. 1548 wurde Žygimantas Augustas nach dem Tod seines Vaters auch König von Polen.

Die Reformation löste in Litauen starke innenpolitische Wirren aus. Ein großer Teil des Adels und die überwiegend deutsche Stadtbevölkerung wurden von den neuen Lehren Luthers, vor allem aber Calvins erfaßt. Selbst Žygimantas Augustas besuchte in Vilnius die Gottesdienste evangelischer Prediger. Seine zweite Frau Barbara war mit dem Großkanzler Nikolaus Radziwill, einem entschiedenen Förderer der Reformation, verwandt. Im Gegensatz zu den Polen zeichnete die Litauer religiöse Toleranz aus; anfangs lebten Christen und Heiden problemlos nebeneinander, später Lateiner und Orthodoxe, jetzt Katholiken und Protestanten. Während der Reformation erschienen erstmals Bücher in litauischer Sprache, während zuvor ausschließlich lateinische und polnische sowie russische und deutsche Texte gedruckt worden waren. Als Radziwill 1565 starb, überfluteten Sekten das Land und führten zum Zusammenbruch der Reformation. Die katholische Kirche Litauens hatte sich inzwischen erneuert, das polnische Element dominierte.

Die litauische Buchtradition reicht bis ins 16. Jh. zurück. Antiquariate, wie hier in Vilnius, laden zum Stöbern ein

1558 fiel Zar Iwan IV., »der Schreckliche«, in Livland ein; der Deutsche Orden konnte dem Angriff der Moskowiter nicht widerstehen und stellte sich unter den Schutz der litauisch-polnischen Union. Litauische Truppen übernahmen die Ordensburgen; das Ordensgebiet nördlich der Düna kam 1566 als Herzogtum Livland zum Großfürstentum Litauen. Das löste einen Krieg mit Moskau aus, der Iwan IV. territoriale Gewinne einbrachte. Litauen suchte die Hilfe des polnischen Unionspartners. Es trat 1569 alle Gebiete südlich des Pripjet – immerhin fast die Hälfte des Großfürstentums – an Polen ab und stimmte am 1. 7. desselben Jahres der Union von Lublin und damit einer festen Vereinigung mit Polen zu. Fortan war der gemeinsame Herrscher König von Polen und zugleich Großfürst von Litauen. Beide Länder erhielten eine einheitliche Währung und betrieben eine gemeinsame Außenpolitik. Dagegen blieben jedem Land die eigene Gesetzgebung und Verwaltung sowie das eigene Heer. Polen war zweifellos die stärkere Kraft in diesem Bund, der sich von einer Personal- zu einer Realunion gewandelt hatte. Die bisherige Religionsfreiheit hatte bald keine praktische Bedeutung mehr. Die Jesuiten begannen in Vilnius ihr Rekatholisierungswerk. 1572 starb Žygimantas Augustas, womit die Dynastie der litauischen Jagiellonen endete.

Die Polonisierung Litauens und das Ende des Doppelreichs (1573–1795)

Heftiger Streit entbrannte in der Union um die Nachfolge auf dem Königsthron. Die Litauer bevorzugten Zar Iwan IV. von Moskau als neuen Herrscher, doch dieser erhob unannehmbare territoriale Forderungen. Indes hatten sich der polnische Adel und ein Teil der litauischen Adligen auf den französischen Prinzen Heinrich von Valois (1573/74) geeinigt und ihn 1573 zum König von Polen gekrönt. Aber schon im Jahr darauf kehrte Heinrich in seine Heimat zurück, um die Nachfolge seines Bruders Karl IX. als König von Frankreich anzutreten.

Daraufhin wählten die Magnaten der Union Stephan IV. Báthory (1575–86), Fürst von Siebenbürgen, zum König von Polen. 1576

Die Burg von Vilnius war ein Machtzentrum des polnisch-litauischen Doppelreichs. Der Ausschnitt aus F. Hoogenberghs Plan von Vilnius (1545) zeigt den Burgberg mit der Oberen und Unteren Burg

fand die Krönung statt, gleich danach heiratete Stephan Báthory die letzte Jagiellonin Anna. 1579 brach ein neuer Krieg mit Moskau aus. Das litauische Heer erzielte beachtliche Erfolge, so daß Moskau 1582 größere, ehemals litauische Gebiete an Düna, Dnjepr und Desna zurückgeben und formell auf Livland verzichten mußte.

1579 gründete König Stephan Báthory in Vilnius eine Akademie, die er den Jesuiten unterstellte. Zugleich verschärfte sich der Druck der katholischen Kirche auf die Protestanten und die orthodoxen Christen, so daß der König, dem die Religionsfreiheit sehr am Herzen lag, 1581 jegliche Protestantenverfolgungen verbot. Im gleichen Jahr setzte er auch ein oberstes litauisches Gericht ein, das abwechselnd in Vilnius, Trakai, Nowogródek und Minsk tagte. Stephan

Der sächsische Kurfürst Friedrich August I. war als August II. auch König von Polen und Großfürst von Litauen, Gemälde von Louis de Silvestre (1675-1760), Dresden, Grünes Gewölbe

Báthory verschaffte Litauen in seiner kurzen Herrschaftszeit eine fast gleichberechtigte Stellung innerhalb des Doppelreichs. Andererseits förderte er durch eine intensive Polonisierung den engen Zusammenschluß der beiden Staaten.

Nach Stephan Báthorys Tod im Jahre 1586 wählte der Adel den schwedischen Kronprinzen als Sigismund III. Wasa (1587–1632) zum König von Polen. 1592 nahm Sigismund auch die schwedische Krone an, die er jedoch 1600 wieder verlor, weil er eher die Interessen Litauens als Schwedens vertrat. Im Krieg gegen Schweden (1601–29) mußte Sigismund Livland bis zur Düna und die Küstenstädte an seine einstige Heimat abtreten. Allerdings gelang es ihm angesichts der Thronwirren in Moskau nach dem Tod von Boris Godunow, dem geschwächten Rußland 1611 wieder Smolensk zu entreißen und sogar Einfluß auf den neuen Zaren Michail Romanow auszuüben.

1589 war die Metropolie Moskau zum Patriarchat erhoben worden, dem die orthodoxen Bistümer Litauens unterstellt wurden, während sie zuvor über eigene Metropolien zum Patriarchat Konstantinopel gehört hatten. Da viele orthodoxe Litauer den geistlichen Führungsanspruch Moskaus ablehnten, suchten sie den Anschluß an die katholische Kirche. Papst Klemens VIII. nahm die orthodoxe Kirche Litauens und Polens 1595 im Rahmen einer Teilunion in die römisch-katholische Mutterkirche auf (Union von Brest). 1632 starb Sigismund III. Wasa.

Im 17. und 18. Jh. sank Litauen faktisch zur polnischen Provinz herab. Polnisch war neben der alt-weißrussischen Kanzleisprache nicht nur Amtssprache, sondern zunehmend auch Alltagssprache geworden. Litauisch sprachen fast ausschließlich die Landbevölkerung und der niedere Adel. Polen bestimmte jetzt nicht nur die Politik, sondern auch die Kultur des einst so mächtigen Großfürstentums. Sigismund III. wie seinem Sohn und Nachfolger Wladyslaw IV. Wasa (1632–48) gelang es, das Doppelreich durch Duldung aller Konfessionen aus dem Dreißigjährigen Krieg herauszuhalten.

1648 bestieg Wladyslaws jüngerer Bruder Johann II. Kasimir Wasa (1648–68), ein Kardinal, den polnischen Königsthron. Er konnte das Doppelreich nicht vor den Schrecken des Krieges gegen Moskau (1654–67) und des ersten Nordischen Krieges gegen Schweden (1655–60) bewahren. 1655 besetzten die Russen Vilnius und Kaunas, und auch die Schweden drangen in Litauen ein. Ein Teil der litauischen Magnaten forderte die Loslösung von Polen und die Vereinigung mit Schweden, doch die polnisch-litauische Union blieb erhalten. 1668 dankte der letzte Wasa ab und zog sich nach Frankreich zurück.

Die folgenden polnischen Könige, Michael Korybut Wiśniowiecki (1669–73) und Johann III. Sobieski (1674–96), kümmerten sich wenig um Litauen. Ihr Nachfolger, August II. der Starke (1697–1706, 1710–33), Kurfürst von Sachsen, war ein interessierter, aber glückloser König auf dem Thron des Doppelreichs. Die Litauer hätten ihn gern als Oberhaupt ihres von Polen getrennten Landes gesehen, doch August der Starke ließ sich in den Großen Nordischen Krieg (1700–21) zwischen Dänemark, Sachsen-Polen-Litauen sowie Rußland einerseits und Schweden andererseits hineinziehen. Gleich zu Beginn besiegten die Schweden die Dänen, dann verlor Zar Peter der Große die Schlacht bei Narwa, schließlich vertrieben die Schweden die Sachsen aus Polen und setzten 1704 Stanislaw I. Leszczyński (1704–09) als polnischen König ein. Als Schweden 1709 bei Poltawa den Russen unterlag, kehrte August der Starke 1710 auf den polnischen Thron zurück, den er bis zu seinem Tod im Jahre 1733 innehatte.

Sein Sohn August III. (1733–63), Kurfürst von Sachsen, konnte sich mit Hilfe der Russen gegen seinen Widersacher und zeitweiligen Gegenkönig Stanislaw Leszczyński behaupten. Die Regierungsgeschäfte aber überließ er seinen Günstlingen, darunter Heinrich Reichsgraf von Brühl, denen es gelang, die Union Polen-Litauen aus dem Siebenjährigen Krieg (1756–63) herauszuhalten. Nachfolger von August III. und letzter König von Polen wurde Stanislaw II. August Poniatowski (1764–95). Unter seiner Herrschaft führte Graf Antoni Tiesenhausen als litauischer Großschatzmeister umfangreiche Reformen durch, richtete Fabriken und Manufakturen ein, holte Siedler aus westlichen Ländern.

Bei der ersten Polnischen Teilung 1772 mußte Polen bereits umfangreiche Gebiete an Österreich, Preußen und Rußland abtreten. Als der polnische Reichstag 1791 eine neue Staatsverfassung verabschiedete, die jegliche litauische Eigenstaatlichkeit ignorierte, protestierte der litauische Adel und bat Rußland um Hilfe. Daraufhin beschlossen Preußen und Rußland 1793 eine zweite Teilung Polens. Und nach einem Aufstand unter Tadeusz Kościuszko löschten die drei Nachbarstaaten Rußland, Preußen und Österreich 1795 mit einer dritten Teilung das polnisch-litauische Doppelreich schließlich ganz von der Landkarte, der letzte polnische König dankte ab. 475 000 km^2, darunter fast ganz Litauen, fielen an Rußland, 150 000 km^2 an Österreich und 140 000 km^2 an Preußen, darunter die Suwalkija, heute das südwestliche Litauen.

Die litauische Nationalbewegung (19. und 20. Jh.)

Nach dem Frieden von Tilsit im Jahre 1807, der den Krieg von 1806/07 zwischen Frankreich und Rußland sowie Preußen beendete, kamen die preußischen Erwerbungen zum neugebildeten Herzogtum Warschau und nach dem Wiener Kongreß von 1815 an das unter russischer Oberhoheit stehende Polen. Auch im eigentlichen Litauen beherrschten Polen das wirtschaftliche und kulturelle Leben. 1803 hatte Fürst Adam Jerzy Czartoryski (1770–1861), Mitglied eines alten litauisch-polnischen Adelsgeschlechts, bei Zar Alexander I. die Gründung einer Universität in Wilna (Vilnius) erreicht. Sie knüpfte nur zum Teil an das alte Jesuitenkolleg an und wurde im 19. Jh. zur Geburts- und Pflegestätte der »lituanistischen (litauischen) Bewegung«. Man entdeckte die litauische Sprache der Bauern und die Volkskunst. Fürst Josef Arnulf Giedraitis, Bischof von Samogitien, ließ 1816 das Neue Testament ins Litauische übersetzen, gründete Schulen und förderte die litauische Sprache. Insgesamt überwogen in Litauen nach wie vor polnische Einflüsse.

Die Polen und Litauer gedachten ihrer langen gemeinsamen Geschichte und versuchten, sich im ersten polnischen Aufstand von 1830/31 von Rußland zu lösen – vergeblich. Die Russen schlossen die Universität in Wilna, verlegten die geistliche Akademie nach St. Petersburg und bestraften die Aufständischen mit Enteignung und Gefängnis. Sämtliche nationalen Bestrebungen wurden unterbunden. All das führte schließlich zum zweiten polnischen Aufstand von 1863/64, der brutal niedergeschlagen wurde. Es folgten Druckverbote für Veröffentlichungen in litauischer Sprache und in lateinischen Lettern, eine allgemeine Russifizierung, an der auch die russisch-orthodoxe Staatskirche teilnahm. Katholiken wurden aus dem Staatsdienst entlassen, sie durften nicht Lehrer werden und nur unter größten Schwierigkeiten Grundbesitz erwerben. Russische Bauern wurden auf enteigneten litauischen Gütern angesiedelt. Seit der Mitte des 19. Jh., vor allem aber nach 1864 wanderten sehr viele junge Litauer aus, in die USA – meist nach Chicago – und nach Kanada. Zu Beginn des Ersten Weltkriegs lebte ein Drittel des litauischen Volkes im Ausland.

Die am Ende des 19. Jh. nach historischen Vorbildern entwickelten litauischen Trachten waren Ausdruck des nationalen Selbstbewußtseins; von links nach rechts Trachten aus den Landschaften Žemaitija, Aukštaitija, Dzūkija und Suvalkija

Die Russen gründeten Gymnasien, um die litauische Jugend dem polnischen und katholischen Einfluß zu entziehen und statt dessen zu russifizieren. Doch das Gegenteil trat ein: In der gebildeten Jugend erwachte das nationale Selbstbewußtsein. Die litauischen Studenten begannen, sogar an russischen Universitäten die litauische Sprache zu erlernen, sie befaßten sich mit der Geschichte und Kultur ihres Landes. 1883 erschien im ostpreußischen Tilsit erstmals eine litauische Zeitschrift, die »Aušra« (Morgenröte). Sie war keine politische Publikation, sondern behandelte vor allem historische und kulturelle Themen. Und doch gilt das Jahr 1883 als Beginn einer litauischen Nationalbewegung, die sich langsam, aber stetig ausbreitete. Die Töne der »Litwomanen«, wie sich ihre Anhänger nannten, wurden lauter und deutlicher. Bald hörte man die Forderung nach Freiheit und Gleichheit der Litauer. Wirtschaftliche und soziale Fragen gewannen an Bedeutung. Man riet den Bauernsöhnen, ein Handwerk zu erlernen und in den Städten Gewerbebetriebe zu eröffnen. Der litauische Mediziner Vincas Kudirka, der die in Polen und Rußland studierenden Litauer in Zirkeln und Gruppen zusammenfaßte, schrieb »Lietuva, tėvynė mūsų« (»Litauen, du unser Vaterland«), die heutige Nationalhymne.

Gegen Ende des Jahrhunderts übernahm die »Litauische Sozialdemokratische Partei« die Führung der zahlreichen Gruppen im Kampf um die volle politische Autonomie. 1904 erhoben die Sozialisten in aller Öffentlichkeit die Forderung nach einer unabhängigen litauischen Republik. Sie waren die ersten, die nach der russischen Revolution Vertreter in die Reichsduma, das neue russische Parlament, entsenden durften. Im Oktober 1905 forderten Vertreter der litauischen nationalen Gruppen eine weitgehende Autonomie und die Vereinigung der litauischen Gouvernements in Polen und Rußland, mit einem Landtag in Wilna, dem Litauischen als Verwaltungssprache und einem litauischen Schulwesen. Vom 4. bis 6. 12. 1905 traten 2000 Delegierte in Wilna zum »Großen Litauischen Landtag« zusammen. Die russische Regierung hielt sich zurück.

Zwischen März und September 1915 besetzten deutsche Truppen die litauischen Gouvernements. Da die Russen die gesamte Verwaltung in den aufgegebenen Gebieten aufgelöst hatten, richtete die deutsche Militärverwaltung in Litauen eine neue Administration ein und begründete ein litauisches Gerichts- und Schulwesen; sie förderte die öffentliche Gesundheitspflege und baute Eisenbahnstrecken. Als die deutsche Reichsregierung im November 1916 die Wiederherstellung Polens verfügte, verstärkten sich die litauischen Autonomiebemühungen. Im September 1917 tagten in Wilna 214

Dokument einer untergegangenen Lebenswelt: jüdische Marktszene in Vilnius, Fotografie aus der Zeit der deutschen Besatzung 1915/16

Vertreter aus allen Schichten und politischen Parteien des litauischen Volkes und wählten einen Landesrat mit 20 Mitgliedern, die Taryba. Diese proklamierte am 16. 2. 1918 »die Wiederherstellung eines unabhängigen litauischen Staates mit der Hauptstadt Wilna«. Nachdem die Taryba sich bereit erklärt hatte, bestimmte Verpflichtungen einzuhalten, wie eine enge Bindung an das Deutsche Reich, eine Militär- und Verkehrskonvention sowie Zoll- und Münzunion, sprach Kaiser Wilhelm II. am 23. 3. 1918 die offizielle Anerkennung der litauischen Unabhängigkeit aus.

Am 2. 11. 1918 verabschiedete die Taryba eine neue Verfassung, drei Tage später ernannte sie Augustinas Voldemaras zum Ministerpräsidenten. Als das Deutsche Reich im selben Monat in Compiègne den Waffenstillstand unterzeichnet hatte und damit alle zwischen Litauen und Deutschland getroffenen Abmachungen nichtig waren, versuchte Voldemaras, die Zustimmung der Siegermächte des Ersten Weltkriegs zu erhalten. In Wilna, das vorwiegend von Polen bewohnt war, bildeten sich polnische Freiwilligenverbände, die zu Beginn des Jahres 1919 die Macht in Litauens Hauptstadt übernahmen und die litauische Regierung nach Kauen (Kaunas) vertrieben. Dorthin stießen indes die Bolschewiken vor, die aber von litauischen Freischärlern gestoppt werden konnten. Mit Hilfe deutscher Truppen, die das Land noch nicht verlassen hatten, schafften es die Litauer bis zum August 1919, alle Bolschewiken aus dem Land zu drängen. Im Juli 1920 vereinbarten die Sowjetunion und Litauen einen Friedensvertrag, der auch das Wilnagebiet zu Litauen zählte. Litauischen Truppen gelang es, Wilna zurückzuerobern, doch schon im Oktober wehte über der Stadt wieder die weißrote polnische Flagge. Seit 1920 nahm sich der Völkerbund der Streitfrage an und setzte eine Schiedskommission ein, die das historische Doppelreich von Polen und Litauen wiederherstellen wollte, diesmal aber bei formaler Unabhängigkeit beider Teile. Das lehnte Litauen entschieden ab.

Am 20. 12. 1922 wurde Litauen endlich de jure anerkannt. Nach seiner »Ständigen Verfassung« aus dem gleichen Jahr war es eine »unabhängige demokratische Republik mit der Hauptstadt Wilna«, die die Polen jedoch nicht mehr herausgaben. Kauen (Kaunas) galt somit als »vorläufige Hauptstadt«.

Sozialistische Sowjetrepublik Litauen (1940–41, 1944–91)

1926 wurde der Volkssozialist Kazys Grinius litauisches Staatsoberhaupt. Da die Volkssozialisten mit den Polen sympathisierten, beseitigte die Armee im Dezember 1926 in einem Staatsstreich die Regierung und ernannte Antanas Smetona zum Staatspräsidenten. Damit begann die Einparteienherrschaft der nationalistischen »Tautininkai«, eine Militärdiktatur, die sofort nach dem Putsch den Ausnahmezustand verkündete. Allen anderen Parteien war eine politische Betätigung fortan untersagt; 1935 wurden sie sogar aufgelöst und ihre Vermögen beschlagnahmt. Zwar hob die Regierung im Oktober 1938 unter dem wachsenden Druck der Opposition den seit zwölf Jahren bestehenden Ausnahmezustand wieder auf, so daß sich eine gewisse Liberalisierung des politischen Lebens anbahnte. Doch am 23. 3. 1939 marschierten deutsche Truppen in das Memelgebiet ein.

Nach dem Hitler-Stalin-Pakt und seinem geheimen Zusatzprotokoll vom 23. 8. 1939 überließ Deutschland die baltischen Staaten mit Ausnahme von Litauen der Interessensphäre der Sowjetunion. Im deutsch-sowjetischen Grenz- und Freundschaftsvertrag vom 28. 9. verzichtete Hitler-Deutschland nach seinem Überfall auf Polen auch auf Gebietsansprüche in Litauen mit Ausnahme des sogenannten Suwalki-Zipfels. Am 10. 10. zwang die UdSSR Litauen zu einem Beistandspakt, nach dem Litauen zwar das Wilnagebiet zurückerhielt, dafür den Sowjets aber die gewünschten Stützpunkte überlassen mußte. Angebliche Zwischenfälle zwischen der litauischen Bevölkerung und der Roten Armee lieferten der Sowjetunion im Juni 1940 den Anlaß, eine Umbildung der litauischen Regierung zu verlangen. Mitte Juli wählten 99,2 % der Litauer unter dem Druck der sowjetischen Besatzung die »Liste des werktätigen Volkes«, woraufhin der neue Landtag am 21. 7. die Aufnahme Litauens in die Sowjetunion beschloß. Am 3. 8. 1940 wurde Litauen zur 14. Sowjetrepublik, im Oktober 1940 begann entsprechend einer Vereinbarung des Deutschen Reiches mit der UdSSR die Rücksiedlung der Baltendeutschen.

Im Juni 1941 überschritt die deutsche Wehrmacht die Grenze zur Sowjetunion. Mitglieder der paramilitärischen, faschistischen und antisemitischen »Litauischen Front der Aktivisten«, die sich aus litauischen Emigranten zusammensetzte, wurden im Rücken der Sowjettruppen abgesetzt, um den Rückzug der Roten Armee zu behindern. Am 23. 6. gab Radio Kaunas noch vor dem Einmarsch deutscher Truppen die Bildung der vorläufigen Regierung Litauens bekannt und forderte die Litauer zur Verfolgung und Ermordung ihrer jüdischen Mitbürger auf. Allein in den Pogromen vom 25. bis 27. 6. wurden von »litauischen Freiwilligen« etwa 4000 Juden auf bestialische Weise umgebracht und die meisten Synagogen angezündet. Bis zum Dezember 1941 sollen mehr als 50 000 Juden allein in Vilnius ermordet worden sein. Nur wenigen Juden gelang die Flucht nach Rußland oder gar in das von Hitler-Deutschland nicht besetzte westliche Ausland.

Die deutsche Reichsregierung machte Litauen, Lettland, Estland und Teile von Weißruthenien zu vier Generalkommissariaten und faßte diese zum »Reichskommissariat Ostland« zusammen. Die landeseigenen Verwaltungen führten ein Schattendasein. Zwar sollten die baltischen Völker noch im Jahre 1942 eigene Regierungen bilden, doch scheiterten diese Pläne am passiven Widerstand der Bevölkerung. Im Juli 1944 erreichte die sowjetische Sommeroffensive Litauen, am 13. 7. marschierte die Rote Armee in Vilnius ein, am 1. 8. in Kaunas, am 28. 1. 1945 besetzte sie Klaipėda (Memel).

Litauen wurde erneut Sozialistische Sowjetrepublik. Die Sowjets siedelten die polnischen Bewohner des Gebiets von Vilnius nach Polen um, die polnische Universität Vilnius verlegten sie 1945 nach Toruń (Thorn).

Durch Deportationen, Kriegseinwirkungen und Emigration hatte Litauen 1945 fast ein Drittel seiner Bevölkerung verloren; dafür kamen nun zunehmend Russen ins Land, die dem Agrarstaat Litauen mit moderner Industrie zu einem beeindruckenden ökonomischen Aufschwung verhalfen. Ganze Branchen wurden neu geschaffen oder grundlegend ausgebaut, wie Textil-, Schuh-, Baustoff-, Maschinen-, Schiffbau- oder fischverarbeitende Industrie. Während 1940 nur 23 % der Bevölkerung Litauens in den Städten lebten, stieg der Anteil der Stadtbewohner bis heute auf 68 %. Riesige Kraftwerke entstanden, zuletzt bei Ignalina das größte Atomkraftwerk der Sowjetunion. Die Bauernhöfe wurden nach sowjetrussischem Muster zu Kolchosen zusammengefaßt, die Güter in Sowchosen verwandelt. Fast alle Orte Litauens erhielten Schulen, Kindergärten und Büchereien. Gefördert wurden Sport, Gesang und Volkstanz, Musik, Theater und ganz besonders die Volkskunst, die einzigartige Holz- und Metall-, Glas-, Leder- und Webarbeiten, Keramik und Bernsteinschmuck umfaßte. Alle fünf Jahre finden noch heute landesweite Liederfeste statt, bei denen sich viele tausend zumeist in Tracht gekleidete Sängerinnen und Sänger treffen.

Der Weg zur Freiheit seit 1989

Am 7. 12. 1989 beschloß der Oberste Sowjet der Sozialistischen Sowjetrepublik Litauen die Einführung eines Mehrparteiensystems und strich trotz massiver Drohungen aus Moskau die Führungsrolle der Kommunistischen Partei aus der litauischen Verfassung. Am 24. 2. 1990 fanden in Litauen freie Wahlen statt, die ersten in der Sowjetunion überhaupt. Diese Wahlen gewann die Unabhängigkeitsbewegung Sąjūdis. Auch die kommunistische Partei Litauens, die sich von der KPdSU abgespalten hatte, setzte sich für die Unabhängigkeit ein. Am 11. 3. beschloß das Parlament den Austritt aus der Sowjetunion und somit die Wiederherstellung eines souveränen Litauen. Alle 124 litauischen Abgeordneten stimmten mit Ja, die sechs Vertreter der russischen und der polnischen Minderheit enthielten sich der Stimme. Damit brach der erste Staat aus dem Verband der Sowjetunion aus, in einer friedlichen Revolution wurde eine neue »Republik Litauen« geboren. Das Parlament wählte mit 91 von 130 Stimmen den Führer der Sąjūdis, Vytautas Landsbergis, zum neuen Vorsitzenden des Obersten Sowjets von Litauen, der sich schon bald »Rat der Republik« nannte.

Die Reaktion des Auslands auf die Unabhängigkeitserklärung war überaus zurückhaltend. Kein Staat, nicht einmal die USA, in denen über eine Million Litauer leben, stellte eine baldige Anerkennung der Baltenrepublik in Aussicht. Niemand wagte, die weitere Entwicklung vorauszusehen, zumal Michail Gorbatschow, Staatsoberhaupt der UdSSR, die Entscheidung von Vilnius »ungesetzlich und nichtig« nannte. Gorbatschow befürchtete, daß das Beispiel Schule machen könnte, und forderte Litauen auf, die Sezession rückgängig zu machen. Er drohte mit Schadenersatzforderungen und militärischen Mitteln, ließ an den Grenzen Manöver durchführen und 15 Schützenpanzer demonstrativ in das Zentrum von Vilnius rollen. Doch Vytautas Landsbergis und Ministerpräsidentin Kazimiera-Danute Prunskiene blieben standhaft.

Sowjetische Soldaten, in rund 300 Garnisonen über das ganze Land verteilt, besetzten Ende März 1990 die Zentralen der litauischen KP und verhafteten litauische Armeedeserteure, die sich in Krankenhäusern versteckt hielten. In Vilnius demonstrierten rund 5000 Menschen, vorwiegend Russen und Polen, für Litauens Verbleib in der Sowjetunion. Bundeskanzler Kohl und Frankreichs Staatspräsident Mitterand riefen Litauen auf, die Unabhängigkeitserklärung auszusetzen und den Dialog mit Moskau zu suchen. Mitte April verfügte Staatschef Gorbatschow eine Rohöl- und Erdgasblokkade; für Litauen bestimmte Schiffe mit Zucker und Industrierohstoffen wurden umdirigiert, was die junge Republik besonders empfindlich traf, da sie wirtschaftlich fast vollständig von Moskau abhängig war.

Am 30. 3. 1990 rief Estland seine Unabhängigkeit aus, am 4. 5. folgte Lettland. Die Moskauer Zentralregierung akzeptierte auch diese Unabhängigkeitserklärungen nicht und übte massiven Druck aus. Die drei baltischen Republiken beschlossen, den Baltischen Rat aus den 1930er Jahren wiedererstehen zu lassen, sie bewarben sich um die Mitgliedschaft in der UNO und baten die USA um Unterstützung. Gorbatschow forderte nach wie vor, die einseitige Unabhängigkeitserklärung auszusetzen, stellte den Litauern aber nach entsprechenden Verhandlungen die Unabhängigkeit innerhalb der nächsten zwei Jahre in Aussicht. Das litauische Parlament sah darin eine Verzögerungstaktik und lehnte ab. Erneut ließen die Sowjets Panzer durch Vilnius rollen. Doch im Juni sah sich Litauens Regierung schließlich aus wirtschaftlichen Gründen gezwungen, auf die Forderungen Gorbatschows einzugehen. Sie signalisierte damit ihre Kompromißbereitschaft für Verhandlungen mit Moskau.

Anfang Januar 1991 kam es in der litauischen Hauptstadt zu heftigen prosowjetischen Demonstrationen, deren Anlaß starke Preiserhöhungen für Lebensmittel waren. Über 50 000 Menschen gingen gegen einen Austritt Litauens aus der Sowjetunion auf die Straße, Demonstranten versuchten, das Parlamentsgebäude zu stürmen. Radikale Anhänger der Sąjūdis erzwangen schließlich den Rücktritt der zu Verhandlungen mit Moskau bereiten Ministerpräsidentin Prunskiene. Am 11. 1. entsandte Gorbatschow tausend sowjetische Fallschirmjäger, die alle strategisch wichtigen Punkte in Vilnius besetzten, forderte das litauische Parlament nochmals in scharfer Form auf, »die Gültigkeit der sowjetischen Verfassung in vollem

Der litauische Präsident Vytautas Landsbergis als Zielscheibe des Protests. Im März 1990 demonstrierten mehrere tausend Russen in Vilnius für den Verbleib Litauens in der Sowjetunion

Umfang« in Litauen wiederherzustellen und drohte andernfalls mit der direkten Präsidialverwaltung, durch welche die Organe der Republik außer Kraft gesetzt würden. Präsident Landsbergis wies auch diese Drohung zurück. In der Nacht zum 13. 1. rollten sowjetische Panzer angeblich aufgrund eines Hilferufs des prosowjetischen »Komitees zur nationalen Rettung Litauens« zum Rundfunk- und Fernsehzentrum von Vilnius, das gegen den Widerstand Tausender Litauer erstürmt wurde: 14 Tote und weit über hundert Verletzte waren die blutige Folge. Daraufhin versammelten sich mehr als 100 000 Litauer als schützender Wall vor dem Parlament, in dem sich die litauische Führung verbarrikadiert hatte.

Am 9. 2. 1991 ließ Landsbergis – Gorbatschows Forderung entsprechend – eine Volksbefragung zu Litauens Zukunft durchführen: 90,5 % stimmten für ein unabhängiges Litauen. Doch Gorbatschow erklärte das Ergebnis der Befragung für null und nichtig. Der Wunsch Litauens, nach dem eindeutigen Votum seiner Bürger nun endlich international anerkannt zu werden, stieß nach wie vor auf Zurückhaltung, da die westliche Welt Gorbatschows Probleme im eigenen Haus nicht noch vergrößern wollte. Allein Island nahm diplomatische Beziehungen zu Vilnius auf.

Das Scheitern des Moskauer Putsches im August 1991 und der darauf folgende Zerfall der Sowjetunion führten die Souveränitätsbestrebungen Litauens schließlich zum endgültigen Erfolg. Gorbatschow war faktisch entmachtet. Boris Jelzin, seit Juni 1991 russischer Präsident, hatte bald nach seiner Amtsübernahme den Austritt Rußlands aus der Sowjetunion erklärt und war damit praktisch dem Beispiel Litauens gefolgt. Endlich erkannte der Westen Litauen und auch die beiden anderen Baltenrepubliken an, darunter am 28. 8. Deutschland und am 2. 9. die USA. Zwei Tage später bestätigte schließlich auch der sowjetische Unionsrat die Souveränität Litauens. Am 17. 9. wurden Litauen, Lettland und Estland in die UNO aufgenommen.

Im September 1992 einigten sich Boris Jelzin und Vytautas Landsbergis nach monatelangen Verhandlungen über den vollständigen Abzug der russischen Truppen aus Litauen bis zum 31. 8. 1993. Litauen erhielt als erste ehemalige Sowjetrepublik vom Internationalen Währungsfond (IWF) einen Beistandskredit in Höhe von 82 Mio. $. Am 1. 10. ersetzte Litauen den Rubel vorübergehend durch eine Gutscheinwährung, den Talonas. Mitte Oktober nahm Moskau die Erdöl- und Erdgaslieferungen wieder auf, die Energiekrise in Litauen war beendet.

Der Postkommunist Algirdas Brazauskas gewann die ersten litauischen Präsidentschaftswahlen im Februar 1993

Die ersten freien Parlamentswahlen am 25. 10. 1992 gewann überraschend die Litauische Demokratische Arbeiterpartei (LDAP), die Nachfolgepartei der litauischen KP: Von 141 Parlamentssitzen erhielt die LDAP 73, die bisher regierende Sąjūdis nur noch 28. Zugleich stimmte das Parlament einer neuen Verfassung zu. Am 25. 11. löste Algirdas Brazauskas, früherer Chef der litauischen Kommunisten, Landsbergis als Parlamentspräsident und damit als Staatsoberhaupt ab. Bei den ersten Präsidentschaftswahlen im Februar 1993 siegte Brazauskas, Landsbergis hatte auf eine Kandidatur verzichtet. Ministerpräsident wurde im März der Geschäftsmann Adolfas Šleževičius. Vorsichtige marktwirtschaftliche Reformen und eine enge Zusammenarbeit mit dem Westen, aber auch mit Rußland und den Staaten der GUS waren die Vorgaben der neuen Regierung. Am 25. 6. erhielt Litauen eine eigene Währung, den Litas. Ende August 1993 verließen die letzten russischen Soldaten vereinbarungsgemäß das freie Litauen.

Im November 1993 unterzeichneten Šleževičius und der russische Ministerpräsident Wiktor Tschernomyrdin mehrere Verträge, vor allem zum Ausbau der gegenseitigen Wirtschaftsbeziehungen. Freundschafts- und Wirtschaftsverträge wurden 1994 auch mit der Ukraine und mit Polen geschlossen. Dabei erkannten Polen und Litauen auch die Unverletzlichkeit der bestehenden Grenzen an. Mit dem Jahresbeginn 1995 trat ein Freihandelsabkommen mit der Europäischen Union (EU) für Industriegüter außer Stahl und Textilien in Kraft, das den schrittweisen Abbau der Zölle vorsieht. Im Februar 1996 wurde Ministerpräsident Adolfas Šleževičius wegen seines Verhaltens in einer Bankenkrise abgesetzt.

Königsberger Gebiet

Von der Vorgeschichte bis zur Missionierung der Prussen (bis 1000 n. Chr.)

Siedlungsfunde auf dem Königsberger Gebiet gehen bis in das 8. Jt. v. Chr. zurück. Es war die Zeit, als die Gletscher der letzten Eiszeit abschmolzen und sich wieder eine üppige Flora und Fauna entwikkelte. Die Jäger, Fischer und Sammler dieser mittleren Steinzeit hinterließen Hacken und Äxte aus Geweih sowie Lanzenspitzen, Angelhaken und Harpunen aus Knochen. Zwischen 3000 und 2500 – in Mittel- und Südeuropa geschah das einige tausend Jahre früher – schufen sich die Menschen feste Wohnsitze, betrieben neben Jagd und Fischfang vor allem Ackerbau und Viehzucht. Damit begann die jüngere Steinzeit. Durch Brandrodung gewann der Mensch fruchtbare Äcker, die bearbeiteten Steine schliff und polierte er sorgfältig, in der Töpferei bevorzugte er mit gedrillten Schnüren erzeugte Abdruckmuster (Haffküstenkultur).

Um die Mitte des 2. Jt. v. Chr. verdrängten indogermanische Stämme die jungsteinzeitlichen Bewohner. Es waren Urbalten, die Vorfahren der späteren Prussen, Litauer usw. Sie kannten bereits Kupfer und Bronze, die über den Fernhandel zu ihnen kamen und daher überaus kostbar waren. Im 8. Jh. v. Chr. lernten die Balten das Eisen kennen. Jetzt lassen sich auch lettische Stämme (Kuren, Lettgalen, Semgalen, Liven), litauische Stämme (Schemaiten und Litauer) sowie die Brus unterscheiden, die sich später Pruzzen oder Prussen nannten und ihren Lebensraum zwischen Weichsel und Memel, also im späteren Ostpreußen, hatten. Römische Münzen in ihren Gräbern weisen darauf hin, daß die Balten schon vor Christi Geburt mit dem Mittelmeerraum direkt oder indirekt in Handelsverbindung standen. Bernstein war es vor allem, den schon die Ägypter, dann die Griechen und die Römer schätzten und gern gegen ihre eigenen Erzeugnisse tauschten. Die Völkerwanderungszeit (4.–8. Jh. n. Chr.) hinterließ bei den Prussen keinerlei Spuren, denn sie waren von den Wanderungsbewegungen nicht betroffen. Nur der Warenaustausch mit dem Süden stagnierte.

Vom 9. bis 12. Jh. erschienen in der Memelniederung und an den Küsten des Samlands Wikinger, gründeten Handelsniederlassungen und beeindruckten die prussischen Künstler mit ihren reizvollen Fibeln, Armringen und ihrem Halsschmuck. Ein Gräberfeld bei Selenogradsk (Cranz) bewies die Anwesenheit der Nordmänner über zwei Jahrhunderte. Die Prussen gliederten sich in mehrere Stämme, deren Siedlungsgebiete zumeist durch Flüsse begrenzt waren: Sie lebten in den Landschaften Barten, Galinden (Masuren), Kulmer Land, Nadrauen, Natangen, Pogesanien, Pomesanien, Schalauen, Samland, Sudauen, Warmien (Ermland) und Sassen. Um 1075 schrieb der Chronist Adam von Bremen: »Gastfreiheit und Mensch-

Das Siedlungsgebiet der Prussen vor der Zeit der Ostkolonisation

lichkeit waren anerkannte Tugenden der Prussen, Schiffbrüchigen oder von Seeräubern Verfolgten eilten sie zu Hilfe, indes an manchen von Christen bewohnten Ufern das gräßliche Strandrecht die Menschheit schändete. Des eigenen Lebens achteten sie nicht, wenn Dankbarkeit es zu wagen gebot. Keinen Bettler gab es unter ihnen. Jede Hütte versorgte den Armen einen Tag. In Wäldern kühn, im Felde tapfer, im Frieden Sippenzusammenhalt hegend, Götter und Unglück ehrend, Diebstahl und Ehebruch – beide selten vorkommend – ernsthaft bestrafend, hatte jenes berühmte Volk mehr Tugenden als Laster.«

Die Prussen lebten nicht anders als ihre litauischen Nachbarn. Ihre Häuser bauten sie aus Holz, sie hielten Rinder, Schweine, Schafe und Geflügel, züchteten kräftige Pferde, die Pflug und Wagen zogen und auch zum Reiten taugten. Sie bauten Weizen, Gerste und Flachs an, zumeist auf gemeinsamen Äckern, jagten Wild, fingen Fische und betrieben die Imkerei. Ein Gemisch aus Honig und vergorener Gerste war ihr Lieblingsgetränk. Bernstein, Honig und Felle tauschten die Prussen mit Händlern aus dem Norden und Süden gegen Werkzeuge, Waffen und sonstiges Eisengerät. Unter heiligen Eichen loderte duftendes Bernsteinfeuer zu Ehren ihrer Götter. Da die Prussen nicht reich und ihre Gaue von Flüssen, Seen und sumpfigen Wäldern umgeben waren, führten sie jahrhundertelang ein relativ friedliches Dasein. Das änderte sich erst, als Missionare ins Land kamen, um die Prussen zu christianisieren. 996 versuchte es der Bischof Adalbert von Prag. Die Prussen hörten ihn geduldig an, doch als er ihre Heiligtümer zu entweihen begann, durchbohrte ihn 997 im samländischen Tenkitten der Spieß eines Prussen. Seine Gefährten durften den Leichnam nach Prag tragen, wo er seit 1039 im Veitsdom ruht; Papst Silvester II. sprach Adalbert im Jahre 999 heilig. Der »Zweite Apostel der Preußen« war Bischof Bruno von Querfurt. Auch er starb 1009 mit seinen 18 Gefährten den Märtyrertod, nachdem er den prussischen Stammesfürsten Nethimer bekehrt hatte und danach auch dessen Bruder dem Christentum zuführen wollte.

Der Deutsche Orden und die Prussen (11. bis 15. Jh.)

Als im 12. Jh. der Fernhandel den polnischen Fürsten zu unermeßlichem Reichtum verhalf, störte es Herzog Konrad von Masowien, daß der Herzog von Pommerellen und die Kulmer Prussen die Weichsel (Wisla) als wichtigen Handelsweg zur Ostsee blockierten. Sein Versuch, den Weg zur Weichselmündung freizukämpfen, war im Jahre 1192 von den Prussen vereitelt worden. So beauftragte Herzog Konrad einen gewissen Mönch Christian, den Weg nach Norden mit Hilfe der Missionierung zu öffnen. Erste Erfolge bewogen Papst Innozenz III., den Mönch im Jahre 1215 zum ersten Bischof der Prussen zu ernennen. Als Bischof Christian jedoch allzu forsch weitermissionierte, jagten ihn die Prussen aus dem Land. Das wiederum veranlaßte Papst Honorius III., 1221 den ersten Kreuzzug gegen die Prussen anzuordnen. Drei Jahre lang mordeten und brandschatzten die Kreuzzügler im Prussenland, doch erreicht hatten sie nichts. Um sich gegen solche Überfälle zu wappnen, bauten die Prussen nun erstmals längs ihrer Grenzen Burgen.

1226 schlug Bischof Christian vor, den Deutschen Orden zu Hilfe zu holen, der 1189 als Spitalorden von Lübecker und Bremer Bürgern in Akkon gegründet und 1198 in einen Ritterorden umgewandelt worden war. Ab 1211 wirkte der Orden in Siebenbürgen, wurde aber 1225 von König Andreas II. aus Ungarn vertrieben. Nun harrte er weiterer Aufgaben. Schon bevor er das heidnische Prussenland zu missionieren begann, erhielt der Orden das Kulmer Land. Seine weiteren Eroberungen sollte er ungeteilt behalten. Hermann von Salza, der Ordenshochmeister, ließ sich diesen vorteilhaften Vertrag sowohl von Papst Honorius III. als auch von seinem Freund, dem Kaiser Friedrich II., bestätigen (Goldene Bulle zu Rimini von 1226). Im Jahre 1228 zogen die ersten Ordensritter ins Kulmer Land ein und bauten einige Burgen als Ausgangsstationen für ihre Feldzüge. Papst Gregor IX. warb in Deutschland und in anderen Ländern um Unterstützung durch Kreuzfahrer, denen er versprach: »Sündenvergebung ist euer Lohn!«. Und als Hermann von Salza gar die Nach-

Hochmeister Hermann von Salza, der Gründer des Ordensstaates

richt verbreiten ließ: »Wer ins Land der Prussen zieht, soll sich ansehnlichen Besitztums und mancherlei Freiheiten und Gerechtsame erfreuen, das Land zu erblichem Eigentum und Besitz erhalten«, folgten ganze Heerscharen. 21 000 Kreuzfahrer sollen im Jahre 1233 in das Prussenland eingefallen sein. Sie eroberten das restliche Kulmer Land, dazu Pomesanien und den größten Teil von Pogesanien, erbauten 1234 die Burg Marienwerder und 1237 die Burg Elbing.

Damit war der Auftrag des Herzogs von Masowien erfüllt, der Weg zur Ostsee war frei. Aber der Deutsche Orden ließ nicht ab, das Prussenland zu missionieren. Mit Bischof Christian einigte sich der Orden, daß vom üblichen Zehnten, den Bauern, Handwerker und Kaufleute zu entrichten hatten, ein Drittel die Kirche und zwei Drittel der Orden erhielt. Der Orden wiederum zahlte an den Papst einen Lehnszins. Burgen sicherten das eroberte Land; um sie herum entstanden Siedlungen und Marktorte, die zu Städten nach deutschem Recht heranwuchsen. In Elbing errichtete die Hanse ein Handelskontor.

1239 starben der Hochmeister Hermann von Salza und der Landmeister Hermann Balk. Die Nachfolger lösten einander in schneller Folge ab und brachten somit Unruhe in den Ordensstaat. So erhob sich noch im selben Jahr Herzog Svantepolk von Pommerellen gemeinsam mit mehreren Prussenstämmen. Nur mit Mühe konnte der Orden den Aufstand niederschlagen. 1240 eroberten die Ordensritter die Prussenburg Honeda, bauten sie zu einem ihrer stärksten Stützpunkte aus, den sie Balga nannten. Von Balga am Frischen Haff aus drangen sie in die Prussengaue Natangen und Barten vor. Die maßlose Unterdrückung der heidnischen, aber auch der getauften Prussen löste 1241 einen zweiten schweren Aufstand aus, in dessen Verlauf die Prussen fast ihr gesamtes Land zurückerobern und mehrere Ordensburgen einnehmen konnten. Daraufhin rief Papst Innozenz IV. 1243 zu einem Kreuzzug gegen die Prussen auf. 1244 teilte der päpstliche Legat Wilhelm von Modena das Prussenland, ob missioniert oder nicht, in vier Bistümer auf: Kulm, Pomesanien, Ermland und Samland.

Ein neuer Abschnitt der Ordensgeschichte begann 1254 mit der Wahl des Poppo von Osterno zum Landmeister des Prussenlands. Mit einem gewaltigen Kreuzzugsheer, das aus 60 000 Mann bestanden haben soll, näherten sich König Ottokar II. von Böhmen, der Markgraf Johann I. von Brandenburg, Graf Rudolf von Habsburg, der spätere deutsche König und Ahnherr des römisch-deutschen Kaiserhauses, die Bischöfe von Kulm und Ermland sowie zahlreiche Ritter aus Sachsen, Thüringen, Brandenburg und vom Rhein dem dicht besiedelten Samland, dem bedeutendsten Prussengau. Die Samländer ließen es bei dieser Übermacht gar nicht erst zu einer Schlacht kommen, sondern ergaben sich und ließen sich taufen. In der größten Prussensiedlung des Samlands, an der Mündung des Pregel, errichtete der Orden 1255 die Burg Königsberg, deren Name König Ottokar II. ehren sollte.

Immer wieder brachen im Prussenland Aufstände aus, mit deren Niederschlagung der Orden vollauf beschäftigt war, so daß er vorerst nicht an neue Eroberungen denken konnte. Er baute übernommene Burgen aus und errichtete neue, um den erreichten Besitzstand zu wahren. Als der Ordensvogt Walrod Mirabilis im Jahre 1261 eine Abordnung der Prussen, die berechtigte Klagen vorbringen wollte, in dem Verhandlungshaus einschließen und das Gebäude niederbrennen ließ, brach in sechs Gauen ein allgemeiner Aufstand aus, die Ordensheere wurden aufgerieben, 1262 in Natangen, 1263 im Samland. Schon 1264 aber war das Samland wieder in der Hand des Ordens. In weiten Teilen der anderen Gaue behielten die Prussen allerdings die Oberhand. In den folgenden Jahren fielen Kriegszüge des Ordens aus, weil milde Winter Flüsse, Seen und Moore nicht zufrieren ließen. Der Orden begnügte sich mit dem Bau einiger Burgen. Erst 1272 – Papst Gregor X. hatte zum Kreuzzug aufgerufen – fiel Markgraf Dietrich von Meißen mit einem Heer in Warmien und Natangen ein. Der Winter brachte starken Frost, die Prussen verloren eine Schlacht nach der anderen, 1274 war ihr Widerstand gebrochen. Jetzt befanden sich nur noch die nördlichen Prussenstämme, die Nadrauer, Schalauer und Sudauer, in Freiheit.

Im Jahre 1276 warf der Orden auch die Nadrauer nieder, von denen viele nach Litauen flüchteten; im Jahr darauf war Schalauen an der Reihe. Der Versuch, auch Sudauen, den letzten und größten Prussengau, zu bezwingen, endete mit einer Niederlage der Ordensritter. Erst 1283 hatten sie auch dieses Gebiet weitgehend unter Kontrolle und das Stammesoberhaupt Skomand zur Taufe überredet. Als sich der Orden 1284 dem restlichen Sudauen zuwandte, wanderten die bisher unbezwungenen Sudauer nach Litauen aus und kehrten nie wieder zurück. Von 1228 bis 1284 hatte der Kampf um das Prussenland gedauert, das der Orden mit einem dichten Netz von Burgen überzog. Allein zwischen 1284 und 1337 entstanden 14 neue große Burgen, darunter Ragnit (1289), Gerdauen (1325), Wehlau (1335) und Insterburg (1337).

1283 begann der Deutsche Orden mit seinen Überfällen auf das benachbarte Litauen und Schemaiten, um auch dieses heidnische Land zu missionieren und eine Verbindung zum livländischen Zweig des Ordens herzustellen. Doch Litauen war ein mächtiges Großfürstentum, das sich bis zum Schwarzen Meer ausdehnte. Außerdem besaßen die Litauer eine kampferprobte Reiterarmee, gegen die der Orden nicht viel auszurichten vermochte. So blieb es bei fast jährlichen »Litauerreisen«, weit über hundert Jahre lang, ohne daß der Orden daraus Vorteile gezogen hätte.

Ein Aufruf von Papst Johannes XXII. zum Kreuzzug gegen die heidnischen Litauer brachte 18 000 Mann unter die Waffen, die 1329 unter der Führung des Königs Johann von Böhmen ausrückten. Kaum standen sie an der schemaitischen Grenze, als ein polnisches Heer in das Kulmer Ordensland einfiel. Das Kreuzzugsheer brach daraufhin die Invasion ab und wandte sich den Polen zu. Fast dasselbe geschah noch einmal sieben Jahre später.

1350 und 1351 wurde die Pest aus Deutschland in die Ordensgebiete eingeschleppt und raffte ganze Dorfgemeinschaften dahin. In den Städten starb ein Drittel der Einwohner den Schwarzen Tod, allein in Königsberg fielen 8000 Menschen der schrecklichen Seuche zum Opfer. Weiterhin kämpfte der Orden gegen die Litauer, ohne Erfolg, denn die dichte litauische Burgenkette längs der Memel, das geschulte Heer, dem unter Kęstutis auch russische Krieger und sogar Tataren angehörten, und der ungebrochene Kampfgeist der Litauer und Schemaiten ließen dem Orden keine Chance. So begnügten sich die Ordensleute mit gelegentlichen Raubzügen.

1386 wurde Jogaila, Großfürst von Litauen, zum König Wladyslaw II. Jagiello von Polen gekrönt, beide Staaten bildeten eine Personalunion und versprachen sich davon eine gemeinsame Politik. Die Litauer mußten sich taufen lassen, was dem Deutschen Orden jegliche Berechtigung nahm, weiterhin missionierend gegen Litauen vorzugehen. Doch der Orden zweifelte am aufrechten Glauben der zwangsgetauften Litauer und richtete seine Politik darauf, Litauen und Polen voneinander zu trennen. Schließlich verschaffte ein Streit zwischen Skirgal, dem Großfürsten von Litauen, und seinem Neffen Vytautas, Fürst von Schemaiten, dem Orden einen Vorwand, 1390 in Litauen einzufallen und mehrere Burgen zu erobern. Immer häufiger und immer tiefer drangen die Ordensheere in Litauen ein, eroberten Kaunas und belagerten Vilnius, aber immer wieder trieb sie Regen oder Tauwetter aus dem sumpfigen, waldreichen Land. 1399 endlich kam es zu einem Friedensvertrag zwischen den Litauern unter Vytautas und dem Orden, in dem Vytautas Schemaiten formell dem Orden überließ. Dieses Land war die Brücke nach Livland und beherrschte das Einzugs- und Mündungsgebiet der Memel. Im Jahre 1400 gelang es tatsächlich einem Kreuzfahrerheer, Schemaiten zu erobern, ein Sieg des Ordens, der allerdings keine zwei Jahre währte, da die freiheitsliebenden Schemaiten die Ordensritter wieder aus ihrem Land vertrieben. 1404 nahm der Orden noch einmal Schemaiten in Besitz und stellte endlich seine »Litauerreisen« ein, weil es sich als unmöglich erwiesen hatte, Litauen zu bezwingen. Außerdem hatte Papst Benedikt XIII. dem Orden den Bannfluch angedroht, wenn er weiterhin die gerade getauften Litauer »mit Krieg bedränge, statt ihnen Schutz und Schirm zu gewähren«.

Der Orden baute in Schemaiten neue Burgen und verstärkte die alten, bis die Schemaiten der Frondienste überdrüssig waren und sich 1408 gegen die Ritter erhoben. Hochmeister Ulrich von Jungingen forderte den litauischen Großfürsten Vytautas auf, seinen Rittern bei der Niederschlagung des Aufstands zu helfen. Vytautas und auch Wladyslaw II. Jagiello, der litauische König von Polen, lehnten aber ein Eingreifen ab. Daraufhin sandte der Hochmeister im August 1409 dem König den Fehdebrief und marschierte in Polen ein. Vytautas stellte sich auf die Seite der Schemaiten und vertrieb die Ordensritter. Zwar kam ein vorübergehender Waffenstillstand zustande, aber zu dieser Zeit fehlte jegliche Instanz, die den Streit hätte schlichten können.

In der Schlacht bei Tannenberg (1410) unterlagen die Ritter des Deutschen Ordens dem Heer der litauisch-polnischen Union unter Wladyslaw II. Jagiello. Lithographie von Johann Nepomuk Geiger, 1863

So suchten beide Seiten die Entscheidung in der Schlacht. Am 15. 7. 1410 prallten die beiden Heere südlich des Dorfes Grunwald und westlich des Dorfes Tannenberg aufeinander. 163 000 Mann sollen Litauer und Polen aufgeboten haben, 83 000 Mann kämpften auf der Seite des Ordens. Die litauisch-polnische Union siegte, der Hochmeister Ulrich von Jungingen blieb mit 20 000 Toten auf dem Schlachtfeld. Zwar sind die Zahlen umstritten und dürften erheblich niedriger anzusetzen sein. Doch bedeutete die Schlacht bei Tannenberg das Ende der Expansionsbestrebungen des Deutschen Ordens, sie leitete auf weite Sicht sogar dessen Untergang ein. Die vier Bischöfe im Ordensland huldigten dem König von Polen, der die im südlichen Prussen- bzw. Ordensland gelegenen Burgen übernahm. Dem Orden blieben nur Danzig, die Marienburg und die Städte und Burgen im Norden, also Balga, Brandenburg, Königsberg usw. Graf Heinrich von Plauen wurde im November 1410 zum Hochmeister des Ordens gewählt; ihm gelang es, im Thorner Frieden von 1411 fast die alte Größe des Ordenslandes wiederherzustellen.

Das Herzogtum Preußen (16. und 17. Jh.)

Gegen die Bevölkerung gerichtete Maßnahmen des Deutschen Ordens – verschlechterte Münze, hohe Zölle, Mühlenzwang, Willkür in Rechtsverhandlungen, Vergewaltigungen durch Ordensleute – führten 1440 zur Gründung des Preußischen Bundes, den vor allem die Städte unterstützten. Schon bald kam es zu kriegerischen Auseinandersetzungen zwischen Bund und Orden, dem allerdings keine Zuwendungen der Kirche mehr zuflossen wie einst bei den Kämpfen gegen die Heiden. Bald konnte der Orden seine Söldner nicht mehr bezahlen, die kurzerhand die Ordensburgen an den polnischen König verkauften. Als sogar die Marienburg an Polen überging, verlegte der Hochmeister im Mai 1457 seine Residenz nach Königsberg. Eine endgültige Regelung zwischen Deutschem Orden, Preußischem Bund, der Kirche und Polen erzwang Papst Paul II. im Thorner Friedensvertrag von 1466.

Albrecht I. von Brandenburg, Hochmeister des Deutschen Ordens, Gemälde, Hans Hennenberger oder Hans Krel zugeschrieben, 1522, Heilbronn, Münster

1511 wurde der Markgraf von Brandenburg, Albrecht von Ansbach-Bayreuth, zum Hochmeister gewählt. Albrecht lernte 1522 auf einer Reise nach Nürnberg den Reformator Martin Luther kennen, dessen neue Lehre ihn faszinierte. Auch der Bischof von Samland folgte den neuen Gedanken und ordnete an, daß künftig nur noch in der Landessprache zu predigen sei und alle Geistlichen Luthers Schriften lesen müßten. Dem geistlichen Umschwung im Ordensland folgte der weltliche. Im Jahre 1525 hob der Hochmeister den Orden auf, verwandelte das restliche Ordensland in ein weltliches protestantisches Herzogtum der Hohenzollern und leistete als Herzog Albrecht von Preußen König Sigismund von Polen am 8. 4. in Krakau den Huldigungseid. Es war das einzige Mal in der Geschichte, daß die Sieger den Namen der Besiegten übernahmen: Aus dem Prussenland war das Herzogtum Preußen geworden. Noch 1525 erklärte Herzog Albrecht Luthers Lehre zur Staatsreligion. Papst Klemens VII. protestierte heftig gegen die Säkularisation des Ordenslandes, ergriff aber keinerlei Maßnahmen. 335 Jahre hatte der Deutsche Orden gewirkt, davon 299 Jahre zwischen Weichsel und Memel.

Im 14. und frühen 15. Jh. war die nördliche Hälfte des Prussenlandes, also Teile von Schalauen, Nadrauen und Sudauen, nur gering besiedelt, weil die ständigen »Litauerreisen« des Ordens und die Rachezüge der Litauer die Flucht der Bewohner nach sich gezogen hatten. Nach 1410 beruhigte sich die Lage weitgehend, und so füllten sich die Siedlungen langsam wieder auf, mit zurückwandernden

Friedrich Wilhelm, der Große Kurfürst, verfolgt die Schweden über das zugefrorene Kurische Haff, Gemälde von Wilhelm Simmler, um 1898, ehem. Berlin, Zeughaus

Prussen zumeist, aber auch mit Litauern. Um die Mitte des 17. Jh. dürften etwa 300 000 Menschen in diesem Gebiet, das gelegentlich Preußisch-Litauen genannt wurde, gelebt haben.

Auf Herzog Albrecht folgte 1568 sein gemütskranker minderjähriger Sohn Albrecht Friedrich, für den sein Vormund, der Markgraf Georg Friedrich von Brandenburg-Ansbach, die Regierung übernahm. Als Albrecht Friedrich 1618 starb, wurde Preußen mit Zustimmung des polnischen Lehnsherrn mit Brandenburg zu einem Staat vereinigt: Brandenburg-Preußen. Kurfürst Georg Wilhelm (1619–40), ein schwacher Herrscher in der schweren Zeit des Dreißigjährigen Krieges, schwankte zwischen den streitenden Parteien hin und her. Die Kaiserlichen wie die Schweden verwüsteten Brandenburg, so daß er sich nach Königsberg zurückzog, wo er 1640 starb. Seinem Sohn Friedrich Wilhelm (1640–88), später der »Große Kurfürst« genannt, gelang es, Brandenburg wieder aufzubauen, sich durch geschickte Politik von der polnischen Lehnshoheit zu lösen und den Schweden Pommern zu entreißen. Doch 1678 brach ein schwedisches Korps von Livland her in Ostpreußen ein. Friedrich Wilhelm sandte den Invasoren ein Heer entgegen und jagte selbst zur Weichsel. Auf tausend Schlitten hetzten die Preußen – mitten unter ihnen der Kurfürst – bei schneidendem Frost den fliehenden Schweden nach, über das zugefrorene Kurische Haff, quer durch Litauen bis fast nach Rīga. Im Jahre 1685 nahm Friedrich Wilhelm 20 000 Hugenotten in sein Land auf, von denen sich 8000 in Ostpreußen niederließen.

Das Königreich Preußen (1701–1918)

Kurfürst Friedrich III. (1688–1713) folgte weitgehend der Politik seines Vaters. Am 18. 1. 1701 setzte er sich als Friedrich I. in Königsberg die Königskrone aufs Haupt. In den Jahren 1709 und 1710 raffte die Pest einen erheblichen Teil der Bevölkerung Ostpreußens, vor allem in den Städten, dahin.

Königsberg unter dem Preußenadler. Glückwunschadresse des Berliner Schutzjuden Simon Wolff Brandes anläßlich der Königskrönung 1701, Aquarell

Friedrich II., der Große, Gemälde von Antoine Pesne, um 1745, Hannover, Niedersächsisches Landesmuseum

Der Sohn Friedrichs I., Friedrich Wilhelm I. (1713–40), besser bekannt als »Soldatenkönig«, schuf den pflichtbewußten, unpolitischen Staatsdiener, den preußischen Offizier und den preußischen Beamten. Er förderte die innere Kolonisation, indem er 1732 über 17 000 Salzburger Emigranten aufnahm, die in ihrer Heimat wegen ihres protestantischen Glaubens verfolgt wurden. Er siedelte sie im menschenleeren Ostpreußen an, davon 10 000 im nördlichen Teil der Provinz.

König Friedrich II., der Große (1740–86), erwarb bei der ersten Teilung Polens 1772 Westpreußen und damit die Verbindung zwischen Brandenburg und Ostpreußen. Unter seinem Neffen Friedrich Wilhelm II. (1786–97) änderte sich in Ostpreußen kaum etwas. In den Strudel der Geschichte geriet das Land erst in der langen Regierungszeit seines ältesten Sohnes Friedrich Wilhelm III. (1797–1840), an dessen Hof »edle Einfachheit, verbunden mit Ordnung und Pünktlichkeit herrschte« (Brockhaus, 1908). 1806 ließ sich der König von Napoleon in den Krieg reißen, obwohl Preußens Heer dafür nicht gerüstet war. Am 14. 10. erlitt Preußen in den Schlachten bei Jena und Auerstedt eine schwere Niederlage, die zum Rückzug zwang. Die Schlacht bei Preußisch Eylau am 8. 2. 1807 zwischen Frankreich und den verbündeten Preußen und Russen ging zwar unentschieden aus, aber die darauf folgende bei Friedland am 14. 6. brachte Napoleon den Sieg und führte am 7.7. und 9. 7. zum Frieden

Friedrich Wilhelm III., Gemälde von Ernst Gebauer, Kopie nach François Gerard, 1814, Berlin, Schloß Charlottenburg

von Tilsit (s. S. 277): Preußen verlor alle Besitzungen westlich der Elbe, also über die Hälfte seiner Territorien, ferner alle Erwerbungen aus den Teilungen Polens. Darüber hinaus hatte Preußen sehr hohe Kontributionen zu leisten.

Als im Jahre 1812 der Konflikt zwischen Rußland und Frankreich ausbrach, unterzeichnete Friedrich Wilhelm III. nach längerem Schwanken in Paris den von Napoleon geforderten Bündnisvertrag. Erst der Zusammenbruch der Grande Armée in Rußland und die von General Yorck getroffene »Konvention von Tauroggen« (s. S. 218) gaben das Zeichen zur Erhebung Preußens. Am 16. 3. 1813 erklärte Friedrich Wilhelm III. Napoleon den Krieg, tags darauf rief er sein Volk zum Befreiungskrieg auf. In erfolgreichen Feldzügen von 1813 bis 1815 bezwangen Preußen, Rußland und Österreich Kaiser Napoleon. Auf dem Wiener Kongreß 1815 erhielt Preußen seine früheren Besitzungen weitgehend zurück. 1829 wurden Ost- und Westpreußen zur Provinz Preußen vereinigt. Die Ereignisse der Märzrevolution 1848 und auch die Bismarckära brachten für das ferne Ostpreußen keine wesentlichen Veränderungen. 1878 endete die Verbindung zwischen Ost- und Westpreußen, beide Landesteile waren jetzt Provinzen innerhalb des Königreichs und deutschen Teilstaats Preußen. Am 9. 11. 1918 endete nach Ausrufung der Republik das Königreich Preußen. Im Versailler Vertrag vom Juni 1919 wurde das Memelland von Ostpreußen abgetrennt und Mandatsgebiet des Völkerbunds. Durch die Bildung des Polnischen Korridors, der Polen mit dem westpreußischen Landesteil einen Zugang zur Ostsee verschaffte, war Ostpreußen seit Abschluß des Versailler Vertrags nicht mehr mit dem übrigen Reichsgebiet verbunden.

Weimarer Republik und »Drittes Reich« (1918–45)

Nach dem Ersten Weltkrieg verlor Preußen seine Präsidialstellung im Deutschen Reich. Wie die anderen Länder erhielt es in der Weimarer Verfassung vom November 1920 den Status eines Freistaats mit eigener demokratisch-parlamentarischer Verfassung. Am 20. 7. 1932 veranlaßte Reichskanzler Franz von Papen den Reichspräsidenten von Hindenburg, die preußische Regierung ab- und ihn selbst zum Reichskommissar für Preußen einzusetzen. Von Papen blieb in dieser Position, bis Hitler im April 1933 Hermann Göring zum preußischen Ministerpräsidenten ernannte. Der preußische Landtag wurde aufgelöst, Preußen wie die anderen Länder des »Dritten Reiches« »gleichgeschaltet«.

Im März 1939 sah sich Litauen gezwungen, dem Druck Hitlers nachzugeben und das Memelland an das Deutsche Reich zurückzugeben. Das Gebiet wurde umgehend in die Provinz Ostpreußen eingegliedert. Mit der Kapitulation der von den Deutschen erbittert verteidigten Stadt Königsberg am 10. 4. 1945 endeten die Kämpfe des Zweiten Weltkriegs in Ostpreußen, die allein dort Hunderttausende von Opfern in der Zivilbevölkerung und unter den Soldaten gefordert hatten und für über zwei Millionen Menschen den Verlust ihrer Heimat bedeuteten. Mit dem Ende des Weltkriegs hörte der preußische Staat im Mai 1945 faktisch auf zu bestehen; am 25. 2. 1947 besiegelte der Alliierte Kontrollrat auch staatsrechtlich sein Ende.

Die Kaliningrader Oblast nach 1945

Auf den Konferenzen von Jalta und Potsdam entschieden die Siegermächte des Zweiten Weltkriegs auch über die Zukunft Ostpreußens. Im Potsdamer Abkommen vom August 1945 wurde es zweigeteilt. Während das südliche Ostpreußen Polen zugesprochen wurde, kam der nördliche Teil zur Sowjetunion. Dabei erhielt die Litauische SSR das Memelgebiet, die Russische SFSR das Königsberger Gebiet. Im Jahre 1946 wurden sowohl die Stadt Königsberg als auch das Territorium nach Michail I. Kalinin (1875–1946) umbenannt, der seit 1919 nominelles Staatsoberhaupt der Sowjetunion gewesen war.

Das Kaliningrader Gebiet, die Kaliningradskaja Oblast, wurde schon bald von den Sowjets zum militärischen Sperrgebiet erklärt und durfte seitdem auch von sowjetischen Bürgern nur mit besonderer Genehmigung betreten werden. In den Jahren 1946/47 wurden die restlichen deutschen Bewohner, die sowohl den Krieg als auch die Hinrichtungen und Deportationen der unmittelbaren Nachkriegszeit überlebt hatten, in das besetzte Deutschland ausgewiesen und im Gegenzug neue Siedler aus der Sowjetunion, vor allem aus Rußland, Weißrußland und der Ukraine, ins Land geholt. Das Kaliningrader Gebiet stand seitdem im Zeichen einer rigiden Sowjetisierung. Sämtliche Städte und Dörfer, Straßen und Plätze wurden umbenannt, Zeugnisse ostpreußisch-deutscher Kultur, die den Zerstörungen des Krieges entgangen waren, getilgt oder dem Verfall preisgegeben. Forciert gingen die Sowjets an den Ausbau der Industrie, vor allem in den Bereichen Schiff-, Maschinen- und Fahrzeugbau, der Häfen und des militärischen Sicherheitsapparats. Die landwirtschaftlichen Betriebe wurden in Sowchosen und Kolchosen umgewandelt, in den Städten entstanden meist monotone Neubausiedlungen für die wachsende Bevölkerung.

Ein neues Kapitel für das Kaliningrader Gebiet begann mit der Unabhängigkeit der baltischen Staaten und der Auflösung der Sowjetunion. Seit 1991 ist es, an Polen und Litauen grenzend, Exklave der Russischen Föderation. Im April 1992 wurde es offiziell zur »Freien Wirtschaftszone Jantar« erklärt und steht seitdem Reisenden ebenso wie potentiellen Investoren offen. Noch aber dämpfen bürokratische Hemmnisse, fehlende gesetzliche Regelungen und die schleppenden Wirtschaftsreformen die Bereitschaft vor allem der westlichen Industrienationen, sich ökonomisch im Kaliningrader Gebiet zu engagieren. Immerhin könnte es sich in Zukunft wieder zur Drehscheibe des Handels zwischen Ost und West entwickeln – so wie Königsberg als Tor zum Osten einst über Jahrhunderte Kaufleute aus ganz Europa anzog.

Zeittafel

5. Jh. v. Chr.	Bernsteinhandel von der Ostseeküste nach Griechenland und Ägypten
3. Jh. n. Chr.	Im Bereich des heutigen Litauen und des Königsberger Gebiets siedeln ostbaltische Völker: Kuren, Semgalen, Schemaiten, Aukschtaiten und Prussen
996/97	Vergeblicher Missionsversuch des Bischofs Adalbert von Prag im prussischen Samland
1226	Papst Honorius III. und Kaiser Friedrich II. beauftragen den Deutschen Orden unter seinem Hochmeister Hermann von Salza mit der Missionierung des heidnischen Prussen- und Litauerlands
1236	In der »Sonnenschlacht« beim heutigen Šiauliai besiegen die Litauer die in Livland missionierenden Schwertbrüder, die sich daraufhin dem Deutschen Orden anschließen
1253	Litauerfürst Mindaugas läßt sich taufen und erhält von Papst Innozenz IV. die Königskrone
1255	Der Deutsche Orden gründet Königsberg
1283/84	Beginn der »Litauerreisen«, wiederholter Eroberungszüge des Deutschen Ordens in litauisches Gebiet, nachdem dieser das Prussenland erobert und missioniert hat
14. Jh.	Großfürst Gediminas gründet das Litauische Reich, das seine Söhne Kęstutis und Algirdas bis Moskau und zum Schwarzen Meer ausdehnen
1385/86	Der litauische Großfürst Jogaila schließt in Krewo die Union mit Polen, er läßt sich taufen und wird als Wladyslaw II. Jagiello polnischer König
15. 7. 1410	In der Schlacht bei Tannenberg vernichten die vereinigten Heere Litauens unter Großfürst Vytautas und Polens unter König Wladyslaw II. Jagiello das Aufgebot des Deutschen Ordens
1422	Im Frieden am Melno-See werden die Machtbereiche der litauisch-polnischen Union und des Ordens abgesteckt
1525	Der Hochmeister des Deutschen Ordens, Markgraf Albrecht von Brandenburg, löst den Orden auf und verwandelt das Ordensland in ein weltliches, protestantisches Herzogtum Preußen

1569	Die »Union von Lublin« führt zum festen Zusammenschluß von Litauen und Polen; Litauen verliert weitgehend seine Souveränität
18. 1. 1701	Friedrich III., Kurfürst von Brandenburg, krönt sich in Königsberg zum »König in Preußen«
1709/10	Die Pest entvölkert Ostpreußen, woraufhin der »Soldatenkönig« Friedrich Wilhelm I. etwa 40 000 Kolonisten aus der Schweiz, der Pfalz, Nassau und Salzburg ansiedelt
1770–1804	Mit Immanuel Kant wird die Königsberger Universität zu einem der Mittelpunkte deutschen Geisteslebens
1772, 1793, 1795	Rußland, Preußen und Österreich teilen das Doppelreich Polen-Litauen unter sich auf (Polnische Teilungen), wobei der größte Teil Litauens an Rußland fällt
1807	Napoleon zwingt Preußen nach den Schlachten bei Preußisch Eylau und Friedland zum Frieden von Tilsit
1812	Der preußische General Yorck schließt mit den Russen die »Konvention von Tauroggen« und gibt damit das Zeichen zur Erhebung Preußens gegen das napoleonische Frankreich
16. 2. 1918	Der litauische Landesrat, die Taryba, erklärt mit deutscher Unterstützung die Unabhängigkeit Litauens von Rußland

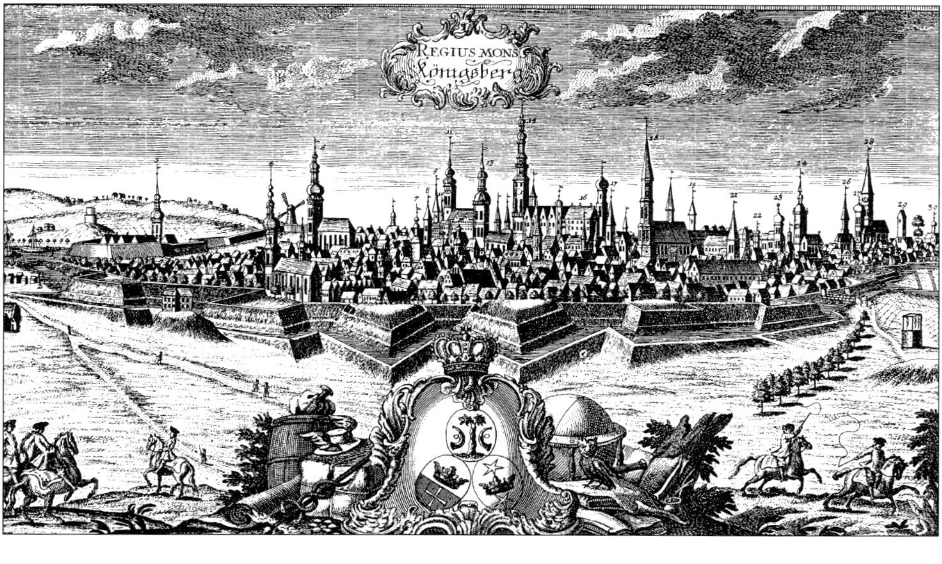

»Ansicht der Stadt Königsberg, von den Friedländer Mühlen aus gesehen«, Kupferstich nach Friedrich Bernhard Werner, um 1750

1919	Polen besetzt das Wilnagebiet, Kaunas wird provisorische Hauptstadt der Republik Litauen
1920	Frankreich übernimmt im Auftrag der Siegermächte des Ersten Weltkriegs die Verwaltung über das Memelgebiet
1923	Litauen annektiert das Memelgebiet
22. 3. 1939	Litauen tritt das Memelgebiet an das Deutsche Reich ab
28. 10. 1939	Das Wilnagebiet gehört wieder zu Litauen; Wilna, heute Vilnius, ist fortan Hauptstadt des Landes
3. 8. 1940	Litauen wird Sowjetrepublik (Litauische SSR), nach Hitlers Angriff auf die Sowjetunion ist Litauen bis 1944/45 von deutschen Truppen besetzt
Oktober 1944	Sowjetische Truppen greifen Ostpreußen an
9. 4. 1945	General Lasch unterzeichnet in Königsberg die Kapitulation der deutschen Truppen
17. 10. 1945	Die Sowjets gliedern das Königsberger Gebiet, das nördliche Ostpreußen, als Kenigsbergskaja Oblast in die Russische SFSR ein
1946	Königsberg erhält den Namen Kaliningrad
1948	Eingliederung des Memelgebiets in die Litauische SSR
11. 3. 1990	Litauen erklärt als erste Sowjetrepublik den Austritt aus der Sowjetunion
13. 1. 1991	»Blutsonntag«: Sowjetische Truppen besetzen das Rundfunk- und Fernsehzentrum von Vilnius, die Kämpfe fordern 14 Todesopfer und zahlreiche Verletzte
9. 2. 1991	In einer Volksbefragung stimmen 90,5 % der Bevölkerung für ein unabhängiges Litauen
1992	Die ersten freien Wahlen in Litauen gewinnt die Litauische Demokratische Arbeiterpartei (LDAP)
1993	Algirdas Brazauskas von der LDAP löst Vytautas Landsbergis, den Führer der Befreiungspartei Sąjūdis, als Staatsoberhaupt ab

Galerie berühmter Persönlichkeiten

Friedrich Wilhelm August Argelander (1799–1875)

Astronom. In Memel (heute Klaipėda) geboren, wirkte in Königsberg und Helsinki, seit 1837 in Bonn, wo er von 1852 bis 1861 die »Bonner Durchmusterung«, einen Katalog von über 320 000 Sternen, aufstellte.

Johannes Bobrowski (1917–65)

Schriftsteller. Geboren in Tilsit (heute Sowjetsk), besuchte in Königsberg das Gymnasium und studierte in Berlin Kunstgeschichte. Nach Rückkehr aus russischer Kriegsgefangenschaft arbeitete er als Verlagslektor in Berlin und beschrieb in Lyrik und Prosa die Landschaft und Geschichte seiner Heimat. Gedichtbände u. a.: »Sarmatische Zeit«, »Wetterzeichen«; Romane: »Levins Mühle«, »Litauische Claviere«.

Hermann Brachert (1890–1972)

Bildhauer. In Stuttgart geboren, wurde 1919 Professor für Bildhauerei und Goldschmiedekunst an der Kunst- und Gewerbeschule in Königsberg, unterhielt in Georgenswalde (heute Otradnoje) sein Atelier. Seit 1945 wieder in Stuttgart an der Akademie der bildenden Künste. Seine Hauptwerke befinden sich in Swetlogorsk (Rauschen).

Algirdas M. Brazauskas (*1932)

Litauischer Politiker und Staatsmann. Ingenieur und promovierter Volkswirtschaftler, Manager in der Großindustrie und Vorsitzender der litauischen Kommunistischen Partei, die er Ende 1989 von der KPdSU löste und 1991 in die Demokratische Partei der Arbeit (LPDA) umwandelte. Wahlsieg in den Parlamentswahlen von 1992. Seit 1993 Staatsoberhaupt von Litauen.

Mikalojus Konstantinas Čiurlionis (1875–1911)

Litauischer Komponist und Maler. Geboren in Varėna, besuchte von 1889 bis 1894 die Orchesterschule in Plungė, danach das Warschauer Konservatorium. In Leipzig setzte er seine Studien fort und schuf sein musikalisches Meisterwerk »Jūra« (Das Meer). Bald danach wandte er sich der Malerei zu. 1904 trat er in die Warschauer Strabrowski-Kunstschule ein und malte bis 1906 u. a. die Zyklen »Tvanas« (Sintflut) und »Pasaulio sutvėrimas« (Weltschöpfung). Zwischen 1907 und 1909 entstanden seine reifsten Arbeiten, z. B. seine zartfarbigen »Sonatenzyklen«.

Mikalojus Konstantinas Čiurlionis, zeitgenössische Fotografie

Lovis Corinth, Selbstbildnis mit Skelett, Gemälde, 1896, München, Städtische Galerie im Lenbachhaus

Lovis Corinth (1858–1925)

Maler und Graphiker. In Tapiau (heute Gwardejsk) geboren, studierte in Königsberg, München, Antwerpen und Paris. 1890 bis 1900 wirkte er in München, danach als führendes Mitglied der Sezession in Berlin. Corinth zählt neben Liebermann und Slevogt zu den wichtigsten Vertretern des deutschen Impressionismus.

Simon Dach (1605–59)

Dichter. In Memel (heute Klaipėda) geboren, besuchte die Königsberger Domschule, floh vor der Pest nach Wittenberg und Magdeburg und studierte ab 1626 an der Universität Königsberg Theologie und Philosophie. Nebenbei verfaßte er Gelegenheitsgedichte. Dach wurde 1633 Lehrer an der Domschule und 1639 Professor der Poesie an der Königsberger Universität. Von ihm stammt der Text des Volkslieds »Ännchen von Tharau«.

Steponas Darius (1896–1933)

Sechs Jahre nach Lindberghs berühmtem Atlantikflug wagte der Litauer Steponas Darius (eigentlich Jucevičius-Darašius) eine weitere Überquerung des Atlantiks, von New York nach Kaunas. Am 15. 7. 1933 startete er mit dem Litauer **Stanislovas Girénas** (1894–1933) vom New Yorker Airport. Doch die 25 000 Menschen, die die beiden Flieger in Kaunas begrüßen wollten, warteten vergeblich. In der Nacht zum 17. 7. streifte die Maschine in der Mark Brandenburg mehrere Baumwipfel und stürzte in den Wald. Beide Flieger fanden den Tod.

Kristijonas Donelaitis (Christian Donelitius) (1714–80)

Erster bedeutender Dichter der litauischen Sprache, Schöpfer der litauischen Kunstpoesie. Geboren in Lasdinehlen (heute Mitschurino), studierte in Königsberg Theologie, wurde Kantor, dann Rektor in Stallupönen (heute Nesterow), 1743 Pfarrer in Tollmingkehmen (heute Tschistyje Prudy). Er schrieb Fabeln und Gedichte, 1818 erschien seine Hexameter-Dichtung »Metai« (Jahreszeiten).

Theodor Gottlieb von Hippel (1741–96)

Der in Gerdauen (heute Schelesnodoroschnyj) geborene Pfarrerssohn studierte in Königsberg Theologie und Jura, betätigte sich als Anwalt, wurde 1780 Bürgermeister von Königsberg und Polizeidirektor, 1786 Stadtpräsident. Er verfaßte zahlreiche geist- und humorvolle Schriften, wie die Traktate zur Frauenfrage »Über die Ehe« und »Über die bürgerliche Verbesserung der Weiber«, sowie die Romane »Lebensläufe nach aufsteigender Linie« und »Kreuz- und Querzüge des Ritters A. bis Z.«.

E. T. A. Hoffmann (1776–1822)

Schriftsteller, Dichter, Komponist, Graphiker. Geboren in Königsberg, studierte dort Rechtswissenschaften, arbeitete zunächst als Jurist. 1808 ging er als Musikdirektor, Komponist, Regisseur und Bühnenmaler nach Bamberg, 1813/14 wirkte er als Kapellmeister in Leipzig und Dresden. Seit 1816 Richter am Berliner Kammergericht. 1814 erschienen seine ersten literarischen Werke, darunter die Stücke »Ritter Gluck« und »Don Juan«. Seine Romane »Die Elixiere des Teufels« und »Lebensansichten des Katers Murr« sowie seine Erzählungen, darunter »Das Fräulein von Scuderi«, verschafften der deutschen Romantik Weltgeltung.

E. T. A. Hoffmann, Selbstbildnis

Immanuel Kant (1724–1804)

Bedeutendster Philosoph der deutschen Aufklärung, die er als »Ausgang des Menschen aus seiner selbstverschuldeten Unmündigkeit« definierte. Als Sohn eines Sattlers in Königsberg geboren. Seit 1770 dort Professor, entwickelte mit dem »kritischen Idealismus« eines der Grundsysteme der deutschen Philosophie. Mit seinen Hauptwerken »Kritik der reinen Vernunft«, »Kritik der praktischen Vernunft« und »Kritik der Urteilskraft« versuchte er, eine Einheit von Erkenntnis, Sittengesetz und Glauben herzustellen.

Immanuel Kant, zeitgenössisches Gemälde

Käthe Kollwitz, Fotografie, um 1905

Käthe Kollwitz (1867–1945)

Graphikerin und Bildhauerin. Geboren in Königsberg, wirkte vor allem in Berlin, wo sie Mitglied der Akademie wurde. Wegen ihrer ausdrucksstarken Darstellungen aus dem Arbeitermilieu verlor sie nach der nationalsozialistischen Machtübernahme 1933 ihre Professur und erhielt 1936 Ausstellungsverbot.

Vytautas Landsbergis (*1932)

Litauischer Politiker und Staatsmann. Pianist, seit den 1960er Jahren Professor an der Musikhochschule Vilnius. Führer der litauischen Befreiungsbewegung »Sąjūdis«. Ab März 1990 Vorsitzender des litauischen Obersten Sowjets, des späteren Rates der Republik, der die Loslösung des Landes von der Sowjetunion beschloß und durchsetzte. Bis zu den Präsidentschaftswahlen von 1993 Staatsoberhaupt von Litauen.

Maironis, eigentlich Jonas Maculevičius-Mačiulis (1862–1932)

Litauischer Schriftsteller und Theologe. Geboren in Pasandravys bei Raseiniai, besuchte das russische Gymnasium in Kowno (heute Kaunas), studierte Literatur in Kiew und Theologie in St. Petersburg. 1909 wurde er Rektor des Theologischen Seminars in Kowno, lehrte Moraltheologie und Literatur. Mit seinen Gedichten, die überwiegend im damals preußischen Tilsit (heute Sowjetsk) erscheinen mußten, erinnerte er an die große Geschichte Litauens und weckte das litauische Nationalbewußtsein.

Adam Bernhard Mickiewicz (1798–1855)

Polnischer Dichter. Geboren im damals litauischen Zaosie bei Nowogródek. Er studierte an der Universität Wilna (heute Vilnius) und war 1819 bis 1823 Lehrer am Gymnasium in Kowno (heute Kaunas). Wegen politischer Betätigung mußte er 1824 Litauen verlassen, ging nach Odessa, wo seine »Krimschen Sonette« entstanden, dann nach Moskau. Ließ sich 1832 in Paris nieder und lehrte seit 1840 am Collège de France slawische Literatur, verlor 1848 den Lehrstuhl aber wegen Verbreitung revolutionärer Ideen. Bekannt sind vor allem Mickiewicz' Balladen, das Epos »Herr Thaddäus oder Der letzte Ritt nach Litauen« und das Drama »Dziady« (Totenfeier).

Agnes Miegel (1879–1964)

Schriftstellerin. Geboren in Königsberg, arbeitete als Erzieherin an einem englischen Mädcheninternat und später in Königsberg als Journalistin und Redakteurin, schrieb Lyrik, insbesondere Balladen und Erzählungen. 1916 erhielt sie den Kleist-Preis, 1924 die Ehrendoktorwürde der Königsberger Universität. Von 1920 bis 1926 leitete sie das Feuilleton der »Ostpreußischen Zeitung«. 1945 flüchtete sie vor den Sowjets nach Dänemark, 1948 zog sie nach Bad Nenndorf.

Otto Nicolai (1810–49)

Komponist. Geboren in Königsberg, studierte in Berlin bei Zelter und Mendelssohn-Bartholdy und in Rom. 1837/38 wirkte er als Kapellmeister in Wien, ging wieder nach Rom, wo er mehrere Opern komponierte. 1841 kehrte er als Hofkapellmeister nach Wien zurück, 1847 wurde Nicolai Dirigent des Domchors und Kapellmeister der Königlichen Oper in Berlin. Dort auch vollendete er 1849 seine bedeutendste Oper »Die lustigen Weiber von Windsor«.

Otto Nicolai, Lithographie, 1842

Ludwig Rhesa (Liudvikas Gediminas Rėza) (1776–1840)

Litauischer Dichter, Philosoph und Theologe. Geboren in Karwaiten, einem später unter Dünen begrabenen Fischerdorf der Kurischen Nehrung. Er studierte in Königsberg und wirkte später als Professor an der dortigen Universität. 1818 veröffentlichte er eine von ihm ins Deutsche übertragene Sammlung litauischer Volkslieder (Dainos) und eine deutsche Übersetzung der Dichtung »Metai« (Jahreszeiten) von Kristijonas Donelaitis.

Hermann Sudermann (1857–1928)

Schriftsteller und Dramatiker. Geboren in Matzicken (heute Macikai) bei Heydekrug (heute Šilutė), studierte in Königsberg und Berlin Geschichte, neuere Philologie und Literatur. In Berlin, kurze Zeit auch in Dresden, arbeitete er als Redakteur, erregte 1889 mit seinem sozial- und gesellschaftskritischen Schauspiel »Ehre« Aufsehen. Es folgten u. a. die Bühnenstücke »Heimat« und »Johannisfeuer«. Zu seinen erzählerischen Hauptwerken gehören die Romane »Frau Sorge«, »Der Katzensteg« sowie seine »Litauischen Geschichten«, darunter die weltbekannte »Reise nach Tilsit«.

Hermann Sudermann, Holzstich, 1890

Ernst Wichert (1831–1902)

Schriftsteller und Dramatiker. Geboren in Insterburg (heute Tschernjachowsk), studierte an der Königsberger Universität Geschichte und Jura. 1863 wurde er Richter am Königsberger Stadtgericht, gründete die »Altpreußische Monatsschrift« und schrieb Theaterkritiken. Nach vergeblichen Versuchen als Dramatiker fand er schließlich als Romanautor Anerkennung: »Heinrich von Plauen«, »Der Große Kurfürst in Preußen« und »Tileman vom Wege«. 1888 folgte er einem Ruf an das Kammergericht Berlin und schrieb hier seine Autobiographie »Richter und Dichter«.

Ernst Wichert, Fotografie, 1881

Städte und Landschaften in Litauen und im Königsberger Gebiet

Curisch Haff
Curishe Nehrung

Vilnius

Vilnius, die bald 700 Jahre alte Hauptstadt der Republik Litauen, liegt im Osten des Landes, nur 30 km von der weißrussischen Grenze entfernt, am Ufer der Neris. Zahllose Hügel und Parks prägen das Bild des Wirtschafts- und Kulturzentrums der Litauer, das von ausgedehnten Wäldern umgeben ist. In den weiten Tälern im Umkreis haben sich Betriebe des Maschinenbaus, der Elektro-, Textil-, Nahrungsmittel-, Möbel- und Baustoffindustrie angesiedelt. Den Stadtkern, der sich seit dem Mittelalter zu Füßen der Burg Vilnius entwickelte, schmücken zahlreiche Kirchen, Paläste, die Universität und repräsentative Neubauten wie Oper, Parlament und Regierung. In weitem Halbkreis umgürten Satellitenstädte die Altstadt, weiträumig und weniger eintönig angelegt als die üblichen Neubauviertel der Großstädte. Ein international beachtetes Beispiel moderner Stadtgestaltung ist Lazdynai, eine ›Stadt in der Stadt‹, knapp 5 km westlich der City.

Vilnius zählt 585 000 Einwohner (1994). Davon sind 52,8 % Litauer, 19,2 % Russen, 19,2 % Polen, 4,8 % Weißrussen und 4,0 % sonstiger Nationalität.

Vilnius☆☆
Besonders sehenswert:
Kathedrale
Obere Burg
Neues Arsenal (Historisches und Ethnographisches Museum)
Gotisches Ensemble
Aušros-Tor
Peter-und-Paul-Kirche
Parlamentsgebäude

Stadtgeschichte

Um das Jahr 1323 verlegte Großfürst Gediminas seine Residenz von Trakai (s. S. 109) nach Vilnius. Auf dem heutigen Gediminasberg (Gedimino kalnas), der an der Mündung des Flüßchens Vilnia (= Welle) in die Neris steil aufragt, ließ er eine mächtige Burg errichten, der er ebenfalls den Namen Vilnia gab. Vilnius hieß die Kaufmannssiedlung, die sich am Fuß des Berges entwickelte und raschen Aufschwung nahm.

Die Gründungslegende von Vilnius: der gepanzerte Wolf

Die Gründungslegende von Vilnius rankt sich um einen gepanzerten, zähnefletschenden Wolf, der immer wieder im Stadtbild erscheint. Zu Beginn des 14. Jh. soll er Großfürst Gediminas im Traum erschienen sein und so laut geheult haben, daß der Herrscher erwachte. Gediminas war – auf der Jagd nach Auerochsen, Bären und Hirschen – durch die riesigen, dichten Wälder gestreift, die im hohen Mittelalter das spätere Stadtgebiet bedeckten, dabei aber von der Dunkelheit überrascht worden. Der Oberpriester des Donnergottes Perkūnas wurde ins Zelt des Gediminas gerufen und deutete den Traum: »Großfürst, Macht und Ruhm warten auf dich. Die Götter wollen, daß du hier auf dieser Anhöhe eine Burg erbaust, von der aus du ein großes Reich regieren wirst. Der Panzer des Wolfes zeigt die Stärke deiner Truppen, sein Geheul steht für das Ansehen, das du über die Grenzen deines Reiches hinaus genießen wirst.« Darauf gab Gediminas den Befehl, auf dem Hügel zwischen den Flüssen Vilnia und Neris eine Burg zu errichten.

◁ Die Annenkirche in Vilnius zählt zu den Höhepunkten nordosteuropäischer Backsteingotik

◁◁ Memelburg und Stadt Memel, Ausschnitt aus einem Kupferstich von 1684

Ein bedeutender Handelsplatz war Vilnius schon lange vor Gediminas' Zeiten. Unter dem Kathedralenplatz verstecken sich Reste einer Siedlung des 2. Jh. v. Chr. Auf dem Gelände des Arsenals reicht eine 7,5 m dicke Kulturschicht sogar bis in das 4. Jt. v. Chr. zurück. Noch ältere Siedlungsspuren im heutigen Stadtgebiet weisen in die steinzeitliche Kulturstufe des Magdalénien (ca. 10 000 v. Chr.) zurück. 1323 war das Jahr, in dem die Stadt Vilnius erstmals schriftlich erwähnt wurde: Großfürst Gediminas bat König Ludwig IV. von Bayern in einem Brief, ihm deutsche Kaufleute und Handwerker für seine Hauptstadt zu schicken. Vermutlich hatte der Umzug von Trakai nach Vilnius schon einige Jahre zuvor stattgefunden.

1387 verlieh Großfürst Jogaila der Stadt das Magdeburger Recht, das im Mittelalter am weitesten verbreitete deutsche Stadtrecht. Jogaila hatte sich als polnischer König Wladyslaw II. Jagiello taufen lassen, im litauischen Volk den katholischen Glauben eingeführt und Vilnius zum Sitz des ersten Bischofs auf Litauens Boden bestimmt. Rund 30 000 Einwohner zählte Vilnius damals und gehörte damit zu den größten Städten Europas; es war größer noch als Krakau, die Hauptstadt Polens, und nur wenig kleiner als Prag.

»Die Hauptstatt in Littaw ist Vilna/ da ist auch ein Bisthumb/ unnd ist diese Statt so groß als Crackaw ... Doch steht nit ein Hauß am andern/ sondern sie haben Gärten und Hof dazwischen wie auff den Dörffern ... Die gemeinen Häuser haben kein Camin/ daher die Leut wegen des stäten Rauchs/ ire Augen verderben/ und werden nicht bald an einem Ort so viel blinde gesehen als zu Vilna.«
Sebastian Münster (1488–1552), »Cosmographia«

Unter den Jagiellonenherrschern des 15. und 16. Jh. war Vilnius Residenzstadt der Großfürsten von Litauen und Nebenresidenz der litauischen Könige von Polen. In dieser Ära erlebte die Stadt als Handelszentrum zwischen den Städten Rußlands und den Hansestädten an der Ostsee ihre höchste Blüte. Besorgnis erregten in dieser insgesamt glücklichen Zeit aber die endlosen kriegerischen Auseinandersetzungen mit dem Großfürstentum Moskau, das immer weiter westwärts drängte und die bisher unbefestigte Stadt zwang, zwischen 1503 und 1522 eine rund 3 km lange Wehrmauer mit zehn Toren zu bauen.

Im Jahre 1522 nahm in Vilnius die erste Druckerei den Betrieb auf; Schriftsprache war das Weißrussische. 1532 hatte die Stadt ihre erste Wasserleitung. 1562 fuhr von Vilnius erstmals eine Postkutsche über Krakau nach Wien. König Stephan Báthory gründete 1579 mit der »Alma academia et universitas Vilnensis« die erste Universität im Baltikum. Dem großen Stadtbrand von 1610 soll ein Drittel der Bevölkerung von Vilnius zum Opfer gefallen sein, fast alle Gebäude wurden zerstört. 1655 eroberten russische Truppen die Hauptstadt und blieben hier sechs Jahre lang. Besonders litten die Einwohner im großen Nordischen Krieg (1700–21); mehrmals wurde die Stadt in diesen Jahren geplündert und gebrandschatzt, immer wieder wütete die Pest.

1795 wurde Vilnius nach der dritten Polnischen Teilung eine russische Gouvernementshauptstadt, mit 56 000 Einwohnern die drittgrößte Stadt des Zarenreichs nach St. Petersburg und Moskau. Zugleich bildete sie mit den Gouvernements Grodno (Hrodna) und Kowno (Kaunas) das Generalgouvernement Wilna. 1812 kam die Grande Armée Napoleons zweimal durch Vilnius, auf dem Hinweg nach Moskau und – hungrig und erschöpft – auf dem Rückzug.

Im 16. Jh. wurde Vilnius gegen die wiederholten Übergriffe des Großfürstentums Moskau bewehrt: Ansicht des Subačius-Tors aus dem 18. Jh.

1831 und 1863 stand Vilnius im Mittelpunkt der Aufstände gegen die Leibeigenschaft und vor allem für die Befreiung des Landes vom Zarenjoch. Die Folgen dieser Aufstände waren die Schließung der Universität 1832 und zahlreicher Schulen und Kirchen im Jahre 1864. 1860/61 erlebte Vilnius durch seine Anbindung an die Eisenbahnstrecke St. Petersburg – Warschau einen neuen wirtschaftlichen Aufschwung. Die wachsende Industrie ließ die Einwohnerzahl bis 1897 auf 160 000 Einwohner ansteigen, von denen 34 % Katholiken, 16 % Russisch-Orthodoxe und 47 % Juden waren. Die zahlreichen durch die russische Revolution von 1905 gewonnenen Erleichterungen führten zu einem Wiederaufblühen des kulturellen Lebens.

Im September 1915 zogen deutsche Truppen kampflos in das evakuierte Vilnius ein. Zwei Jahre später forderten 214 Abgeordnete ein freies Litauen. Am 16. 2. 1918 beschloß der von ihnen gebildete Zwanzigerrat die »Wiederherstellung des unabhängigen litauischen Staates auf demokratischen Grundlagen mit der Hauptstadt in Vilnius«. Da Litauen noch von deutschen Truppen besetzt war, erkannte niemand den neuen Staat an. Am 9. 10. 1920 okkupierten polnische Truppen Stadt und Region von Vilnius, die Stadt blieb als »Wilno« für über 19 Jahre bei Polen. Provisorische Hauptstadt Litauens wurde Kaunas.

Im September 1939 besetzte die Sowjetarmee das Gebiet von Vilnius. Die Regierung der UdSSR gab es nach dem Vertrag vom 10. 10. 1939 an Litauen zurück und verlangte dafür militärische Stütz-

punkte in Litauen. Am 28. 10. zogen litauische Truppen in Vilnius ein. Und ein knappes Jahr später war Vilnius Hauptstadt der 14. Sowjetrepublik, was ein geheimes Zusatzprotokoll zum Hitler-Stalin-Pakt ermöglichte.

Am 25. 6. 1941 marschierte die deutsche Wehrmacht in Vilnius ein. In den folgenden Nächten erschossen litauische Faschisten im nahen Wald von Paneriai (s. S. 107) mehrere tausend Juden, im September richtete die deutsche Verwaltung in der Altstadt von Vilnius zwei Ghettos als Durchgangsstationen zu den Vernichtungslagern ein. Nach Angaben der jüdischen Religionsgemeinschaft von Vilnius wurden 63 000 von den 65 000 Juden, die zur Zeit des deutschen Einmarsches noch in der Hauptstadt Litauens lebten, ermordet. Im Jahre 1939 hatten über 140 000 Juden in Vilnius gewohnt. 108 Synagogen und Bethäuser wurden in Brand gesteckt und zerstört. Damit war das »Jerusalem des Ostens« (s. S. 81) untergegangen.

Im Juli 1944 kehrte die Rote Armee zurück, Vilnius war wieder Kapitale der Sozialistischen Sowjetrepublik Litauen. Ein gewaltiges Aufbau- und Ausbauprogramm schuf neue Industriekomplexe und Stadtviertel. 1980 überschritt die Einwohnerzahl von Vilnius erstmals die Halbmillionengrenze. In den späten 80er Jahren wurde die Stadt zum Mittelpunkt neuerlicher Unabhängigkeitsbestrebungen, die am 11. 3. 1990 in dem Parlamentsbeschluß gipfelten, die Sowjetunion zu verlassen. Seit diesem Tag weht die gelbgrünrote Flagge Litauens über dem Parlamentsgebäude von Vilnius, das nun wieder die Hauptstadt der freien Republik Litauen ist.

Glockenturm und St.-Stanislaw-Kathedrale am Kathedralenplatz: »Die Kirche sieht aus wie ein griechischer Tempel oder ein polnisches Stadttheater. Weichselantike.« (Alfred Döblin)

Die Altstadt

(Stadtplan in der hinteren Umschlagklappe)

Die wichtigsten Sehenswürdigkeiten von Vilnius liegen in der etwa 2 km × 1 km großen Altstadt (Senamiestis), deren malerisches Weichbild von gotisch verwinkelten Gassen, barocken Plätzen, 26 Kirchen, mehr als 300 mittelalterlichen Wohnhäusern, der alles überragenden Gediminasburg und zahlreichen reizvollen Parkanlagen geprägt wird.

Kathedralenplatz und Burgberg

Historischer wie touristischer Mittelpunkt der Altstadt ist der **Kathedralenplatz** (Katedros aikštė) am Fuß des Burgbergs mit der schneeweißen Kathedrale und dem wuchtigen Glockenturm. Der Platz verbindet die mittelalterliche Burg mit der Stadt, er lag einst noch jenseits der Vilnia, die im Mittelalter zweiarmig die Burgmauern umfloß.

Die erzbischöfliche **Kathedrale St. Stanislaw** (1, Arkikatedra bazilika), wohl das schönste klassizistische Bauwerk Litauens, erhebt sich wie ein griechischer Tempel auf dem weiten Platz und erinnert in seiner wenig christlichen Gestalt an das uralte heidnische Heiligtum, das vor dem Siegeszug des Christentums an dieser Stelle stand.

Archäologen entdeckten bei Ausgrabungsarbeiten im Kirchenraum sechs vorchristliche Opferaltäre der alten Litauer. Über diesen Altären ließ Fürst Mindaugas, nachdem er 1253 aus politischen Gründen die Taufe empfangen hatte, auf Wunsch von Papst Innozenz IV. die erste Kirche auf litauischem Boden erbauen. Geweiht wurde sie dem hl. Stanislaw, Bischof von Krakau. Dieser hatte den unmoralischen Lebenswandel seines Königs Boleslaw II. Šmialy gerügt, ihn der Unterschlagung kirchlichen Eigentums bezichtigt und exkommuniziert, woraufhin ihn der König 1079 während der Messe in der Krakauer Michaelskirche erschlagen ließ. Der Adel vertrieb den jähzornigen König aus dem Reich, in einem Kärntner Kloster soll er 1082 gestorben sein. 1253 hatte Innozenz IV. den Märtyrer heiliggesprochen. Die Kirche von Vilnius war die erste, die diesem Heiligen geweiht wurde. Heute erwähnt kein Litauer mehr allzugern den Namen des Heiligen in Verbindung mit der Kathedrale, denn St. Stanislaw war ein Pole.

Ein erst 1985 freigelegtes Fresko aus dem späten 14. Jh., die Kreuzigung Jesu mit Maria und Johannes darstellend, ist das älteste erhaltene Beispiel litauischer Sakralkunst

Der ursprünglich 22,7 m × 22,4 m große, im Stil der Romanik errichtete Bau besaß eine Apsis, zwei seitliche Kapellen und einen Portalturm; den Fußboden bedeckten glasierte, mit Ornamenten geschmückte Keramikfliesen. Nach Mindaugas' Tod 1263 wurde die Kirche in einen Heidentempel umgewandelt und diente dem Kult des Gottes Perkūnas – wie das uralte Heiligtum.

Das nächste Gotteshaus an dieser heiligen Stelle war wieder christlich. Großfürst Jogaila ließ es 1386/87 nach seiner Taufe und Krönung zum König Wladyslaw II. Jagiello von Polen erbauen. Das Christentum war in Litauen Staatsreligion geworden, entsprechend prächtig wuchs auch die Hauptkirche Litauens, die Kirche des Bischofs von Vilnius, neben dem Großfürstenpalast empor, im gotischen Stil mit nunmehr fünf Kapellen. Bei Restaurierungsarbeiten im Jahre 1985 kam die nördliche, mit einem *gotischen Fresko* bedeckte Wand zum Vorschein.

Nach dem Brand von 1419 ließ Großfürst Vytautas eine neue Bischofskirche bauen, größer und prächtiger – und natürlich moderner. So entstand ein Ziegelbau im Stil der norddeutschen Backsteingotik, dreischiffig und mit zwei Türmen. Der Grundriß entsprach schon weitgehend den heutigen Maßen. Die Pläne dürften deutsche Baumeister erstellt haben. An die Seitenschiffe fügte der litauische Hochadel familieneigene Grabkapellen, die im wesentlichen noch heute bestehen. Nach seinem Tod im Jahre 1430 wurde Vytautas in der Kathedrale beigesetzt, aber trotz intensiver Suche hat man sein Grab bisher nicht gefunden.

1530 wurde die Kathedrale durch ein Feuer stark beschädigt, zwischen 1534 und 1557 bauten die italienischen Baumeister und Bildhauer Bernardin Zanobia de Gianotti und Giovanni Cinni sie im Stil der Renaissance wieder auf. Fresken schmückten nun die Wände,

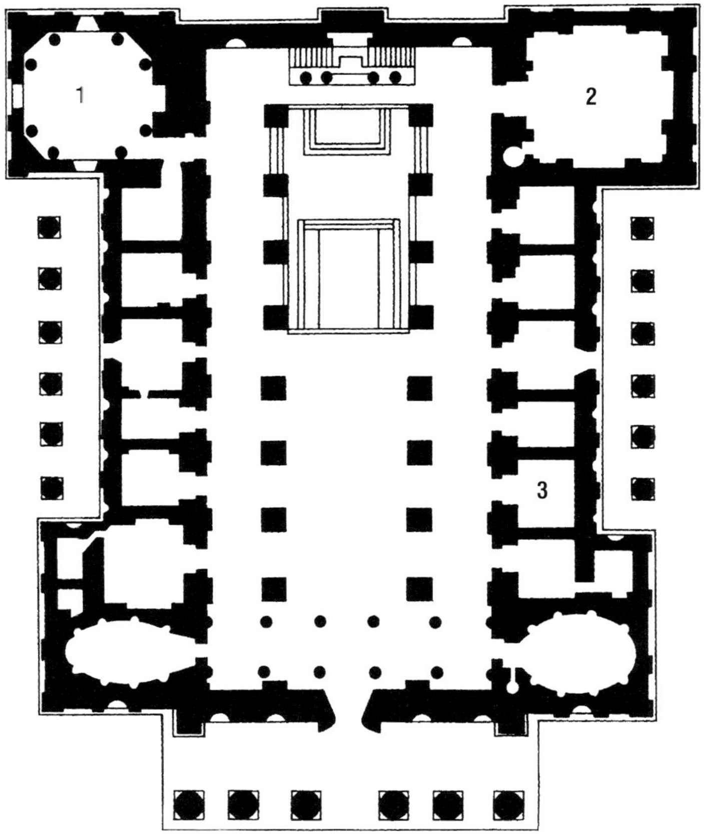

Vilnius, Kathedrale St. Stanislaw, Grundriß
1 Sakristei
2 Kasimirkapelle
3 Goštautas-kapelle

und einige Grabkapellen kamen hinzu. Der große Stadtbrand von 1610 erfaßte auch die Kathedrale. Bei ihrer Wiederherstellung 1613 bis 1616 gab ihr der königliche Hofarchitekt Constantino Tencalla ein barockes Aussehen, das zwei flankierende Portaltürmchen vervollständigten. 1666 brannte der Dachstuhl. Und wieder erhielt das Gebäude ein neues Gesicht. Der österreichische Baumeister Johann Vinzenz Salvator verbreiterte die schmalen gotischen Fenster und verputzte die Wände.

Völlig erneuert wurde die Kathedrale in den Jahren 1783 bis 1801 von Laurynas Stuoka-Gucevičius, einem litauischen Architekten, der in Paris die Baukunst des Empire studiert hatte. Der Innenraum behielt seinen gotischen Charakter, die Kapellen blieben barock, das Äußere aber nahm das Aussehen eines griechischen Tempels an, erschien klassisch-streng und wohlproportioniert, im eleganten Stil des Klassizismus.

In sowjetischer Zeit blieb die Religionsfreiheit laut Verfassung zwar gewahrt, doch aufgrund der antireligiösen Propaganda wagten nur noch wenige Bürger, am Gottesdienst teilzunehmen. So blieben die Kirchen leer und wurden, sofern ihre Erhaltung von kunsthistorischem Wert war, neuen Aufgaben zugeführt. 1956 verwandelte man die Kathedrale in eine Kunstgalerie. Und wegen ihrer großartigen Akustik nutzte man sie auch für klassische Konzerte. Sie wurde innen und außen sorgsam restauriert und überstand so die Jahrzehnte der Sowjetära. Ende 1988 gab der Staat die »Arkikatedra« an die katholische Kirche zurück, im Februar 1989 wurde sie erneut geweiht. Und bald kehrten auch die zur Peter-und-Paul-Kirche (s. S. 96) ausgelagerten sterblichen Überreste des hl. Kasimir an ihren früheren Platz in der Kasimirkapelle der Kathedrale zurück.

Moses an der Westfassade der Kathedrale

Die *Westfassade* der Kathedrale beherrscht ein mächtiger Portikus mit sechs dorischen Säulen. Im Tympanon ist das Hochrelief »Dankopfer Noahs« zu erkennen. Tommaso Righi schuf die Standbilder von Abraham, Moses und den vier Evangelisten in den Nischen. Die *Südfassade* schmücken Standbilder der litauischen Fürsten, gestaltet von dem litauischen Bildhauer Kazimieras Jelskis. Die Skulpturen der *Nordfassade*, die im 19. Jh. aus anderen Kirchen der Stadt hierher gebracht wurden, stellen Heilige dar.

Den hohen Innenraum ließ der Baumeister des Klassizismus nahezu unverändert, so daß die dreischiffige Halle noch immer gotisches Raumempfinden vermittelt. Nur der Hauptaltar wurde erneuert, und als Pendant zur Kasimirkapelle kam die fast gleich große Sakristei dazu. Besondere Aufmerksamkeit verdient die *Kapelle des hl. Kasimir*, die wohl Constantino Tencalla von 1623 bis 1636 erbaute. Kasimir (1458–84) war der zweite Sohn des Königs Kasimir IV. Jagiello, also ein Enkel von Jogaila. 1471 wählten ihn die ungarischen Magnaten zu ihrem König, doch konnte er sich gegen seinen Gegenspieler Matthias Corvinus nicht durchsetzen und verzichtete auf die Krone. Kasimir starb 1484 in Vilnius und wurde in der Kathedrale beigesetzt. 1521 sprach Papst Leo X. den frommen Fürsten und Förderer des Marienkults heilig. Fresken mit Szenen aus dem Leben des Heiligen bedecken die mit schwarzem Marmor und bräunlichem Granit abgesetzten Wände der Kapelle. Die Fresken der hohen Kuppel schuf der italienische Maler Michelarcangelo Palloni. Bemerkenswert sind die beiden Bilder »Das Wunder am Grab des hl. Kasimir« und »Öffnung des Heiligengrabs«. Die mit Silber überzogenen Holzplastiken in den Mauernischen stellen litauische Großfürsten dar. Unter der Kasimirkapelle befinden sich die Gräber der beiden Polenkönige Alexander (1501–06) und Wladyslaw IV. Wasa (1632–48).

Holzplastik in der Kasimirkapelle der Kathedrale

Interessant ist außerdem die *Kapelle des großfürstlichen Kanzlers Goštautas* mit den prächtigen Marmorgrabmälern für den Kanzler (um 1535–41), einem Werk von Bernardin Zanobia de Gianotti, und für Bischof P. Alšėniškis (um 1550) von dem Bildhauer Gian Maria Padovani il Mosca.

Der imposante **Glockenturm** (2, Varpinės bokštas) der Kathedrale ging aus einem quadratischen Wehrturm der im 13. Jh. erbauten Unteren Burg hervor. Das Untergeschoß dieses Turmes liegt heute unter dem Niveau des Platzes. Im 14. Jh. entstand auf diesem Untergeschoß des inzwischen zerstörten Bauwerks ein viergeschossiger Rundturm mit Schießscharten, dessen 4 m dicke Mauern aus Feldsteinen gefügt sind. Zwischen 1522 und 1524 erhielt der Turm seinen achteckigen Renaissanceaufbau, der Ende des 16. Jh. erneuert wurde und ein weiteres Stockwerk erhielt. 1561 hängte man die große Glocke der Kathedrale in den Turm. Meister Josef Bergmann aus Vilnius baute 1803 eine Uhr in das oberste Stockwerk ein. Im Jahre 1893 bekam der Turm einen 14 m hohen Dachaufbau mit vergoldeter Kugel und 5 m hohem Kreuz, so daß er eine Höhe von insgesamt 57 m erreicht. Seit 1967 erklingt an Feiertagen ein Glockenspiel aus 17 Glocken, von denen zehn aus dem 16. bis 18. Jh. stammen.

Im Mittelalter verband ein gedeckter Gang die Kathedrale mit dem anschließenden Palast der litauischen Großfürsten, dem Mittelpunkt der **Unteren Burg**. Zur Zeit führen Archäologen umfangreiche Grabungen durch, der Palast soll nach alten Plänen und Stichen rekonstruiert werden. Immerhin war der Großfürstenpalast noch im 18. Jh. vorhanden – wenn auch schon recht baufällig. Erst die Russen ließen das Gemäuer 1795 abreißen und bis 1801 viele weitere Zeugen der großen Vergangenheit Litauens entfernen. So liegen unter dem Pflaster des Kathedralenplatzes und dem anschließenden Park die Grundmauern des Bischofspalastes und der Annenkirche, die später der hl. Barbara geweiht wurde. Bei Ausgrabungen trafen die Archäologen auf ausgedehnte Kellergewölbe, auf Krypten, hölzernes Straßenpflaster und steinzeitliche Siedlungen.

Ein geschwungener Parkweg führt zur **Oberen Burg** auf dem 48 m hohen Burgberg (Pilies kálnas) hinauf, den die Litauer neuerdings Gediminasberg nennen. Eine erste Burg aus Holz- und Erdmauern stand dort im 11. Jh. Aber schon wesentlich früher dürfte der steile

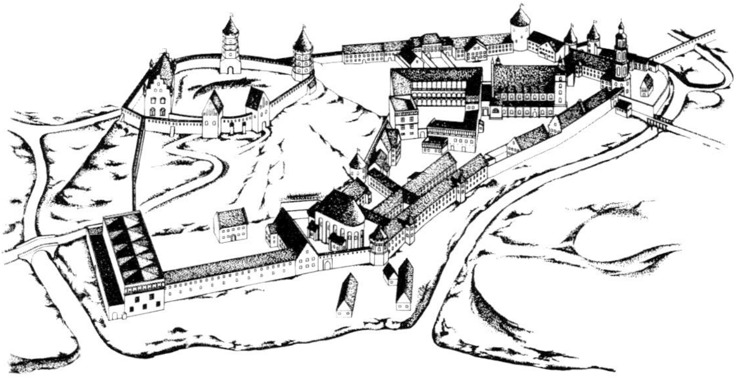

Der Burgberg mit Oberer und Unterer Burg im 17. Jh., Rekonstruktionszeichnung

und daher schwer zu erobernde Hügel Angreifern getrotzt haben, denn die ältesten Siedlungsspuren stammen aus der ersten Hälfte des 1. Jt. v. Chr. Doch der von Vilnia und Neris umflossene Hügel erlebte nicht nur kriegerische Auseinandersetzungen, sondern war auch eine damals weithin bekannte Kultstätte. Vor wenigen Jahren entdeckten Archäologen dort ein heidnisches *Observatorium*, vermutlich aus der Zeit um 1000 n. Chr., einen riesigen Steinkreis, von dem bisher erst die nördliche Hälfte freigelegt werden konnte. Steinpflöcke und Holzpfähle markierten die Himmelsrichtungen und die wichtigsten astronomischen Positionen wie die Sonnenwenden und Mondphasen mit einer Genauigkeit, die dem wissenschaftlichen Stand in Europa entsprach. Eine ähnliche Anlage fand man auch auf dem Birutėberg in Palanga (s. S. 178).

Gediminas erbaute die Oberburg im 14. Jh. aus Feldsteinen und gebrannten Ziegeln. Sie besaß drei Türme, ein Tor und den Palas. Vom *Palas* sind noch das Kellergeschoß und Mauerteile bis zum ersten Stock vorhanden. Im ersten Stock befand sich der große Thronsaal, dessen Decke – wohl ein Kreuzrippengewölbe – auf drei Säulen ruhte. An den Palas schloß sich eine dem hl. Martin geweihte Kapelle an, von der aber nichts mehr geblieben ist. 1419 brannte die Burg; sie wurde unter Großfürst Vytautas erneuert. Als die Burgen durch die Erfindung des Schießpulvers um die Mitte des 14. Jh. ihre Verteidigungskraft verloren, dienten die Türme zuerst als Arsenale, später als Staatsgefängnis. Im Jahre 1660 erlitt die Burg im Nordischen Krieg schwere Schäden und dämmerte fortan als Ruine dahin. Als im 19. Jh. bei allen Völkern Europas das Nationalbewußtsein erwachte, besannen sich auch die Litauer der eigenen Geschichte und begannen, die einstürzende Burg zu erneuern. Vorhandene Relikte der Burgmauern, des Palas, des Südturms, vor allem aber des stattlichen Westturms wurden weitgehend restauriert.

Der Westturm wurde als **Gediminasturm** (3, Gedimino bokštas) zum Symbol der Stadt Vilnius. In kommunistischer Zeit schmückte der Turm sogar das Stadtwappen, bis 1989 wieder der hl. Christophorus mit dem Jesuskind auf dem Arm und dem Doppelkreuzstab in der Hand an seine Stelle trat. Seit 1990 weht die litauische Flagge auf dem Turm. Der Gediminasturm besteht aus einem fast quadratischen Kellergeschoß, drei achteckigen Obergeschossen und einer Wendeltreppe im Mauerwerk. Er wurde 1939 und 1949 restauriert und zeigt eine kleine, aber sehr interessante *Sammlung zur Burg- und Stadtgeschichte*, insbesondere archäologische Funde, Waffen und Rüstungen, Burgpläne und Modelle der drei Burgen von Vilnius (Unterburg, Oberburg, Krumme Burg). 74 Stufen führen auf die Plattform des Turms, von der sich ein prächtiger Rundblick auf die malerische Altstadt, die moderne Neustadt und auf die fernen Satellitenstädte bietet.

Wer sich beim Abstieg nordwärts wendet, erreicht den wuchtigen Bau des **Alten Arsenals** (4), den nordöstlichen Eckpfeiler der Unterburg, errichtet um die Mitte des 16. Jh. und im 19. Jh. restauriert. In diesem großfürstlichen Zeughaus der Renaissancezeit sind beachtliche Reste der gotischen Vorläuferbauten und der mittelalterlichen Stadtbefestigung zu besichtigen. Das in den 1980er Jahren erneuerte Bauwerk beherbergt heute ein **Museum für angewandte Kunst** (Taikomosios dailės muziejus). Das untere Stockwerk zeigt Möbel, Stoffe, Porzellan, Schmuck usw. aus Deutschland und Frankreich, Beispiele aus dem 13. bis späten 19. Jh. Im oberen Stockwerk ist Volkskunst unserer Zeit ausgestellt, eine überaus eindrucksvolle Sammlung.

Umwandert man den Burgberg, kommt man zum **Neuen Arsenal** (5), einem langgestreckten, niedrigen Bauwerk, das zu Beginn des 19. Jh. über alten Kellergewölben entstand, die zum Teil aus dem 14. Jh. stammen. Das Neue Arsenal enthält als **Litauisches Historisches und Ethnographisches Museum** – oder kurz: Litauisches Nationalmuseum – (Lietuvos istorijos ir etnografijos muziejus bzw. Lietuvos nacionalinis muziejus) seit 1965 eine der interessantesten

Das Neue Arsenal beherbergt das Historische und Ethnographische Museum oder kurz: das Litauische Nationalmuseum; im Hintergrund der Gediminasturm

Sammlungen des Landes. Ein Bestand von insgesamt 700 000 Exponaten dokumentiert die Archäologie, Geschichte und Volkskunde Litauens. Die Anfänge der Sammlung gehen auf das 1855 eröffnete »Altertumsmuseum« des Historikers Graf Eustachy Tyszkiewicz (Tiškevičius) zurück, das einst in der Aula der Universität untergebracht war.

Wie ein Schutzschild stemmt sich das frühere **Haus des Burgkustos** seit dem 15. Jh. gegen den Berghang, als wolle es verhindern, daß der Berg auf die Kathedrale rutscht. Das schmucklose Gebäude ist nicht zu besichtigen.

Vom Kathedralenplatz zur Universität

Vom einstigen Tor der Unteren Burg, also vom Ostende des Kathedralenplatzes, zieht die **Pilies gatvė** (Burgstraße) als Fußgängerzone südwärts. Sie war der Hauptverkehrsweg des alten Vilnius und dürfte wohl auch die älteste Straße der Stadt sein. Sie passiert die Johanneskirche mit der Universität, geht dann in die Didžioji gatvė (Große Straße) über, der wiederum die Aušros Vartų gatvė zum Aušros-Tor folgt.

Die **Johanneskirche** (6, Šv. Jono bažnyčia) wendet ihre unscheinbare Ostseite der Pilies gatvė zu. Zwängt man sich jedoch zwischen ihr und dem Glockenturm hindurch, steht man vor ihrer großartigen

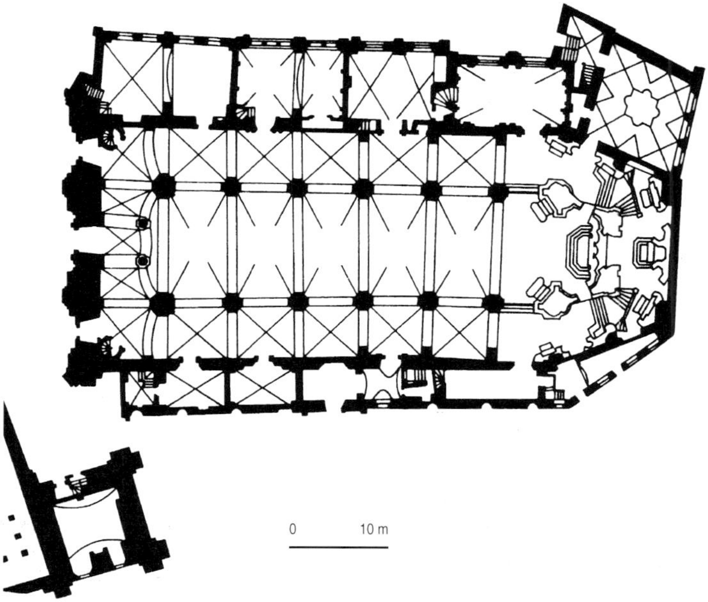

Vilnius, Johanneskirche, Grundriß

Die gotische Johanniskirche wurde nach einem Brand in der ersten Hälfte des 18. Jh. im Stil des Spätbarock ausgebaut; Blick auf die Westfassade

Westfassade. Der Bau der Kirche begann unmittelbar nach der Christianisierung Litauens, also bald nach 1386 und zog sich wegen der unruhigen Zeiten einige Jahrzehnte hin, bis im Jahre 1426 endlich die Weihe erfolgen konnte. St. Johannes war die erste Steinkirche Litauens, eine dreischiffige Hallenkirche mit polygonaler Apsis. Ihre gotische Herkunft bezeugen die Spitzbogenfenster, die Pfeiler der Seitenfassaden und das Hauptportal. Zu Beginn des 16. Jh. schmiegten sich die ersten Gruftkapellen an das Gotteshaus. Vor der Kirche erstreckte sich der geräumige Marktplatz, den heute das Universitätsviertel einnimmt.

1571 übernahmen die Jesuiten die Johanneskirche und schlossen sie ihrem neugegründeten Kollegium an. Sie ließen die zu klein

Der von Johann Christoph Glaubitz geschaffene Hauptaltar gilt als Höhepunkt des Barock in Litauen

gewordene Halle durch Anbau einer neuen Apsis verlängern, wobei die alte Apsis zu einem Chor gewandelt wurde. Zugleich mußte der ohnehin baufällige Kirchturm weichen, den gegen Ende des 16. Jh. ein freistehender *Glockenturm* im Stil der Renaissance ersetzte. 68 m ragt dieser imposante Turm in die Höhe und beherrscht damit nicht nur das umliegende Universitätsviertel, sondern die ganze Altstadt.

Nach einem Brand im Jahre 1737 erneuerte der Baumeister Johann Christoph Glaubitz (Jonas Kristupas Glaubicas) die Kirche in den Formen des Spätbarock. Von seinem großartigen *Hauptaltar*, der sich ursprünglich aus 23 Einzelaltären zusammensetzte, sind noch zehn Teile erhalten: drei Altäre am Ende des Mittelschiffs, sieben treppenartig ansteigend im Chorumgang. Der Hauptaltar ist einzigartig für Litauen und gilt – selbst in seiner Verkleinerung – als eine der schönsten Barockschöpfungen des Landes. Von den sieben Kapellen aus dem 17. und 18. Jh. verdient vor allem die links vom Chor liegende *Kapelle der Fürsten Oginski* Aufmerksamkeit. 1768 wurde diese Kapelle umgebaut: Der Altar erhielt ein wundervolles Baumkreuz, den Eingang markiert ein vergoldetes Gitter aus Schmiedeeisen, und ein Fresko schmückt die Kapellendecke. Die Glasfenster der Oginskikapelle stammen aus Paris (1861).

Zu Beginn des 19. Jh. erhielt die Kirche einige klassizistische Elemente. Karolis Podčašinskis gab der Hauptfassade einen Portikus mit vier korinthischen Säulen. Um die Wende zum 20. Jh. brachte man im Kircheninnern *Gedenktafeln für bedeutende Professoren der Universität* an, so für die Litauer Konstantinas Sirvydas (1578(?)–1631), einen Begründer des litauischen Schrifttums, und Simon Daukantas (1793–1864), Historiker und Schriftsteller, sowie für die Polen Adam Bernhard Mickiewicz (1798–1855), einen der größten Dichter polnischer Sprache, und Stanislaw Moniuszko (1819–72), Komponist und Schöpfer der polnischen Nationaloper (»Halka«, 1858), der als Organist in der Johanneskirche wirkte.

Wer vor der prächtigen Westfassade der Johanneskirche steht, befindet sich auf dem Großen Hof der **Universität** von Vilnius (7, Vilniaus Universitėtas), umgeben von schönen Häusern im Stil der italienischen Renaissance. Der Ungar Stephan Báthory, 1576–86 König von Polen und Großfürst von Litauen, gründete die Universität 1579, indem er den Jesuiten und ihrem hier seit sieben Jahren bestehenden Kolleg entsprechende Privilegien einräumte. Bis zum Verbot des Ordens durch Papst Klemens XIV. im Jahre 1773 unterstand diese älteste Hochschule im Baltikum den Jesuiten, danach dem litauisch-polnischen bzw. seit 1795 dem russischen Staat. Ab 1803 nannte sie sich »Kaiserliche Universität«. Als sich im 19. Jh. zahlreiche Studenten und Professoren in Geheimgesellschaften zusammentaten, um für die Unabhängigkeit Litauens zu kämpfen, und sich 1831 am polnischen Aufstand gegen Rußland beteiligten, schloß die zaristische Regierung am 1. 5. 1832 die Universität. Erst nach dem Ende des Ersten Weltkriegs nahm die »Alma Mater Vilnensis« die Vorlesungen wieder auf. Heute studieren an der Universität Vilnius mehr als 8000 Studenten. Die alten Gebäude zwischen der Pilies gatvė und der Universiteto gatvė beherbergen nur noch die sprach- und geschichtswissenschaftliche Fakultät, die Zentralbibliothek und das Rektorat; die anderen zehn Fakultäten sind in zahlreichen Neubauten über die ganze Stadt verteilt.

Der Gebäudekomplex der Universität ist recht verwirrend. Wer sich hier genauer umschauen, insbesondere das Innere der Gebäude kennenlernen möchte, sollte an einer speziellen Führung teilnehmen. Nähere Auskunft erteilt das Rektorat oder die Tourist Information, Kalvarijų gatvė Nr. 2.

Das älteste Gebäude der Universität ist das gotische *Jasinski-Palais* im *Großen Hof* unmittelbar neben dem Glockenturm von St. Johannes. Es fällt durch sein geschwungenes Dach auf und trägt über der Tür die Aufschrift »Alma Mater Vilnensis«, in seinem Innern befindet sich der klassizistische Säulensaal der Aula. An das

Das Portal des Jasinski-Palais vermittelt geschickt klassizistische und barocke Stilzitate

einstige Palais des fürstlichen Sekretärs Jasinski schließen sich dreigeschossige Gebäude mit Arkadengängen an, die den Hof bis zur Kirche umziehen. Außer dem Großen Hof zählt die Universität noch elf weitere Höfe, die durch Gänge oder Treppen miteinander verbunden sind.

Ein Durchlaß im Bogengang an der Westseite des Großen Hofes führt zum *Sternwarten- oder Observatoriumshof*, dem reizvollsten des Komplexes. Martin Knackfuß (Martynas Knakfusas) errichtete zwischen 1782 und 1788 den klassizistischen Anbau mit den beiden Rundtürmchen, von deren Kuppeln aus der Sternenhimmel beobachtet wurde; ein Relieffries zeigt die zwölf Tierkreiszeichen.

Im *Sarbieviushof* befindet sich die Universitätsbuchhandlung, die auch Bücher in deutscher und englischer Sprache führt. Der Dichter Motiejus Sarbievius (poln. Maciej Sarbiewski) war Jesuit und lehrte hier an der Universität. Seine Gedichte in neulateinischer Sprache brachten ihm den Beinamen »Christlicher Horaz« ein, Papst Urban VIII. krönte ihn 1623 zum »poeta laureatus«.

Der zur Universiteto gatvė hin offene *Bibliothekshof* ist an drei Seiten von den Gebäuden der *Universitätsbibliothek* umschlossen. Im Jahre 1570 wurde die Bibliothek gegründet, ihr Bestand umfaßt heute mehr als 5 Mio. Bücher. Zu ihren Kostbarkeiten zählen 310

Inkunabeln (Werke aus der Frühzeit des Buchdrucks vor 1500), erste gedruckte Bücher in litauischer Sprache und über 4000 Werke der Kartographie. Als Lesesäle dienen die beiden schönsten Räumlichkeiten der Universität: der *Parnas-Smuglevičiaus-Saal* mit einem Tonnengewölbe aus dem beginnenden 17. Jh. und mit klassizistischen Wandmalereien des Litauers Parnas Smuglevičiaus (1802) sowie der *Joachim-Lelewel-Saal* mit einem Kreuzgewölbe und Grisailleornamenten. Unter den Hofarkaden erinnert ein Denkmal an Kristijonas Donelaitis (1714–80), einen der bedeutendsten Dichter Litauens (s. S. 53).

Bis zum 400jährigen Jubiläum der Universität Vilnius im Jahre 1979 wurden alle Gebäude liebevoll restauriert. Dabei entdeckten Restauratoren an den Pilastern zwischen den Fenstern des Osttrakts im Großen Hof Fresken aus dem 17. Jh. mit den Gründern der Universität.

Nordwestlich der Universität – ganz nahe am Bibliothekshof – betritt man den dreieckigen S. Daukanto aikštė mit dem leuchtend gelben früheren **Gouverneurspalast** (8, Gubernatūros rūmai), der heute als Künstlerhaus (Menininkų rūmų) fungiert und auch die französische Botschaft beherbergt. Im 18. Jh. stand hier der Palast der Bischöfe

Blick in den Parnas-Smuglevičiaus-Saal der Universitätsbibliothek

von Vilnius, den im Jahre 1795 der russische Generalgouverneur bezog. 1864 erweiterte der deutsche Architekt Karl August Schildhaus den Bau. 1824 bis 1832 veränderte der russische Architekt Wassilij Petrowitsch Stassow, der später die kaiserlichen Paläste in St. Petersburg, vor allem den Winterpalast, erneuerte, den Gouverneurspalast im Stil des Spätklassizismus. Die lange Front bilden nach dem Stassowschen Entwurf drei Risalite, die durch zwei dorische Kolonnaden verbunden sind. Dreiecksgiebel krönen die beiden Seitenrisalite, während der mittlere mit einer Brüstung abschließt. Das Obergeschoß besteht im wesentlichen aus vier Sälen (Großer, Weißer, Roter und Grüner Saal), einem Empfangszimmer und dem Foyer. Die Fassade der Rückseite hat Stassow abgewandelt, indem er dem Mittelrisalit eine ionische Kolonnade mit Balkon beifügte und die Seitenrisalite stärker hervortreten ließ. Hinter dem Palast erstreckt sich ein hufeisenförmiger, von Säulengängen und Wirtschaftsgebäuden gerahmter Paradehof.

Dem ehemaligen Gouverneurspalast gegenüber steht ein anderes repräsentatives Gebäude: Der **De-Reus-Palast** (De Reusų rūmai) war das Domizil eines niederländischen Kaufmanns aus dem 18. Jh. Am Westende des S.-Daukanto-Platzes versteckt sich hinter alten Bäumen die **Bonifratreskirche** (9, Bonifratų bažnyčia), ein äußerlich recht unscheinbarer Sakralbau mit interessantem Innenraum im Stil des Rokoko und Neurokoko. 1635 gründeten hier Mönche des Bonifratresordens ein Kloster und bauten ein zum Grundstück gehörendes Wohnhaus zu einer einschiffigen Kirche mit Doppelturmfassade aus. Nach einem Brand im Jahre 1737 gaben sie der Kirche einen Vorraum und setzten zwischen die Türme einen Giebel, den ein unbekannter Künstler im 19. Jh. mit dem Fresko »Madonna mit Kind« schmückte. 1748 erhielten die beiden Türme spätbarocke Helme. Der mit Säulen und geschwungenem Gesims versehene Hauptaltar nimmt die gesamte Breite des Kirchenschiffs ein. Beachtung verdient die von Engelsfiguren gestützte Kanzel. 1976/77 wurde die Bonifratreskirche restauriert. Seitdem finden in dem reizvollen Kirchlein Kammerkonzerte statt.

In einer Grünanlage westlich der Kirche steht ein **Denkmal für Laurynas Stuoka-Gucevičius,** den großen litauischen Baumeister des Klassizismus. Schöpfer des Denkmals sind der Bildhauer V. Vildžiunas und der Architekt G. Baravykas.

Am südlichen Ende der Universiteto gatvė erhebt sich rechter Hand das **Alumnat** (10, Alumnatas), ein unauffälliger Block aus dreigeschossigen Wohnhäusern, die einen rechteckigen Innenhof umschließen. Dieses zwischen 1582 und 1622 für Studenten der Theologie erbaute Wohnheim besitzt keine Korridore, sondern auf der Hofseite in allen Stockwerken offene Arkaden im Stil der Spätrenaissance. Nach seiner Restaurierung zwischen 1976 und 1983 bezogen verschiedene Behörden und Institutionen das Alumnat. In dem prächtigen Innenhof finden Folkloreveranstaltungen und Studentenfeste statt.

Das Gotische Ensemble

Etwa 300 m östlich der Universität ist am linken Ufer der Vilnia eine der schönsten Architekturgruppen des Baltikums zu entdecken: das Gotische Ensemble mit der Annen- und der Bernhardinerkirche nebst Bernhardinerkloster.

1462 waren Bernhardinermönche nach Vilnius gekommen und hatten hier – nicht weit von der Burg entfernt – in einer Schleife des Flüßchens Vilnia ein Kloster gegründet. Sie errichteten die Klostergebäude und eine erste Kirche aus Holz, aber alles brannte schon wenige Jahre später nieder. Auch die gleich danach erbaute Steinkirche hielt nicht lange und stürzte kurz vor der Wende zum 16. Jh. ein; nur der Chor und die Sakristei blieben stehen. Auf den Grundmauern und mit den verbliebenen Bauteilen zog der Architekt Michael Enkinger (s. S. 78) bis 1507 eine neue **Bernhardinerkirche** (11, Šv. Bernardinų bažnyčia) empor. Durch ihre Lage unmittelbar an der

Blick auf das Gotische Ensemble: Allein die Annenkirche hat auch eine gotische Fassade bewahrt

Stadtmauer mußte sie auch Verteidigungsfunktionen übernehmen. Enkinger gab ihr besonders dicke, von Pfeilern gestützte Mauern, wuchtige Türme und Schießscharten unmittelbar unter dem Dach statt Fenster. Das wehrhafte Aussehen hat Šv. Bernardinų trotz zahlreicher Restaurierungen bis heute behalten. Die dem Stadtinnern zugewandte *Westfassade* mit ihrem großen Spitzbogenfenster und dem üppigen Bauschmuck wirkt dagegen wesentlich friedlicher. Auch sie bewahrte den gotischen Charakter, nur der mächtige Giebel vom Ende des 16. Jh. mit den zahlreichen Blindfenstern und den kleinen Seitentürmchen gehört bereits der Renaissance an. An die Südwand der Kirche lehnt sich ein schmaler, achteckiger, 37 m hoher Glockenturm, dessen gotischer Schmuck aus zehn verschiedenen Ziegelformen gestaltet wurde.

Vilnius, Gotisches Ensemble, Grundriß
1 Bernhardinerkirche
2 Annenkirche
3 Bernhardinerkloster
4 Glockenturm
5 Kapelle der Christustreppe

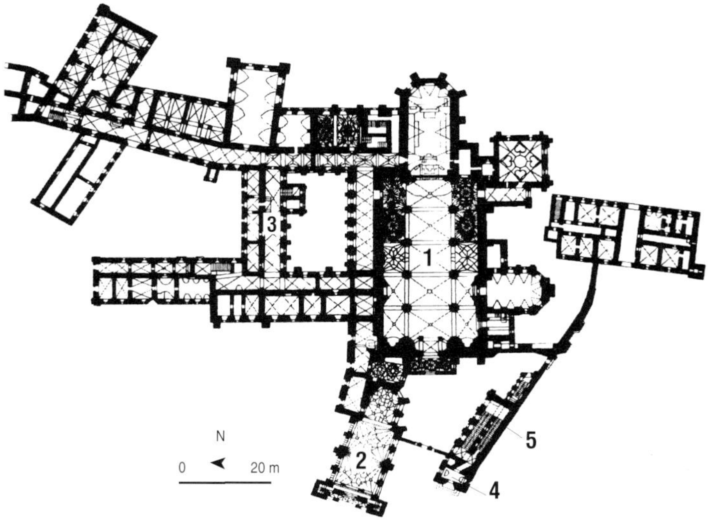

Die 42,2 m × 24 m große und bis 19 m hohe *Halle* besteht aus drei Schiffen und einem polygonal geschlossenen Chor. Achteckige Pfeiler stützen die Gewölbe, die in den Seitenschiffen Zellen- und Sternform zeigen. Den Chor trennt ein Triumphbogen vom Mittelschiff. Um 1640 schnitzte ein unbekannter einheimischer Meister den Hauptaltar; die zwölf ebenfalls aus Holz bestehenden Seitenaltäre sind ein Werk des Bildhauers Daniel Giotto aus den Jahren 1766 bis 1784. Die Kanzel stammt aus der Zeit um 1690. Sehenswert sind die *Grabmale des Fürsten Stefan Radvila (Radziwill)* von Wilhelm van du Bloke (1680) *und des Generals P. Waselowski* (1635).

»Diese Kirche möchte ich auf meinen Händen nach Paris tragen!« soll Napoleon 1812 – auf dem Feldzug nach Moskau – beim Anblick der Annenkirche ausgerufen haben.

Das schönste und auffallendste Gebäude des Gotischen Ensembles ist zweifellos die **Annenkirche** (12, Šv. Onos bažnyčia), ein einzigartiges Beispiel der nordosteuropäischen Backsteingotik, ein Höhepunkt der Gotik schlechthin. Diese zierliche Kirche zu Ehren von Marias Mutter entstand – wie die Bernhardinerkirche – um die Wende zum 16. Jh.; im Jahre 1501 wurde sie erstmals erwähnt. Das nur 19 m × 8,7 m große, aber 12,7 m hohe Gebäude endet in einem Chor mit polygonalem Abschluß. Als ihr Schöpfer gilt ebenfalls Michael Enkinger, der Hofarchitekt des litauischen Großfürsten Aleksandras; später wirkte er in Danzig, Königsberg und Warschau. Auftraggeber des Kirchenbaus war die »Kongregation St. Anna und St. Martin«, eine dem Bernhardinerorden zugeordnete Bruderschaft deutscher Kaufleute, die die hl. Anna als ihre Patronin verehrten. Die Kongregation setzte sich im 16. und beginnenden 17. Jh. sehr für die Verbreitung der Reformation in Litauen ein, wurde aber nach dem Sieg der Gegenreformation aufgelöst; die Annenkirche übernahmen die Bernhardinermönche.

Besonders beeindrucken die prachtvolle *Westfassade* mit den dynamisch aufwärtsstrebenden Linien und der durch unterschiedlich geformte Ziegel erzielten Plastizität – man zählte 33 Ziegelarten – sowie die Harmonie des ganzen Bauwerks. Meisterhaft begrenzen die beiden grazilen Ecktürme die Hauptfassade, unten noch viereckig, dann achteckig, schließlich durchbrochen und von zierlichen Pfeilern mit Fialen nach oben abgeschlossen. Die Seitenfassaden sind genauso großartig gestaltet. Dagegen zeigt der Sockel mit dem Hauptportal einen völlig anderen, romanisch anmutenden, strengen Charakter. Er ließ, zumal der Name der Baumeister lange Zeit unbekannt war, eine Legende über den Bau der Annenkirche entstehen: Als der Maurermeister Juozas Domarkas mit dem Bau der Kirche begann, verliebte sich sein Gehilfe Jonas in des Meisters Tochter Anna, die Jonas' Liebe erwiderte. Aber der Meister verbot ihr den Umgang mit dem Gehilfen. Und zu Jonas sagte er: »Erst will ich sehen, was du als Maurer schaffst. Dann werde ich entscheiden, ob Anna deine Frau wird oder nicht.« Jonas verließ wütend die Baustelle und zog in ferne Länder. Er wurde Meister und bald ein bekannter Architekt. Als Jonas nach Vilnius zurückkam, war Juozas gestorben und von der Kirche erst der untere Abschnitt fertiggestellt. Jonas heiratete Anna und baute die Kirche zu Ende, die schöner wurde, als alle angenommen hatten. Und noch heute erkennt man ganz deutlich, was der alte und was der junge Meister gebaut hat.

Der Spannungsreichtum der Westfassade wurde durch die Verwendung verschiedener Ziegelarten noch maßgeblich gesteigert

Das Innere der 1972 restaurierten Annenkirche ist weniger beeindruckend, denn mehrere Brände haben das gotische Inventar vernichtet. Sehenswert sind drei *Barockaltäre* von 1747. Den neugotischen *Glockenturm*, der sich neben der Kirche erhebt, schuf 1873/74 der russische Architekt Nikolaj Michajlowitsch Tschagin. Der Turm lehnt sich an die zweigeschossige »Kapelle der Christustreppe«, die 1613 erbaut und 1752 erweitert wurde.

An die Nordseite der Bernhardinerkirche schließt sich das **Bernhardinerkloster** (11) an, dessen Gebäudegruppen heute die Kunstakademie von Vilnius (Lietuvos Dailės akademija) beherbergen. Die ursprünglich einstöckigen Klosterbauten sind in ihrem Kern gotisch, im 17. Jh. erhielten sie ein zweites, zu Beginn des 20. Jh. ein drittes Stockwerk. Am Ufer der Vilnia steht ein Neubau der Kunstakademie. Die Wildnis in der Flußschleife, dort, wo heute der kleine Sereikiškių-Park liegt, hatten die Bernhardinermönche schon im 15. Jh. in einen Park verwandelt. Vom 18. bis zur Mitte des 19. Jh. unterhielt hier die Universität ihren Botanischen Garten. Um die Wende zum 20. Jh. wurde aus dem Garten ein »Jugendpark«, wohl der beliebteste Flanierpark in der Stadt vor dem Ersten Weltkrieg, mit Blasmusik und Bierausschank.

In der Grünanlage südlich der Annenkirche befindet sich ein modernes **Denkmal für Adam Bernhard Mickiewicz** (1798–1855), den polnischen Nationaldichter und gebürtigen Litauer (s. S. 54).

Vom Gotischen Ensemble zum Aušros-Tor

Alle Wege vom Gotischen Ensemble zur Universität führen an der **Michaeliskirche** (13, Šv. Mykolo bažnyčia) vorbei, einem Renaissancebau mit deutlich erkennbaren Elementen der Gotik. 1594 bis 1625 (Weihe: 1627) wurde die Kirche für die Bernhardinerinnen erbaut, die 1604 ein zweigeschossiges Klostergebäude anfügten. Der litauische Fürst und Kanzler Leonas Sapiega (Leo Sapiena) hatte das Kloster samt Kirche mit der Auflage gestiftet, daß das Gotteshaus als Grabstätte für seine Familie diene. Das aus farbigem Marmor gestaltete, elegante *Grabmal des Kanzlers Sapiega und seiner beiden Frauen* entstand in der ersten Hälfte des 17. Jh. vermutlich in der Werkstatt von Sebastian Sali. Auch im karg geschmückten Deckengewölbe ist das Wappen der Sapiega zu erkennen. Gelegentlich ist die Gruft mit den mumifizierten Verstorbenen der Familie zugänglich.

Zwei schlanke Türme flankieren die Hauptfassade, sie sind unten rund, oben achteckig und von doppelten Zwiebelhauben gekrönt. Ein Volutengiebel verbindet die beiden Türme. Die einschiffige Halle mißt 30 m × 13,5 m und erreicht eine Höhe von 15,5 m. Den gesamten Klosterkomplex umgibt eine hohe Mauer. Über dem Eingang entstand 1715 ein barocker Glockenturm. 1957/58 wurde die Michaeliskirche restauriert, die seitdem ein **Architekturmuseum** enthält.

Im Hinterhaus in der Bernardinų gatvė Nr. 11 wohnte 1822 Adam Bernhard Mickiewicz. In diesem **Mickiewicz-Haus** (14) erinnert eine kleine Ausstellung an den polnischen Nationaldichter und sein Werk (s. S. 54).

Von der Universität aus zieht die Pilies gatvė südwärts weiter und geht am Geto aukų aikštė in die Didžioji gatvė über. Die Didžioji Nr. 4 ist der **Chodkevičiai-Palast** (15), ein stattliches Bauwerk aus dem 17. Jh., das 1834 sein heutiges Aussehen erhielt und seit 1994 die **Gemäldegalerie Vilnius** (Vilniaus paveikslų galerija) mit Werken der litauischen Kunst des 16. bis 19. Jh. beherbergt.

Die Didžioji gatvė mündet in den Rotušės aikštė, den weiträumigen dreieckigen Rathausplatz, auf dem schon im 14. Jh. der Wochenmarkt stattfand. Das prächtige klassizistische Gebäude an der Südseite des Platzes war das **Rathaus** (16, Rotušė), das seit 1940 als **Kunstmuseum** (Dailės muziejus) Arbeiten litauischer Künstler aus der Zeit von 1907 bis 1940 zeigt. An dieser Stelle entstand um 1387, als Vilnius die Stadtrechte erhielt, ein erstes Rathaus. Im 16. Jh. löste ein Renaissancebau mit hohem Turm das alte gotische Rathaus ab. Zwischen 1788 und 1799 errichtete Laurynas Stuoka-Gucevičius, der Baumeister der Kathedrale, an gleicher Stelle das heutige Gebäude im klassizistischen Stil mit einem stark vorspringenden Portikus aus sechs dorischen Säulen und mit einem flachen, schmucklosen Dreiecksgiebel. Im Erdgeschoß stand einst die Stadtwaage, das Obergeschoß enthielt reich geschmückte Säle, wie den Gala-, den Kaufmanns- und den Magistratssaal. 1845 verwandelten

Neben der St.-Stanislaw-Kathedrale ist das ehemalige Rathaus (heute Kunstmuseum) das beeindruckendste Zeugnis des litauischen Klassizismus

die Bürger von Vilnius ihr Rathaus in ein Theater. In diesem Theater fand 1854 die Premiere der Oper »Halka« statt, die der polnische Komponist Stanislaw Muniuszko als erste polnische Nationaloper geschaffen hatte. 1924 schloß das Theater, der Bau wurde restauriert.

Das moderne Gebäude hinter dem früheren Rathaus, das sich längs der Vokiečių gatvė erstreckt, ist das 1967 eröffnete **Zentrum für moderne Kunst** (17, Dailės parodų rūmai). Auf einer Fläche von insgesamt über 2000 m^2 werden hier mehrmals jährlich Werke litauischer und ausländischer Künstler in Wechselausstellungen vorgestellt. Das zweigeschossige, zur Straße hin abgestufte Bauwerk entwarf der Litauer Vytautas Čekanauskas.

Westlich der Didžioji gatvė lag das **jüdische Viertel**, das spätere Ghetto von Vilnius. Ein großer Teil der alten Häuser wurde nach 1945 abgebrochen. Längs der Vokiečių gatvė, der Deutschen Straße, die vom Rotušės aikštė abzweigt, entstand ein trister Wohnneubau. Von der pittoresken Judenstadt ist kaum etwas geblieben. Nur hier und da im Umkreis der Žydų gatvė (Judengasse) ist noch der eine oder andere romantische Winkel zu entdecken.

Jerusсholajim de Lite – das »Litauische Jerusalem«

Seit Vytautas dem Großen (1350–1430), der orthodoxe Russen und muslimische Tataren in Litauen ansiedelte, kamen auch Juden ins Land, Aschkenasim aus Deutschland. Sie sprachen Jiddisch, eine Mischung aus deutschen und hebräischen Elementen, die noch

Fassade der im Zweiten Weltkrieg zerstörten Großen Synagoge, Zeichnung

heute meistgesprochene jüdische Sprache. In Vilnius, das sie »Wilne« nannten, bewohnten sie ein eigenes Viertel, dessen Hauptachse die Deutsche Straße (Vokiečių gatvė) war. Als im 16. Jh. christliche Orden einen Ring aus Kirchen und Klöstern um das jüdische Viertel legten und es zu ersten antijüdischen Ausschreitungen kam, schlossen sich die Juden zu einer Gemeinde zusammen und bauten 1573 ihre erste Synagoge.

Zu Beginn des 17. Jh. galt Wilne als ein Ort rabbinischer Gelehrsamkeit. Im 18. Jh. erhob der Rabbiner Elijah Ben Salomon Salman (1720–97), der »Gaon von Wilne« (als Gaon wird ein berühmter Talmudgelehrter bezeichnet), die Stadt zum geistigen Mittelpunkt des Judentums in aller Welt. Erbittert bekämpfte er den Chassidismus, der sich damals über ganz Osteuropa ausbreitete. Elijah stellte die Rationalität über die Emotion, die Vernunft über das Gefühl, er forschte nach dem ursprünglichen Sinn der heiligen Texte und begründete in Wilne die »Haskala«, die Aufklärung. Seit Elijahs Zeit nannten die »Litwakes«, die litauischen Juden, ihr Wilne das »Jeruscholajim de Lite«, das »Litauische Jerusalem«.

Um die Wende zum 20. Jh. lebten 75 000 Juden in Wilne, das war die Hälfte der Einwohnerschaft, die größte religiöse und ethnische Gruppierung in Litauens Hauptstadt. Der »Schulhof« neben der Großen Synagoge (Stadtschul), die zwischen der Judengasse (Žydų gatvė) und der Deutschen Straße stand, war der wichtigste Ort des jüdischen Gemeindelebens. An die Rückwand der Synagoge lehnte sich die Straschunbibliothek, die damals größte Sammlung jüdischen Schrifttums. 1941 brachten die Nazis die Buch- und Manuskriptbestände nach Deutschland, von wo sie 1945 nach New York gelangten.

23 Synagogen und 82 Betschulen standen den noch etwa 60 000 Juden von Vilnius zur Verfügung, als im Sommer 1941 deutsche Truppen in Litauen einmarschierten. Im September teilten SS-Einsatzkommandos das jüdische Viertel in zwei Ghettos links und rechts der Deutschen Straße, in denen alle jüdischen Einwohner der Stadt zusammengepfercht wurden. Im Herbst 1943, als das letzte der beiden Ghettos aufgelöst wurde, vegetierten hier noch 2500 Juden unter menschenunwürdigen Bedingungen. Alle anderen waren verhungert oder an Krankheit gestorben, in Konzentrationslager deportiert oder im Wald von Paneriai (s. S. 107) erschossen worden. Nur 3500 Juden war die Flucht gelungen. Sie schlossen sich Partisanenverbänden in den umliegenden Wäldern an. Als im Juli 1944 die Rote Armee in Vilnius einrückte, kamen nur noch wenige hundert »Litwakes« aus ihren Verstecken. Das stark beschädigte Judenviertel wurde 1946 eingeebnet und inzwischen neu bebaut. Nur langsam ließen sich im nun sowjetischen Vilnius wieder Juden nieder, Zuwanderer zumeist aus fernen Sowjetrepubliken. Heute schätzt man die Zahl der Juden in der litauischen Hauptstadt auf rund 5000.

In der Vokiečių gatvė Nr. 20 steht die kleine, im Jahre 1555 von deutschen Kaufleuten erbaute **Evangelisch-lutherische Kirche** (18). Eine lutherische Gemeinde war zwei Jahre zuvor in Vilnius gegründet worden. Der Backsteinbau weist gotische und barocke Stilelemente auf. Der Rokokoaltar stammt von 1741. In sowjetischer Zeit diente die Kirche als Turnhalle.

Vom Rotušės aikštė führt die schmale Arklių gatvė als Fußgängerzone nach Süden und erreicht im Haus Nr. 5 das ehemalige **Stadtpalais der Fürsten Oginski** (19). Seit 1982 hat hier das 1958 gegründete und inzwischen weltbekannte **Puppentheater** seinen Sitz.

Die kleine russisch-orthodoxe **Kirche der hl. Proskovija** in der Didžioji gatvė Nr. 2 stammt aus dem Jahre 1345. Sie wurde mehrmals erneuert und restauriert, zuletzt 1990. Einige Häuser weiter, Didžioji gatvė Nr. 12, erhebt sich die russisch-orthodoxe **Nikolaikirche** (20, Šv. Mikalojaus cerkvė) von 1514. Im 18. Jh. wurde sie barockisiert und erhielt einen höheren Turm. Deutlich sind an der Fassade Stilelemente der Gotik und ganz besonders des byzantinischen Historismus aus dem späten 19. Jh. zu erkennen.

Südöstlich vom Kunstmuseum ragt die **Kasimirkirche** (21, Šv. Kazimiero bažnyčia), die erste Barockkirche von Vilnius und einer der frühesten Barockbauten Litauens, zwischen den Wohnhäusern hervor. Jesuiten haben den Bau dieser Kirche 1604 im Siegesstil des frühen Barock begonnen, zwei Jahre, nachdem Papst Klemens VIII. den seligen Kazimieras heiliggesprochen hatte. Ein Feuer im Jahre

1610 verzögerte die Fertigstellung. Während das römische Vorbild, die Kirche Il Gesù, turmlos ist, erhielt St. Kasimir zwei hohe, die Hauptfassade flankierende Türme, ein Zugeständnis an die litauische Kirchenbautradition. Im 17. und 18. Jh. brannte die Kirche, daraufhin erneuerte der Litauer Tomas Žebrauskas um 1750 die Kuppel, setzte Helme auf die Türme und gestaltete den Innenraum in barocken Formen. Die bildhauerische Ausstattung besorgte der Deutsche J. Kiesner, die Fresken stammen von dem Böhmen J. Obst. Nach der Niederschlagung des Aufstands von 1830/31 beschlagnahmte die russische Regierung die Kirche und übergab sie den russischen Altgläubigen. Diese ließen die Kirche von Nikolaj Michailowitsch Tschagin umbauen, der die Höhe der beiden Fassadentürme verminderte, die Fassade im Stil des Neurokoko schmückte und im Innern einen Teil der bildhauerischen Arbeiten beseitigte. 1917 kam die Kasimirkirche wieder an die Katholiken. 1961 verwandelten die Kommunisten das Gotteshaus in ein »Museum der Geschichte der Religionen und des Atheismus«. 1965 fand eine Restaurierung statt. Šv. Kazimiero ging 1988 in katholische Hände zurück und wurde 1990 erneut geweiht. Die dreischiffige Kirche hat den Grundriß eines lateinischen Kreuzes, über dessen Vierung die Kuppel bis zu einer Höhe von 40 m aufragt. Die Kuppellaterne besitzt die Form einer Krone und soll damit die königliche Herkunft des hl. Kasimir andeuten (s. S. 66).

Die als jagiellonische Krone gestaltete Kuppellaterne der Kasimirkirche soll auf die königliche Herkunft des Namenspatrons verweisen

Dort, wo sich die Didžioji gatvė zu einem kleinen Platz verbreitert, steht seit 1902 das Gebäude der **Philharmonie** (22, Filharmonijos rūmai) mit einem großen und einem kleinen Saal. Im Jahre 1906 gelangte in dem früheren »Stadtsaal« die Oper »Birutė« von Mikas Petrauskas, das erste litauische Musikdrama, zur Uraufführung. An der Stelle der heutigen Philharmonie stand im 15. Jh. eine Herberge für Moskauer Kaufleute.

Nur wenige Schritte weiter ist das **Basilianertor** (23) zu bewundern, der prächtige Zugang zum Kloster der Basilianer, eines Ordens, der sich nach dem kappadokischen Kirchenlehrer und Heiligen Basilius dem Großen (um 330–79) nennt. Johann Christoph Glaubitz (Jonas Kristupas Glaubicas) hat dieses spätbarocke Monumentaltor erbaut. Es ist 10,8 m breit, 17,5 m hoch, kunstvoll geformt und geschmückt. Ganz oben im Giebel erscheint das *Relief* »Heilige Dreifaltigkeit mit dem Erdball«. Das Basilianerkloster ist heute ein Teil der Technischen Universität Vilnius.

In den vergangenen Jahren wurden viele alte Häuser im Bereich der Pilies, der Didžioji und der Aušros Vartų gatvė restauriert, oft trat erst unter dem Putz alter Fassaden die Schönheit vornehmer Bürgerhäuser zutage. Eines dieser kunstgeschichtlichen Kleinode ist das **gotische Bürgerhaus** in der Aušros Vartų gatvė Nr. 8, in dem das Restaurant und Café »Medininkai« zu einer Pause einlädt. Das Haus ersetzte im ausgehenden 16. Jh. Gebäude, die zum dahinterliegenden Heiliggeistkloster gehörten, und wurde nach Bränden im 17. und 18. Jh. mehrmals umgebaut. 1970 bis 1974 gab der Restaurator

◁ Die zu Beginn des 17. Jh. von Jesuiten errichtete Kasimirkirche ist der römischen Hauptkirche des Ordens, Il Gesù, nachgebildet

Evaldas Purlys diesem wohl schönsten Bürgerhaus der Stadt sein ursprüngliches Aussehen weitgehend zurück, wobei er auch den in der Renaissancezeit hinzugekommenen *Sgraffitischmuck* – den ältesten in Litauen – an der Fassade beließ.

Die orthodoxe **Heiliggeistkirche** (24, Šv. Dvasios cerkvė) beherrscht noch heute das russische Viertel in der Südostecke der Altstadt. Durch das nahe Aušros-Tor führte der Hauptverkehrsweg nach Smolensk und Moskau. Hier kamen die Karawanen aus dem Osten an, hier standen die Herbergen und die Lagerhäuser der russischen Kaufleute, hier hatten sie ihre Agenturen und Wohnsitze, ihre Konsulate und auch ihre Kirchen. Durch den Torbogen neben dem Restaurant »Medininkai« gelangt man zur Heiliggeistkirche, deren Vorgängerbauten an dieser Stelle bis in das 14. Jh. zurückgehen. Nach 1597 war eine aus Holz gebaute Kirche geweiht worden. Von 1632 bis 1638 bauten die Russen ein steinernes Gotteshaus, das aber 1749 niederbrannte. Auch hier ließ Johann Christoph Glaubitz die Kirche 1749 bis 1753 nach eigenen Plänen neu erstehen. Besondere Beachtung verdient die große *Ikonostase* mit Werken von Malern aus Vilnius und Rußland. In der *Krypta* unter dem Altar ruhen die mumifizierten Körper der drei orthodoxen Heiligen Antonius, Eustachius und Iwan, die im Jahre 1371 in Vilnius den Märtyrertod starben. Sie sind übers Jahr in rote Gewänder gehüllt, in der Adventszeit und zu Weihnachten aber weiß und in der Fastenzeit schwarz gekleidet. Die Heiliggeistkirche ist heute die Hauptkirche des russisch-orthodoxen Erzbistums Litauen.

Die Aušros Vartų gatvė verbreitert sich nach Süden erneut zu einem winzigen Platz, den die Hauptfassade der **Theresienkirche** (25, Šv. Teręsės bažnyčia) beherrscht, eine der schönsten Barockkirchen Litauens, die Kirche des Karmeliterklosters. Die hl. Theresia von Ávila (1515–82), eine Karmeliterin, gilt als die größte christliche Mystikerin und gehört zu den bedeutendsten Vertretern der Katholischen Reform. Gegen stärkste Widerstände gründete sie zahlreiche Klöster des strengen Zweigordens der Unbeschuhten Karmeliterinnen. 1622, nur wenige Jahre vor dem Bau der Kirche in Vilnius, wurde Theresia heiliggesprochen; 1970 ernannte Papst Paul VI. sie zur Kirchenlehrerin.

Zwischen 1633 und 1650 erbaute ein Architekt namens Ulrich die Kirche der hl. Theresia; die Hauptfassade gestaltete vermutlich Constantino Tencalla. Stifter war der Vizekanzler des Großfürstentums Litauen S. Christoph Pac. Die dreischiffige Kirche vom Basilikatyp hat einen asymmetrischen Grundriß: An der Ostseite befinden sich eine Kapelle und der Chorumgang, an der Westseite steht der Glockenturm. Die turmlose *Hauptfassade* aus schwarzem und weißem Marmor sowie Granit besteht aus zwei Geschossen. Das untere Geschoß wird durch eine hohe Rundbogennische betont, in der das Portal mit zwei flankierenden Säulen und einem darüberliegenden Fenster Platz findet. Ein Segmentfenster mit Rahmung und Brüstung bildet die Mitte des Obergeschosses. Das Ganze wird von einem Giebeldreieck mit dem Wappen der Stifterfamilie bekrönt.

Die ›barocke‹ Ikonostase der russisch-orthodoxen Heiliggeistkirche.
Für die Orthodoxie trennt die Ikonostase das Allerheiligste, den Altarraum, vom Gemeinderaum

Vilnius, Theresienkirche und Karmeliterkloster, Grundriß
1 Theresienkirche
2 Klostergebäude
3 Galerie
4 Stifterkapelle
5 Aušros-Tor

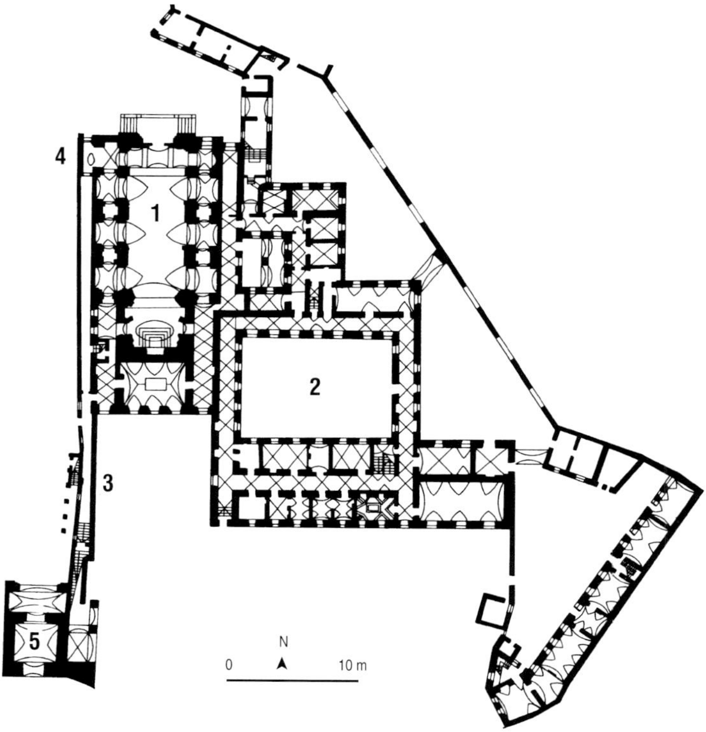

Der *Innenraum* ist prachtvoll ausgestattet, vor allem das Mittelschiff, dessen Breite und Höhe nahezu die doppelten Maße der beiden Seitenschiffe erreichen. Der zweistöckige, der hl. Theresia geweihte *Hauptaltar* gehört zu den bedeutendsten Altarschöpfungen Litauens. Den Altar schmücken zwei Gemälde: »Ekstase der hl. Theresia« von Kanuty Ruseckas (1. Hälfte 18. Jh.) und »Madonna mit dem Kind und dem hl. Kasimir« von Simonas Čechavičius (Ende 18. Jh.). Gewölbe, Kuppel, Wände und Seitenaltäre zeigen auf *Fresken* Szenen aus dem Leben der hl. Theresia. Von den neun Seitenaltären weisen acht Stilelemente des Rokoko (Mitte 18. Jh.) auf, der neunte, ein Marmoraltar in der Kapelle des Stifters, ist klassizistisch. Die *Stifterkapelle* wurde 1783 an das rechte Seitenschiff angefügt. Eine Bogengalerie verbindet die Kapelle mit dem Glockenturm und mit der Kapelle im Aušros-Tor. 1970 bis 1973 wurde die Theresienkirche restauriert.

Das prächtige **Aušros-Tor** (26, Aušros Vartai), oft auch Medininkai-Tor genannt, weil hier die Straße über Medininkai nach Minsk beginnt, ist das letzte noch erhaltene Tor der Stadtmauer von Vilnius. Es wurde zusammen mit dem Mauerring zwischen 1503 und

1522 erbaut und war anfangs nur zweigeschossig auf quadratischem Grundriß und mit gotischen Elementen versehen; das dritte Geschoß kam später hinzu. Um die Wende zum 17. Jh. erhielt das nach Südosten weisende »Tor der Morgenröte« eine Attika im Stil der Spätrenaissance mit einem umlaufenden Greifenfries. Wer sich dem Stadttor von außen nähert, erkennt das von zwei Greifen gehaltene Wappen Litauens: Fürst Vytautas, hoch zu Roß. Auf der gegenüberliegenden, der Stadt zugewandten Seite erscheint in einem Medaillon der Kopf des Götterboten Hermes, des Beschützers der Kaufleute und der Reisenden.

Von den einst zehn Stadttoren ist nur das Aušros-Tor erhalten geblieben

1829 setzte man an die Stadtseite des Turmes eine *Kapelle* die bald zum größten Heiligtum der Katholiken in Litauen aufstieg. Der Anlaß hierzu war ein wundertätiges Muttergottesbild eines unbekannten Meisters aus dem 16. Jh. Auf acht Eichenholztafeln hatte er die Muttergottes ohne Jesuskind und ohne jedes Attribut gemalt. Litauische Goldschmiede bekleideten das Porträt gegen Ende des 18. Jh. mit einem vergoldeten Silberoklad. Seit dem Bestehen der Kapelle besuchen alljährlich Hunderttausende von Gläubigen, auch heute noch zumeist polnische Katholiken, die *»Madonna von Wilno«*, die sie fast ebensosehr verehren wie die »Schwarze Madonna von Tschenstochau«. Da die Madonna in Vilnius keinerlei Attribute besitzt, nimmt man an, daß die Ikone das Porträt einer weltlichen Dame zeigt, vielleicht die litauische Adlige Barbora Radvilaitė (1520–51). Das Porträt kam im 17. Jh. in den Besitz des Karmeliterordens, der es zunächst in der Theresienkirche aufstellte und schon bald für wundertätig erklärte.

Die »Madonna von Wilno« ist bis auf den heutigen Tag ein Wallfahrtsziel litauischer und vor allem polnischer Katholiken

Etwa 1 km südlich vom Aušros-Tor im Stadtteil Rasos liegt der **Rasos-Friedhof** (Rasų kapinės). Er wurde 1801 gegründet und gilt als »Pantheon bedeutender Männer«. Dort befinden sich u. a. die Gräber des Malers Parnas Smuglevičiaus (1745–1807), des Malers und Komponisten Mikalojus Čiurlionis (1875–1911, s. S. 123) und des Schriftstellers Jonas Basanavičius (1851–1927). Ein angrenzender kleiner Militärfriedhof ist besonders dem Gedenken an den polnischen Marschall und Staatsmann Józef Klemens Pilsudski (1867–1935) gewidmet.

Weitere Sehenswürdigkeiten der Altstadt

Vom Aušros-Tor lassen sich ostwärts und nordwärts Reste der alten **Stadtmauer** verfolgen. Großfürst Aleksandras hatte 1503 wegen der Gefahr eines russischen Angriffs den Bau der Verteidigungsanlagen verfügt, welche die beiden Stadtburgen (Ober- und Unterburg) einbeziehen sollten. Die neue Mauer erreichte eine Gesamtlänge von etwa 3 km, ihre durchschnittliche Höhe betrug 6,5 m. Sie war 0,9 bis 1,4 m stark, sollte vor allem die schnelle russische Kavallerie abwehren und den Verteidigern ausreichende Deckung bieten. Der Bau der Mauern währte bis 1522. Bis heute blieben an drei Stellen insgesamt fast 450 m der Stadtmauer erhalten.

Man folgt der Šv. Dvasios gatvė nordwärts, überquert die in den Stadtkern führende Subačiaus gatvė und erreicht über die Bokšto gatvė die **Bastion** (27, Bastėja), ein vor den Mauerring geschobenes, schweres Bollwerk aus dem Anfang des 17. Jh. Die Bastion wurde vor einigen Jahren restauriert und zeigt eine Sammlung von Kanonen, Handwaffen und anderem Kriegsgerät aus alter Zeit. Das Krankenhaus in der Subačiaus gatvė Nr. 28 ging in den 1950er Jahren aus einem Barockensemble hervor, das aus dem Palast des Bischofs I. Sanguška, dem bischöflichen Dienstgebäude und einem Kloster mit der zugehörigen **Himmelfahrtskirche** (28) bestand. Der oft auch »Missionarskirche« genannte Bau entstand zwischen 1695 und 1730 gleich hinter der Stadtmauer. Um der Kirche in der Bischofsresidenz mehr Bedeutung zu geben, stockte Johann Christoph Glaubitz 1754 die beiden Türme auf, gab dem Gebäude einen stattlichen Giebel und setzte eine Eingangshalle vor das Hauptportal. Das Kircheninnere erhielt eine prächtige Rokokoausstattung. Bemerkenswert ist der Altar des hl. Vinzenz.

An die Stadtmauer neben dem früheren Rudininkai-Tor lehnt sich das Karmeliterkloster, dessen religiöser Mittelpunkt die **Allerheiligenkirche** (29, Visų Šventųjų bažnyčia) ist. Die frühbarocke Kirche wurde zwischen 1620 und 1631 erbaut. 1743 erhielt sie einen hohen, spätbarocken Glockenturm. Das dreischiffige, basilikaähnliche Gebäude erhebt sich über einem kreuzförmigen Grundriß, wobei Seitenkapellen das Querschiff ersetzen. Fresken an den Decken und Wänden berichten aus dem Leben von Heiligen und der Geschichte Litauens. Der Hauptaltar ist unauffällig, wogegen sich die 18 Nebenaltäre in üppigem Farben- und Formenreichtum präsentieren. Die Kirche wurde von 1967 bis 1975 restauriert. Die sieben Klostergebäude neben und hinter der Kirche vereinen Stilelemente der Gotik, der Renaissance, des Barock und des Klassizismus.

An der Pylimo gatvė Nr. 39, rund 200 m von der Allerheiligenkirche entfernt, überdauerte eine **Synagoge** (30, Sinagoga). Es ist das einzig erhaltene von einst insgesamt 96 jüdischen Bet- und Versammlungshäusern in Vilnius, dem »Litauischen Jerusalem« (s. S. 81). 1894 wurde das schöne, stattliche Gebäude errichtet. Ihrem

Fassadendetail und Innenraum der Synagoge

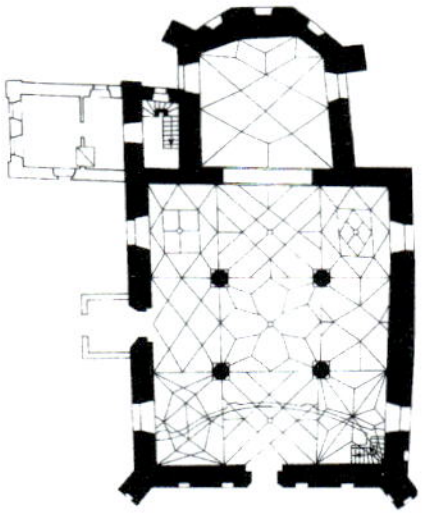

Vilnius, Nikolaikirche, Grundriß

Aussehen hatte es die Synagoge zu verdanken, daß die Nazis während der deutschen Besatzung 1941 bis 1944 dieses Bauwerk nicht niederbrannten, sondern als Magazin für Lazarettbedarf benutzten. 1993 bis 1995 wurde die Synagoge sorgfältig restauriert.

Die **Nikolaikirche** (31, Šv. Mikalojaus bažnyčia) an der Šv. Mikalojaus gatvė, nicht weit von der Vokiečių gatvė entfernt, ist die älteste Kirche in ganz Litauen. Sie entstand im Auftrag deutscher Kaufleute noch vor der Christianisierung des Landes, vermutlich um das Jahr 1320 oder etwas später. Der turmlose, fast quadratische Hallenbau mißt nur 13 m × 15,75 m. Ein prächtiger Stufengiebel aus Backstein mit flachen Blenden zeigt gotische, zum Teil auch romanische Formen. Vier achteckige, schlanke Pfeiler stützen das Netzgewölbe des erhöhten Mittelschiffs, das in einer kurzen, dreiseitigen Apsis endet. Ein spitzbogiger Triumphbogen trennt Schiff und Chor. In der ersten Hälfte des 19. Jh. erhielt die Nikolaikirche einen Glockenturm. 1972 wurde das Bauwerk außen und innen restauriert.

Nur wenige Schritte sind es von St. Nikolai zur **Franziskanerkirche** (32, Pranciškonų bažnyčia) in der Pranciškonų gatvė, die in die verkehrsreiche Trakų gatvė mündet. Schon im Jahre 1387 gründete der Bettelorden hier ein Kloster und errichtete eine erste Kirche, doch schon drei Jahre später fielen die Gebäude einem Angriff des Deutschen Ordens zum Opfer. Die Franziskaner bauten das Kloster wieder auf, dessen Mittelpunkt eine kleine, gotische, der Gottesmutter geweihte Kirche mit niedrigem Turm wurde. Nach einem größeren Brand 1771 verwandelte der Baumeister Kamenski zwischen 1773 und 1780 das Gotteshaus in einen dreischiffigen Barockbau mit Presbyterium und zwei Kapellen. Fassade und Portal behielten weitgehend ihren gotischen Charakter, wenn auch viele barocke Stilelemente hinzutraten. Im Innern der Kirche sind die *Gewölbefresken des Presbyteriums* und die *Wandmalereien im Mittelschiff* (18. Jh.) zu bewundern. Auch lohnt es, in den stillen Klosterhof einzutreten.

Folgt man der Trakų gatvė ostwärts, so erreicht man die Dominikonų gatvė mit dem Dominikanerkloster nebst der **Heiliggeist- oder Dominikanerkirche** (33, Dominikonų bažnyčia). Anstelle eines Vorgängerbaus vom Anfang des 16. Jh. und eines noch älteren Gotteshauses aus dem 14. Jh. entstand ab 1610 die heutige Heiliggeistkirche, ein basilikaler Bau mit dem Grundriß eines lateinischen Kreuzes. Über der Vierung trägt ein achteckiger Tambour die Kuppel mit der Laterne. Nach mehreren Bränden im 17. Jh. erhielt die Kirche 1679 bis 1688 Seitenschiffe und Türme. Weitere Feuerschäden zwangen auch im folgenden Jahrhundert zu Erneuerungsarbeiten. Der Innenraum beeindruckt durch die Fülle spätbarocker Formen. Großartig ruht die *Orgelempore* auf vier geschweiften Pfeilern. Bemerkenswert sind auch die zahlreichen Rocaillen und ganz besonders der 1770 entstandene üppige *Hauptaltar* und die 16 großen *Seitenaltäre.* Im Hof des Klosters macht eine steinerne *Andachtssäule* (18. Jh.) von ungewöhnlicher Form auf sich aufmerksam. In den Kellerräumen der Klosterbauten überdauerten Mauerrelikte aus dem 14. und 15. Jh. Einige unterirdische Räume dienten vom 17. bis 19. Jh. als Grabstätte und bewahren noch heute zahlreiche mumifizierte Leichname. Die Heiliggeistkirche der Dominikaner blieb auch während der Sowjetära für Gottesdienste geöffnet; sie war in dieser Zeit das geistliche Zentrum der polnischen Bevölkerung von Vilnius.

Die Vilniaus gatvė führt zur **Katharinenkirche** (34, Šv. Kotrynos bažnyčia), der Hauptkirche des zugehörigen Benediktinerinnenklosters. Ihre 50 m hohen Türme und ihre elegante Silhouette prägen weithin sichtbar das Bild der Altstadt. In den Jahren 1619 bis 1622 errichteten einige Nonnen des Ordo Sancti Benedicti zu Ehren der hl. Katharina von Alexandria eine kleine Steinkirche. Da diese bald zu klein war, fügten sie zwischen 1640 und 1650 ein breites Mittelschiff, ein Seitenschiff und die Kapelle der Vorsehung hinzu, das bisherige Kirchlein wurde zum Vorraum. 1655 brannte Šv. Kotrynos. Bis 1694 waren die Schäden beseitigt, die Kirche hatte nun auch einen Chor, eine Apsis und zwei niedrige Fassadentürme. In der zweiten Hälfte des 18. Jh. stockte Johann Christoph Glaubitz die beiden Türme auf, verband sie durch einen neuen Giebel und verwandelte das Seitenschiff in einen Gang. In dieser Zeit entstanden die sechs *Rokokoaltäre,* Schmuckstücke der nunmehr spätbarokken Katharinenkirche. In der Grünanlage vor der Kirche steht ein **Denkmal** des polnischen Bildhauers Boleslaw Balzukiewicz **für den Komponisten Stanislaw Moniuszko** (Stanislovas Moniuška, 1819–72), den Schöpfer der polnischen Nationaloper.

Die **evangelisch-reformierte Kirche** (35, Evangelikų reformatų bažnyčia) in der Pylimo gatvė Nr. 18, erbaut zwischen 1830 und 1835, ist ein schönes Beispiel des spätklassizistischen Stils. Die Ideen des Schweizer Theologen Johann Calvin (1509–64) faßten in Litauen sehr früh Fuß, und so entstand eine erste Kirche dieser Religionsgemeinschaft schon im Jahre 1553. 1953, genau 400 Jahre nach der Weihe des Vorgängerbaus, wurde die Kirche vom Staat geschlossen und in eine Ausstellungshalle verwandelt. Später diente sie gar als Kino. Das schmucke, kleine Gotteshaus kam 1990 wieder in den Besitz der reformierten Gemeinde. Sechs korinthische Säulen und das Relief »Christus spricht zum Volk« von Kazimieras Jelskis schmücken die Fassade. Die bequemen Kinositze haben die sparsamen Kalvinisten als Kirchengestühl übernommen.

Durch den Kalnų-Park zur Peter-und-Paul-Kirche

Östlich der Mündung der Vilnia in die Neris erstreckt sich der 30 ha große Bergpark (Kalnų parkas) mit dem **Berg der drei Kreuze** (Trijų Kryžių kalnas), ursprünglich Plikasis (= Kahler Berg) genannt. Es war im Jahre 1333, unter der Regierung des großen Gediminas, so berichtet die Legende, als aufgehetzter Pöbel gegen katholische Missionare vorging und dabei sieben Franziskaner kreuzigte. Vier Mönche warfen die Mörder in die Vilnia, die Kreuze mit den anderen drei Mönchen stellten sie auf die Kuppe des Plikasis, vor die Wälle der »Krummen Burg«. Zur Erinnerung an das Martyrium errichtete man dort im 17. Jh. drei weiße Kreuze, die immer wieder erneuert und erst in der Sowjetära entfernt wurden. Am 14. 6. 1989 stellten die Litauer drei neue Kreuze auf, diesmal als gemeinsames Monument in weißem Beton gegossen, die weit über das ganze Vilnius leuchten. Die zerbrochenen Kreuze der Sowjetzeit bilden am Hang darunter heute ein eigenes Mahnmal.

Die »Krumme Burg« auf dem Plikasis könnte älter als die »Obere Burg« (s. S. 67) gewesen sein, ihre Türme waren aus Holzstämmen

Der Berg der drei Kreuze ist ein politisches wie religiöses Manifest litauischer Nationalidentität

gefügt, die Mauern bestanden aus Balken mit Stein- und Erdfüllung. 1390 wurde die Burg vom Deutschen Orden erstürmt und niedergebrannt; sie wurde nie wieder aufgebaut. Im Kalnų-Park mit seinen zahllosen uralten Bäumen liegt das »Dainų-Tal«, das »Tal des Volkslieds«. Hier treffen sich an bestimmten Tagen junge und alte Litauer, zum Teil in ihren schönen Trachten, um zu singen und zu tanzen. Neuerdings finden hier auch Open-air-Rockfestivals statt.

Dainos – Lieder der litauischen Seele

Die wechselvolle Geschichte, der häufige Verlust der politischen Selbständigkeit und die immer wieder herrschende geistige wie materielle Not hat bei den Litauern eine Sehnsucht nach Freiheit erweckt, die zahllose Volkslieder, »Dainos« genannt, entstehen ließ, Lieder voller Schwermut, aber auch voller Hoffnung auf eine bessere Zeit, Lieder, die das ganze Leben begleiten, von der Geburt bis zum Tod. Alle sangen sie, die Mädchen am Spinnrad oder am Webstuhl, die Männer beim Drehen der Hanfseile, die Frauen in der Küche. Der ostpreußische Pfarrer Theodor Lepner nannte die Litauer im 17. Jh. »schöne musici naturales«, die »von Natur zum Singen geneigt sind und ihren Liedern selbst die Weisen geben«. Noch heute gibt es litauische Frauen und Männer, die drei- oder gar vierhundert Lieder singen können, traurige Lieder zumeist, die die Vergänglichkeit alles Irdischen beklagen, aber auch lustige, die man bei Familienfesten und beim Tanz im Dorfkrug singt.

Viele deutsche Dichter, wie Herder, Chamisso, Dehmel oder Goethe, haben versucht, die litauischen Volkslieder ins Deutsche zu übersetzen; keinem gelang es, Rhythmus, Klang, Bedeutung, Stimmung und Schönheit der Dainos so treffend zu übertragen wie dem litauischen Theologieprofessor Ludwig Rhesa (Liudvikas Rėza, 1776–1840, s. S. 55). Von ihm stammt die Übertragung der »Fischerin«, einer Daina der Fischer auf dem Kurischen Haff. Der Nordwind war für sie der günstigste Segelwind, mit schwarzer Seide wurde der Wimpel am Mast ihrer Boote bestickt, und ein Kranz von grüner Raute schmückte die Braut.

Die Fischerin

Sieh, o Mägdlein, durch das Fenster,
Welcher Wind nun wehet?
Der, so gestern, weht auch heute:
Lieber Wind aus Norden.

Wenn ich könnte mit dem Schifflein
Über See hinfahren,
Würd ich holen schwarze Seide,
Und auch grüne Raute.

Schwarze Seide, um den Wimpel
Auszunähn den Fischern,
Und die Rauten, grüne Rauten,
Um den Kranz zu flechten.

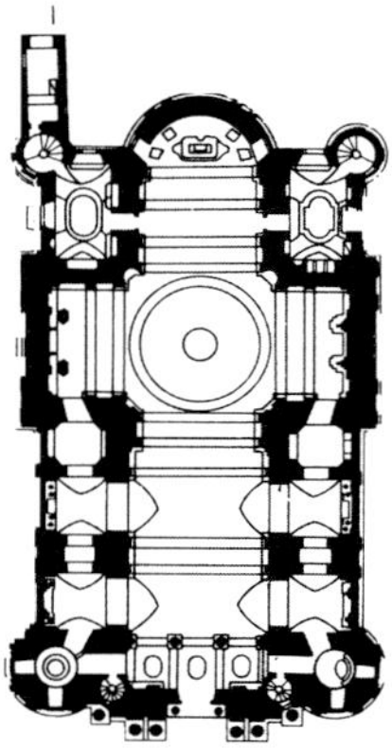

Vilnius, Peter-und-Paul-Kirche, Grundriß

Rund 1,5 km vom Kathedralenplatz entfernt steht im Stadtteil Antakalnis nahe dem Ufer der Neris die **Peter-und-Paul-Kirche** (36, Šv. Petro ir Povilo bažnyčia), der neben der Annenkirche bedeutendste Sakralbau Litauens, ein barockes Bauwerk von europäischem Rang. Die Peter-und-Paul-Kirche markiert einen uralten heiligen Ort, denn hier befand sich vor etwa einem Jahrtausend ein Hain der heidnischen Göttin Zworuna, der Beschützerin der Jagd und der Landwirtschaft, der Göttin der Fruchtbarkeit und der Liebe. Gegen Ende des 14. Jh. ließen sich im Wald von Antakalnis Augustinermönche nieder und bauten ein bescheidenes Kloster mit einer kleinen Holzkirche, die 1655 von plündernder russischer Soldateska eingeäschert wurde. Im Schein der auflodernden Flammen soll Mykolas Kazimieras Pacas (Michael Kasimir Pac), königlicher Oberbefehlshaber des litauischen Heeres, gelobt haben, eine neue Kirche zu stiften, wenn es ihm gelänge, die Russen aus Litauen zu vertreiben. Sie sollte größer und schöner sein als jede andere Kirche in Vilnius. Sechs Jahre später zogen die Moskauer Eindringlinge ab. Und Pacas löste sein Versprechen ein.

Im Juni 1668 begann der Krakauer Architekt Jan Zaor mit den Bauarbeiten. 1671 übernahm der Italiener Giambattista Frediani die Bauleitung, ohne Zaors Pläne zu ändern. Das Eindrucksvollste und Bedeutendste an St. Peter und Paul, die Stuckarbeiten des Innenraums, schufen die beiden Bildhauer Pietro Peretti (Perti) und Giovanni Maria Galli zusammen mit dem litauischen Meister Mykolas Zilevičius zwischen 1677 und 1685. 1682 starb der Stifter Pacas, die Vollendung der Kirche verzögerte sich. Zwischen 1691 und 1704 schlossen die Bildhauer Andrea Capone und Giovanni Pensa die Ausschmückungsarbeiten weitgehend ab. Nur der Hauptaltar blieb bis heute unausgeführt.

Die dreischiffige Kirche besitzt den Grundriß eines lateinischen Kreuzes. Über der Vierung steigt die Kuppel mit Laterne bis zu einer Höhe von fast 40 m auf. Zwei Türme flankieren die mit Säulen, Balkon, einem eleganten Giebel und einem dekorativen Portal geschmückte Hauptfassade. Der weitgespannte Innenraum (Abb. s. hintere Umschlaginnenklappe) beeindruckt durch den außergewöhnlichen und doch harmonisch aufeinander abgestimmten Reichtum plastischer *Stuckdekorationen.* Da kann man sich einfach nicht satt sehen an biblischen, historischen, philosophischen und kriegerischen Episoden, an Szenen aus dem Stadt- und Landleben, aus den verschiedensten Berufen und Ständen. Kinder und Greise erscheinen an den Wänden, Decken und Pfeilern – Arme und Reiche, Heilige und Teufel, Ritter und Landsknechte, Kaufleute und Handwerker, insgesamt schauen uns mehr als 2000 Gesichter an. Dazu kommt die Fülle an realistischen und phantastischen Tieren, an Pflanzen, Blumen, Früchten und zahllosen Ornamenten. Fast übersieht man die farbigen *Fresken* des Italieners Michelarcangelo Palloni mit Darstellungen aus dem Leben des Apostels Petrus. Die Stelle eines Hauptaltars nehmen das Gemälde »Abschied der hll. Peter und Paul« von

Zu den die Fülle des Lebens vergegenwärtigenden Stuckdekorationen zählt auch eine Allegorie auf den Tod

Fassadendetail von St. Peter und Paul; gesprengter Giebel und eine der Gottesmutter gewidmete, lateinische Inschrift: »Königin des Friedens, bestärke uns im Frieden«

Parnas Smuglevičiaus (1804) und vier Prophetenskulpturen des Bildhauers Kazimieras Jelskis ein. Im Presbyterium hängt das Porträt des Stifters Mykolas Kazimieras Pacas von einem unbekannten Meister (1691). Die *Rokokokanzel* im Mittelschiff hat die Form eines Bootes. Einen Blick sollte man auch in die Frauen- und die Ritterkapelle werfen. Der Kirchenraum wurde 1901 bis 1903 restauriert.

Der Gediminasprospekt und das neue Stadtzentrum

Vom Kathedralenplatz bis zur Nerisschleife zieht der 1852 angelegte Gedimino prospektas westwärts, die erste Straße, die breit und schnurgerade aus der Altstadt hinausführte und zur Hauptachse des neuen Zentrums von Vilnius wurde. Geschäfte, Banken, Restaurants, Hotels, die Hauptpost, Versicherungen und Verwaltungsgebäude reihen sich hier auf fast 2 km Länge. Und links und rechts der Fahrbahn stehen schöne alte Bäume, die gemeinsam mit den über 300 ha umfassenden Parks und Grünanlagen das Klima der Innenstadt verbessern helfen.

Geradezu klein, doch dabei reizvoll wirkt am Beginn des Gediminasprospekts der Eingang zum **Schauspielhaus** (37, Dramos teatras), der sich zwischen zwei hohe Häuserblocks zwängt, ein 1982 entstandenes, gediegen schlichtes Entree, entworfen von den Architekten Algimantas und Vytautas Nasvytis. Den prächtigen Dachrahmen schmückt »Das Musenfest« des Bildhauers Stanislovas Kuzma,

Bronzegruppe der drei Musen am Schauspielhaus

eine *Bronzegruppe* der drei Musen Kalliope (Drama), Melpomene (Tragödie) und Thalia (Komödie). Kuzma schuf auch die kupferne *Brunnenplastik* »Der Quell« im Theaterfoyer, dessen Backsteinwände Werke moderner litauischer Maler beleben. 1982 war auch der Saal des 1940 gegründeten Theaters umgestaltet und vergrößert worden, er bietet seitdem 650 Zuschauern Platz.

Dem Schauspielhaus gegenüber steht das stattliche Gebäude des Präsidiums der **Litauischen Akademie der Wissenschaften.** Ein Stück weiter westwärts im Haus Nr. 7 befindet sich die **Hauptpost** (Paštas) von Vilnius mit einer Verkaufsstelle philatelistischer Souvenirs. Der **Savivaldybės aikštė,** der Platz der Selbstverwaltung, zählt zu den schönsten, aber auch belebtesten Plätzen von Vilnius. Seine Ostseite nimmt das **neue Rathaus** der Hauptstadt ein, die Nordseite begrenzt der **Regierungspalast** (38), der 1982 von Vytautas Čekanauskas als Sitz des Zentralkomitees der Kommunistischen Partei Litauens erbaut wurde. Hinter beiden versteckt sich die **Georgskirche** mit Nebengebäuden.

Vom Savivaldybės aikštė zieht die malerische Vilniaus gatvė in die Altstadt hinein und passiert den **Radvila-Palast** (39, Radvilų rūmai), den Renaissancepalast der Fürsten Radvila (Radziwill), einer der ältesten litauischen Fürstenfamilien mit großen Besitzungen in Litauen, Polen und später auch in Preußen. Der von dem Architekten Jonas Ulrichas um 1650 erbaute Palast zählte zu den prachtvollsten Gebäuden der Hauptstadt und beherbergte eine berühmte Sammlung westeuropäischer Kunst, die aber in den Kriegen des 18. Jh. unterging. 1967 bis 1989 wurde der reich mit manieristischem Schmuck versehene Bau restauriert; 1990 stellte man ihn mit Werken ausländischer Meister aus dem Besitz der großen Adelshäuser Oginski, Tiškevičius, Pacas u. a. der Öffentlichkeit zur Verfügung. Den Rundgang durch die Ausstellungsräume leiten 165 Kupferstichporträts von Mitgliedern der Fürstenfamilie Radvila aus dem 18. Jh. ein.

Folgt man der nächsten südwärts verlaufenden Straße, der Jogailos gatvė, bis sie in die Pylimo gatvė übergeht, erreicht man das **Jüdische Museum** (40, Lietuvos valstybinis žydų muziejus), das in der Pylimo gatvė 4 und im Gartenhaus in der Pamėnkalnio gatvė Nr. 12 untergebracht ist. Die Sammlung berichtet über das einstige jüdische Leben in Litauen, insbesondere in Vilnius, wo zu Beginn des 20. Jh. jeder zweite Einwohner Jude war. Dokumentiert werden der Holocaust, Verfolgung, Verschleppung und Ermordung; allein im nahen Wald von Paneriai (s. S. 107) wurden zwischen 1941 und 1944 von NS-Spezialeinheiten 70 000 Juden erschossen. Gezeigt werden auch kostbare Kultgegenstände aus der zerstörten Großen Synagoge von Vilnius.

Am Gedimino prospektas gleich westlich der A. Jakšto gatvė erinnert ein **Denkmal für Julija Žymantienė-Žemaitė** an die litauische Schriftstellerin; die Skulptur ist ein Werk des Bildhauers Petras Ste-

Der Gediminasprospekt, seit Mitte des 19. Jh. Hauptachse des neuen Stadtzentrums von Vilnius

panavičius aus dem Jahre 1950. Der Prospekt erreicht nun den **Lukiškių aikštė,** den schönsten und größten Platz der City. Vor der Wende beherrschte ihn ein gewaltiges Lenindenkmal – drum hieß er damals auch Leninplatz, der Gediminasprospekt entsprechend Leninprospekt. Heute überlegt man, wer künftig den Platz schmükken soll. Gediminas wäre gewiß eine geeignete Persönlichkeit, doch niemand weiß, wie der mittelalterliche Großfürst ausgesehen hat. Das Haus Gedimino prospektas Nr. 40 beherbergte die litauische **Zentrale des sowjetischen Geheimdienstes KGB.** Die Zellen im Keller, in denen viele tausend Litauer vor ihrer Deportation nach Sibirien verhört und gefoltert wurden, sind zu besichtigen.

Am nördlichen Ende der Vasario 16–osios gatvė steht nahe der Neris die weithin sichtbare **Jakobus-und-Philippus-Kirche** (41, Šv. Jokūbo ir Pilypo bažnyčia). Das zugehörige Dominikanerkloster aus dem 18. Jh. dient heute als Krankenhaus. Die einschiffige, doppeltürmige Kirche der zwei Apostel wurde 1690 bis 1727 im Stil des Spätbarock erbaut; die Fassade zeigt Stilelemente des Rokoko. Im Innern sind die acht Altäre, die Statuen der beiden Apostel, die Holzkanzel und die Wandfresken aus der Mitte des 18. Jh. sehenswert.

Kurz vor der Neris erreicht der Gedimino prospektas den Nepriklausomybės aikštė, den Platz der Unabhängigkeit, mit dem schönen und modernen **Parlamentsgebäude** (42, Seimo rūmai). Dieser schlichte und dennoch repräsentative Komplex wurde 1976 bis 1981 als Präsidium des Obersten Sowjets der Litauischen SSR von dem

Das moderne Parlamentsgebäude am Gediminasprospekt war 1991 Kristallisationspunkt der Auseinandersetzung um Litauens Souveränität

Architektenteam Algimantas und Vytautas Nasvytis und Robertas Stasėnas erbaut; er zeigt deutlich, daß die osteuropäische Baukunst der 70er Jahre von dem monumentalen Stil der stalinistischen Ära abgerückt war und daß sich vor allem die litauische Architektur und Kunst verselbständigt hatten. In der Nacht zum 13. 1. 1991 wurde das Parlamentsgebäude zum nationalen Symbol des litauischen Freiheitskampfes. Als sowjetische Truppen das Rundfunk- und Fernsehzentrum von Vilnius stürmten und anzunehmen war, daß sie auch das Parlamentsgebäude besetzen würden, bildeten über 100 000 Litauer einen lebenden Schutzwall vor dem Parlament, in dem sich die Volksvertretung versammelt hatte. Betonbarrikaden – einige blieben zur Erinnerung und Mahnung zurück – riegelten das Gebäude noch bis Ende 1992 ab. Im Foyer des Seimo rūmai beeindruckt das riesige *Glasgemälde* von K. Morkunas. Eine prächtige Brunnenanlage verbindet das Parlamentsgebäude mit der benachbarten **Martynas-Mažvydas-Bibliothek** (43) an der Ostseite des Unabhängigkeitsplatzes, der vor der Wende »Platz der Sowjets« hieß. Die Bibliothek mit der größten Bücher- und Handschriftensammlung Litauens ist ein Bauwerk aus den 70er Jahren.

Die **Žvėryno tiltas,** die Tiergartenbrücke, über die Neris aus dem Jahre 1906 setzt den Gedimino prospektas in westlicher Richtung zum Stadtteil Žvėrynas fort. Am gegenüberliegenden Ufer steht die orthodoxe **Marienkirche,** die Kirche zur Erscheinung der heiligen Jungfrau, aus dem Jahre 1903.

In der Liubarto gatvė 6 im Stadtteil Žvėrynas findet sich eine theologische Besonderheit: eine **Kenesa** (44), ein Bethaus der Karäer (Karaimer), der mit heute 150 Angehörigen kleinsten Religionsgemeinschaft in Litauen. Die Karäer (hebr.: Schriftkundige) sind eine jüdische Sekte, die zwar das Alte Testament, nicht aber den Talmud und die rabbinischen Überlieferungen anerkennt. Sie entstand um die Mitte des 8. Jh. in Persien, verbreitete sich im gesamten Nahen Osten und erreichte auch Rußland, Polen und Litauen, wohin die Karäer im 14. Jh. kamen. Mit dem Bau der heutigen Kenesa von Vilnius begann die Sekte im Jahre 1909, doch fertiggestellt war das Bethaus erst nach dem Ersten Weltkrieg. Unter kommunistischer Herrschaft diente das heute wieder seinem sakralen Zweck zugeführte Bauwerk als Magazin.

Geht man auf den Gediminasprospekt zurück bis zum Savivaldybės aikštė und biegt Richtung Norden in die aus der Altstadt kommende Vilniaus gatvė ein, so erreicht man das **Opern- und Balletttheater** (45, Operos ir baleto teatras). Die Architektin Elena N. Bučiutė entwarf den modernen und überaus reizvollen Bau aus Beton, Glas, Backstein, Kacheln und Holz. 1974 wurde das Opernhaus auf dem hohen Nerisufer eröffnet, eine der interessantesten Schöpfungen auf dem Gebiet der modernen Theaterarchitektur. Die lebensgroßen *Bronzefiguren* am Nordgiebel, Gestalten des Musik- und Tanztheaters, sind Schöpfungen der Bildhauer J. Narusevičius, J. Kalinauskas und A. Zukauskas. In der warmen Jahreszeit läßt sich das Leben der Kapitale von der Café-Terrasse des Opernhauses beobachten. Das **Denkmal für Kiprias Petrauskas** (1974), von dem aus sich ein weiter Blick über die Neris bietet, erinnert an den Opernsänger und Begründer der litauischen Opernkunst.

Zu Füßen des Opernhauses kreuzt die Vilniaus gatvė die beiden Uferstraßen A. Goštauto gatvė und Žygimantų gatvė und setzt sich

Lebensgroße Personifikationen der (musikdramatischen) Schauspielkunst am Opernhaus

jenseits der **Grünen Brücke** (Žaliasis tiltas) als Kalvarijų gatvė fort, die in das »Neue Zentrum« von Vilnius führt. Die Grüne Brücke ersetzte 1950 ein 1944 gesprengtes Bauwerk gleichen Namens und trägt noch immer die gewaltigen *Bronzefiguren* von Arbeitern, Bauern und Soldaten, die im Stil des Sozialistischen Realismus die Stalinära repräsentieren. Die erste Brücke an dieser Stelle entstand im Jahre 1536 und war bis zum Anfang des 20. Jh. die einzige Nerisbrücke überhaupt.

Jenseits der Neris zieht die Upės gatvė westwärts, die Žvejų gatvė ostwärts. Die über der Upės gatvė aufragende, doppeltürmige **Raphaelkirche** (46, Šv. Rapolo bažnyčia) gehört zum Jesuitenkloster St. Raphael, das der Orden hier an der Wende zum 18. Jh. gründete. Die dreistöckigen Klostergebäude wurden 1703 bis 1730 erbaut und zwischen 1975 und 1980 restauriert. In ihnen hat heute die Gesellschaft für die Restaurierung von Kulturdenkmälern in Litauen ihren Sitz. Die ebenfalls restaurierte dreischiffige Hallenkirche entstand zwischen 1902 und 1909 im Stil des Neobarock anstelle eines Vorgängerbaus. Aus dem frühen 18. Jh. stammen fünf Altäre, die Skulpturen am Hauptaltar und das Gemälde »St. Raphael« von Simonas Čechavičius.

Breite Stufen führen rechts vom Raphaelkloster zu einem Neubauviertel hinauf, das nach den Planungen der letzten Jahrzehnte das »Neue Zentrum« von Vilnius werden soll, sich allerdings nicht so recht entfalten will. Da ist ein **Planetarium** (47) mit optischer Ausrüstung aus den Jenaer Zeisswerken, in dem auch Kunstausstellungen stattfinden. Da ragt das größte Hotel des Landes, das »Lietuva«, mit seinen gut 350 Zimmern und Suiten 23 Stockwerke empor. Da steht auch das größte Kaufhaus von Vilnius, und zahlreiche Geschäfte reihen sich in den Kolonnaden der autofreien Fußgängerzonen.

Das Planetarium von Vilnius gibt auch Kunstausstellungen Raum

Einige hundert Meter westlich beherrscht die **Litauische Nationalgalerie** (48, Nacionaline galerija) die Grünanlage zwischen Ukmergės und Upės gatvė. Das Haus, das um das Jahr 1980 von den Architekten G. Baravykas und V. Vielius als Revolutionsmuseum erbaut wurde, zeigt heute eine Sammlung von Volkskunst des 19. und beginnenden 20. Jh. aus allen Regionen Litauens. Vor der Galerie steht die monumentale Skulptur »Die ersten Schwalben«, ein Werk des Bildhauers Juozas Mikėnas aus dem Jahre 1964: Aus der Hand der Frühlingsgöttin flattern sechs Schwalben zum Himmel empor. Die Upės gatvė unterquert etwa 1 km westlich der Grünen Brücke die Brücke des eisenbewehrten Wolfes (Geležinio vilko tiltas), deren Name an die Gründungslegende der Hauptstadt erinnert (s. S. 59). Gleich dahinter erstreckt sich längs der Studentų gatvė die Pädagogische Universität.

Die Žvejų gatvė trifft etwa 700 m östlich der Grünen Brücke auf das 20 000 Zuschauer fassende **Žalgirio-Stadion** und den **Sportpalast** (49), das größte Gebäude Litauens.

Außerhalb des Zentrums und in der Umgebung von Vilnius

Der **Vingis-Park** (Vingio parkas), westlich vom Zentrum in einer Schleife der Neris gelegen, ist die beliebteste große Parkanlage der Stadt. Der herrliche alte Kiefernforst erstreckt sich über eine Fläche von mehr als 160 ha. Schon im 16. Jh. sprach man voller Bewunderung über den Forst und das Wild darin. 1947 begingen die sangesfreudigen Litauer im Vingis-Park ihr erstes nationales Sängerfest. 1960 entstand die Sängerbühne, eine riesige Muschel, vor der damals über 20 000 Sänger, Tänzer und Musikanten auftraten. Seitdem wiederholt sich dieses Fest alle fünf Jahre. Eine Fußgängerbrücke verbindet den Park mit dem Wohnviertel Žvėrynas.

In weitem Bogen erschließt der Laisvės prospektas, der Prospekt der Freiheit, die westlichen Satellitenstädte Karoliniškės und Lazdynai, in denen heute über 200 000 Menschen leben. In **Karoliniškės** ragt seit 1980 der 326,5 m hohe *Fernsehturm* in den Himmel, zu erreichen über die Sausio 13-osios gatvė (Straße des 13. Januars). Seine Aussichtsplattform in 190 m Höhe bietet einen atemberaubenden Rundblick über ganz Vilnius. Am 13. 1. 1991 besetzten sowjetische Truppen gewaltsam den Fernsehturm, wobei 14 Litauer ums Leben kamen. Ein Denkmal in der Form eines umgestürzten Kreuzes erinnert an die Opfer. Die südlich angrenzende Satellitenstadt **Lazdynai** ist, inmitten einer hügeligen Landschaft gelegen und von Wäldern umgeben, der wohl schönste und auch wohnlichste neue Stadtteil der litauischen Hauptstadt. Das Architektenteam V. Balčiunas, V. Brė-

Gediminas Karalius' monumentale Reiterplastik in der Satellitenstadt Lazdynai

dikis, V. Čekanauskas, G. Valiuškis, A. Kleinotas und V. Šileika erhielt zahlreiche internationale Auszeichnungen. Vom Laisvės prospektas zweigt die 3,5 km lange Architektų gatvė ab, die ringförmig Lazdynai umfaßt. Fontänen und Wasserspiele mischen sich zwischen Blumenbeete und Rasenflächen. Hier und da beleben Kunstwerke die weiten Höfe und breiten Straßen, wie die »Wetterfahne« (Vėtrungė) des Bildhauers K. Valaičio vor dem Einkaufszentrum Erfurtas oder der berühmte »Morgen« (Rytas), die monumentale *Stahlplastik* eines Reiters von Gediminas Karalius, vor dem Einkaufszentrum Lazdynai. Im Stadtteil Lazdynai entstand in den 80er Jahren nahe dem Nerisufer das *Messegelände* von Vilnius, das LITEXPO parodų centras. Den Hauptbau entwarf der Architekt Eduardas Stasiulis.

Im Norden von Vilnius, 8 km von der Grünen Brücke (Žaliasis tiltas) entfernt, steht **Schloß Verkiai** (Verkių dvaro rūmai), ein großartiges Beispiel des Klassizismus. Der Weg dorthin führt über die Kalvarijų gatvė. Kurz hinter dem Ortsteil Jeruzalė biegt man rechts auf die Žaliųjų ežerų gatvė ab, fährt bis Verkiai und biegt dort wiederum nach rechts in einen schmalen Weg ab, der ca. 500 m südwärts eine Anhöhe am Ufer der Neris erreicht. Auf dieser Anhöhe steht das Schloß, das heute der Akademie der Wissenschaften gehört und das Botanische Institut der Universität beherbergt.

Der Bischof von Vilnius gab den Bau des Schlosses Verkiai im Jahre 1781 in Auftrag. Die Architekten Martin Knackfuß (Martynas Knakfusas) und vor allem Laurynas Stuoka-Gucevičius, der Erbauer der Kathedrale und des Rathauses, entwarfen die Dreiflügelanlage. Zu Beginn des 19. Jh. war die bischöfliche Sommerresidenz fertiggestellt. Aber schon wenige Jahre darauf beschädigte Napoleons Armee den Mittelbau des Schlosses so schwer, daß er abgerissen

Schloß Verkiai: Blickfang der Fassade des Ostflügels ist ein Portikus mit vier ionischen Säulen

werden mußte. Heute sind nur noch die beiden Seitenflügel vorhanden, von denen das Ostgebäude nach seiner Restaurierung von 1962 bis 1975 besonders beeindruckt. Dieses im Grundriß rechteckige Gebäude ist zweigeschossig mit Mezzanin, einem zusätzlichen Halbgeschoß gleich unter dem Dach für die Dienerschaft. Ein Portikus mit vier ionischen Säulen betont die Mitte der Hauptfassade; die ionische Ordnung setzt sich in den Pilastern der Seitenfassaden fort. Ein großräumiges *Foyer* mit Galatreppe beherrscht den Eingangsbereich, auf dem ovalen Plafond erscheinen »Amor und Psyche« des deutschen Malers Gustav Beker. Um 1846 erhielt die Stirnseite des Gebäudes einen Anbau mit Turm. Das Obergeschoß enthält eine erlesene Sammlung von Möbeln, Gobelins, Gemälden, Spiegeln, Kronleuchtern und weiteren Kunstgegenständen des 17. bis 19. Jh. Im Westflügel ist das Botanische Institut untergebracht. Die umliegenden Wirtschaftsgebäude dienen als Labors, Werkstätten und Wohnungen. Der prächtige *Landschaftspark* am Ufer der Neris ging im 19. Jh. aus einem alten Wald hervor.

Im Wald von Paneriai (Ponar), etwa 10 km südöstlich vom Stadtzentrum, wurden zwischen 1941 und 1944 etwa 80 000 Menschen, darunter 70 000 Juden, von NS-Spezialeinheiten erschossen. Eine Gedenkstätte des Genozids, das **Paneriai-Museum** (Panerių muziejus), im Stadtteil Paneriai, Agrastų gatvė Nr. 17, erinnert an die damaligen Ereignisse.

Die Ortschaft **Trakų Vokė,** 12 km südwestlich von Vilnius auf dem Weg nach Trakai gelegen, lohnt einen Stopp wegen des schmukken *Landschlosses* der Grafen Tiškevičius. Zwischen 1876 und 1880 ließen sie sich von dem italienischen Architekten L. Marconi das Schlößchen samt Nebengebäuden und einer Kapelle bauen. Der reizvolle Hauptbau zeigt eine Mischung verschiedener Stilrichtungen, überwiegend ist er neoklassizistisch, er enthält aber auch neogotische Elemente sowie Formen der litauischen Volksarchitektur. Den Mitteltrakt krönt ein Belvedere, eine Aussichtsterrasse, nur sind die Skulpturen der Balustrade im Zweiten Weltkrieg leider verschwunden. Dagegen blieben die *Decken- und Wandmalereien* sowie die geschnitzten Holzverkleidungen der Innenräume erhalten, weil sie der Hausherr rechtzeitig unter Verkleidungen versteckte. Erst 1970 wurden diese verborgenen Kunstwerke von Restauratoren wiederentdeckt. Sehenswert ist auch der *Park,* den der französische Gartenarchitekt Edouard André um 1900 im Stil eines französischen Repräsentationsgartens und eines englischen Landschaftsgartens gestaltete. Im Schloß Trakų Vokė ist heute eine Forschungsstätte des Instituts für Landwirtschaft untergebracht.

Kaum 5 km von Trakų Vokė entfernt, besitzt auch das Städtchen **Lentvaris** ein *Schloß* der Grafen Tiškevičius. Inmitten eines ebenfalls von Edouard André gestalteten *Landschaftsparks* entstand gegen Ende des 19. Jh. das prächtige Schloß im nachempfundenen Tudorstil. Heute residiert hier die Verwaltung einer Teppichfabrik.

Ausflüge von Vilnius

Trakai

Trakai☆☆
Besonders sehenswert:
Karäermuseum
Inselburg

Die Inselburg Trakai 27 km westlich von Vilnius ist wohl die schönste Burg des Baltikums. Von Jahr zu Jahr wächst die mittelalterliche Residenz der litauischen Großfürsten, denn die Restauratoren verfügen über zahllose zeitgenössische Stiche und Bauzeichnungen, so daß es zwar viel Geld kostet, aber vergleichsweise wenig Mühe bereitet, dieses architektonisch außerordentlich reizvolle Nationalheiligtum der heutigen Litauer bis in jede Einzelheit wieder aufzubauen. Interessant ist auch die zugehörige Stadt Trakai, die »Stadt auf dem Wasser«, umgeben vom Galvė-See und seinen langgestreckten Nebengewässern, die zu einer Segel- oder Ruderpartie einladen. 1991 wurde das Gebiet Trakai wegen seiner historischen Bedeutung sowie der malerischen See- und Moorlandschaft mit ihren seltenen Tieren und Pflanzen zum Nationalpark erklärt, zu einem der wohl schönsten Landschaftsschutzgebiete Litauens.

Wann hier an den Ufern der fischreichen Seen eine erste Siedlung entstanden ist, weiß niemand zu sagen. Im 12. Jh. war Trakai aber schon befestigt, und im 13. Jh. besaß es das Magdeburger Stadtrecht. Ein Jahrhundert später nahm Trakai die Stellung einer großfürstlichen Residenz ein, denn Gediminas hatte im Jahre 1321 die Burg Alt-Trakai (im heutigen Ortsteil Senieji Trakai) erbaut. Gediminas vererbte diese Burg seinem Sohn Kęstutis, der – wie die Sage berichtet – die schöne Priesterin Birutė aus dem heiligen Hain von Palanga entführte und zur Frau nahm. Auf Burg Trakai gebar sie ihm 1350 den Sohn Vytautas. Wegen der ständigen Angriffe des Deutschen Ordens ließ Birutė auf der besser geschützten Halbinsel zwischen dem Totoriškių- und dem Lukos-See eine neue Burg errichten, die »Birutėburg«. Zugleich gab Kęstutis den Bau der noch besser gesicherten Inselburg in Auftrag. Beide Burgen waren erst zu Beginn des 15. Jh. fertiggestellt, nachdem Kęstutis 1382 einem Mordanschlag seines Neffen Jogaila in Trakai zum Opfer gefallen und auch Birutė inzwischen verstorben war.

1377 berannten Ordensritter die Burg Alt-Trakai, konnten sie aber nicht einnehmen und äscherten enttäuscht die Stadt ein. 1381 griff der Orden erneut an, wobei er diesmal die alte Burg eroberte und schleifte. 1382 bis 1391 residierte Fürst Skirgaila in Trakai, ein Bruder Jogailas, der inzwischen als Wladislaw II. Jagiello König von Polen geworden war. Skirgaila holte russische Siedler nach Trakai, die hier eine Kirche bauten und ein Kloster gründeten. Währenddessen kämpfte Vytautas mit Skirgaila um sein Erbland Litauen. Er verbündete sich sogar mit dem Deutschen Orden, um seinen Vetter aus Trakai zu vertreiben. 1389 zog Vytautas mit einem Ordensheer nach Trakai und eroberte die Burg, doch Skirgaila kehrte zurück und ließ die wiedererstandene Stadt 1390 in Flammen aufgehen, damit sein Rivale nur »Trümmer und Asche erbe«. Immer wieder versuchte

◁ Figuren- und Ornamentstelen säumen die »Čiurlionis-Straße«

König Jogaila, den Streit zu schlichten, aber erst der Vertrag von Ostrau (Ostrow) 1392 brachte Frieden: Skirgaila ging nach Kiew, Vytautas wurde Großfürst von Litauen.

Vytautas residierte zumeist in Vilnius, lieber aber in Trakai, das er schnell erneuerte. Da er seinen eigenen Landsleuten mißtraute, holte er sich von 1396 bis 1398 Tataren und Karäer von der Krim nach Trakai, um sie als verläßliche Leibwache einzusetzen. Er ließ in Trakai für die Tataren eine Moschee, für die Karäer eine Kenesa, für die russischen Kaufleute eine orthodoxe Kirche und – nachdem er zur katholischen Konfession konvertiert war – 1409 auch eine katholische Kirche errichten. Trakai besaß also zu Vytautas' Zeit eine multikulturelle Gesellschaft par excellence. Und noch heute leben hier die Nachfahren der verschiedenen Völker friedlich nebeneinander.

1430 bis 1432 residierte Großfürst Švitrigaila (Swidrigiello) in Trakai und nach ihm Žygimantas (Sigismund), der hier im Jahre 1440 von Verschwörern ermordet wurde. Auch Großfürst Kazimieras (Kasimir) bevorzugte Trakai, das er zu einer schönen und reichen Residenzstadt ausbaute. Wachsendes Ansehen genossen die Karäer, die nun auch im Handel erfolgreich wirkten und vom Großfürsten mit Sonderrechten bedacht wurden.

Als Litauen im 16. Jh. seine Souveränität immer mehr an Polen verlor, verfielen auch seine Burgen und Städte. So hatten es die Russen 1655 nicht schwer, die Burganlagen von Trakai zu schleifen. Heute ist Trakai ein farbenfrohes Städtchen, das seine Zukunft hauptsächlich im Tourismus sieht. Die Inselburg wurde liebevoll restauriert und gilt heute als besterhaltene Burganlage des Baltikums.

Die Stadt Trakai bedeckt eine schmale Landzunge zwischen zwei Seen, dem Totoriškių ežeras (Tatarensee) und dem Lukos ežeras (See der Erwartung), auch Bernardinų ežeras (Bernhardinersee) genannt. Beide Seen sind genaugenommen Buchten des großen Galvės ežeras. Das sehenswerte Zentrum der Stadt nimmt die Nordhälfte der Halbinsel ein. Die alte Hauptstraße, die Vytauto gatvė, führt an einer kleinen **russisch-orthodoxen Kirche** (1) vorbei. Rechts erhebt sich auf einer Anhöhe die katholische **Vytautaskirche** (2, Vytauto bažnyčia), die Kirche der Verkündigung Mariä. Die dreischiffige Basilika stiftete Großfürst Vytautas im Jahre 1405. Sie wurde mehrmals erneuert und verändert, 1718 erhielt sie die beiden Türme und ein erhöhtes Mittelschiff. Ihr Äußeres zeigt gotische und barocke Stilformen, das Innere ist vorwiegend barock. Besondere Beachtung verdienen eine *Marienikone* mit Silberoklad und ein *Porträt*, das angeblich den Großfürsten Vytautas darstellt. Dort, wo die Straße sich verbreitert und nach links schwenkt, wo die Vytauto gatvė in die Karaimų gatvė übergeht, lag der alte Marktplatz. Hier blieb die **Johannes-Nepomuk-Kapelle** (3) als Relikt des einstigen Bernhardinerklosters erhalten.

Reste von Mauerbefestigungen im Stadtpark von Trakai weisen auf die **Burg der Birutė** (4) hin, die im 14. Jh. auf Veranlassung der

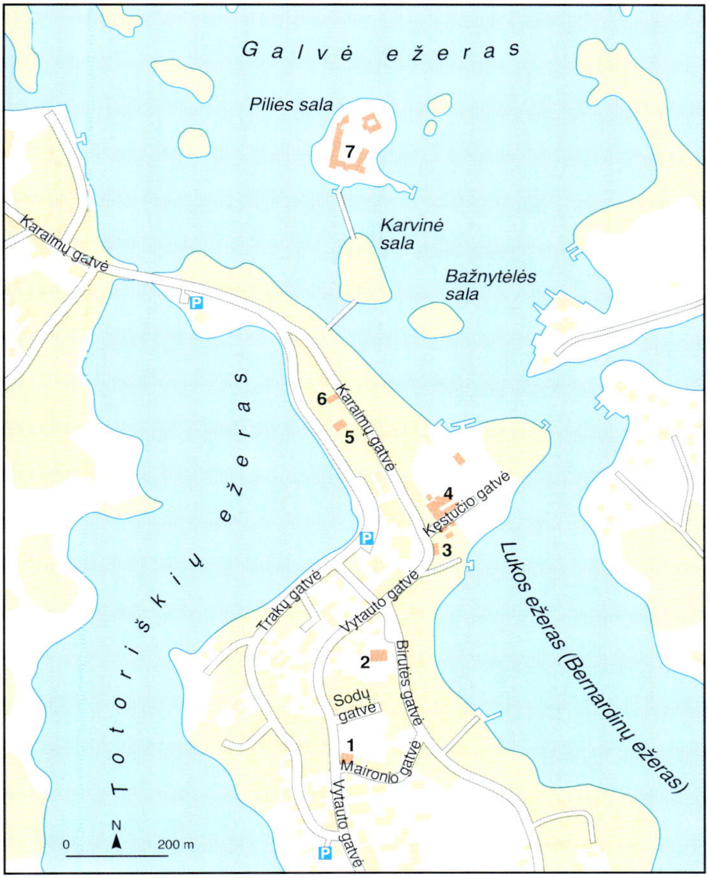

Trakai
1 Russisch-orthodoxe Kirche
2 Vytautaskirche
3 Johannes-Nepomuk-Kapelle
4 Birutėburg
5 Karäermuseum
6 Kenesa
7 Inselburg

Gemahlin des Großfürsten Kęstutis erbaut, später mehrmals zerstört und jeweils wieder erneuert wurde. Deutlich sind noch die Vorburg am Ufer sowie die untere und die hohe Burg zu erkennen. Der mächtige Südturm wurde 1963 bis 1965 restauriert. Bis zu 9 m hohe Mauern und elf Türme schützten einst die Wehranlage, die insgesamt eine Fläche von 4 ha einnahm.

In der Karaimų gatvė ein Stück weiter nordwärts steht das **Karäermuseum** (5, Karaimų etnografijos muziejus) mit einer hochinteressanten Sammlung von Gebrauchs- und Kunstgegenständen der Karäer von den Anfängen der Trakaier Gemeinde bis zur Gegenwart. Kurz hinter dem Museum folgt eine Reihe von Karäerhäusern, kleinen Holzbauten, von deren Fenstern jeweils drei der Straße zugewandt sind, ähnlich den russischen »Isbas«. Zwischen ihnen steht

Karäerhäuser in Trakai

die **Kenesa** (6, Kinesė), ein Bethaus der Karäer, gewissermaßen eine kleine Synagoge (Karaimų gatvė Nr. 30). Das schlichte Haus wurde 1812 errichtet, nachdem französische Truppen den alten Bau aus dem 15. Jh. zerstört hatten. In der Kenesa finden Gottesdienste statt. Ein Restaurant in der Karaimų gatvė Nr. 65 bietet karäische Spezialitäten an. Vom Parkplatz nahe dem Restaurant führt der Weg am Nordufer der Halbinsel entlang bis zur Holzbrücke, die zur Kervinė sala (Kuhinsel) führt. Eine zweite Holzbrücke verbindet die Kuhinsel mit der Pilies sala (Burginsel), die vollständig von den Bauten der Kęstutisburg eingenommen wird.

Die **Inselburg** (7) wurde in der zweiten Hälfte des 14. Jh. und zu Anfang des 15. Jh. im Stil der Gotik erbaut. Sie besteht aus zwei Teilen, jeweils von schweren, bis zu 7 m hohen Mauern umgeben: Palas und Kasemattenhof. Drei fünfgeschossige, runde, unten quadratische Ecktürme und ein quadratischer Torturm sicherten den trapezförmigen Hofbereich, an dessen Außenmauern sich zweigeschossige (Westseite) und eingeschossige (Ostseite) Kasematten schmiegen. Hier befanden sich die Magazine, Arsenale und Wohnräume der Burgwache. Die unteren Räume der Kasematten zeigen heute eine reichhaltige *Sammlung zur Geschichte der Burg* und des ganzen Landes: Ausgestellt sind Waffen, Küchengerät, Porzellan, Tabakpfeifen und vieles mehr.

Ein tiefer Graben trennt den Kasemattenhof vom Palas. Steinmauern auf Doppelarkaden schirmen den Graben nach außen ab. Eine Zugbrücke, heute eine feste Holzbrücke, führt zum Palas empor, den Zugang schützt ein fast 34 m hoher Bergfried. Durch diesen gelangt man auf den kleinen Hof des Palas, der aus zwei dreigeschossigen

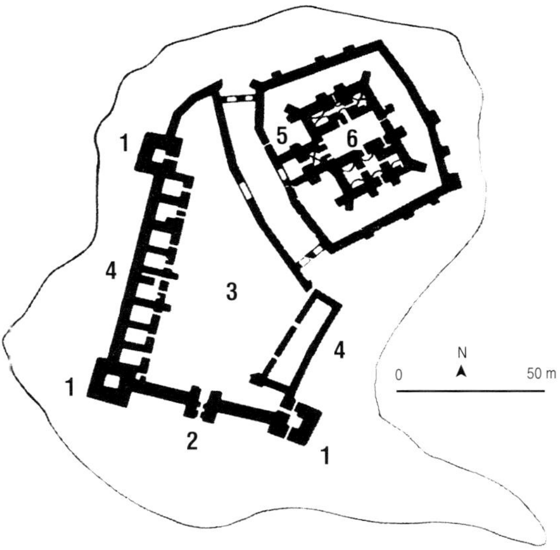

Trakai, Inselburg, Grundriß
1 Wachtürme
2 Torturm
3 Kasemattenhof
4 Kasematten
5 Bergfried
6 Palas

Gebäuden besteht. Das erste Obergeschoß des südlichen Palasgebäudes nimmt der 21 m × 10 m große und 5,5 m hohe Hauptsaal ein. Farbige Fresken schmücken das gotische Sterngewölbe und die Wände des Saales; leider sind davon nur noch Spuren vorhanden, die auf weltliche Themen hinweisen. In dem Hauptsaal finden heute Kammermusikabende statt. Die einzelnen Räume des Palas waren und sind auch heute über hölzerne Hoftreppen und Galerien zu erreichen.

Der **Nationalpark Trakai** (Trakų istorinis nacionalinis parkas) umfaßt ein Gebiet von 82 km², wovon 30 % auf Siedlungsflächen (Gebäude, Gärten, Weiden und Ackerland), ebenfalls 30 % auf Wälder und 18 % auf Wasserflächen entfallen. Der größte See ist der Galvės ežeras mit einer Fläche von fast 4 km² und 18 Inseln. Rechts und links vom Galvė-See schließen sich der Skaisčio ežeras und der Akmenos ežeras an. Insgesamt zählt die Nationalparkverwaltung in ihrem Park über 200 Seen und Teiche. Zwei ausgedehnte Sumpfgebiete, Flomėnai westlich und Ilgelis östlich von Trakai, bieten seltenen Vogelarten und Pflanzen idealen Lebensraum. Zwischen dem Skaistis-See und dem Ilgelis-Moor rauscht der alte Eichenwald Varnikai.

Mit Ausnahme der Inselburg ist vom mittelalterlichen Verteidigungssystem nicht viel übriggeblieben. Spärliche Reste der Burg Alt-Trakai finden an Archäologie Interessierte am Südrand der Ortschaft Senieji Trakai (Alt-Trakai), 4 km südöstlich von Trakai. Diese Fürstenburg wurde damals von weiteren Burgen im nahen Umkreis unterstützt: von Burg Daniliškės 8 km westlich und von Burg

Bražuolė 5 km nördlich von Trakai. Sehenswert ist der schloßartige **Gutshof Užutrakis** – das bedeutet: außerhalb von Trakai – der Grafen Tiškevičius (Tyszkiewicz) am Ostufer des Galvė-Sees auf der Halbinsel zwischen Galvė- und Skaistis-See. Den weißen neoklassizistischen Bau aus dem 19. Jh., der vor der Wende als politische Fortbildungsstätte diente und heute zu verfallen beginnt, umgibt ein großartiger *Landschaftspark* des französischen Gartenbauarchitekten Edouard André. Schöne Beispiele der litauischen Volksarchitektur bieten die Dörfer Senieji Trakai, Serapiniškės und Varnikėliai nahe Trakai und Daniliškiai östlich vom Akmena-See.

Rundfahrt durch den Aukštaitija-Nationalpark

Aukštaitija-Nationalpark☆☆

Der erste, größte und schönste Nationalpark Litauens liegt 115 km nördlich von Vilnius und ist bequem mit Bahn, Bus oder Pkw zu erreichen, als Ziel eines Tagesausflugs, aber auch, um in den Sommer- und Frühherbstmonaten hier länger Urlaub zu machen.

Ignalina, Kreisstadt und Touristenzentrum, ist das Tor zum Nationalpark. In der Nähe der Stadt erzeugt das größte und modernste Atomkraftwerk des früheren Ostblocks seit den späten 80er Jahren Elektrizität für ganz Litauen und das Kaliningrader Gebiet. Die Litauer wehrten sich heftig gegen das Moskauer Bauvorhaben, und sie erklärten die herrliche Seenlandschaft im Westen Ignalinas 1974 durch Gesetz zum Nationalpark, um damit den Bau des Kraftwerks zu verhindern. Vergeblich, doch wurden bislang nur zwei der vorgesehenen sechs Kraftwerksblöcke fertiggestellt.

Der Nationalpark Aukštaitija (Aukštaitijos nacionalinis parkas) beginnt unmittelbar an der westlichen Stadtgrenze von Ignalina. Bis zu seinem Hauptort Palūšė sind es 5 km. Das Symbol des Parks ist die weiße Blüte der Wasserlilie auf blauem Seehintergrund. 34 Flüsse und Bäche durchziehen den Park, der größte Fluß ist die Žeimena, die nach 80 km in die Neris mündet. Die fließenden Gewässer speisen zahlreiche Seen, von denen der Dringis-See (Dringis ežeras) der größte (gut 7 km^2), der Tauragnas-See (Tauragnas ežeras) der tiefste (60,5 m) und der Žeimenis-See (Žeimenio ežeras) der längste ist (12 km). Auf fast allen Gewässern darf man rudern oder segeln. Von jedem See gelangt man in den nächsten, und es ist kein Problem, von hier aus ohne Unterbrechung bis zur Ostsee zu schippern.

Der Nationalpark erstreckt sich über gut 300 km^2, 70 % davon bedecken Wälder, zumeist Kiefernwälder, aber auch Birken, Fichten, Erlen, Espen und Eichen sind hier anzutreffen. Botaniker haben im Aukštaitija-Park rund 750 Pflanzenarten gezählt, jede zehnte steht unter Naturschutz. Ornithologen kommen hier voll auf ihre

Kosten, denn mehr als 135 Vogelarten brüten im Park, darunter so seltene wie Fischadler, Schwarzstorch, Turmfalke, Auerhahn und Dreizehenspecht. Durch die Wälder streifen Elche, Wölfe, Luchse und Wildschweine. In den fischreichen Gewässern leben Lachse, Aale, Hechte, Bachforellen, Barsche und viele andere Arten. Angelscheine erhält man in der Nationalparkverwaltung in Meironys und im Erholungszentrum Palūšė.

Unsere Rundfahrt im Nationalpark führt durch 16 Dörfer und kleine Städte – eine Landpartie, die sich als Tagesausflug von Vilnius anbietet. 5 km westlich von Ignalina liegt **Palūšė,** der Hauptort des Parks mit den wichtigsten touristischen Zentren. Am Rande des Lūšis-Sees (Lūšiai ežeras) nimmt der Ort einen von Wäldern umgebenen Hügel ein. Hier kreuzen sich alle Straßen des Parks, treffen

Der Aukštaitija-Nationalpark

Holzkirche aus dem 18. Jh. in Palūšė

sämtliche Wanderwege zusammen, beginnen die Bootsfahrten. Eine besondere Sehenswürdigkeit von Palūšė ist seine im Jahre 1750 gebaute *Holzkirche*. Die beiden Glocken wurden 1752 und 1772 gegossen. J. Petrauskas, einer der Führer des Aufstands von 1863, war an dieser Kirche Organist.

Knapp 3 km von Palūšė entfernt liegt am Nordufer des Lūšis-Sees **Meironys**, die Hauptverwaltung des Parks mit einer Häusergruppe im Stil der litauischen Volksarchitektur, umgeben von zahlreichen Holzskulpturen, die eine Künstlergruppe im Jahre 1977 geschaffen hat. **Vaišniūnai** am Nordufer des von zahllosen Buchten eingefaßten Dringis-Sees war schon im Mittelalter bewohnt, was alte Grabhügel bezeugen. Am Südufer des Baluošas-Sees (Baluošas ežeras) versteckt sich zwischen drei Seen **Trainiškis**, ein Dorf mit schönen alten Fischer- und Bauernhäusern. Dort steht eine tausendjährige Eiche, 26 m hoch und mit einem Stammumfang von 6 m.

Nach **Šuminai** am Nordufer des Baluošas-Sees führt eine Stichstraße, während die Rundwegtrasse den großen Wald im Norden des Nationalparks durchquert. Šuminai ist ein einziges Freilichtmuseum, ein Dorf, das vor rund 200 Jahren aus dem Gehöft des Försters

Am Ufer des Lūšis-Sees

Antanas Šuminas hervorging. Dessen alte Wohnkate ist noch vorhanden. Sie wurde, wie alle anderen strohgedeckten Gehöfte des Dorfes, sorgsam restauriert. Sehenswert sind die prächtig geschnitzten Fensterrahmen. Das Storchennest auf einer Fichte wird seit vielen Jahrzehnten bewohnt. Sieben Inseln schwimmen im Baluošas-See, die größte von ihnen, die bewohnte Ilgasalė (Lange Insel), besitzt selbst einen See. Auch **Strazdai** liegt am Baluošas-See. Zwischen seinen malerischen Häusern steht noch eine alte Rauchkate, ein einfaches Wohnhaus, dessen offener Rauchabzug zugleich als Räucherkammer diente.

Ein von riesigen Wäldern umgebenes Museumsdorf ist **Vaišnoriškė**. Seine Bewohner betreiben seit alters her die Imkerei, ihr Lindenblütenhonig ist nicht nur in Litauen begehrt. Gleichsam als Symbol steht mitten im Dorf eine riesige Linde. Östlich und nördlich von Vaišnoriškė erstreckt sich der gut 40 km^2 große Ažvinčiai-Forst mit Urwaldbeständen und dem Moor von Gervėčiai. Diese besonders geschützten Gebiete dürfen nur mit ausdrücklicher Erlaubnis der Parkverwaltung oder in Begleitung eines offiziellen Führers besucht werden. Bei **Minčia**, dem einstigen Dorf der Kupferschmiede im Norden des Ažvinčiai-Forstes, wuchert der Urwald von Minčia; außerdem erheben sich hier mehrere Grabhügel aus dem 9. bis 12. Jh. Der Minčia-Bach treibt eine alte Wassermühle an, die heute als kleine Pension dient.

Das alte Dorf **Daunoriai** befindet sich schon außerhalb des Nationalparks. Die bereits 1792 erwähnte Siedlung ist die Heimat des in Litauen sehr bekannten Dichters Teofilis Tilvytis (1904–69). Ebenfalls ein wenig außerhalb des Parks liegt **Šėmaitis**. Westlich von diesem Dorf führt der Weg zu zwei Findlingen, die »Mokas« und »Mokiukas« genannt werden. Der erste ist besonders stattlich, mißt 3 m in der Höhe, ebensoviel in der Länge und 2 m in der Breite. Von ihm berichtet die Legende, er sei vor langer, langer Zeit ein weiser Mann gewesen. Die Menschen holten sich bei ihm Rat, denn er wußte auf alles eine gute Antwort. Doch als sie immer häufiger kamen und ihn wegen jeder Kleinigkeit befragten, sich das Denken schließlich völlig abgewöhnten, wurde Mokas zornig und verwandelte sich in einen Felsen. So mußten die Leute wieder lernen, selbst zu denken und zu entscheiden. Das Dorf **Stučiai** bietet die einzige Stelle, an der man im recht kalten Tauragnas-See baden kann.

Tauragnai ist ein Städtchen am Rande des Nationalparks. Von seinen Höhen genießt man eine wundervolle Aussicht auf die umliegenden Seen und Wälder, Hügel und Äcker. Tauragnai liegt am Westufer des langgestreckten Tauragnas, des tiefsten Sees in Litauen. Hier haben die Gletscher der letzten Eiszeit, die überall im Lande deutliche Spuren hinterließen, besonders schwere Arbeit geleistet, tiefe Täler ausgehoben, hohe Endmoränen aufgeschichtet. »Tauragnas« bedeutet »Stierhorn« und spielt auf die Form des Sees an. Hügelgräber in der Umgebung von Tauragnai datieren aus dem 5. und 6. Jh. Eine Schüttburg am Südufer des Sees könnte aus dem 13. oder 14. Jh.

stammen; König und Großfürst Jogaila schenkte 1387 dem ersten Bischof von Vilnius die Ländereien um Tauragnai. In dieser Zeit dürfte auch der Name der Siedlung entstanden sein, denn »taurus« im Lateinischen der römisch-katholischen Kirche bedeutet »Stier«.

Stripeikiai drängt sich zwischen die Seen Pakasas (Pakasas ežeras) und Saminis (Saminis ežeras). Eine malerische alte Wassermühle am Tauragna-Bach wurde vor kurzem restauriert. Besonders interessant ist hier das *Imkereimuseum*, das alles zeigt, was seit alter Zeit mit Bienen sowie mit der Gewinnung von Honig zu tun hat und was man aus Honig und Wachs herstellen kann. Zu guter Letzt steht da sogar Babila, der heidnische Gott der Imker, aus Holz geschnitzt.

Das Dorf **Ginučiai** bietet wohl alles, was Besucher von einem Nationalpark erwarten: schöne, alte Häuser, geheimnisvollen Wald, malerische Seen und einen 20 m hohen Schüttberg, der einst die Burg Linkmena trug, die 1373 von den Ordensrittern eingeäschert wurde. Auch eine alte Wassermühle klappert vor sich hin, heute ist darin eine Herberge. Der Teufel soll hier einst umgegangen sein und den Bauern das Mehl aus den Säcken geschüttet, die Pferde ausgespannt und fortgetrieben und Geldstücke in wertlose Kiesel verwandelt haben. Vom *Ledakalnis*, dem Eisberg, nicht weit von Ginučiai entfernt, bietet sich ein herrlicher Rundblick auf Wälder und Seen. **Salos** ist eines der vier Museumsdörfer, in denen jedes Haus noch seinen ursprünglichen Stil bewahrte. In **Šakarva** am Lūšis-See nähert sich die Rundfahrt durch den Nationalpark ihrem Ende. Die Ufer stürzen hier steil in den See, der schon am Rande 20 bis 30 m tief ist. Das Dorf steht wegen seiner schönen, alten Häuser unter Denkmalschutz. In Šakarva muß man sich entscheiden, ob man über Palūšė und Ignalina oder über Kaltanėnai und Molėtai nach Vilnius zurückkehrt.

In den Süden von Litauen

Im äußersten Südzipfel Litauens, nur ein paar Kilometer von der weißrussischen Grenze entfernt, gilt es, das bezaubernde Heilbad Druskininkai am Ufer der Memel (Nemunas) inmitten riesiger Fichtenwälder und Heidelandschaften ›wiederzuentdecken‹. Alte Villen und moderne Sanatorien, gepflegte Parkanlagen und Dutzende von reizvollen Skulpturen, gemütliche Restaurants und Cafés, Konzertsäle und Ausstellungen erfreuen die Kurgäste, die acht Heilquellen nutzen können, z. B. bei Herz- und Kreislaufbeschwerden, Atemwegserkrankungen oder Stoffwechselkrankheiten. Vor der Wende kamen über 300 000 Erholung- und Gesundheitsuchende jährlich in das Bad. Heute ist es etwas still geworden in Druskininkai, denn welcher Betrieb in Litauen, in Belarus, Rußland und Polen kann seine Mitarbeiter noch zur Kur schicken?

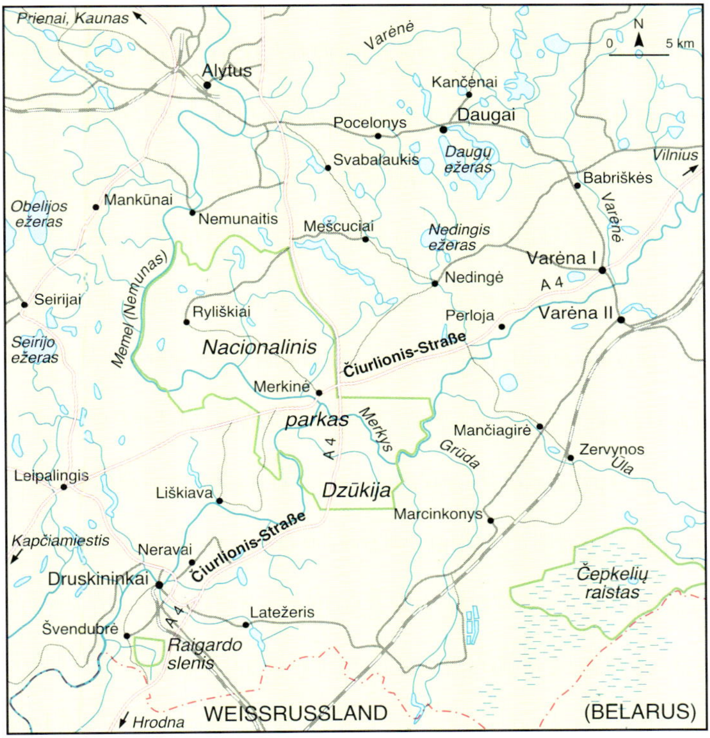

In den Süden von Litauen

Auf der »Čiurlionis-Straße«

Druskininkai ist rund 120 km von Vilnius entfernt, hat einen kleinen Flugplatz, ist mit der Bahn aber nur über Weißrußland und deshalb am bequemsten über die Straße zu erreichen. Dazu verläßt man Vilnius über die Geležinio vilko gatvė. Etwa 6 km über die A1 in Richtung Kaunas und dann über die A4 in Richtung Druskininkai erreicht man die Kreisstadt **Varėna**, die genaugenommen aus zwei Städten gleichen Namens besteht, die 5 km voneinander entfernt sind: Varėna I (Alt-Varėna) und Varėna II (Neu-Varėna). Letzteres entstand im Jahre 1862, als die Bahnstrecke St. Petersburg–Warschau links des Flusses Merkys eröffnet wurde, der während der polnischen Besetzung des Wilnagebiets von 1920 bis 1939 die Grenze markierte. Damals war Varėna I litauisch und Varėna II polnisch. Heute wachsen Mutter- und Tochterstadt allmählich zusammen.

Holzskulptur an der »Čiurlionis-Straße« von Varėna nach Druskininkai

Die Siedlung, die Großfürst Vytautas zu Beginn des 15. Jh. als Jagdresidenz gegründet hatte, soll nach Varėne, der altlitauischen Göttin der Jagd, benannt worden sein. ›Berühmt-berüchtigt‹ wurde der Ort im 19. Jh., als die Zarenregierung hier die größte Kasernenanlage der Artillerie im ganzen Reich einrichtete. Die Rote Armee saß in den martialisch aussehenden Gebäuden noch bis August 1993. In Varėna I wurde der größte litauische Maler und Komponist, Mikalojus Konstantinas Čiurlionis (1875–1911), geboren (s. S. 123). Sein Geburtshaus ist nicht mehr vorhanden; man weiß nicht einmal, wo es genau gestanden hat. Zur 100. Wiederkehr seines Geburtstags im Jahre 1975 stellten die bekanntesten litauischen Holzschnitzer längs der Autostraße von Varėna nach Druskininkai, dem frühen Wohnort Čiurlionis', 22 monumentale Skulpturen aus Eichenholz auf. Autofahrer entdecken diese teils ernsten, teils lustigen Figuren- oder Ornamentstelen auf dieser **»Čiurlionis-Straße«** (M. K. Čiurlionio kelias, Abb. s. S. 108) in Abständen von zwei bis drei Kilometern.

Beide Varėna liegen am Rande ausgedehnter Fichtenwälder, die wegen ihres Pilzreichtums weithin bekannt sind. Sobald die Saison beginnt, kommen Scharen von Pilzfreunden hierher, um Steinpilze und Pfifferlinge zu sammeln. Von Varėna II führt eine 24 km lange, schnurgerade und ziemlich einsame Straße durch diese Wälder in das malerische Dorf **Marcinkonys**, von wo aus man den **Dzūkija-Nationalpark** (Nacionalinis parkas Dzūkija, Abb. s. S. 7) und die **Čepkeliai-Sümpfe** (Čepkelių raistas) an der weißrussischen Grenze besuchen kann.

Nach wenigen Kilometern auf der »Čiurlionis-Straße« erreicht man das Dorf **Perloja**. Archäologen fanden heraus, daß der Ort schon vor 6000 Jahren bewohnt war. Im späten 14. Jh. wurde Perloja von Truppen des Deutschen Ordens verwüstet, wie Wiegand von Marburg, Chronist des Ordens, berichtet. Im 15. Jh. befand sich in Perloja ein königliches Gut, der Ort wuchs schnell heran und erhielt das Magdeburger Stadtrecht. Dann dezimierten mehrmals Epidemien die Einwohnerschaft, 1710 wütete die Pest so entsetzlich, daß nicht ein einziger Einwohner überlebte. Nach und nach wurden die leerstehenden Häuser wieder bezogen, aber Perloja, das sich nach wie vor Stadt nannte, war praktisch ein Dorf. Und das ist es heute noch.

Die kleinste Republik der Welt

In die Geschichte ging Perloja im Jahre 1918 ein, als an einem regnerischen Oktobertag einflußreiche Männer des Ortes die Republik Perloja ausriefen, die bisher kleinste Republik der Welt. Hier wenigstens sollten Frieden und Sicherheit regieren, während ringsherum die Situation nach dem Ende des Ersten Weltkriegs verwirrend und bedrohlich blieb. Das Zarenreich zerfiel, deutsche Truppen strömten aus Rußland zurück. Viele Litauer fürchteten die Rote Armee, andere sahen sich von polnischen Nationalisten bedroht. Zuerst wurde in Perloja eine 50 Mann starke »Bürgerarmee« aufgestellt, die sich im Januar 1919 tatsächlich gegen polnische Soldateska behaupten konnte. Mehrere Dörfer der Umgebung schlossen sich daraufhin der winzigen Republik an, deren Regierung – mit eigenem

Staatsoberhaupt – Gerichtsbarkeit und Schulwesen regelte und mit dem Holzverkauf aus den verstaatlichten Wäldern ihre Beamten finanzierte.
Das Ende der kleinen Republik schien gekommen, als im Frühjahr 1919 litauische Soldaten Perloja einnahmen und in den litauischen Staat eingliederten. Doch im August desselben Jahres besetzten polnische Truppen das südöstliche Litauen. Perloja fand sich im Oktober in einer von den Siegermächten geschaffenen, neutralen Zone zwischen litauischem und polnischem Gebiet wieder. Ein zweites Mal wurde eine Republik ausgerufen. Und die bestand bis zum Februar 1923, als der Völkerbund den Fluß Merkys zur litauisch-polnischen Grenze erklärte und damit Perloja zweiteilte. Ein geradezu operettenhaftes Kapitel der Stadtgeschichte ging damit zu Ende, denn als 1939 ganz Perloja wieder litauisch wurde, dachte niemand mehr daran, eine dritte Republik auszurufen.

1930 errichteten Perlojas Bürger ein monumentales *Denkmal für Großfürst Vytautas*. Mit dem Schwert in der Faust steht er auf einem hohen Sockel, dessen Öffnung das litauische Doppelkreuz und ein aufwärts gerichtetes Schwert erkennen läßt. Vytautas blickt zornig über den Fluß Merkys auf litauisches Land, das damals zu Polen gehörte. Einen Besuch ist auch die *Marienkirche* wert, die ebenfalls 1930 fertiggestellt und dem hl. Franz von Assisi geweiht wurde. Interessant sind die Wandfresken des Kunstprofessors J. Hoppen aus Vilnius, die er 1943 gemeinsam mit seinen Schülern schuf.

Druskininkai

Druskininkai☆☆
Besonders sehenswert: Čiurlionis-Haus

Druskininkai an der Memel (Nemunas), von riesigen Nadelwäldern umgeben, ist dank seiner heilkräftigen Quellen, seiner waldgefilterten Luft und seines milden Klimas der bedeutendste Kurort Litauens. Der überwiegende Teil seiner 25 000 Einwohner ist im Kur- und Beherbergungsbetrieb beschäftigt.

Im 18. Jh., als überall in Europa Heilquellen entdeckt wurden und Heilbäder entstanden, setzte auch in Druskininkai – damals hieß der Ort Druskeniki – ein gewisser Dr. Surutis seine Patienten in Quellwasser, woraufhin sich diese sehr gekräftigt und erholt fühlten. Das erfuhr Stanislaw II. August Poniatowski, der letzte König von Polen, und er erließ 1794 ein Dekret, durch das er Druskeniki zur Heilstätte erklärte. Ein offizielles Heilbad wurde der Ort erst, nachdem Ignaz Fonberg, Professor an der Universität Vilnius, die Heilkraft der Mineralquellen ausdrücklich bestätigt hatte. 1837 kam der zustimmende Erlaß des russischen Zaren Nikolaj I., im folgenden Jahr wurde das erste Sanatorium eröffnet, das ausschließlich zaristischen Beamten zur Verfügung stand. Einen starken Aufschwung nahm das Bad, als die Eisenbahnlinie St. Petersburg–Vilnius–Warschau im Jahre 1862 ihren Betrieb aufnahm. Zur 18 km entfernten Bahnstation Porečje verkehrten regelmäßig Postkutschen. 1897 – der Badeort hatte bereits 1100 Einwohner – zählte man mehr als 5000 Kurgäste. Als die Kutschen den Ansturm nicht mehr bewältigten, nahm 1934 eine Eisenbahn den Anschlußverkehr nach Porečje auf. 1939 fiel Druskeniki an die Sowjetrepublik Weißrußland, und erst 1945 kam der Badeort an die SSR Litauen. Noch immer stellten russische Kurgäste das Hauptkontingent, doch allmählich und mit zunehmender Verstädterung Litauens änderte sich das Verhältnis. Schritt für Schritt bauten die Litauer ihr Heilbad aus, modernisierten die Kuranlagen und Sanatorien und verwandelten das russische Druskeniki in ein schmuckes litauisches Druskininkai.

Acht Brunnen liefern das stark salzhaltige Mineralwasser, das im wesentlichen Natrium- und Kalziumchloride enthält. Die bekanntesten Quellen sind »Grozis« (= Schönheit) und »Surutis« (= die Salzige); ihr Wasser enthält 52 bis 54 Gramm Salz je Liter. Andere Quellen liefern Wasser mit einem geringeren Salzgehalt (7–14 g/l). Für Trinkkuren genügen 4–6 g/l; die stärkeren Konzentrationen werden als Bäder verabreicht.

Der Ortskern von Druskininkai wird von der Memel (Nemunas) und dem Druskonis-See eingefaßt. In einer Grünanlage am See steht die neogotische **Kirche der hl. Jungfrau Maria** (Šv. Mergelės Marijos Škaplierinės bažnyčia), ein Backsteinbau aus dem späten 19. Jh., von 1922 bis 1931 erneuert. Zwischen See und Kirchplatz führt die Čiurlionio gatvė, die Hauptstraße der Stadt, hindurch. In das winzige **Čiurlionis-Haus** (Čiurlionio gatvė Nr. 41) zog 1877 die Familie des damals zweijährigen Mikalojus Konstantinas Čiurlionis. Hier verlebte er seine Kindheit und Jugend, und hierhin kehrte er immer wieder zurück. In Druskininkai entstanden auch mehrere seiner bedeutenderen Arbeiten. Das kleine blaue Holzhaus der Familie und die drei Nachbarhäuser bilden heute eine Gedenkstätte für den großen litauischen Maler und Musiker, hier finden auch Kammermusikabende statt. Unter den Gartenbäumen steht eine Čiurlionis-Büste, eine Arbeit des Bildhauers Kazys Švazas.

Das Čiurlionis-Denkmal in Druskininkai

Die Straßen und Wege links und rechts der Kirche ziehen nordwärts in Richtung Kurzentrum am rechten Flußufer. Besonders fällt gleich hinter der Kirche das eigenwillig gestaltete **Pušelė-Sanatorium** auf, ein prächtiger Rundbau mit Dreiecks- und Halbrundbalkonen. Am Eingang zum Kurpark steht ein monumentales **Čiurlionis-Denkmal** von Vladas Vildžiunas (1975). Weitere moderne **Skulpturen** schmücken die gepflegten Anlagen, wie »Motinystė« (= Mütterlichkeit) von Bronius Vyšniauskas und »Poilsis« (= Erholung) von Juozas Kedainias. Folgt man den Wassern des Nemunas, so erreicht man die Mündung des Flüßchens Ratnyčia. An der Fußgängerbrücke über die Ratnyčia versteckt sich unter dichtem Geäst die Personifikation des kleinen Flusses: ein schönes Mädchen namens »Ratnyčėlė«, eine Bronzeskulptur ebenfalls von Vyšniauskas. Wandelt man in entgegengesetzter Richtung, so kommt man zu den Mineralwasserquellen am Memelufer, zum Druskininkai-,

Dzūkija- und Rasa-Brunnen. In den Trinkhallen kann man das Wasser kostenlos probieren, nur ein Trinkglas sollte man mitbringen. Das nördliche Ende des kleinen Kurparks, durch den sich zahlreiche Wege schlängeln, beherrscht der mächtige und bizarre Bau des **Physiotherapeutischen Zentrums**, erbaut 1980 bis 1983 von dem Ehepaar A. und R. Šilinskas. Der Komplex mit dem Grundriß einer exotischen Blüte vereinigt alles, was zu einer erfolgreichen Kurbehandlung gehört: Räume für Bäder, Massagen und sonstige Anwendungen, Schwimmbecken, Restaurant und Café, kleine und große Säle für Veranstaltungen aller Art. Empfehlenswert ist es, durch die anschließenden Wohnviertel zu schlendern, die vornehmen Villen der Jahrhundertwende, moderne Pensionen, Sanatorien und dazwischen die hutzeligen bunten Holzhäuschen zu betrachten. Und irgendwann steht man dann vor der **russisch-orthodoxen Kirche** mit ihren Zwiebeltürmen. An der Čiurlionio gatvė Nr. 102, also ein ganzes Stück Weg in Richtung Varėna, wartet ein **Förstereimuseum** mit Informationen über die Fauna und Flora der umliegenden Wälder sowie seltenen Jagdtrophäen.

Das inmitten ausgedehnter Kiefern- und Fichtenwälder gelegene **Raigardas-Tal** (Raigardo slenis) südlich von Druskininkai birgt das Geheimnis des Heilbads, denn die Sage berichtet von einer Stadt dort, deren Bürger so reich waren, daß sie nicht einmal mehr ihre Götter verehrten. Das erzürnte Perkūnas, den höchsten Gott, so sehr, daß er Blitz und Donner auf die Stadt schleuderte, ihre Bewohner mitsamt ihren Häusern und ihrem Reichtum unter die Erde sinken ließ und den Ausgang mit einem gewaltigen Felsblock versperrte. Die salzigen Tränen der Eingeschlossenen speisen seitdem die Quellen von Druskininkai. Und den Felsen kann man unweit des Dorfes **Švendubrė** sehen, die Leute dort nennen ihn »Teufelsstein«. Čiurlionis porträtierte das sagenumwobene Tal, das »litauische Sodom«, 1907/08 in seinem Triptychon »Raigardas«.

Mikalojus Konstantinas Čiurlionis – Komponist und Maler des Visionären

Mikalojus Konstantinas Čiurlionis (1875–1911), der bedeutendste litauische Komponist und Maler, wurde am 10. 9. 1875 im südlitauischen Varėna geboren. Schon bald nach seiner Geburt zog die Familie in das nahe Druskininkai, wo der Vater eine Organistenstelle übernahm. Die herrlichen Wälder und die melancholischen Volkslieder seiner Heimat, deren reiche Märchen- und Sagenschätze und nicht zuletzt die Musikalität seines Vaters formten schon früh die künstlerischen Anlagen des Jungen. Der mit der Familie Čiurlionis befreundete Warschauer Arzt J. Markiewicz, der alljährlich in Druskininkai weilte, vermittelte den 14jährigen Mikalojus in die Orchesterschule des Fürsten Oginski im westlitauischen Plungė. 1894 schickte ihn der Fürst auf das Warschauer Konservatorium, wo er das Komponieren lernte. 1900/01 entstand sein stark beachtetes sinfonisches Poem »Miške« (Im Walde). Mit Oginskis Unterstützung setzte er 1901 seine Studien am Leipziger Konservatorium fort, wo

M. K. Čiurlionis, »Weltschöpfung VII« (1905/06), Tempera auf Papier

ihn vor allem die sinfonischen Werke von Richard Strauss beschäftigten. Zwischen 1903 und 1907 schuf Čiurlionis sein musikalisches Meisterwerk »Jūra« (Das Meer), das die Nähe seiner Kompositionen zu dem mystisch-ekstatischen Klangstil des etwa gleichaltrigen Russen Aleksandr Skrjabin (1872–1915) erkennen läßt.

Doch Čiurlionis spürte, daß die Bildsprache seine Empfindungen weit besser zu beschreiben vermochte als die Musik, und widmete sich immer stärker der Malerei. 1903 entstanden seine ersten bereits recht ausdrucksstarken, überwiegend symbolistischen Aquarelle und Graphiken. 1904 trat er in die Warschauer Strabrowski-Kunstschule ein. Bis 1906 vollendete er u. a. die Zyklen »Laidotuvių sinfonija« (Begräbnissinfonie), »Tvanas« (Sintflut) und »Pasaulio sutvėrimas« (Weltschöpfung). 1906 nahm er erstmals an einer Ausstellung in St. Petersburg teil, wo er die symbolistischen Werke Michail Wrubels (1856–1910) kennenlernte. Noch im selben Jahr besuchte er die Kunstmuseen in Prag, Dresden, Nürnberg, München und Wien und studierte die Arbeiten Arnold Böcklins und Max Klingers. Danach verlegte er sein Atelier von Warschau nach Wilna, malte, zeichnete, schrieb für die Presse Artikel über Musik und Malerei, organisierte Ausstellungen moderner litauischer Kunst, schulte Chöre und regte Liederwettbewerbe an. Trotzdem beengte ihn das damals sehr provinzielle Wilna, so daß er 1908 in die Kunstmetropole St. Petersburg auswich, wo er aber keine Käufer für seine Bilder fand. Die Jahre 1907 bis 1909 waren seine schaffensreichsten, in dieser Zeit entstanden seine reifsten Arbeiten, Naturbilder voller Poesie, kosmische Phantasien, Bilder voller Musikalität, wie seine zartfarbigen »Sonatenzyklen«.

Die intensive schöpferische Arbeit, ständige Unrast und materielle Not untergruben schließlich Čiurlionis' Gesundheit. 1911 kam er in ein Sanatorium bei Warschau, wo er am 10. 4., erst 35 Jahre alt, an einer Lungenentzündung starb. Auf dem Rasos-Friedhof von Vilnius fand Čiurlionis, dessen rund 200 Musikwerke nur selten erklangen, der nur wenige seiner rund 300 Bilder verkaufen konnte, seine letzte Ruhestätte. 1967 errichtete ihm die Stadt Kaunas ein eigenes Museum, das fast sein ganzes Lebenswerk bewahrt.

Alytus

Zwischen Druskininkai und Kaunas liegt Alytus, der Hauptort der Landschaft Dzūkija, mit fast 75 000 Einwohnern die sechstgrößte Stadt Litauens. Die lebendige Industriestadt wird von der Memel (Nemunas) durchflossen, die lange Zeit Grenzfluß war und die Stadt in zwei Hälften teilte. Archäologen stießen bei ihren Forschungen im Stadtgebiet auf eine jungsteinzeitliche Siedlung. Als der Deutsche Orden seit 1344 fast pausenlos mit seinen »Litauerreisen« das südliche Litauen bedrohte, besetzte Fürst Kęstutis die Grenze zum Ordensland mit einer Kette von festen Plätzen, zu denen auch die Burg Alytus gehörte, eine schwere Holzfeste auf einem Schüttberg. Sie war ständigen Angriffen ausgesetzt. Immerhin überschritten die Ordensritter zwischen 1344 und 1381 fast einhundertfünfzigmal die Memel, aber die Burg Alytus konnten sie nicht bezwingen. Der Frieden zwischen der litauisch-polnischen Union und dem Deutschen Orden (1422) bestimmte den Nemunas zur neuen Grenze. 1581 verlieh König Stephan IV. Báthory dem aufstrebenden Marktflecken Alytus die Stadtrechte. Bis zum Ende des 18. Jh. dehnte die Stadt ihren Einfluß über die ganze Landschaft Dzūkija aus, die beiden Stadthälften wuchsen wieder zusammen. Doch die Blüte währte nicht lange, schon 1795 – nach der dritten Polnischen Teilung, als Litauen zu Rußland geschlagen wurde – war der Nemunas wieder ein Grenzfluß, in der Mitte des Stromes verlief die Grenze zwischen Rußland und Preußen. Sehenswert in Alytus ist heutzutage der neue **Stadtpark** mit seinen bunten und beweglichen Metallskulpturen.

Metallskulptur im Stadtpark von Alytus

Kaunas und der Norden

Kaunas

Die mit 430 000 Einwohnern zweitgrößte Stadt Litauens war zwanzig Jahre lang, von 1920 bis 1940, als Vilnius zu Polen gehörte, die provisorische Hauptstadt des Landes. Die Stadt an der Mündung der Neris in die Memel (Nemunas) umschließt seit einigen Jahrzehnten ein Ring von Satellitenstädten. Kaunas ist eine lebendige Industriestadt, an der Spitze rangiert die Textilindustrie, dicht gefolgt von der Maschinen-, Elektro- und Chemieindustrie. Seine Bedeutung als Verkehrsknoten mit Flughafen, Binnenhafen, Eisenbahn- und Straßenverbindungen ist nicht geringer als die der Hauptstadt. Auch als Bildungs- und Kulturzentrum kann Kaunas durchaus mit Vilnius konkurrieren, denn es hat Theater, Opernhaus und Konzertsäle, eine Universität und fünf Hochschulen – für Technik, Medizin, Tiermedizin, Landwirtschaft und Sport – mit über 23 000 Studenten. Schließlich ist Kaunas mit dem Sitz eines katholischen Erzbischofs das religiöse Zentrum und gilt, da 89 % der Einwohner Litauer sind, auch als die ›litauischste‹ Stadt des Landes.

Kaunas☆☆
Besonders sehenswert:
Rathaus
Burg
Kathedrale
Perkūnashaus
Žilinskas-Galerie
M.-K.-Čiurlionis-Museum
A.-Žmuidzinavičius-Galerie, Teufelsmuseum
IX. Fort

Stadtgeschichte

Auf der Landzunge zwischen Neris und Nemunas, wo heute die Reste der Burg von Kaunas aufragen, haben Archäologen eine Siedlung aus dem 4. und 5. Jh. erforscht. Vermutlich lebten hier schon vor dieser Zeit Menschen, die auf den beiden Flüssen Fischfang betrieben. 1361 sah Wiegand von Marburg, ein Chronist des Deutschen Ordens, an dieser Stelle eine Burg; die Ordenskrieger eroberten und zerstörten sie 1362. Dieses Jahr der ersten schriftlichen Erwähnung gilt auch als ›Geburtsjahr‹ von Kaunas. Die Burg wurde schnell erneuert, doch wenige Jahre darauf wiederum erobert. So ging das etliche Male, bis die Schlacht bei Tannenberg (1410) den lästigen »Litauerreisen« des Ordens ein Ende setzte. Schon zwei Jahre zuvor hatte Kaunas das Magdeburger Stadtrecht bekommen. Und bald förderten deutsche Handwerker und Kaufleute, die Vytautas der Große ins Land rief, die Entwicklung der jungen Stadt, die sie »Kauen« nannten. 1441 eröffnete hier auch die Hanse ein Kontor, das bis 1532 bestand. Nach dem großen Brand von 1537 erhielt die Stadt ein rechtwinkliges Straßennetz mit weiträumigem Rathaus- bzw. Marktplatz. Um diesen und längs der Hauptstraßen wuchsen stattliche Steinhäuser, die Domizile wohlhabender Kaufherren und Innungsmeister. Kaunas entwickelte sich zu einer der schönsten Städte des Baltikums. Die Handwerker dort schlossen sich im Laufe des 16. Jh. in über 40 Innungen zusammen. Zweimal jährlich fand eine Messe statt, ein großer Jahrmarkt, auf dem Getreide, Flachs, Bauholz, Felle und Bienenwachs ebenso wie Tuche, Porzellan, Küchengeräte, Schmuck und Werkzeug gehandelt wurden.

◁ Die Vytautaskirche zählt zu den ältesten Sakralbauten Litauens

Kaunas
1 Rathaus, Keramikmuseum
2 Museum für Medizin- und Pharmaziegeschichte
3 Jesuitenkirche und -kloster
4 Maironis-Museum der litauischen Literatur
5 Postmuseum
6 Bernhardinerinnenkloster, Masalskis-Haus, Trinitatiskirche
7 Burg
8 Zisterzienserkloster, Georgskirche
9 Kathedrale
10 Perkūnashaus
11 Vytautaskirche
12 Museum der Volksmusik
13 Gertrudenkirche
14 Vytautasdenkmal
15 Musiktheater
16 Puppentheater
17 Dramentheater
18 Philharmonie
19 Michaeliskirche
20 Žilinskas-Galerie
21 Freiheitsdenkmal
22 Militärmuseum Vytautas der Große
23 M.-K.-Čiurlionis-Museum
24 A.-Žmuidzinavičius-Galerie, Teufelsmuseum
25 Mariä-Verkündigungs-Kathedrale
26 Moschee
27 IX. Fort

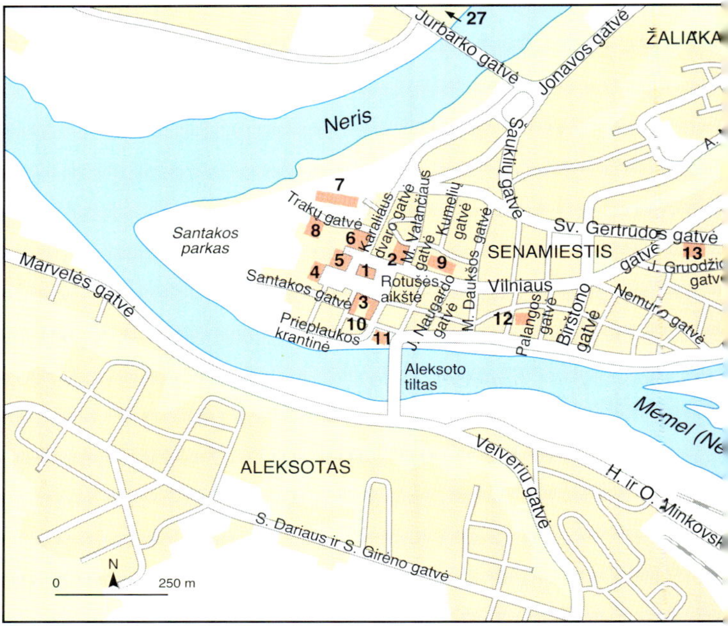

Das späte 17. und das 18. Jh. brachten Krieg, Seuchen und wirtschaftliche Not über die Bürger der Stadt. Nur noch 1500 Einwohner lebten um die Mitte des 18. Jh. in Kaunas. Dann endlich kamen ein paar Jahrzehnte des Aufschwungs, bis Kaunas nach der dritten Polnischen Teilung 1795 ein Grenzort des Zarenreichs wurde. Die Gebiete südlich des Nemunas und die Flußmündung kamen zu Preußen, der Handel über den Wasserweg versiegte. 1812 marschierte die Grande Armée Napoleons zweimal plündernd durch die Stadt. Als Kaunas 1843 die Kapitale des neugebildeten Gouvernements Westlitauen wurde, ging es endlich wieder aufwärts. Die zahlreichen Zuwanderer machten eine erhebliche Erweiterung der Stadt notwendig, die Neustadt (Naujamiestis) östlich der Altstadt entstand, 1871 hatte »Kowenj«, wie die Russen Kaunas nannten, bereits 87 000 Einwohner. Mit der Eisenbahn – Richtung Preußen 1861, nach Vilnius 1863 – kam die Industrie. 1882 begannen die Russen, Kaunas zur größten Festung an der Westgrenze des Zarenreichs auszubauen. Rings um die offene Stadt errichteten sie elf vorgeschobene Forts.

Als Polen im Oktober 1920 das Wilnagebiet einschließlich der litauischen Hauptstadt annektierte, ging die Regierung notgedrungen nach Kaunas, das sie zur vorläufigen Hauptstadt Litauens bestimmte. Die Stadt erlebte einen gewaltigen Aufschwung: Neue Vororte entstanden, Brücken wurden gebaut, Industriebetriebe

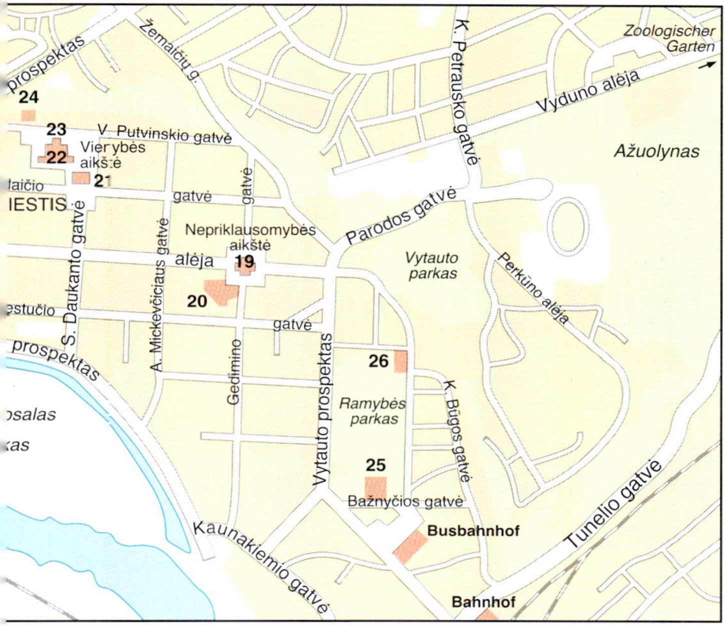

angesiedelt. Kaunas erhielt 1922 eine Universität und wurde zum Kultur- und Wissenschaftszentrum Litauens. 1940 hatte die Stadt bereits 154 000 Einwohner. Am 22. und 23. 6. 1941 bombardierte die deutsche Luftwaffe militärische Einrichtungen im Stadtgebiet, während litauische »Freischärler« Tausende von Juden ermordeten. Dann besetzten deutsche Truppen Kaunas; sie richteten im Stadtteil Vilijampolė jenseits der Neris ein jüdisches Ghetto ein und machten das historische IX. Fort zu einem Konzentrationslager, in dem in den folgenden drei Jahren 80 000 Menschen umkamen.

Im Juli 1944 eroberte die Rote Armee Vilnius, das zur Hauptstadt der Sowjetrepublik Litauen erklärt wurde. Kaunas mußte sich fortan mit dem zweiten Platz zufriedengeben, trotzdem blühte und gedieh die Stadt in den folgenden Jahrzehnten wie nie zuvor in ihrer Geschichte.

Die Altstadt

Mittelpunkt der gut 1 km² großen Altstadt (Senamiestis) mit ihren über 500 alten Häusern ist der weiträumige **Rathausplatz** (Rotušės aikštė). Nach dem großen Stadtbrand von 1537 entwarf der Stadtrat von Kaunas eine neue Stadt mit großem Marktplatz und Steinhäusern ringsum für die vornehmsten und reichsten Bürger. Die Mitte

Blick über den Rathausplatz auf die Kathedrale St. Peter und Paul

des Platzes beherrschte das Rathaus, das Stadtviertel zur Neris hin war für litauische Bürger vorgesehen, in dem Viertel zum Nemunas hin wohnten vorzugsweise ausländische Bürger, vor allem Händler und Handwerker aus Deutschland, Schweden und Venedig. Im Lauf von einem Jahr und sechs Wochen hatte jeder sein Haus zu bauen, sonst riskierte er, das Grundstück zu verlieren.

Mitten auf dem Platz steht das **Rathaus** (1, Rotušė) mit stolzem, weißem Turm; die Kaunasser gaben diesem Gebäude, das eher einer Kirche als einem Rathaus ähnlich sieht, den Namen »Weißer Schwan«. Das erste, sehr bescheidene Rathaus an dieser Stelle war 1542 ein eingeschossiger, turmloser gotischer Ziegelbau. Die Kellerräume dienten als Gefängnis und Warenlager. Ende des 16. Jh. wurde das Haus in den Formen der Renaissance umgebaut und wesentlich vergrößert; es erhielt ein Obergeschoß, einen achtgeschossigen Turm, eine Fassade mit Zwerchgiebeln, Erkertürmchen und giebelbekrönten Fenstern. Im Untergeschoß befanden sich jetzt Läden sowie die Gefängniswache, im repräsentativen Obergeschoß wirkten Rat und Verwaltung. Bei der Belagerung und Eroberung der Stadt durch die Russen im Jahre 1655 trug auch das Rathaus schwere Schäden davon, die zunächst nur provisorisch beseitigt wurden. Eine gründliche Wiederherstellung des Gebäudes nahm 1771 bis 1780 der böhmische Architekt J. Mateker vor. Spätbarocke und frühklassizistische Stilelemente belebten die Fassaden. Den Turm erhöhte Mateker auf 53 m. Als Litauen 1795 zum Zarenreich kam, verwandelten die Russen das Rathaus in eine orthodoxe Kirche. Ab 1837 diente es als Reiseresidenz für Zar Nikolaj I. Später hatte hier der Gouverneur seinen Sitz. Und vom Ende des 19. Jh. bis 1944 war es wieder ein Verwaltungsbau. Zwischen 1969 und 1973 bekam das Rathaus seine ursprüngliche Innengestaltung zurück, es dient seit-

Das Renaissance-Rathaus von Kaunas wurde im 18. Jh. barock und klassizistisch überformt. Im Volksmund heißt es »Weißer Schwan«

dem als Hochzeitshaus und Standesamt. Die Kellerräume enthalten ein *Keramikmuseum* (Keramikos muziejus) mit Beispielen moderner litauischer Töpferkunst.

An der Ost- und Nordseite des Rathausplatzes stehen noch mehrere **Bürgerhäuser** aus der Mitte des 16. Jh., deren gotische Kerne der Restaurator Žibartas Simanavičius 1976/77 freilegte. Die beiden stattlichen Häuser Nr. 2 und Nr. 3 gehörten der Kaunasser Kaufmannsgilde und dienen heute als Restaurant. An den einstigen Zweck als Sitzungssaal soll das Interieur des »Gildija« mit schweren Lampen und hohen Lehnstühlen erinnern. Das Haus Nr. 28 an der Nordseite des Platzes, in dem sich seit dem 17. Jh. eine Apotheke befand, beherbergt heute die kleine, aber sehr interessante Sammlung des **Litauischen Museums für Medizin- und Pharmaziegeschichte** (2). Sehenswert ist eine typische, komplett eingerichtete Apotheke vom Ende des 19. Jh. Schöne schmiedeeiserne Zunftzeichen und Geschäftssymbole unserer Zeit schmücken weitere Bürgerhäuser aus dem 16. und 17. Jh.

Der Jesuitenorden, der stärker als andere katholische Orden die Gegenreformation betrieb, legte immer großen Wert auf eine wirksame Plazierung seiner Gotteshäuser. Das läßt sich in vielen mitteleuropäischen Städten beobachten, das gilt auch hier im östlichen Kaunas. Um die Mitte des 17. Jh. kaufte die Gesellschaft Jesu mehrere Bürgerhäuser samt Grundstück an der Südseite des Platzes, um hier ein Kloster mit Kolleg und repräsentativer Kirche zu errichten. 1648 entstand das Kloster, 1666 begannen die Jesuiten mit dem Bau des Gotteshauses. Die weiße, spätbarocke Fassade der dreischiffigen **Jesuiten- oder St. Franziskus-Kirche** (3, Šv. Pranciškaus Ksavero bažnyčia) mit den schlanken Doppeltürmen und dem hohen Zwischengiebel harmoniert zwar nicht mit den gotischen Bürgerhäusern im Rund des Platzes, aber um so besser mit der stolzen Barockgestalt des Rathauses. Durch mehrere Brände verzögerte sich der Bau der Kirche, die erst 1783 die Weihe empfing. 1825 verwandelten die Russen das Gotteshaus in die orthodoxe Aleksandr-Newski-Kirche, doch nach dem Ersten Weltkrieg erhielten die Jesuiten ihre Kirche zurück. Seit den 1960er Jahren war in dem Gebäude eine Gesangschule untergebracht, seit 1990 finden wieder Gottesdienste statt.

Am Klosterkolleg wirkte der polnische Nationaldichter Adam Mickiewicz ab 1819 als Lehrer. Im Jahr darauf verfaßte er hier seine berühmte »Ode an die Jugend«, doch 1823 wurde er als politisch Verdächtiger aus dem damals russischen Litauen verbannt. 1824 bestimmte der Bischof von Kaunas das Kloster zu seiner Residenz, um 1900 ließ er es neobarock erneuern. 1924 erhielten die Jesuiten ihr Kloster zurück und eröffneten darin eine Knabenschule. Die Gebäude erhielten nach einem Brand im Jahre 1928 zwei Obergeschosse.

In der Südwestecke des Rathausplatzes steht das **Maironis-Denkmal** des Bildhauers Gediminas Jakubonis (1977). Maironis, eigentlich Jonas Maculevičius-Mačiulis, gilt neben Donelaitis (s. S. 53) als der größte Dichter Litauens (s. S. 54). 1910 kaufte Maironis das palastartige Gebäude hinter dem heutigen Denkmal, die Residenz von Kristupas Pacas, Kanzler von Litauen, aus der Mitte des 17. Jh. Im 18. Jh. erhielt das Gebäude den klassizistischen Säulenvorbau. Maironis ließ das schon etwas altersschwache Palais erneuern und wohnte darin bis zu seinem Tod am 28. 6. 1932. Die Stadt Kaunas richtete 1936 in dem Gebäude eine Gedenkstätte für Maironis ein, die später zum **Maironis-Museum der litauischen Literatur** (4) erweitert wurde (Rotušės aikštė Nr. 13).

Hinter dem Rathaus beherrscht der Komplex der kaiserlichen Pferdepoststation auf der Strecke St. Petersburg–Warschau die Westseite des Rotušės aikštė (Haus Nr. 17, 18, 19, 20). Heute läßt hier ein **Postmuseum** (5) die Zeit des 18. und 19. Jh. wiedererstehen. Die nordwestliche Bebauung des Rathausplatzes, das ehemalige **Bernhardinerinnenkloster** (6), versteckt sich hinter einer hohen Mauer (Trakų gatvė Nr. 1a). Der Kaunasser Adlige Masalskis stiftete 1634 das Hauptgebäude des Klosters, das man heute **Masalskis-Haus** (Masalskio rūmai) nennt. Wegen seines einzigartigen, mit Voluten geschmückten *Stufengiebels* – ihn krönt ein gesprengtes Segment, ein sogenannter »Kapitänshut« – zählt es zu den wichtigsten Beispielen der Renaissance in Litauen (Abb. s. S. 137). Im Erdgeschoß befindet sich das *Refektorium*, ein schöner Saal, dessen Kreuzgewölbe zwei Stützpfeiler tragen. Die zum Kloster gehörende **Trinitatiskirche** (Šv. Trejybės bažnyčia) entstand zwischen 1624 und 1634 ebenfalls im Stil der Renaissance. Heute ist in dem Kloster ein Priesterseminar untergebracht.

Die Trakų gatvė führt zur **Burg** (7) am linken Ufer der Neris kurz vor ihrer Mündung in den Nemunas. Die erste steinerne Burg, wohl die erste in Litauen überhaupt, wurde vermutlich im 13. Jh. erbaut.

Eckturm der Burg von Kaunas: vom 13. Jh. bis 17. Jh. mehrfach belagert, zerstört und wieder aufgebaut

Kathedrale St. Peter und Paul: Blick durch das Mittelschiff auf den barocken Hauptaltar

Ihr Grundriß war ein unregelmäßiges Viereck mit großem Innenhof, doppelter Ummauerung und Wassergraben. Diese Burg zerstörten die Ordensritter 1362 nach dreiwöchiger Belagerung. Schon sechs Jahre später entstand eine neue, viel stärkere Burg mit vier Ecktürmen, umschlossen von einer bis zu 3,5 m dicken und 13 m hohen Mauer sowie einem breiten und bis zu 6 m tiefen Graben. 1464 wurde diese mächtige Burg von den Rittern zum letzten Mal angegriffen, doch nicht erobert. Gegen 1580, als wieder einmal ein Krieg mit Moskau drohte, ließ der Festungskommandant eine halbrunde Geschützbastion, 41 m breit und fast 12 m hoch, vor den Südostturm setzen und beide durch einen Tunnel verbinden. Im Jahre 1611 unterspülte ein Hochwasser der Neris einen Teil der Burg, so daß die beiden Nordtürme und die Mauern dazwischen einstürzten. Seitdem war die Burg von Kaunas eine Ruine und verfiel. Im 19. Jh. füllte man die Gräben auf und nutzte die beiden Südtürme als Gefängnis. 1954 bis 1961 wurden die verbliebenen Türme und Mauerreste restauriert und weitgehend ergänzt. Seit 1967 zeigt der mächtige Südostturm eine kleine *Sammlung zur Geschichte der Burg.* Am Rande des großen Parkplatzes nordöstlich der Burg – übrigens die ideale Parkmöglichkeit zum Besuch der Altstadt – errichtete der Bildhauer Robertas Antinis 1975 seine monumentale **Granitskulptur** »Kanklininkas« (Der Harfenspieler).

Die Baulichkeiten südlich der Burg gehören zum ehemaligen **Zisterzienserkloster** (8), das heute von der medizinischen Fakultät der Universität genutzt wird. Die **Georgskirche** (Šv. Jurgio bažnyčia) entstand 1471 bis 1504 und zählt zu den bedeutendsten gotischen Bauwerken Litauens. Der dreischiffige, turmlose Hallenbau erhielt im ausgehenden 16. Jh. einen langen, niedrigen Choranbau. Die Fassade der Kirche wird von hohen Spitzbogenfenstern und mehrfach abgestuften Strebepfeilern beherrscht. Ungewöhnlich erscheinen die grazilen Stützpfeiler des Choranbaus, die in weitem Abstand von der Fassade in die Höhe streben und sich weit oben erst mit der Mauer vereinigen. Im Innern beeindrucken die mit Plastiken und fünf Gemälden geschmückte *Kanzel* sowie sechs *Barockaltäre* von 1688.

Nordöstlich vom Rathausplatz steht an der Vilniaus gatvė die **Kathedrale** (9, Šv. Petro ir Povilo arkikatedra bazilika), ein gotischer Bau, und dennoch so wuchtig und der Erde zugewandt wie die romanischen Kirchen Mittel- und Westeuropas. Eine erste Kirche an dieser Stelle dürfte die Pfarrkirche St. Peter und Paul von 1413 gewesen sein. Sie war ein einschiffiges, gotisches Bauwerk mit Netzgewölbe. Später kam die zweigeschossige Sakristei hinzu, deren Decke mit 7,8 m Spannweite eines der größten Zellengewölbe in Europa bildet. Um die Mitte des 17. Jh. erhielt die Kirche mit dem dreischiffigen basilikalen Langhaus ihre heutige Größe, das Schiff der ersten Kirche wandelte sich zum Chor. Mit 79,4 m × 33,75 m wurde St. Peter und Paul das größte gotische Bauwerk Litauens. Das Mittelschiff erreicht eine Höhe von 30 m. Seit dem 18. Jh. steht in der Südwestecke des Baues ein 55 m hoher, wuch-

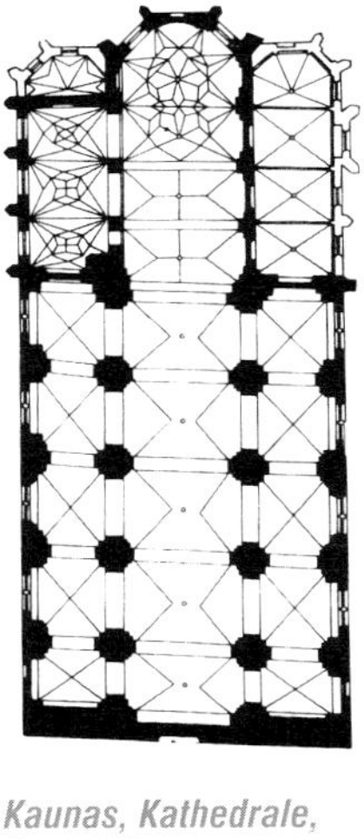

Kaunas, Kathedrale, Grundriß

Spätgotische Fialen an der Ostfassade des Perkūnashauses

tiger Glockenturm. Eine neogotische Kapelle aus den Jahren 1893 bis 1897 stellt als Pendant zur Sakristei die Symmetrie des Kirchenraums wieder her.

Den Innenraum der Kathedrale beherrschen im wesentlichen spätbarocke Formen, nur die Gewölbe im Chor und in der Sakristei verraten ihre gotische Herkunft. Besonderen Eindruck hinterläßt der zweistufige *Hauptaltar* von 1775 mit dem Gemälde eines unbekannten Meisters: »Kreuzigung mit Maria Magdalena«. Neun *Nebenaltäre* lehnen sich an die Ostenden der Seitenschiffe und an die Pfeiler. Der dreistufige Holzaltar im nördlichen Seitenschiff verfügt über sehr kunstvoll geschnitzte Weinrankensäulen und zwei Gemälde von Johan Gottard Berchhoff: »Mariä Himmelfahrt« und »Krönung der Muttergottes« (17. Jh.). Weitere interessante *Gemälde*, wie »Die Bekehrung des hl. Paulus« und »Der wunderbare Fischzug« im nördlichen Seitenschiff, stammen von Michael Elvyro (Mykolas Elviras) Andriolli (Ende 19. Jh.). Aus dieser eklektizistischen Epoche stammen auch die Bilder von Petras Kalpokas und Juozas Zikaras. Vor der südlichen Außenwand der Kathedrale, also der Vilniaus gatvė zugewandt, stehen die *Grabplatten* des Bischofs M. Valančius und des Dichters Maironis.

Folgt man von der Südostecke des Rathausplatzes der Aleksoto gatvė südwärts, so kommt man zum **Perkūnashaus** (10, Perkūno namai) dessen Name an den litauischen Göttervater, den Donnergott Perkūnas, erinnert. Dieses wundervolle Backsteingebäude zählt zu den wertvollsten Denkmälern der spätgotischen Profanarchitektur. Vermutlich stammt das Haus aus dem späten 15. oder frühen 16. Jh. und gehörte wohl zusammen mit einem benachbarten Lager-

Die von einem »Kapitänshut« gekrönte Renaissancefassade des Masalskis-Hauses

haus, das allerdings seit dem 18. Jh. nicht mehr existiert, einem deutschen Kaufmann. Vielleicht war es sogar eine Agentur der Hanse, deren Domizil in Kaunas noch nicht gefunden wurde. Da das Perkūnashaus nie eine Küche besaß, weiß man jedenfalls, daß es kein Wohn-, sondern ein Handelshaus war. Jedes der beiden Geschosse bestand aus drei Räumen, die im Obergeschoß dienten offensichtlich der Repräsentation. Die der Straße zugewandte *Ostfassade* zeigt sich in großartigem Schmuck, mit Erker, Nischen und einem Fries, mit Fialen, Kielbogen, winzigen Fenstern und einer offenen Laterne am Giebel. Bei der Fassadengestaltung kamen 16 verschieden geformte Ziegelsorten zum Einsatz.

Von 1643 bis 1722 gehörte das Haus den Jesuiten, die in einem der Räume eine Kapelle einrichteten. Danach war es eine Schule. Im Jahre 1818 entdeckten Handwerker bei Umbauarbeiten im Mauerwerk eine 27 cm große Bronzestatuette, die als Perkūnas identifiziert wurde. Die Figur, die wohl einst das Gebäude beschützen sollte, hielt drei Fische und eine Stadt mit Tempel behütend in ihren Händen. Sie ging leider verloren, gab aber dem mittelalterlichen Haus den Namen. Zwischen 1844 und 1863 fungierte das Perkūnashaus als Dramentheater. Anschließend kümmerte sich niemand mehr um das Gebäude, das damit dem Verfall preisgegeben war. 1965 bis 1968 wurde es restauriert, um danach eine *stadtgeschichtliche Sammlung* aufzunehmen. Im Hof begrüßt ein abstraktes *Perkūnasstandbild* des Bildhauers R. Antinis die Besucher.

Wenige Schritte weiter ragt der gotische Backsteinbau der **Vytautaskirche** (11, Šv. Mergelės Marijos dangun ėmimo bažnyčia, Mariä-

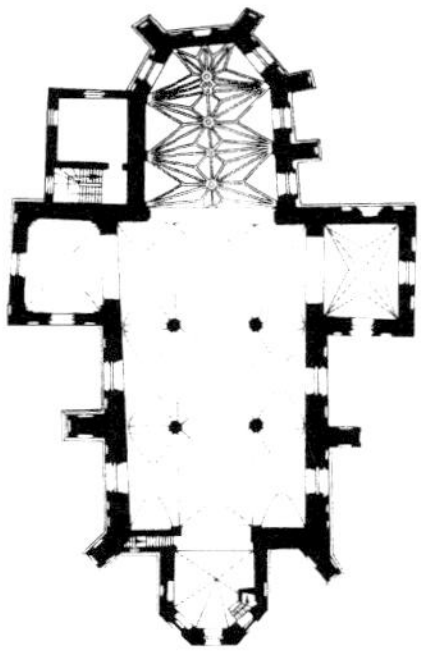
Kaunas, Vytautaskirche, Grundriß

Himmelfahrts-Kirche, Abb. s. S. 126) zwischen hohen, alten Bäumen am Ufer des Nemunas empor. Vytautas der Große ließ diese Kirche um das Jahr 1400 für die westlichen Kaufleute und Handwerker errichten, die sich in Kaunas niedergelassen hatten. Sie ist einer der ältesten christlichen Sakralbauten und zugleich die einzige erhaltene gotische Hallenkirche mit Seitenkapellen in Litauen. Die Mariä-Himmelfahrts-Kirche, die erst in den 1930er Jahren nach dem Großfürsten benannt wurde, trug im Laufe der Jahrhunderte zahlreiche Schäden durch Feuer und Wasser davon. 1812 brannte sie fast vollständig aus, wurde aber wieder erneuert. Das *Presbyterium* an der Ostseite besitzt noch das ursprüngliche Sterngewölbe. Beachtung verdienen die Werke litauischer Künstler, z. B. *Gemälde* von Prančiskas Smuglevičiaus (1745–1807) und Parnas Kalpokas (1880–1945), ein *Bronzemedaillon* Vytautas' des Großen von Peteris Rimša (1881–1961) und *Glasfenster* von Stasis Ušinskas (1905–74). Von 1982 bis 1984 wurde die Kirche restauriert.

Die kleine **Kirche der hl. Dreifaltigkeit** (Trinitatiskirche, Šv. Trejybės bažnyčia) ein Stück östlich der Vytautaskirche gehört der lutherischen Gemeinde von Kaunas. Die deutschen Bewohner dieses Stadtviertels errichteten sie 1682/83 an der Stelle eines niedergebrannten Vorgängerbaus aus dem 16. Jh. Der Turm kam erst 1851/52 dazu, als die Kirche ihr neogotisches Aussehen erhielt; innen aber blieb sie barock. An die Trinitatiskirche schließen sich die im 16. Jh. entstandenen Gebäude des **Konsistoriums** im Stil der Spätrenaissance an, die 1984 restauriert wurden und heute Räumlichkeiten der Universität beherbergen. Nahe der Vytautaskirche überspannt die Aleksotas-Brücke den Fluß. Eine Zahnradbahn erklimmt den fast 70 m hohen **Aleksotas-Hügel**, der einen herrlichen Blick auf die Altstadt von Kaunas bietet.

Die **Vilniaus gatvė** führt als historische Hauptachse der Altstadt, heute als Fußgängerzone, vom Rathausplatz ostwärts zur Neustadt. Auch an dieser Straße blieben noch einige schöne, alte Häuser erhalten, wie das in den 1960er Jahren restaurierte *Wohnhaus* mit der Nr. 20. Das gotische Untergeschoß stammt aus der zweiten Hälfte des 15. Jh., das Obergeschoß und der Giebel entstanden im 16. Jh., in der Übergangszeit zur Renaissance. Zierliche Pilaster und Blendbogen rahmen die Giebelfenster. Nach außen offene Blendbogen schließen den Giebel nach beiden Seiten ab. In der Vilniaus gatvė/Gimnazijos gatvė steht die **Dominikanerkirche des heiligen Sakraments,** einen doppeltürmige Barockkirche aus dem Jahre 1641. Ihre Südfassade schmückt ein Mosaikbild des Hauptes Christi. Die Kirche wurde in den 1950er Jahren zu einem Kino umgebaut, dient aber seit 1990 wieder dem katholischen Ritus. In der Zamenhofo gatvė Nr. 12, nur einen Häuserblock von der Vilniaus gatvė entfernt, beherbergen zwei restaurierte Bürgerhäuser des 16. und 17. Jh. ein **Museum der Volksmusik** (12, Lietuvių tautinės muzikos instrumentų muziejus) mit volkstümlichen Instrumenten aus alter und neuer Zeit.

Die Neustadt

Die Vilniaus gatvė geht über in die **Laisvės alėja** (Freiheitsallee), die 1,7 km lange und 30 m breite Flaniermeile von Kaunas, das heutige Zentrum der Stadt mit Museen, Theatern, Kinos, Restaurants, Cafés, Geschäften und Warenhäusern. 1871 war die Neustadt (Naujamiestis) schachbrettartig angelegt und mit höchstens zweigeschossigen Häusern im Stil des Historismus, gelegentlich auch schon im Sezessionsstil (Jugendstil) bebaut worden. 1982 wurde die Laisvės alėja – damals hieß sie Leninallee – für den Autoverkehr gesperrt. Ihr westliches Ende markiert auf der Südseite die **Gertrudenkirche** (13, Šv. Gertruda bažnyčia), die im ausgehenden 15. Jh. erbaut und der hl. Gertrud von Nivelles (626–53) geweiht wurde. Trotz mehrerer Umbauten verraten die hohen, schmalen Fenster noch den gotischen Ursprung der in den letzten Jahren restaurierten Kirche. Wo die Sapiegos gatvė von Norden her in die Allee mündet, überragt das monumentale **Denkmal Vytautas' des Großen** (14) die Fußgängerscharen. 1932 wurde das Bronzestandbild des Bildhauers Vladas Grybas in der Militärakademie von Panemunė, einem Vorort von Kaunas, aufgestellt, zu Beginn der Sowjetära nach dem Zweiten Weltkrieg aber wieder entfernt. 1990 hat man die Figur des litauischen Großfürsten neu gegossen und ihr im Zentrum der Stadt einen neuen Platz zugewiesen. Am Sockel sind vier geschlagene Krieger zu erkennen: ein Russe, ein Pole, ein Tatar und ein deutscher Ordensritter mit zerbrochenem Schwert zur Erinnerung an die Schlacht bei Tannenberg (1410).

Das 1990 neu gegossene Denkmal für Vytautas den Großen

Auf der Nordseite der Allee folgt das Jugendstilgebäude der Stadtverwaltung. In einer kleinen Parkanlage gegenüber versteckt sich das 1891/92 erbaute **Musiktheater** (15, Muzikinis teatras). Anfangs diente es als Schauspielbühne, 1918 tagte darin das litauische Parla-

Das Ende des 19. Jh. im Jugendstil erbaute Musiktheater

ment und verkündete die Unabhängigkeit Litauens. Silvester 1920 eröffnete hier das aus Vilnius geflohene Opernensemble mit Verdis »La Traviata« die Ära des Musiktheaters von Kaunas. Noch heute wird an jedem Silvesterabend »La Traviata« aufgeführt, in Kaunas wie in Vilnius. In der Grünanlage neben dem Musiktheater stehen *Porträtbüsten* bedeutender litauischer Komponisten und Interpreten. Nebenan in der Nr. 87a spielt das berühmte **Puppentheater** (16, Lėlių teatras), das 1958 gegründet und auf vielen internationalen Tourneen umjubelt wurde. Das **Dramentheater** (17, Akademinis dramos teatras) in der Nr. 71 und die **Philharmonie** (18, Kauno Filharmonija) in der nahen Sapiegos gatvė vervollständigen das kulturelle Angebot entlang der Freiheitsallee.

Die einstige russische Garnisonskirche zieren Kuppeln im byzantinisch-historisierenden Stil

Hinter dem modernen Kaufhaus »Merkurijus«, bei dem die S. Daukanto gatvė, ebenfalls eine Fußgängerzone, die Laisvės alėja kreuzt, und dem einstigen Literatencafé »Tulpe« in der Nr. 47 wird es etwas ruhiger. Hier stehen wir schließlich vor der bläulich-kühlen **Michaeliskirche** (19, Šv. Arkangelo Mykolo bažnyčia), dem Blickpunkt der gesamten Allee. Der russische Architekt Leontij Nikolajewitsch Benois (1856–1928) errichtete diese Kirche 1891 bis 1893 im byzantinisch-historisierenden Stil für die russische Garnison. Benois baute auch die russisch-orthodoxen Kirchen in Darmstadt und Bad Homburg v. d. H. Da die Russen ihre Kirche »Sobor« (= Kathedrale) nannten, übernahmen die Litauer diese Bezeichnung und nennen die Michaeliskirche auch heute noch »Soboras«. 1919 kaufte die katholische Kirche die »Soboras« und weihte sie dem Erzengel Michael. Ab 1962 war sie ein Museum für zeitgenössische Bildhauerei und Glasmalerei. Seit 1989 gehört der stattliche Bau wieder der katholischen Gemeinde, doch harrt der Innenraum noch der Restaurierung. So elegant die mächtige Kirche auf dem Nepriklausomybės aikštė, dem Platz der Unabhängigkeit, auch aussieht, so wirkt sie in ihrer Umgebung doch wie ein Fremdkörper. Und für viele Litauer ist sie gar ein Ärgernis, ein Bauwerk, das sie ständig an die fast 200jährige Herrschaft Rußlands erinnert und das sie am liebsten abreißen möchten, um den Unabhängigkeitsplatz modern, vor allem aber litauisch zu gestalten.

Die Südwestecke des Platzes nimmt die **Žilinskas-Galerie** (20) ein, eine Stiftung des litauischen Geschäftsmanns Mykolas Žilinskas (1904–92), der von 1950 bis 1989 in West-Berlin lebte. Er übereignete seiner Heimatstadt Kaunas über 2000 Kunstwerke unter der Bedingung, daß sie der einzigartigen Sammlung einen würdigen Rahmen gebe. So entstand 1983 bis 1989 der avantgardistische Museumsbau aus Granit, Beton und Glas, in dem u. a. chinesisches, deutsches und holländisches Porzellan, italienische Malerei des 16. bis 18. Jh. und belgische Kunst des 20. Jh. zu sehen sind. Vor dem Eingang empfängt die *Bronzeskulptur* »Der Mensch« von Petras Mazuras mit ausgebreiteten Armen die Besucher.

Petras Mazuras' Bronzeskulptur »Der Mensch« am Eingang zu der Žilinskas-Galerie ▷

Über die S. Daukanto gatvė gelangt man nordwärts zum **Vienybės aikštė**, dem Platz der Einheit und früheren Leninplatz, der repräsen-

Freiheitsengel auf dem Vienybės aikštė

tativsten Platzanlage von Kaunas. 1960 erhielt sie ihre heutige Gestalt. Im gleichen Jahr entstand auch der Bau in der Südostecke des Platzes, der Palast der politischen Bildung, einst eine Schulungsstätte für politische Funktionäre, in den 1990 die wiedergegründete Vytautas-Magnus-Universität einzog. Das gegenüberliegende Gebäude gehört zur Technischen Universität. Mittelpunkt des Platzes ist das **Freiheitsdenkmal** (21), ein hoher, mehrstufiger Granitobelisk, bekrönt von einem Engel, der als Symbol der Freiheit eine Fahne schwenkt und in der linken Hand eine zerrissene Kette umklammert. Die bronzene Skulptur entwarf der Bildhauer Juozas Zikaras gleich nach dem Ersten Weltkrieg. 1950 wurde der Obelisk durch ein Lenindenkmal ersetzt, im Februar 1989 verfolgte eine riesige Menschenmenge die neuerliche Enthüllung des Freiheitsengels. Zugleich kam auch die im Jahre 1921 aus Feldsteinen gefügte *Pyramide* mit der ewigen Flamme zu Ehren der für die Freiheit Litauens Gefallenen an ihren angestammten Platz zurück. Zwischen Freiheitsdenkmal und Gefallenenpyramide bilden *Porträtbüsten* bedeutender Litauer ein Spalier. Prachtvoll geschnitzte *Holzkreuze* rahmen die Pyramide.

Die Nordseite des Vienybės aikštė begrenzt der Komplex des Militärmuseums und des M.-K.-Čiurlionis-Museums. Der litauische Architekt Vladimiras Dubeneckis hat ihn im Stil des Neoklassizismus entworfen und 1931 bis 1936 verwirklicht. Dieser feierlich-strenge, monumentale Stil entsprach den Vorstellungen fast aller Diktaturen der Zeit zwischen 1920 und 1950, er war in Deutschland, Italien, in der Sowjetunion und auch in Litauen in Mode, wo die Tautininkai zwischen 1926 und 1940 eine Einparteienherrschaft ausübte. Der Museumskomplex besteht aus einem im Grundriß rechteckigen Gebäude, das durch eingeschossige Gänge mit einem Glockenturm und der Čiurlionis-Galerie verbunden ist. Die dem Platz der Einheit zugewandte Hauptfassade wird von stark vorspringenden Seitenrisaliten und einem Mittelrisalit gegliedert. Die Eingänge zu den Museen befinden sich auf den entgegengesetzten Seiten. Vor dem **Militärmuseum Vytautas der Große** (22, Vytauto Didžiojo Karo muziejos) am Vienybės aikštė wachen zwei grimmige Löwen, die von der Residenz der Grafen Tiškevičius in Biržai stammen (s. S. 161). Das Haus, eigentlich ein Historisches Museum Litauens, enthält interessante Exponate aus der Geschichte des Landes, von prähistorischen Zeiten bis zur Gegenwart. So wird das wechselvolle Schicksal der Vytautas-Magnus-Universität seit ihrer Gründung 1922 dargestellt. Und auch das Flugzeugwrack der beiden Atlantikflieger Steponas Darius und Stasys Girėnas ist zu sehen.

Von New York nach Kaunas: ein tragischer Atlantikflug

Am frühen Morgen des 17. 7. 1933 hatten sich über 25 000 Menschen auf dem Flugfeld von Kaunas versammelt, um ihre Landsleute Steponas Darius und Stasys Girėnas zu empfangen. Die beiden Piloten waren zwei Tage zuvor in New York zum bis dahin weitesten Nonstop-Flug gestartet, sechs Jahre nach Lindberghs berühmtem

Alleinflug von New York nach Paris. Steponas Darius, 1896 bei Palanga geboren, war 1907 mit seinen Eltern nach Amerika ausgewandert. Nach der litauischen Unabhängigkeit kehrte er in seine Heimat zurück, besuchte die Militärschule in Kaunas und trat in die litauische Luftwaffe ein. Einige Jahre später war er wieder in den USA, verdingte sich als Fluglehrer und traf irgendwann Stasys Girėnas, den er überreden konnte, mit ihm nonstop nach Litauen zu fliegen. Girėnas, 1894 als Sohn armer Bauern bei Šilale geboren, hatte früh seine Eltern verloren und war seinem älteren Bruder in die USA gefolgt. Während des Ersten Weltkriegs war er Flugzeugmechaniker bei der Air Force, später arbeitete er in einer Druckerei, betrieb ein kleines Taxiunternehmen und besuchte in seiner Freizeit eine Flugschule.

Darius und Girėnas kauften sich im Sommer 1932 eine »Belanca CH-300 Pacemaker«, die allerdings nicht für einen Langstreckenflug ausgerüstet war. Das nötige Geld dafür bekamen die beiden Pioniere bei Flugtagen zusammen, die sie in zahlreichen litauischen Gemeinden in den USA veranstalteten. Am 15. 7. 1933 um 6.24 Uhr schließlich starteten sie auf dem New Yorker Airport. Der Flug über den Atlantik verlief planmäßig. Doch dann mußten die beiden Piloten wegen schlechten Wetters ihren Kurs ändern, dazu wurde es Nacht. Vielleicht verloren sie die Orientierung, vielleicht versagte die Technik. Gegen ein Uhr in der Nacht zum 17. 7. streifte die Maschine Baumwipfel und stürzte in den Wald nahe dem brandenburgischen Städtchen Soldin, dem heute polnischen Myślibórz. Die Menschen in Kaunas warteten vergeblich.

An der Trauerfeier für Steponas Darius und Stasys Girėnas nahmen 60 000 Menschen teil, begraben wurden die beiden Helden auf dem Militärfriedhof von Aukštieji Šančiai, dem Kaunasser Stadtteil in der südlichen Schleife des Nemunas. Im Juli 1993, 60 Jahre nach dem tragischen Flug, wurde am Ende der Sporto gatvė vor dem Stadion von Kaunas ein Denkmal für die beiden Atlantikflieger enthüllt, und die 10-Litas-Banknote zeigt sie im Bild.

Das **M.-K.-Čiurlionis-Museum** (23) wird von der Putvinskio gatvė her betreten. Es ist Mikalojus Konstantinas Čiurlionis (1875–1911), dem größten litauischen Komponisten und Maler, gewidmet (s. S. 123) und enthält fast alle seine Gemälde und Zeichnungen, zur Zeit rund 360 Werke. In besonderen Sälen kann man Čiurlionis' Musik lauschen, den eigenwilligen Symphonien und Klaviersonaten, den Chorwerken und Liedern. Vor dem Museumsgebäude steht, zur Putvinskio gatvė gewandt, die abstrakte *Skulpturengruppe* »Karaliai« (Könige) des Bildhauers Vladas Vildžiunas.

Dem Čiurlionis-Museum gegenüber zeigt die **A.-Žmuidzinavičius-Galerie** (24) eine Sammlung besonderer Art. Im Untergeschoß befindet sich ein Querschnitt durch das Schaffen des impressionistischen Malers Antanas Žmuidzinavičius (1876–1966), der von 1929 bis zu seinem Tod in diesem Haus wohnte und arbeitete. Seine

Bilder zeigen die Menschen und die Natur Litauens. Das Besondere an dieser Galerie aber sind die Exponate in den beiden Stockwerken darüber, die fast 1800 Teufel und Hexen aus Litauen und vielen anderen Ländern, die Žmuidzinavičius zum einzigen **Teufelsmuseum** der Welt vereinigte. Rechts vom Teufelsmuseum führt beim Künstlerhaus eine Treppe durch einen kleinen Skulpturenpark zu einem Aussichtspunkt auf dem **Žaliakalnis** (Grüner Berg) hinauf. Knapp 500 m weiter ostwärts erklimmt auch eine Zahnradbahn den Hügel.

Östlich der »Soboras«, der Michaeliskirche, endet die Laisvės alėja am **Vytautas-Park** (Vytauto parkas), der jenseits des Stadions zum **Ažuolynas** (Eichenwald), der größten Grünanlage der Stadt, aufsteigt. Am Südrand des Ažuolynas entlang zieht sich das **Dainų slėnis**, das Tal der Lieder, wo sich an Sommertagen die Chöre Litauens zum Sängerwettstreit treffen. Der Nordostzipfel des Eichenwalds, jenseits der Radvilėnų plentas im Tal des Girstupis-Baches, wird vom **Zoologischen Garten** (Zoologijos sodas) von Kaunas eingenommen, dem einzigen Tierpark Litauens, 1938 mit über 400 Tierarten eingerichtet.

Folgt man dem Vytauto prospektas, der vor dem Vytautas-Park die Laisvės alėja kreuzt, südwärts, so steht man schon bald im **Ramybės parkas** (Friedenspark) mit der kleinen russisch-orthodoxen **Mariä-Verkündigungs-Kathedrale** (25, Blagoweschtschenskij Sobor). Im Nordosteck des Parks steht eine zierliche, weiße **Moschee** (26, Mečetė) mit Minarett und Kuppel.

Schon außerhalb der Wohngebiete, unmittelbar an der Autobahn nach Klaipėda, erinnert das **IX. Fort** (27, Kauno IX. forto muziejus) als Gedenkstätte an die Zeit litauischer Unterdrückung zwischen 1941 und 1989. Das Fort entstand gegen Ende des 19. Jh. als Teil eines mächtigen Festungsgürtels um Kaunas und war die stärkste und am weitesten nach Westen vorgeschobene Bastion. Es blieb auch nach dem Ersten Weltkrieg erhalten und diente zeitweise als Staatsgefängnis. 1941 richteten die Nationalsozialisten im IX. Fort ein Konzentrationslager unter der Bezeichnung »Fabrik Nr. 1005 B« ein. Bis 1944 kamen hier nach litauischen Angaben rund 100 000 Menschen um, davon 80 000 Juden aus Kaunas, 10 000 Juden aus Österreich, der Tschechoslowakei, Polen, Frankreich, Belgien und den Niederlanden sowie etwa 10 000 kriegsgefangene litauische Soldaten und Partisanen. Die Kasematten und Gefängnishöfe des alten Forts sind zu besichtigen, ebenso die Zellen, in denen Juden auf ihre Hinrichtung warteten. Man liest, was die Todeskandidaten in die Wände ritzten, bevor sie über den »Mirties kelias«, den Weg des Todes, schritten. Dort, wo 30 000 Juden erschossen wurden, errichteten die Bildhauer Gediminas Baravykas und Vytautas Vielius 1984 eine gewaltige *Betonplastik*, eine bizarr aufragende Dreiergruppe, die Leid, Kampf und Sieg symbolisiert. Die Exponate im modernen, festungsartigen *Museumsgebäude* berichten in Wort und Bild über Leben und Sterben litauischer Freiheitskämpfer, über ihren verzweifelten Kampf gegen die deutsche Besatzungsmacht und später gegen die Schergen der russischen Staatssicherheit.

In der Umgebung von Kaunas

Am südöstlichen Stadtrand von Kaunas ist seit 1954 das Wasser der Memel (Nemunas) zu einem 65 km^2 großen See gestaut, dem Kauno marios (Kaunasser Meer). An der Sperrmauer speist der Fluß das größte Wasserkraftwerk Litauens. Der Stausee ist eines der beliebte-

In der Umgebung von Kaunas

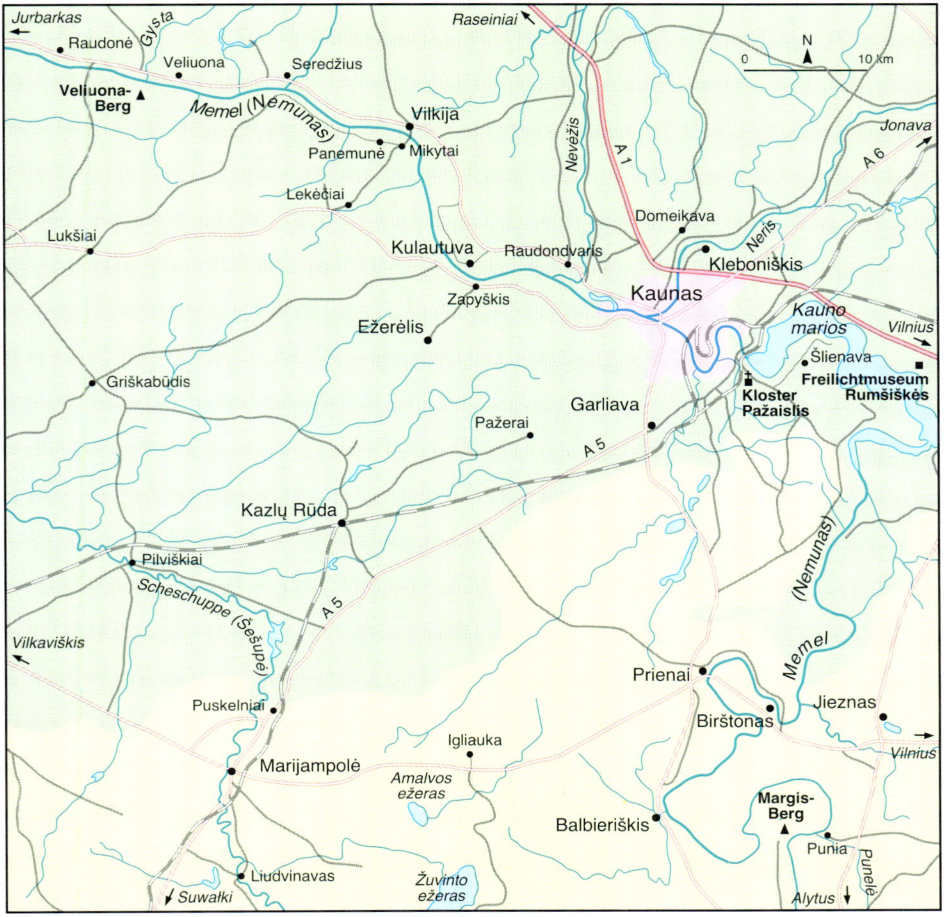

sten Ausflugsziele der Städter und bietet viele Freizeitmöglichkeiten. Am Kaunasser Meer liegen auch das Kloster Pažaislis und das Freilichtmuseum Rumšiškės.

Kloster Pažaislis

Das Kloster Pažaislis auf einer romantischen Halbinsel des Kauno marios erreicht man von Kaunas aus mit den Obussen der Linien 4, 5, 9 und 12 oder mit dem Wagen über die Kovo 11-osios gatvė, die R. Kalantos gatvė und die T. Masiulio gatvė. Von der Obus-Endstation sind es noch 1,5 km zu Fuß bis zum etwas erhöht liegenden, von

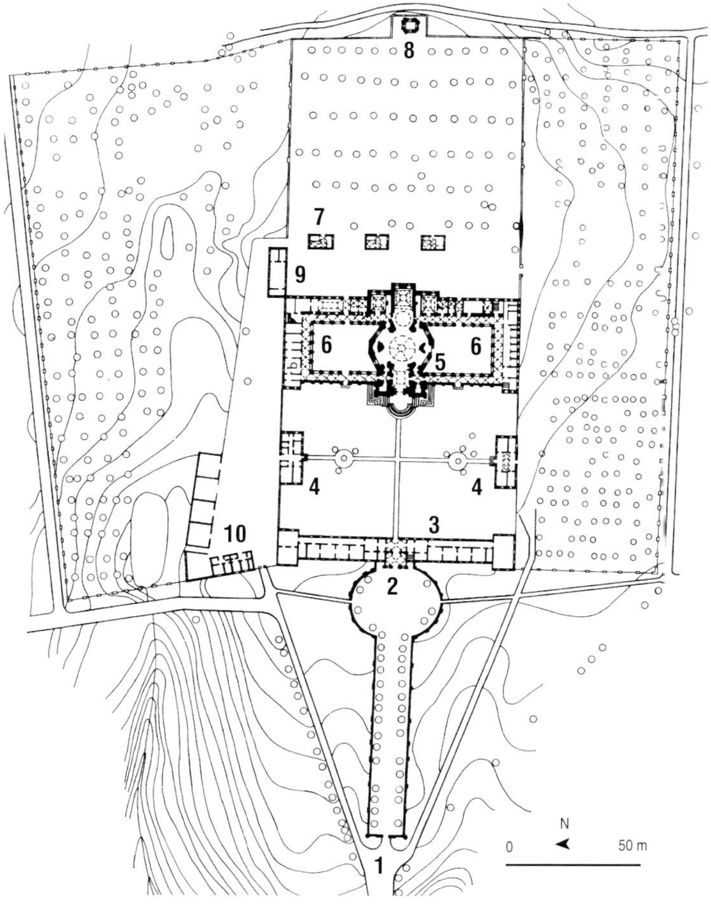

Kloster Pažaislis, Grundriß
1 Haupttor
2 Heiliges Tor
3 Gästehaus
4 Verwaltung
5 Kirche
6 Mönchszellen
7 Mönchsklausen
8 Glockenturm
9 Wäscherei
10 Pferdestall, Remise

Wiesen und lichter Parklandschaft umgebenen Kloster, einem der bedeutendsten Zeugnisse der litauischen Barockarchitektur.

Ab 1667 ließ Kristupas Zigmantas Pacas (Christoph Sigmund Pac), Kanzler von Litauen, für den 1662 nach Litauen gekommenen Orden der Kamaldulenser am hohen Ufer des Nemunas ein Kloster errichten, das er für sich und seine Familie zur Grablege bestimmte. Die Kamaldulenser sind ein strenger Mönchsorden, ein Eremitenorden, den der später heiliggesprochene Romuald (um 952–1027) bald nach 1012 im toskanischen Camaldoli gegründet hatte. Im 12. Jh. breitete sich der Orden über viele Länder Europas aus; er hatte wesentlichen Anteil an der Christianisierung Ungarns und Polens. Erst 1712 wurde das Kloster Pažaislis geweiht. Nach der Niederschlagung des litauisch-polnischen Aufstands gegen die Zarenherrschaft stellten es die Russen den orthodoxen Altgläubigen zur Verfügung. Diese bauten die Klosterkirche 1832 bis 1845 für die Zwecke ihres Kultes um und weihten das Kloster der Himmelfahrt Mariä. Kurz vor dem Zusammenbruch des Zarenreichs endete auch diese Ära des Klosters. 1920 übernahm die Kongregation des hl. Kasimir die Anlage, 20 Jahre später stellte sie jedoch ihr Wirken in Litauen ein. 1964 begannen die Restaurierungsarbeiten, die teilweise noch heute andauern. 1980 wurde im Kloster eine Ausstellung über Barockkunst eröffnet, und seit 1992 residiert hier eine Frauenkongregation des hl. Kasimir.

Die mächtige Kuppel der Klosterkirche beherrscht das Architekturensemble von Kloster Pažaislis

Die Baupläne für das Kloster Pažaislis stammen von den italienischen Architekten Giovanni Battista Frediani sowie Carlo und Pietro Putini. Wesentliches Merkmal der Anlage ist die strenge Achsensymmetrie, die den gesamten Komplex vom Haupttor im Westen bis zum Glockenturm im Osten umfaßt. Hinter dem **Haupttor** steigt eine Allee leicht zum **Heiligen Tor** an, das sich auf die ummauerte Klosteranlage öffnet. Deren Westseite wird vom Gästehaus gebildet. Durch einen Garten mit Brunnen und zwei kleinen Verwaltungsgebäuden führt der Weg zur **Kirche,** die von Kapellen, Wandelgängen und Mönchszellen flankiert wird. In dem baumbestandenen Garten hinter der Kirche stehen noch drei der ursprünglich zehn **Mönchsklausen** (Inklusen), an seinem Ende erhebt sich ein **Glockenturm.** In die Inklusen zogen sich fromme Mönche nicht selten zu lebenslanger Andacht zurück. Sie ließen dann Fenster und Türen bis auf einen Schlitz für das Essen zumauern.

Ein Gemälde im Kloster Pažaislis zeigt die Anlage mit den ursprünglichen Mönchsklausen im Klostergarten

Die bis 1696 fertiggestellte **Kirche** bildet die eindrucksvolle Mitte des Klosterensembles. Sie ist ein sechseckiger Zentralbau mit zwei Portaltürmen. Über der sechsrippigen, 49 m hohen Kuppel schwebt eine Laterne. Sakristei, Kapitelsaal und je zwei Kapellen flankieren das Presbyterium. Den Chor bedeckt eine geschlossene Kuppel. Die Wände sind mit schwarzem und rosa Marmor verkleidet, *Stukkaturen* von Giovanni Merli und *Wand- und Deckenmalereien* von Michelarcangelo Palloni und Fernando della Croce schmücken den Raum. Zu den Themen der Fresken des Florentiners Palloni gehören »Die Heiligen Drei Könige«, »Tod des hl. Christophorus«, »Mariä Himmelfahrt« und »Der Traum des hl. Romuald«.

In den Höfen beiderseits der Kirche sind einige **Gräber** erhalten, darunter auch das des russischen Grafen Aleksej Fedorowitsch Lwow (1798–1870), des Komponisten der alten russischen Nationalhymne. Diese machte den Generalmajor und Adjutanten des Zaren so berühmt, daß er sich fortan nur noch der Musik widmete. 1837 wurde er Direktor der Hofsängerkapelle, 1861 zog er sich auf sein Landgut Romany bei Kaunas zurück. Lwow war der erste russische Komponist, dessen Werke auch im westlichen Ausland aufgeführt wurden, vor allem sein Oratorium »Stabat mater«, seine Violinquartette und seine Opern »Undine« (1848) und »Starosta« (1854).

Die Schüler von Kaunas erzählen gern die Legende von den beiden Glocken der Klosterkirche von Pažaislis, die Napoleons Soldaten im Jahre 1812 vom Turm herabwarfen. Eine der Glocken fiel in den Nemunas. Doch jedesmal, wenn am Jahrestag der Kirchweihe, am 2. Juli, das große Geläut ertönt, hört man ganz deutlich, daß die im tiefen Wasser liegende Glocke mitklingt. Immerhin hat sie ein Franzose geschaffen, der Glockengießermeister André de la Mars.

Nur wenige Schritte von der Endstation der Obusse entfernt liegt der **Friedhof von Petrašiūnai** (Petrašiūnų kapinės), einer der bedeutendsten Litauens. Hier wurden viele große Litauer, Schriftsteller, Künstler und Wissenschaftler, in der ersten Hälfte des 20. Jh. beigesetzt. Sehenswert sind die künstlerisch wertvollen Grabsteine und Grabbauten.

Freilichtmuseum Rumšiškės

Rumšiškės☆☆

An der Nordostseite des Kaunasser Meeres entstand zwischen 1966 und 1974 das erste und nach wie vor größte und schönste ethnographische Freilichtmuseum Litauens mit einem Querschnitt durch die Volkskunde der Schemaiten, Aukschtaiten, Dzūken, Suvalkis und demnächst auch der Memelländer. Inmitten einer welligen Landschaft mit Äckern, Weiden und Wäldern wuchsen ganze Dörfer aus dem Boden, mit Wohnhäusern, Stallungen, Scheunen, Kirchen, Mühlen und Schmieden, mit Ölpressen und Töpfereien – Holzbauten aus dem 18. und 19. Jh. zumeist, die in entfernten Dörfern abgetragen und hier originalgetreu wieder aufgebaut wurden. Man erreicht das Museum über die Autobahn Kaunas–Vilnius oder – zwischen Mai und September – mit dem Ausflugsboot von der Anlegestelle am Kloster Pažaislis.

Der Weg zu den wichtigsten Stationen auf dem 175 ha großen Museumsgelände ist 6 km lang. Auf allen Höfen leben moderne Dorfbewohner, sie arbeiten in Werkstätten, an Spinnrädern und Webstühlen, in Schmiede und Tischlerei; sie versorgen Vieh, bestellen die Äcker, pflegen die Blumengärten und hüten die kostbare Einrichtung der Häuser, das Mobiliar und die Geräte. Frauen in farbenfrohen Volkstrachten erläutern die Gehöfte, bieten Kaffee, Brot, Wurst, wacholdergeräucherten Schinken an und vielleicht auch ein

Original eingerichtete Bauernstube im Freilichtmuseum Rumšiškės

Gläschen »Meschkinnes« (lit. meškinas = Bär), einen Honigschnaps, der dem ostpreußischen »Bärenfang« gleicht.

Als 1954 der Nemunas gestaut wurde und der Wasserspiegel bei dem Ort Rumšiškės um 20 m stieg, versank die fast 600 Jahre alte Siedlung im Kaunasser Meer. Schon 1385 erschien ihr Name erstmals in der Chronik des Deutschen Ordens. Im 15. Jh., also kurze Zeit nach der Christianisierung Litauens, hatte der wohlhabende Marktflecken bereits eine Kirche. Einige der ältesten typischen Holzhäuser wurden in den 1950er Jahren auf die Höhen neben dem See verlegt, wo der Plan eines Freilichtmuseums für die ländliche Kultur ganz Litauens Gestalt annahm. An seiner alten Stelle blieb nur der Friedhof von Rumšiškės erhalten, seine Anhöhe ragt heute als Insel in der Mitte des Sees auf.

Burgen und Schlösser an der Memel

Die gotische Backsteinkirche von Zapyškis

Eine architektonische Perle besonderer Art ist die gotische *Kirche* von **Zapyškis,** einem kleinen Ort 17 km westlich von Kaunas auf der linken Seite der Memel (Nemunas). Fürst Paul Sapiega stiftete die kleine Kirche 1566, sie wurde nahe dem Flußufer erbaut und 1578 geweiht. Eines Tages spülte der Nemunas das Dorf fort, nur die Kirche widerstand dem Hochwasser. Auf höherem Areal wuchs das neue Dorf. Der 11,6 m × 10,2 m große, turmlose Hallenbau besitzt ein hohes, spitzes Dach. Die mit Nischen und Blenden verzierte, spätgotische Backsteinfassade läßt das in den 1950er Jahren restaurierte Kirchlein besonders malerisch erscheinen.

Über Mikytai erreicht man nach weiteren 17 km das Dorf **Panemunė** mit einer der schönsten Residenzen der Renaissance in

Litauen. Der ungarische Kaufmann Imre Eperješ kaufte hier Anfang des 17. Jh. alles Land auf und ließ sich von dem deutschen Architekten Peter Nonhart 1604 bis 1610 hoch über dem Fluß das repräsentative *Schloß* auf trapezförmigem Grundriß bauen. Hohe, runde, mit Schießscharten versehene Wehrtürme verstärkten die Ecken des Gevierts, die beiden schlanken Türme des zweigeschossigen Westflügels sind noch in voller Höhe erhalten. Das ganze Bauwerk wirkt schlicht, aber elegant. 1759 ging das Schloß in den Besitz der schemaitischen Adelsfamilie Gelgaudas über. Antanas Gelgaudas war 1831 der Oberkommandierende der polnisch-litauischen Aufständischen. Mit 16 000 Mann marschierte er von Polen aus über Kaunas in Richtung Vilnius. Bei Paneriai, kurz vor Vilnius, kam es zur Schlacht mit russischen Truppen, die zur Niederlage der Aufständischen führte. Antanas Gelgaudas fiel, sein Bruder Jonas floh nach Preußen; Kosaken verwüsteten Schloß Panemunė, das der Staat übernahm und verfallen ließ. Erst 1961/62 erfolgten erste Erhaltungsarbeiten. Eine gründliche Restaurierung steht noch aus.

Die rechts des Nemunas verlaufende Straße in Richtung Jurbarkas erreicht 9 km westlich von Kaunas die kleine Stadt **Raudondvaris,** was »*Rotes Schloß*« bedeutet. Dessen Backsteinmauern leuchten auf einer Anhöhe über dem Flüßchen Nevėžis, das hier in den Nemunas mündet, zwischen hohen Bäumen hervor. Vor 1615 ließ sich Graf Josef Dziawaltowski vermutlich über den Grundmauern einer mittelalterlichen Grenzfeste der Litauer das burgähnliche Gebäude als Lustschloß errichten. Die Fenster sind schmal, die Mauern blieben unverputzt, der Eckturm besitzt Schießscharten – doch alles ist Kulisse, denn die dünnen Mauern wären der Artillerie des 17. Jh. nicht gewachsen gewesen. Das rechteckige Hauptgebäude des Schlosses zeigt sich in den Ursprungsformen der Renais-

Orangerie des »Roten Schlosses« in Raudondvaris

sance, der martialische Rundturm blieb gotisch. 1652 kaufte Fürst Radvila das Schloß, schon zehn Jahre später ging es an die Worlowski über, dann kamen die Zabiela, und Anfang des 19. Jh. brachte Graf Tiškevičius auch dieses Anwesen in seine Schlössersammlung; er bekam es günstig, weil es in den Kämpfen von 1831 sehr gelitten hatte. Der italienische Architekt Carlo Anikini (1787–1861) setzte Raudondvaris wieder instand, so daß die Tiškevičius hier ihre berühmte Gemälde- und Graphiksammlung sowie eine große Bibliothek unterbringen konnten. Im Ersten Weltkrieg, als die Familie in die USA emigrierte, nahm sie alle Bilder mit und vermachte die Bibliothek der Universität Kaunas. Die deutsche Heeresleitung requirierte das Schloß, um hier mehrere Dienststellen des Oberkommandos Ost unterzubringen, darunter die Presseabteilung, in der der Schriftsteller Arnold Zweig (1887–1968) als Schreiber eingesetzt war. Nach dem Krieg übernahm der litauische Staat das Schloß und verwandelte es in ein Kinderheim. 1944 wurde das Schloß Raudondvaris in Brand geschossen, 1967 bis 1975 wieder aufgebaut. Seitdem beherbergt es ein landwirtschaftliches Forschungsinstitut. Der malerische *Schloßgarten*, ein englischer Landschaftspark mit prächtigen, alten Bäumen, wurde im 19. Jh. angelegt.

19 km westlich von Raudondvaris folgt das Städtchen **Vilkija**, das an den Uferhängen zu kleben scheint. Vilkija (von lit. vilkas = Wolf), seit 1430 bekannt, galt im 15. Jh. als »Tor nach Litauen«. Es war Zollstation des litauischen Großfürstentums und ein beliebter Marktort, in dem Kaufleute Flachs, Leder, Felle und Wachs gegen Salz, Leinen, Wolltuche und Seide eintauschten. Über Vilkija verlief die Handelsstraße von Danzig über Königsberg nach Moskau. Einen Einblick in die bewegte Geschichte des Ortes gewährt das kleine Heimatmuseum in der Berufsschule (Profesinė mokykla). Die zweitürmige Georgskirche wurde zwischen 1900 und 1908 in neogotischem Gewand erbaut.

Von Vilkija bis **Seredžius** sind es 13 km. Seredžius ist schon von weitem an seinem mächtigen Burgberg Palemonas zu erkennen. Die Sage berichtet, daß im Jahre 64, zur Zeit der Christenverfolgungen unter Kaiser Nero, die christliche Patrizierfamilie Palemon aus Rom floh, bis in die Ostsee segelte, durch das Kurische Haff zum Nemunas vordrang und sich hier an der Mündung des Flusses Dubysa in einem Eichenhain niederließ. Palemon und seine Söhne Kuno, Barkus und Sper sollen die Dynastie der litauischen Fürsten und späteren Großfürsten begründet haben. Palemons Gebeine hütet der Burgberg – aber das alles ist ja eine Sage. Tatsache ist, daß die Litauer im 13. Jh. auf dem Schüttberg Palemonas eine Holzburg errichteten, die – nach der Chronik des Deutschen Ordens – zwischen 1293 und 1363 jeden Angriff der Ordensritter erfolgreich abwehrte. Auf einer Insel im Mündungsdelta der Dubysa soll Fürst Vytautas 1398 jenen Vertrag unterzeichnet haben, der dem Orden das gesamte Samogitien, also das Küstenland Žemaitija, überließ. Dafür hatte Vytautas aber freie Hand, das begehrte Smolensker Fürstentum zu erobern. Im 16. und 17. Jh. war Seredžius eine bedeutende Handelsstadt. Der Nemunas brachte gefragte Kaufmannswaren und damit Wohlstand, immer wieder aber auch verheerende Hochwasser, wie im Jahre 1829, als ganze Stadtteile und sogar eine Kirche in den Fluß gerissen wurden.

Mehrere Schüttburgen und die Renaissancekirche Mariä Himmelfahrt sind die wichtigsten Sehenswürdigkeiten der kleinen Stadt **Veliuona.** Ebenso hieß auch die Burg, welche die Ordensritter seit 1293 ständig berannten, aber nie eroberten. Schließlich baute der Orden 1337 ganz in der Nähe, an der Mündung der Gysta in den Nemunas, ebenfalls eine Burg, die »Bayerburg«, denn ihr erster Kommandant stammte aus Bayern. Aber der bajuwarische Ritter hatte kein Glück, denn schon nach wenigen Monaten räucherten die Litauer die Ordensleute aus, indem sie riesige Holzstöße vor den Balkenmauern der Ordensburg in Brand setzten und deren Mannschaft mit Pfeilen und Steingeschossen am Löschen hinderten. Bei der anschließenden Erstürmung der Burg soll – wie die Ordenschronik berichtet – Gediminas, der »König von Trakai«, gefallen sein. 1337 war Gediminas Großfürst von Litauen, er residierte auf Trakai, starb aber erst 1341, und zwar eines natürlichen Todes. Trotzdem verehren viele Litauer noch heute auf dem Veliuona-Berg das Grab des Gediminas, zumal seine wirkliche Ruhestätte bis heute unauffindbar blieb. 1922 wurde ein Denkmal auf dem Berg mit einem Standbild des Großfürsten errichtet. 1412, zwei Jahre nach der siegreichen Schlacht bei Tannenberg, ließ Großfürst Vytautas auf dem Pilies-Berg westlich der alten Burg eine Steinburg errichten, von der nicht einmal die Grundmauern erhalten blieben. Die neue Burg hatte jedoch keine Verteidigungsaufgaben mehr zu erfüllen, sondern fungierte als Pfalz, als Stätte zahlreicher Treffen mit ausländischen Abgesandten.

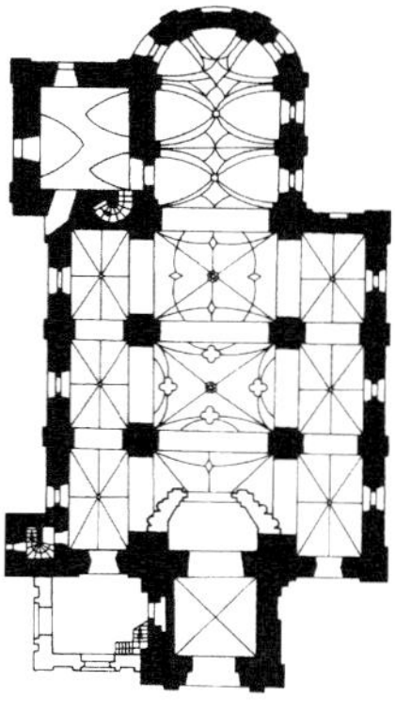

Veliuona, Mariä-Himmelfahrts-Kirche, Grundriß

Wer nach Veliuona kommt, das gegen 1500 Stadt nach Magdeburger Recht wurde, sollte unbedingt die *Mariä-Himmelfahrts-Kirche* aufsuchen, ein großartiges Bauwerk der Renaissance. Die Kirche entstand zwischen 1636 und 1644. Bemerkenswert sind der Barockaltar und eine spätgotische Madonna. Das Gemälde des hl. Joseph schuf Mykolas Elviras Andriolli (1836–93) kurz nach seinem Ausbruch aus dem Gefängnis, in dem er als Teilnehmer am Aufstand von 1863 eine langjährige Strafe zu verbüßen hatte. Das Heimatmuseum im *Herrenhaus des Gutes Veliuona* zeigt eine interessante Ausstellung, der ausgedehnte, gutseigene englische *Landschaftspark* mit Bäumen und Sträuchern aus aller Welt lädt zum Spaziergang ein.

Der Nemunas bildete schon im Mittelalter die Grenze zwischen Litauen und den Territorien des Deutschen Ordens. Um den ständigen Angriffen der Ritter zu begegnen, errichteten die litauischen Großfürsten auf dem rechten Hochufer des Flusses eine dichte Burgenkette (Veliuona, Palemonas, Raudondvaris usw.). Auch das Städtchen **Raudonė,** 10 km westlich von Veliuona hatte eine solche Burg, die Fürst Vytenis Ende des 13. Jh. erbauen lassen hatte. Nach

Die wuchtigen Türme der Burg Raudonė mit ihrer neogotischen Zinnenbekrönung zitieren Elemente der mittelalterlichen Architektur Litauens

der Schlacht bei Tannenberg verloren die Burgen am Nemunas ihre Bedeutung und verfielen. Im 16. und 17. Jh. kauften reiche Familien die Ruinen zusammen mit dem umliegenden Land auf, um darauf Lustschlösser zu errichten. So geschah es mit Burg Raudondvaris (s. S. 150) und auch mit Burg Raudonė, die ein neureicher Holzhändler, der aus Preußen eingewanderte Krispin Kirschenstein, erwarb und Ende des 16. Jh. zu einer feudalen *Residenz* im Stil der Renaissance ausbauen ließ. Kirschenstein hatte die riesigen Wälder längs des Flusses gepachtet, ließ sie abholzen und brachte die Stämme per Floß zu den Sägewerken von Klaipėda (Memel) oder mit Schiffen bis nach Königsberg.

Die Kirschenstein-Residenz bestand anfangs aus zwei sich gegenüberliegenden Gebäuden, die durch Wehrmauern verbunden waren. Runde Ecktürme begrenzen beide Trakte. Aus der Mitte des Südbaus tritt ein fünfter, besonders mächtiger Turm hervor; er mißt 7,5 m im Durchmesser und ist 33,5 m hoch. Im frühen 18. Jh. ließ ein Enkel Kirschensteins die beiden Gebäude an der Ostseite durch einen Wohntrakt mit Rundturm verbinden. Leider blieb vom einstigen Inventar nichts erhalten; die Räumlichkeiten sollen kostbar ausgestattet gewesen sein, mit Ledertapeten, Gobelins, Gemälden, Kristalleuchtern und Barockmöbeln. Im späten 18. Jh. ging Schloß Raudonė an die Industriellenfamilie Olendski über, die den litauischen Architekten Laurynas Stuoka-Gucevičius mit dem Umbau der Gebäude in klassizistischen Formen beauftragte. So entstand u. a. der Säulenportikus vor dem Eingang zum Ostflügel. 1810 erwarb Graf Platon Alexandrowitsch Subow Schloß Raudonė, als junger Leutnant war der Graf nach 1791 Geliebter der Zarin Katharina II. der Großen. In seiner Gegenwart fühlte sie sich wie »eine Fliege, die aus der Kälte ins warme Zimmer gekommen ist«. Subows Tochter Sofia ließ das Schloß zwischen 1854 und 1877 neogotisch umgestalten, so daß es aussah wie eine Burg zu Vytautas' Zeiten. Und so wirkt die stattliche Anlage mit dem wuchtigen, zinnenbekrönten Hauptturm noch heute. Zur Zeit gehört das Schloß dem litauischen Staat, der hier ein Schulungszentrum unterhält. In dem schönen, alten *Landschaftspark* wachsen Bäume, die aus Asien und Amerika hierher verpflanzt wurden, Silbertannen, Zedern und graue Nußbäume. Vielleicht entdecken Sie auch die sagenumwobene Vytautas-Eiche, die der Großfürst vor nunmehr 600 Jahren persönlich gepflanzt haben soll.

Birštonas, Prienai, Punia

Das Heilbad **Birštonas**, eine Stadt von 4000 Einwohnern, liegt 40 km südlich von Kaunas in einer Schleife des Nemunas. Jährlich kommen rund 50 000 Gäste zu Badekuren und um das heilkräftige Mineralwasser aus neun Quellen zu trinken sowie seine Dämpfe zu inhalieren. Täglich werden 35 000 Flaschen mit dem Quellwasser gefüllt und in alle Welt versandt. Das milde Klima und die stillen Wälder tragen wesentlich zur Erholung und Gesundung bei, vor allem bei Krankheiten des Magen-Darm-Traktes und des Nervensystems.

Im 14. Jh. stand auf dem Vytautas-Berg eine mächtige Holzburg, die zu dem dichten Verteidigungssystem gegen den Deutschen Orden längs des Nemunas gehörte. Die Ordenschronik nennt die Burg »Birstein« und beschreibt ihre Lage »gleich am Salzwasser«, was darauf hindeutet, daß die Ordensleute bereits von den Mineralquellen wußten. Nach der Schlacht bei Tannenberg (1410) wurden die Burgen am Nemunas bedeutungslos und verfielen. Burg Birštonas jedoch benutzte Großfürst Vytautas noch viele Jahre als Jagdsitz, denn der Wald innerhalb der schmalen Flußschleife, der sogenannte »Tiergarten«, eignete sich ausgezeichnet für Treibjagden, vor allem auf mächtige Auerochsen und Wisente. Im 15. Jh., also zu Vytautas' Zeiten, hatte man die Heilkraft der Mineralquellen entdeckt; ob der Großfürst nach erfolgreicher Jagd auch im Quellwasser badete, ist allerdings nicht überliefert. 1518 wurde die Burgsiedlung Birštonas bereits als Stadt bezeichnet. Die Kriege des 17. Jh. dezimierten ihre Bevölkerung. Erst im 19. Jh., als in ganz Europa nach Heilquellen Ausschau gehalten und das Kuren zur Mode wurde, lebte die nahezu verlassene Siedlung wieder auf. 1846 begrüßte Birštonas den ersten Kurgast, es entwickelte sich schnell zu einem beliebten Heilbad und zur Sommerfrische.

Birštonas schmiegt sich an das rechte Nemunasufer, schon bald hinter dem Ort erreicht der Fluß durch den Rückstau des Kaunasser Meeres (s. S. 145) eine Breite von 200 m. Im Sommer verkehren Ausflugsschiffe zwischen Kaunas und Druskininkai, allerdings nur auf Teilstrecken, weil sie für die rund 250 km lange, windungsreiche Flußstrecke einen ganzen Tag brauchen würden. Sehenswert in Birštonas sind prächtige *Holzvillen* der Jahrhundertwende wie das Hotel »Nemunas«, ferner die neogotische *Kirche* aus derselben Zeit, der *Kulturpalast* aus den 1980er Jahren mit dem 142 m² großen Glasfenster von Vincas Svarlys, reizvolle Brunnenanlagen und *Skulpturen*, wie das »Mädchen mit der Flöte« von Robertas Antinis, und schließlich die geschnitzten Eichenstelen längs des Steilufers (1988), eine Erinnerung an die Opfer des Stalinismus. Ein kleines *Heimatmuseum* gibt es an der Vytauto gatvė Nr. 9. Schließlich kann man den Vytautas-Berg besteigen, um die Aussicht auf Wald, Fluß und Kurort zu genießen, in den Trinkhallen zwischen Berg und Fluß einen Schluck Gesundheit schlürfen und danach gestärkt durch den Kurpark, den »Tiergarten des Vytautas«, wandeln.

Holzvillen aus der Zeit der Jahrhundertwende sind in Birštonas ebenso zu entdecken wie eine Vielzahl von Brunnenanlagen und Skulpturen, darunter das »Mädchen mit der Flöte« von Robertas Antinis

Die kleine Kreisstadt **Prienai** liegt 6 km nordwestlich von Birštonas an derselben Schleife des Nemunas. Im Jahre 1502 wurde ein Gut Prienai erstmals in einer Schenkungsurkunde des Großfürsten Aleksandras erwähnt, 1609 erhielt die Gutssiedlung die Rechte einer Stadt. Sehenswert sind die *Papierfabrik* von 1785, damals die größte im Baltikum, heute ein geschütztes Industriedenkmal, und das *Kęstutis-Denkmal*, das den Großfürsten in markig-heroischer Pose zeigt, gekleidet als Ritter, mit Schild und Zweihänder. Es steht an der Brücke über den Nemunas und symbolisiert das nach mehrhundertjähriger Unfreiheit wiedererwachte Nationalbewußtsein der Litauer. Das Denkmal war 1937 vor der Kaserne des Regiments »Kęstutis« aufgestellt worden, mußte aber 1954 unter sowjetischem Regime wieder verschwinden und wurde vergraben. So wartete es bis 1990 auf freiere Zeiten.

Südöstlich von Birštonas liegt an der Mündung des Punelė-Baches in den Nemunas die Ortschaft **Punia** mit der Schüttburg Margis, einer der größten in Litauen. Dieses Margis könnte mit jener Burg Pilėnai identisch sein, über die die Chronik des Deutschen Ritterordens Schreckliches berichtet: Im Jahre 1336 unternahm der Magister Dietrich von Altenburg mit seinen Ordensleuten eine »Litauerreise«, auf der er auch »die Burg Pilėnai belagerte und mehrere Tage hintereinander bestürmte.« Die Chronik nennt auch den litauischen Burgkommandanten: Graf Margiris (Margis), was merkwürdigerweise mit dem Namen der Burg übereinstimmt. Archäologen haben bis heute keine Bestätigung für die Angaben der Chronik gefunden. Immerhin stellten sie fest, daß auf dem Schüttberg im 13. und 14. Jh. eine Holzburg stand, die niederbrannte. Im 15. Jh. wurde diese Burg wiederhergestellt, um Großfürst Vytautas als Pfalz zu dienen. Um die Mitte des 16. Jh. fiel auch sie einem Feuer zum Opfer. Ende des 16. Jh. errichteten die Fürsten Gonsevski auf dem Burgberg ein hölzernes Schloß, das die Schweden Anfang des 18. Jh. in Brand schossen. Von all den Bauwerken auf der Spitze des Hügels sind nur Spuren geblieben. Doch der Ausblick auf den glitzernden Fluß und auf die dichten, urwaldgleichen Forsten ist wohl kaum anders als zur Zeiten der Burgherren.

Von Kaunas ins nördliche Litauen

Kėdainiai

Kėdainiai, gut 50 km nördlich von Kaunas, ist ein Bezirksverwaltungszentrum mit einer liebevoll restaurierten Altstadt. Erstmals urkundlich erwähnt wurde der Ort im Jahre 1372, 1590 erhielt er das Magdeburger Stadtrecht. 1614 kam die junge Stadt unter die Herrschaft der Fürsten Radvila (Radziwill), die sie zum litauischen Zentrum der Reformation erhoben. Als die Jesuiten in Vilnius mit der

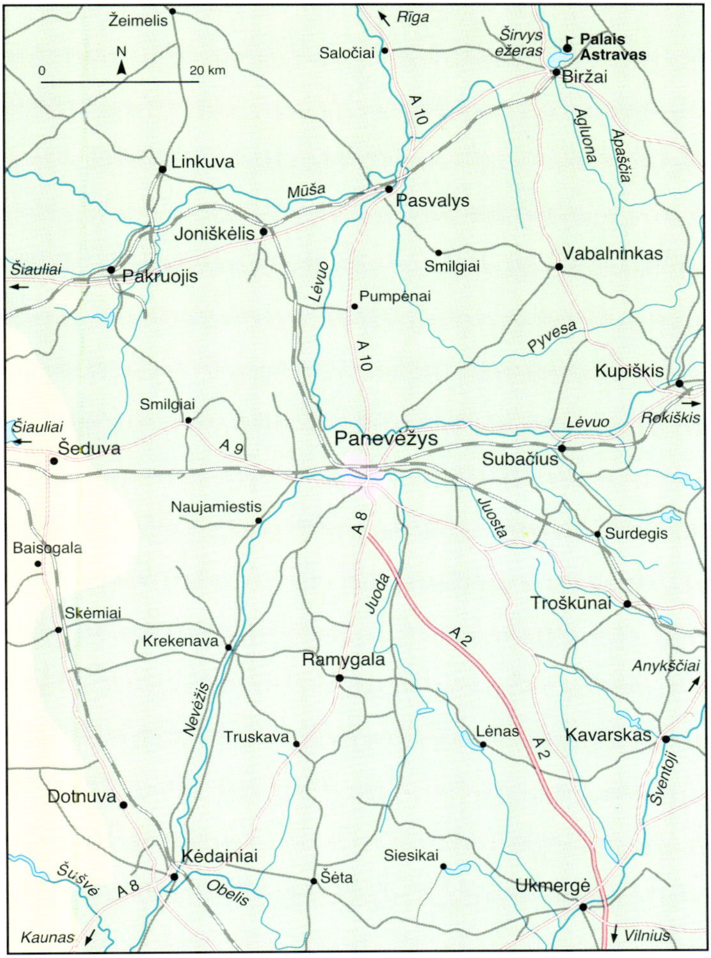

Von Kaunas ins nördliche Litauen

Gegenreformation, der Rekatholisierung der Bevölkerung, begannen, kamen zahlreiche protestantische Litauer nach Kėdainiai. Sogar protestantischen Ausländern, z. B. schottischen Kalvinisten, gewährten die Radvila Asyl. 1625 gründete Fürst Kristupas II. Radvila in Kėdainiai ein vierklassiges reformiertes Gymnasium, die erste weltliche Schule in Litauen. 1651 stellte dort eine Druckerei erstmals Bücher in litauischer Sprache her; die Offizin leitete der Danziger Druckermeister J. C. Reth. Im 18. Jh. waren in Kėdainiai zehn Handwerkerzünfte gemeldet. Außerdem hatte die kleine Stadt sechs Marktplätze, mehr als Vilnius und Kaunas. Eine lange, schwierige Phase durchlebten die Bürger von Kėdainiai in der Zeit der Schwe-

Blick auf die Residenz der Fürsten Radvila in Kėdainiai, Lithographie nach Napoleonas Orda, um 1880

denkriege, als Epidemien und Feuersbrünste die Stadt heimsuchten. Auch bei den Aufständen von 1831 und 1863, an denen fast alle Bürger aktiv beteiligt waren, litt die Wirtschaft der Stadt. Aufwärts ging es erst wieder seit dem Jahre 1871, als mit dem Bau der Eisenbahn in Kėdainiai Fabriken aus dem Boden wuchsen.

Ein Bummel durch die krummen und engen Gäßchen der **Altstadt** ist ein Erlebnis besonderer Art. Hier scheint die Zeit im 17. Jh. stehengeblieben zu sein. Den großen Marktplatz säumen ganze Reihen von Häusern im Stil der Renaissance und des Barock. Das ehemalige **Rathaus** aus dem 16. Jh. wurde 1653/54 umgebaut und blieb nach dem Brand von 1770 eine Ruine, bis das Gebäude 1960 wieder aufgebaut wurde und 1983 sein ursprüngliches Aussehen zurückerhielt. Heute hat sich hier eine Apotheke eingerichtet, die anderen Räume zeigen Kunst moderner litauischer Meister.

Beim Bummel durch Kėdainiai überrascht der Blick auf eine Holzkirche aus dem frühen 18. Jh.

Die von 1631 bis 1653 im Stil der Renaissance errichtete **Kalvinistische Kirche** ähnelt mit ihren vier Ecktürmen einer Burg. Sie bewahrt Gräber der Fürstenfamilie Radvila. Sehenswert sind auch die **Rektorenhäuser** aus der Zeit um 1660 und das **Gildehaus** der schottischen Tuchhändler. In der Nähe der Busstation steht die **Lutherische Kirche,** ein markanter Bau des 17. Jh. mit einigen Stilelementen der Renaissance. Bei Restaurierungen kamen vor einigen Jahren Fresken zum Vorschein. Am Nevėžisufer ragt die **Georgskirche** aus dem späten 15. Jh. empor. Sie wurde mehrmals umgebaut, zuletzt um die Wende zum 19. Jh., und zeigt daher Stilproben der vergangenen 500 Jahre. Schließlich läßt sich noch in der Nähe des Bahnhofs hinter hohen Bäumen eine **Moschee** entdecken. Franz Eduard Totleben (1818–84) ließ das islamische Bethaus für ehemalige türkische Kriegsgefangene errichten, die in Kėdainiai eine neue Heimat gefunden hatten. Totleben hatte als General im Russisch-Türkischen Krieg von 1877/78 den Oberbefehl über die russischen Truppen. Im Oktober 1877 wurden bei der Einnahme von Plevna, dem heute bulgarischen Plewen, von den Russen 35 000 Türken gefangengenommen. Viele Kriegsgefangene blieben in Rußland und siedelten sich auch in Litauen an. Totleben war von 1880 bis 1884 Kommandant des Militärbezirks Wilna.

Panevėžys

Mit gut 130 000 Einwohnern ist Panevėžys (Ponewiesch) die fünftgrößte Stadt des Landes, ein Bezirkszentrum am oberen Lauf des Nevėžis, inmitten einer fruchtbaren Ebene, in der Flachs, Zuckerrüben und Obst angebaut werden. Die Stadt ist Verkehrsknoten für zahlreiche Straßen – darunter die Via Baltica, die Fernstraße durch die drei baltischen Staaten – und die Eisenbahn Klaipėda–Daugavpils (Lettland). Als Industriestandort, u. a. für Motorenbau, Feinmechanik, Elektroindustrie, Glas- und Möbelfabriken, gewinnt sie immer größere Bedeutung. An historischen Bauten hat Panevėžys dagegen nicht viel zu bieten, denn es ist eine relativ junge Stadt, die sich erst in den letzten Jahrzehnten zu einer pulsierenden Großstadt entwickelt hat. Wie kaum eine andere in Litauen aber hat sie sich um die Förderung der Künste verdient gemacht.

Im Jahre 1503 teilte Großfürst Aleksandras der Kirchengemeinde im südlich gelegenen Ramygala mit, daß er ihr sein Gut Panevėžys auf dem rechten Ufer des Nevėžis geschenkt habe. Links des Flusses hatte sich die Siedlung Naujasis Panevėžys (Neu-Panevėžys) entwickelt. Und 1780 gründete Mikolaj Tiškevičius nahe dem Gut, das inzwischen seiner Familie gehörte, eine Siedlung mit dem Namen Mikolajevas. Im Laufe des 19. Jh. wuchsen die Siedlungen zur Kleinstadt Panevėžys zusammen. Und als die Eisenbahn den Verkehr aufnahm, ließen sich hier mehrere Gewerbebetriebe nieder. 1927 wurde Panevėžys Bischofssitz. 1950 zählte die Stadt allerdings erst 30 000 Einwohner.

Das Stadtzentrum von Panevėžys ist die breite, platzähnliche Laisvės alėja mit dem Bezirksgericht, dem Hotel und Restaurant Nevėžis sowie dem Schauspielhaus, nüchtern-sachlichen Bauten der 1960er Jahre. Der alte Stadtkern wurde damals rigoros abgerissen, weil die schon ziemlich altersschwachen Kleinstadthäuschen, die den großen Stadtbrand von 1918 überstanden hatten, nicht mehr zeitgemäß schienen. Gemütlichkeit vermitteln die anschließende Fußgängerzone und die Uferpromenade. Der Nevėžis wurde hier aufgestaut, und mitten aus dem See springt eine stattliche Fontäne empor. Zahlreiche, zumeist abstrakte Skulpturen beleben – wie in vielen litauischen Städten – die gepflegten Grünanlagen. Nicht nur die öffentlichen Profanbauten sind in Panevėžys jung, sondern auch die Kirchen, so die **Kathedrale des Königs der Christenheit** (Kristaus Karaliaus katedra). Die dreischiffige Bischofskirche mit dem mächtigen Fassadenturm wurde 1930 bis 1933 erbaut. Wichtigstes Stück ihrer Ausstattung ist die *Skulptur* »Christus, der König«, ein Werk von Juozas

Zikaras. Die **Trinitatiskirche** (Šv. Trejybės bažnyčia), geweiht 1803, ist die älteste noch bestehende Kirche in Panevėžys. Der klassizistische Bau gehört zu einem Kloster der Piaristen, einer im Jahre 1617 in Rom gegründeten Klostergenossenschaft für den Schulunterricht. Die zweitürmige **Peter-und-Paul-Kirche** (Šv. Petro ir Povilo bažnyčia) in der Smėlynės gatvė wurde von 1876 bis 1884 im neobarocken Stil errichtet. In der Respublikos gatvė findet man ein 1727 gegründetes **Jesuitenkolleg**, ein Gymnasium, das der große Baumeister des Klassizismus, Laurynas Stuoka-Gucevičius, bis 1773 als Schüler besuchte.

Besuche lohnen alle drei Museen der Stadt: Die **Kunstgalerie** in der Respublikos gatvė zeigt Gemälde, Graphiken und Skulpturen moderner nordlitauischer Künstler. Das **Volkskunstmuseum** in der gleichen Straße enthält eine umfangreiche kunsthandwerkliche Sammlung aus früherer und heutiger Zeit: Schnitz- und Webarbeiten, Stickereien, Keramik, Metall- und Gußarbeiten. Das **Heimatkundemuseum** in der Vasario gatvė vermittelt einen Überblick über die historische Entwicklung der Region bis zur Gegenwart; nicht nur Lepidopterologen dürfte seine umfangreiche Schmetterlingssammlung mit Exponaten aus Europa, Südamerika, Australien und dem Malaiischen Archipel interessieren. In der P. Cvirkos gatvė ist eine **Gedenkstätte** für die Schriftstellerin **G. Petkevičaitė-Bitė** (1861–1943) eingerichtet. In ihren Erzählungen behandelte sie den Generationskonflikt zwischen den polonisierten, der alten Bojarenkultur verpflichteten und den nationalbewußten, von der eigenen Volkskultur getragenen Litauern. Zu erwähnen ist noch die **Monumentalskulptur** »Laisvės Daina« (Lied der Freiheit) in der Vilniaus gatvė, eine 7 m hohe Granitplastik des Bildhauers Antanas Dimžlys (1974).

Biržai

Hoch im Nordosten Litauens, gut 20 km von der lettischen Grenze entfernt, liegt die Provinzhauptstadt Biržai (Birsen) inmitten von Seen, Feldern, Hügeln und Wäldchen. Wo die Agluona in die Apaščia mündet, staut sich das Wasser zu dem 4 km^2 großen See Širvena. Die wichtigsten Sehenswürdigkeiten der 19 000-Einwohner-Stadt sind die Renaissancefestung und das Palais Astravas.

Die Geschichte von Biržai beginnt mit Jurgias Radvila, einem entfernten Verwandten der litauischen Reichsfürsten Radvila (Radziwill), oder genauer: dessen wunderschöner Tochter Barbara, in die sich Žygimantas Augustas, Großfürst von Litauen, verliebt hatte. 1540 heirateten die beiden heimlich, denn Barbara gehörte nicht dem hohen Adel an. Žygimantas schenkte seinem Schwiegervater – gewissermaßen als Brautpreis – die Ländereien um Biržai. Als er 1548 als Sigismund August König von Polen wurde, forderte der Reichstag zu Krakau die Aufhebung der Ehe. Sigismund lehnte ab und setzte 1551 die Krönung seiner Frau durch, doch in der Nacht nach dem Krönungstag wurde die junge Königin vergiftet.

Zwischen 1575 und 1589 errichtete Karolis Radvila, genannt Perkūnas, ein Enkel des Jurgias, eine Renaissancefestung, die den Feuerwaffen ihrer Zeit standhielt. Die beiden Flüsse Apaščia und Agluona ließ er zu einem See aufstauen, was die Verteidigungskraft der Feste wesentlich erhöhte. Als im Jahre 1625 der Schwedenkönig Gustav Adolf mit einem großen Heer in Litauen landete, hielt die Feste jedem Ansturm und Beschuß stand. Erst als schwedische Mineure Stollen vortrieben und die Festungswälle in die Luft sprengten, ergab sich die litauische Besatzung. 1662 beauftragte ein Nachfahr des Perkūnas den niederländischen Festungsbaumeister A. Freitag, die Feste zu erneuern und dabei zu verstärken; 1669 waren die Arbeiten beendet. Am 8. 3. 1701 trafen sich hier Zar Peter der Große und der sächsische Kurfürst August der Starke, seit 1697 auch König von Polen und Großfürst von Litauen, um im Nordischen Krieg eine Allianz gegen die Schweden zu schließen. Diese griffen 1704 an, stürmten Biržai, schleiften die Festung und vertrieben August den Starken aus Polen. Erst nach dem Sieg der Russen über die Schweden bei Poltawa 1709 konnte August auf den polnischen Thron zurückkehren. Mit der Festung verfiel nach dem Krieg auch die Siedlung Biržai. Die Familie Tiškevičius übernahm 1818 von den Radvila Stadt und Ländereien. Sie interessierte sich nicht für das stark beschädigte Festungspalais, sondern errichtete am Nordende des Širvena-Sees eine neue Residenz, das Palais Astravas. Biržai erholte sich unter der Regie der Tiškevičius zusehends. 1944 versuchten deutsche Einheiten, von Biržai aus den Durchbruch der Sowjetarmee nach Litauen und Ostpreußen zu verhindern; dabei wurde die Stadt zu 70 % zerstört.

Die **Festung Biržai** wurde 1978 bis 1985 weitgehend restauriert. In dem zugehörigen *Palais,* der Residenz der Familie Radvila, befinden sich heute die Stadtbibliothek und das Heimatmuseum. Das 70 m × 25 m große Backsteingebäude besteht aus einem zweigeschossigen, mit Arkaden versehenen Mittelbau im Stil der Spätrenaissance, den zwei später angefügte dreigeschossige Baukörper in den Formen des Frühbarock flankieren. Die beiden Löwen vor dem Portal sind Kopien, die Originale bewachen das Militärmuseum in Kaunas (s. S. 142).

Das jenseits des Sees gelegene **Palais Astravas** (Astravo dvaro rūmai) erbaute der Architekt Tomas Tišeckis aus Vilnius 1849 bis 1862 im Stil des Klassizismus. Den zweigeschossigen, mit zwei ungleich hohen Turmaufbauten versehenen Hauptbau begleiten eingeschossige Seitenflügel. Die Innenräume sind in den klaren, faszinierenden Formen des russischen Empire gehalten; besonders beeindruckt das zweigeschossige *Vestibül.* In einem Teil des Palais ist heute die Verwaltung einer Textilfabrik untergebracht. Die restaurierten Repräsentationsräume der Grafen Tiškevičius stehen für Konzerte und Wechselausstellungen zur Verfügung. Den zwischen 1851 und 1862 am Palais angelegten *Landschaftspark* mit seinen sechs Seen ergänzt ein gepflegter Rosengarten. Im Stadtbild von Biržai fallen die neobarocke katholische **Johanneskirche** (1857–61) und die neogotische **Evangelische Kirche** (1865–74) auf.

Šiauliai und der Nordwesten

Šiauliai

Šiauliai (Schaulen), mit nahezu 150 000 Einwohnern die viertgrößte Stadt Litauens, liegt am Ostrand des schemaitischen Hochlands auf der Wasserscheide von Düna (Daugava) und Memel (Nemunas). Die Stadt ist ein bedeutender Verkehrsknoten von fünf Fernstraßen und den Bahnlinien Vilnius–Liepāja, Klaipėda–Daugavpils sowie Kaliningrad–Rīga. Angesichts dieser hervorragenden Anbindung ist auch die Industrie in Šiauliai reichlich vertreten, vor allem Maschinenbau, elektrotechnische- und Bekleidungsindustrie. Die Stadt wurde nahezu in jedem Krieg zerstört, weil alle Armeen, aus welcher Richtung sie auch kamen, über Šiauliai mußten, wenn sie Litauen durchqueren wollten. Deshalb ist kaum ältere Architektur erhalten, dafür aber ein liebevoll gestaltetes modernes Stadtzentrum entstanden, das einen Besuch lohnt.

Šiauliai☆
Besonders sehenswert:
Peter-und-Paul-Kirche
Platz der Sonnenuhr

1236 gilt als das Geburtsjahr von Šiauliai, denn am 22. 9. jenes Jahres fand die Schlacht von Saulė (= Sonne) – so hieß die Siedlung damals – statt, in der fast 3000 Krieger des livländischen Schwertbrüderordens von einer unbekannten Zahl schemaitischer, also litauischer Krieger so vernichtend geschlagen wurden, daß sich der Schwertbrüderorden dem Deutschen Orden anschließen mußte, um nicht unterzugehen. Im 15. Jh. wurde erstmals eine Siedlung Šiauliai erwähnt, ihren Mittelpunkt bildete seit 1445 eine stattliche Holzkirche. Vom 16. Jh. an herrschten in Šiauliai die Grafen Tyzenhausas (Tiesenhausen) als Pächter des dortigen königlichen Gutes. Um 1660 muß die Siedlung schon Stadtrecht genossen haben, denn die örtlichen Handwerker waren in 13 Innungen zusammengeschlossen. Immer wieder erschienen plündernd und mordend die Schweden – 1652, 1661 und 1701 –, doch Šiauliai überstand alle Besatzungen. Seit 1701 lebten Juden in der Stadt, was ihre Bedeutung als Handelsplatz belegt; von ihnen stammt die deutsche, ursprünglich jiddische Bezeichnung Schaulen. 1772 holte Graf Antonas Tyzenhausas schlesische Weber nach Šiauliai, das er zu einem Textilzentrum ausbaute. 1795 – Šiauliai war inzwischen eine russische Kreisstadt – schenkte die Zarin Katharina die Große das Gut ihrem Geliebten Graf Platon Alexandrowitsch Subow (s. S. 154). Dem Eisenbahnanschluß 1871 folgte bald die Industrie. 1897 zählte die Stadt etwa 16 000 Einwohner, davon waren fast 9000 Juden. Neben einer russisch-orthodoxen gab es eine katholische und eine evangelische Kirche, außerdem eine Synagoge und 14 jüdische Betschulen. Im Ersten Weltkrieg wurden 65 %, im Zweiten 85 % der Häuser zerstört. Trotzdem wuchs Šiauliai von Jahrzehnt zu Jahrzehnt und wurde immer schöner. Zwar fehlt der historische Stadtkern, doch in Šiauliai bemühten sich die Stadtväter seit den 1970er Jahren, inmitten der schönen litauischen Landschaft keine nüchterne Industriesiedlung entstehen zu lassen, sondern eine Stadt, in der es sich zu leben lohnt.

◁ Christliche und heidnische Traditionen vereinen sich am Berg der Kreuze, einem litauischen Nationalheiligtum nahe Šiauliai

Der Glockenturm ▷ der Peter-und-Paul-Kirche – Wahrzeichen und Zentrum der modernen Stadt Šiauliai

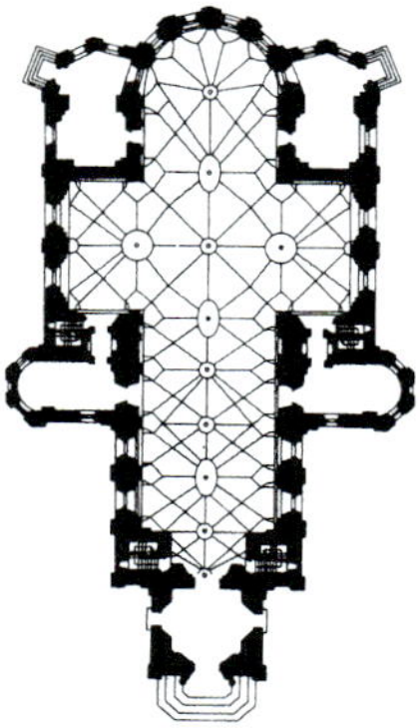

Šiauliai, Peter-und-Paul-Kirche, Grundriß

Mittelpunkt von Šiauliai ist die **Peter-und-Paul-Kirche** (Šv. Petro ir Povilo bažnyčia) am früheren Marktplatz, dem heutigen Centrinė aikštė (Hauptplatz). Sie steht auf einer Anhöhe, und ihr achteckiger, 70,7 m hoher Turm, der höchste Glockenturm Litauens, ragt weithin sichtbar in die Höhe. Die Kirche wurde zwischen 1617 und 1634 im Stil der Renaissance an der Stelle einer Holzkirche aus dem 15. Jh. erbaut und ist somit das einzige Architekturdenkmal von Šiauliai aus älterer Zeit. Längs- und Querschiff bilden, von einem Tonnengewölbe überspannt, die Form eines lateinischen Kreuzes, die das hohe Satteldach wiederholt. Der sechsgeschossige Glockenturm wurde um die Mitte des 19. Jh. vor die Fassade gesetzt. Sein quadratisches Erdgeschoß dient als Eingangsraum zur Halle. Die darüberliegenden Geschosse sind oktogonal und werden von einem Pyramidendach nach oben abgeschlossen. Zylindrische Erker mit Kegeldach und Schießscharten am Turm und an den seitlichen Fassaden geben der Kirche ein fortifikatorisches Aussehen. Im Innern fällt vor allem die auf einem ringsum laufenden Gesims ruhende Empore auf. Ein dekoratives Rippennetz überzieht die Gewölbe. Die Kirche wurde zuletzt 1951 bis 1953 restauriert.

Der 1986 angelegte **Platz der Sonnenuhr** (Saulės laikrodžio aikštė) soll an die Gründung der Stadt im Jahre 1236 erinnern. Einige Historiker führen den Stadtnamen allerdings nicht auf die einstige Siedlung Saulė (= Sonne) zurück, sondern auf das litauische Wort Saulys (= Schütze). Wie auch immer: Die größte Sonnenuhr der Welt vereinigt beides, die Sonne und den Bogenschützen, der als vergoldete Figur die 21 m hohe Säule krönt. Wie ein vorchristliches Heiligtum steigen die umlaufenden Sitzreihen amphitheatralisch an. Riesige Metallziffern verkünden die Zeit, wenn der Schatten der Säule sie trifft. Die Architekten A. Černiauskas, R. Jurėla und A. Višniūnas haben die Anlage errichtet, Stanislovas Kuzma gestaltete den Schützen.

Der vergoldete Bogenschütze auf dem ›Zeiger‹ der Sonnenuhr – gleich zweifach wird hier die Stadt Šiauliai verkörpert

Hauptstraße und Fußgängerzone von Šiauliai ist die Vilniaus gatvė, eine Flaniermeile mit viel Grün und bunten Blumenrabatten, mit Bänken und Brunnen, steinernen Stelen und Skulpturen, mit Cafés, Restaurants und Läden aller Art, mit Hotels und mehreren Museen. Kunstvoll geschmiedete oder geschnitzte Ladenschilder leiten Passanten in die gesuchten Geschäfte, heitere und ernste Gemälde schmücken die Hauswände. Die Umgestaltung der Straße seit 1976 oblag der Architektin Virginija Taujanskiene und dem Bildhauer Vilius Puzonas. In der Vilniaus gatvė befinden sich das 1978 gegründete **Fahrradmuseum** (Dviračių muziejus, Nr. 139), das zwei Jahre ältere **Museum für Fotografie** (Fotografijos muziejus, Nr. 140), das **Rundfunk- und Fernsehmuseum** (Radijo ir televizijos muziejus, Nr. 174) und der **Kunstpalast** (Dailės muziejus, Nr. 245). Die Vilniaus gatvė endet bei der Žemaitės gatvė, wo das **Denkmal »Berg der Aufständischen«** (Sukilelių kalnelis) an die hier hingerichteten Rebellen von 1863 erinnert. Die Anlage gestaltete 1935 der Architekt Karolis Reison, die Skulpturengruppe schuf 1957 der Bildhauer Antanas Dimžlys. In der Žuvininkų gatvė Nr. 18 ist noch ein Katzenmuseum mit Gemälden, Zeichnungen und Plastiken zu entdecken. Besonders empfiehlt sich aber ein Besuch des 1923 gegründeten **Heimatkundemuseums Aušra,** das in zwei Gebäuden (Aušros alėja Nr. 47 und Vytauto gatvė Nr. 89) über 70 000 Exponate zur Geschichte, Volkskunde und Volkskunst, besonders der schemaitischen Bevölkerungsgruppe, zeigt.

In der Umgebung von Šiauliai

Der Berg der Kreuze

Berg der Kreuze☆

12 km nördlich von Šiauliai erhebt sich in der Nähe der kleinen Stadt Meškuičiai, bei dem Dorf Jurgaičiai der »Berg der Kreuze« (Kryžių kalnas, Abb. s. S. 162), ein nur etwa 10 m hoher Schüttberg in der Form eines Sattels, der mit Tausenden von Kreuzen jeder

Größe bedeckt ist, ein Symbol für den Kampf der Litauer um die Freiheit und Unabhängigkeit ihres Landes. Man verläßt Šiauliai auf der A 12 in Richtung Joniškis und Rīga, biegt 6 km hinter dem Ortsausgang nach rechts ab (Wegweiser »Kryžių kalnas«) und erreicht nach 2 km den Parkplatz zu Füßen des kreuzübersäten Hügels. Devotionalien- und Souvenirhändler erwarten die Besucher aus ganz Litauen, aber auch aus dem Ausland, vor allem aus den USA und aus Deutschland. Im September 1993 hielt Papst Johannes Paul II. am Berg der Kreuze eine Messe, ein schlichter Altarpavillon aus Holz erinnert an seinen Besuch.

Noch im 16. Jh. soll auf dem Schüttberg am nahen Flüßchen Kulpė die Burg Kulan gestanden haben. Deshalb hieß der Hügel früher auch »Pilies kalnas« (Burgberg). Nach dem 1863 niedergeschlagenen Aufstand gegen die Russenherrschaft begannen die Menschen der näheren und weiteren Umgebung, auf dem Berg Kreuze für ihre gefallenen oder hingerichteten Angehörigen aufzustellen. Immer mehr Kreuze und Betsäulen kamen hinzu, zum Gedenken an verbannte, verurteilte, verschwundene Verwandte und Freunde, zur Erinnerung an persönliche Erlebnisse, an Jubiläen, Kindtaufen usw. Um die Wende zum 20. Jh. war der Hügel bereits ein heiliger Platz, an dem oft spontane Messen gehalten wurden. Immer mehr Menschen pilgerten zum Berg der Kreuze, hinterließen Votivgaben wie Rosenkränze, Statuetten, fromme Bilder, Kreuze in jeder Größe. In der Sowjetzeit war der Besuch des Berges unerwünscht, zeitweise sogar verboten. 1961 und 1975 räumten Bagger den Hügel frei, doch schon nach jeweils kurzer Zeit ragten wieder neue Kreuze zum Himmel auf.

Heute ist der Hügel bedeckt von professionell oder amateurhaft geschnitzten Kreuzen und Stelen, an denen kleinere Kreuze befestigt sind, die wiederum winzige Kreuzchen tragen – das Ganze eine seltsame Mischung aus christlichen und heidnischen Traditionen, eine Stätte, die es in dieser Form wohl nur in Litauen geben kann. Die Kreuze sind nicht zu zählen. Jeder Herbst- und Frühjahrssturm weht Tausende der kleinsten Kreuze zu Boden, sie bedecken die Erde oder werden in Körbe gelegt. Aus einem der 600 Burghügel Litauens ist ein historisches Denkmal geworden und zugleich eine der heiligsten Stätten des Landes.

Kloster Tytuvėnai

Etwa 50 km südlich von Šiauliai findet sich in dem malerisch von Wäldern und Seen umgebenen Städtchen Tytuvėnai ein in Litauen einzigartiges architektonisches Kunstwerk: das Bernhardinerkloster mit der zugehörigen Marienbasilika. Das Kloster entstand in mehreren Etappen vom Anfang des 17. bis zum Ende des 18. Jh. und vereinigt Stilformen der Spätgotik, der Renaissance und des Barock. Die **Marienkirche,** eine dreischiffige Basilika, entwarf der Baumei-

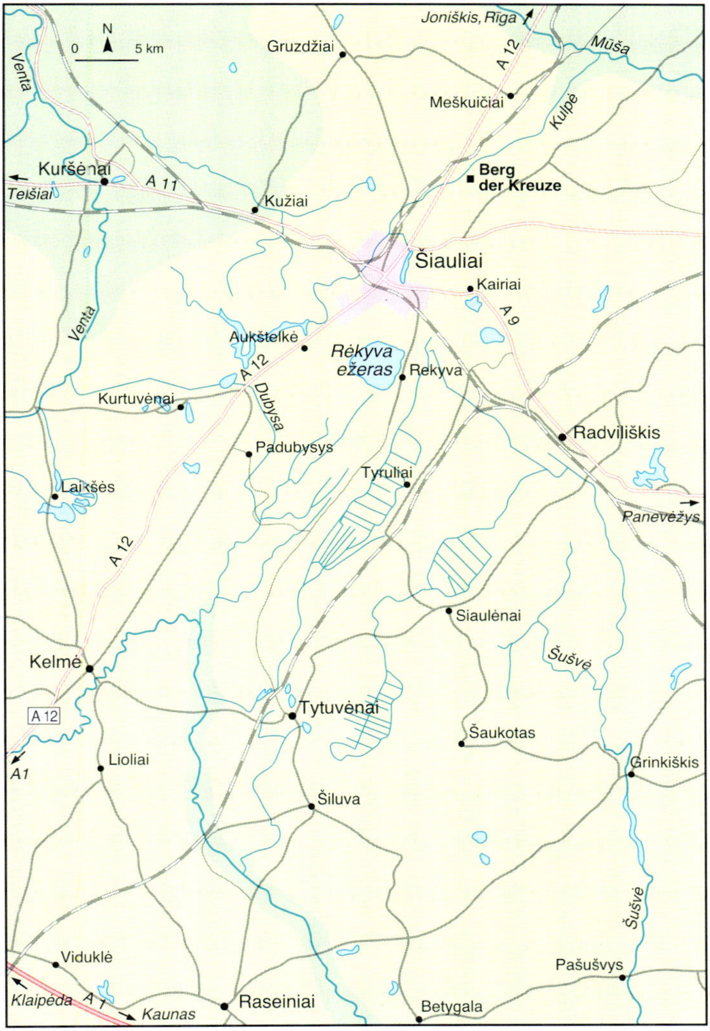

In der Umgebung von Šiauliai

ster Tomas Kasperas aus Vilnius im Stil der Renaissance mit einigen Anleihen aus der Gotik, etwa den Spitzbogenfenstern. Der Bau währte von 1614 bis 1639. Zwischen 1759 und 1771 erhielt die Kirche eine spätbarocke Fassade mit zwei wappengeschmückten Türmen und einem Stufengiebel dazwischen sowie einen zusätzlichen Eingangsbereich. Den Umbau finanzierten die Fürsten Andrius und Jeronimas Valavičius. Im Innern der Kirche fallen die heiteren

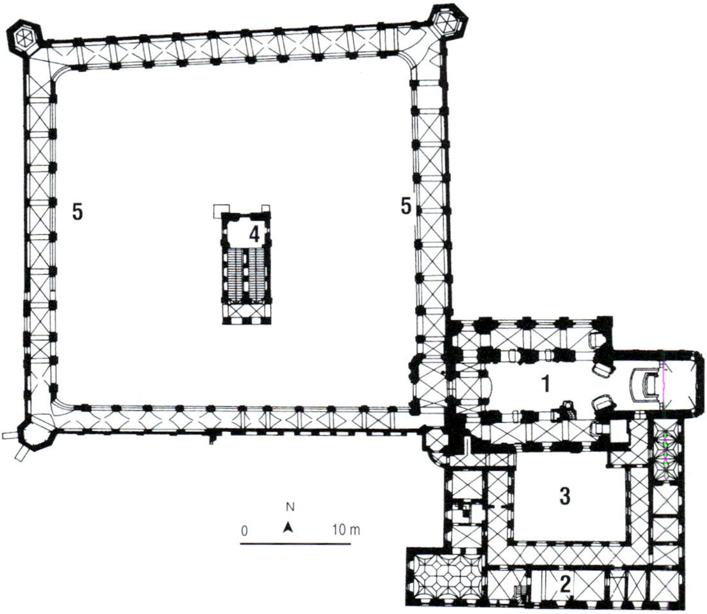

Kloster Tytuvėnai, Grundriß
1 Marienkirche
2 Klostergebäude
3 Kreuzgang
4 Kapelle
5 Arkadengänge

Rokokaltäre ins Auge. Sehenswert sind aber auch mehrere Skulpturen aus dem frühen 17. Jh., Fresken aus dem 17. und 18. Jh. sowie Metallarbeiten des 18. Jh. von Meistern aus Vilnius.

Blick aus den Arkadengängen auf die Marienkirche des Klosters Tytuvėnai

An die Südseite der Kirche schließt sich das **Hauptgebäude** des Klosters an, das zur selben Zeit entstand wie die Basilika. Es präsentiert sich im Stil der Renaissance und umfaßt einen kleinen Innenhof. **Arkadengänge** (1771–73) und eine **Kapelle** (1775) bilden vor der Hauptfassade der Klosterkirche einen offenen Hof. Im Jahre 1824 schmückte der schemaitische Maler Mykolas Sabaliauskas die Innenwände der Arkaden mit eindrucksvollen *Fresken.*

Šiluva

Šiluva☆

Nur 8 km südlich von Tytuvėnai liegt das Städtchen Šiluva, ein Wallfahrtsort, der durch eine Marienerscheinung bekannt geworden ist. Um das Jahr 1607 erschien einigen Hirtenjungen eine Frau, die ein Kind in den Armen hielt und weinte. Auf die Frage, warum sie weine, antwortete sie: »Weil früher die Menschen auf diesem Acker meinem Sohne huldigten, heute aber nur Roggen säen.« Darauf verschwand die Erscheinung. Die Hirtenjungen verstanden den Sinn ihrer Worte nicht und rannten zu ihrem katholischen Pfarrer, der auch keinen Rat wußte und den kalvinistischen Lehrer herbeiholte; doch der war ebenso ratlos. Nach langem Hin und Her kamen Priester und Lehrer zu dem Schluß, daß die Jungen sich alles nur eingebildet hätten. Das Ergebnis sprach sich schnell im Ort herum, und am Abend redeten die Bauern im Gasthaus darüber. Da meinte der älteste von ihnen, ein fast hundertjähriger, im Alter erblindeter Mann: »Die Jungen haben die heilige Maria mit ihrem Sohn gesehen. Auf dem Roggenfeld stand noch vor achtzig Jahren eine dem Herrn Jesus geweihte Kirche, die unser Fürst Zabiela wegen Baufälligkeit abreißen, aber nicht mehr erneuern ließ.«

1622 gelang es dem katholischen Pfarrer Jonas Kazakevičius, den Acker, auf dem einst die Kirche gestanden hatte, zu kaufen. Er ließ hier bis 1625 eine kleine, achteckige Kapelle errichten, die der Fürstbischof der Žemaitija, Aleksandras Sapiega, 1663 durch eine größere ersetzte. 1818 gab Fürstbischof Mykolas Giedraitis einen erneut vergrößerten Bau im klassizistischen Stil in Auftrag. Die heutige **Kapelle** in den Formen des Jugendstils entwarf im Jahre 1903 der aus Paris stammende Architekt Antanas Vivulskis; wegen Geldmangel wurde sie erst 1924 fertig. Seit 1989 gehört die Kapelle am Ort der Marienerscheinung wieder zu den wichtigsten christlichen Stätten Litauens. Im September 1993 betete hier Papst Johannes Paul II. und nahm anschließend an einer Messe in der **Mariä-Geburts-Kirche** von Šiluva teil, die 1760 erbaut und 1872 restauriert wurde.

Jugendstilkapitell am Portal der Kapelle in Šiluva

Raseiniai

Noch einmal 20 km südlich von Šiluva, in unmittelbarer Nähe der Autobahn Kaunas–Klaipėda, liegt die Kreisstadt Raseiniai am südöstlichen Rande der Žemaitija. Hier lebt ein ganz besonderer Menschenschlag, die Schemaiten. Hilfsbereit und geduldig sind sie, freundlich, verläßlich, aufrichtig, etwas umständlich gewiß, aber stur, so stur, daß sie die letzten waren, die sich taufen ließen, daß sie sich niemals in ihrer Geschichte einem Ordensritter oder einem nicht-schemaitischen Litauer unterwarfen. Ihr Land blieb litauisch oder – richtiger gesagt – schemaitisch.

1253 wurde die Siedlung erstmals unter den Namen »Rossigen«, »Ruschigen« oder »Rasseyne« in der Chronik des Deutschen Ordens erwähnt. Später rühmten sich die Ordensritter, den Ort 1322, 1352, 1357 und 1371 erobert zu haben. Doch immer bauten die Einwohner ihre niedergebrannten Häuser wieder auf. Nach dem Ende der »Litauerreisen« des Ordens kamen polnische Herren, gegen die sich 1418 die Einwohner von Raseiniai erhoben. Wohl ohne Erfolg, denn bereits drei Jahre später weihte der polnische Pfarrer eine Kirche, eine der ersten im westlichen Litauen. Seit der Mitte des 16. Jh. hatte die Žemaitija eine eigene Volksversammlung, die zeitweise in Raseiniai zusammentrat. Im Jahre 1601 wurde hier eine reformierte Kirche geweiht. 1642 bauten Dominikaner ein Kloster, 1720 folgten Karmeliter, gegen 1750 die Piaristen. Sie alle wollten aus den schemaitischen Einwohnern gute Christen machen; doch im 19. Jh. verschwanden die Mönche wieder. Inzwischen war die jüdische Gemeinde von Raseiniai stark angewachsen, im 18. Jh. hatte sie eine große Synagoge erbaut. Um 1900 waren fast 60 % der 7500 Einwohner von Raseiniai Juden. Drei Jahre nach der Gründung eines litauischen Gymnasiums begann 1922 auch ein jüdisches Gymnasium mit dem Unterricht.

Im Zweiten Weltkrieg wanderte die Front zwischen Deutschen und Sowjets mehrmals über die Stadt hinweg, so daß am Ende 90 % der Häuser in Trümmern lagen. Daher ist Raseiniai heute eine junge Stadt, denn aus älterer Zeit berichten nur die **Mariä-Himmelfahrts-Kirche** von 1782 und einige Gebäudeteile des **Dominikanerklosters** (17. Jh.). Auch das 1934 aufgestellte **Denkmal** des für seine Freiheit kämpfenden Schemaiten, der einen Bären, das Wappentier der Žemaitija, erlegt hat und festen Schrittes heimwärts trägt, überlebte die Kriegs- und Nachkriegszeiten.

Von Šiauliai an die Ostsee

Telšiai

Das Verwaltungszentrum Telšiai (Telschen) liegt etwa 70 km westlich von Šiauliai inmitten eines anmutigen Hügellands an dem Flüßchen Durbinis und am Nordufer des malerischen Mastis-Sees (Masčio ežeras). Telšiai, das Herz der Žemaitija, ist außerdem Bischofsstadt und hat einiges zu bieten.

Absender

Name

Straße

PLZ/Ort

Ich wurde auf dieses Buch aufmerksam durch:

Ich habe diese Karte folgendem Buch entnommen:

Mit Rücksendung dieser Karte erkläre ich mich damit einverstanden, daß ich in Ihre Informationskartei aufgenommen werde.

Bitte als Postkarte frei- machen

Antwort

Klett-Cotta
Abteilung Vertrieb
Postfach 10 60 16

70049 Stuttgart

Der Sage nach gründete der schemaitische Riese Džiugas (= der Fröhliche) den Ort. Die Chronik des Deutschen Ordens erwähnt im Jahre 1398 die Siedlung »Talsen«. Seit dem 15. Jh. ist ein Gut Telšiai bekannt. Wann die Siedlung Stadtrechte erhielt, weiß man nicht, aber im 15. und frühen 16. Jh. tagten hier der Rat und das Gericht der Žemaitija, als deren Hauptort Telšiai demnach für diese Zeit anzusehen ist. Die Stadt war nie besonders groß, 1674 zählte man lediglich 42 Feuerstellen, was etwa 300 bis 400 Einwohnern entsprochen haben dürfte. 1710 wütete in Telšiai wie in vielen anderen Orten Litauens die Pest und raffte einen Großteil der Einwohner dahin. Wenn es um die Freiheit Litauens ging, stand auch Telšiai nicht abseits. 1831 war die Stadt ein Zentrum der Aufstände gegen die russische Zarenherrschaft und ebenso 1863, als Kosaken in Telšiai zwei Anführer der Aufständischen verhafteten, die Priester Noreika und Gargasas. Sie wurden hingerichtet, ihre Leichen verscharrt. Erst 1922 setzte man ihre sterblichen Überreste in der Kirche bei. Im Jahre 1963, ein Jahrhundert nach ihrer Hinrichtung, enthüllte man in Telšiai an der Stelle ihres Todes ein Denkmal. 1897 hatte das russische »Telschi« 6215 Einwohner, davon gut 70 % Juden. Zwei Synagogen und eine berühmte jüdische Hochschule zeugten vom Leben der jüdischen Gemeinde. Im Juni 1941 fielen nahezu alle Juden, die Litauen nicht schon vorher verlassen hatten, einem Pogrom litauischer »Freischärler« zum Opfer. Heute leben unter den 45 000 Einwohnern von Telšiai nur noch wenige jüdische Bürger.

Von Šiauliai an die Ostsee

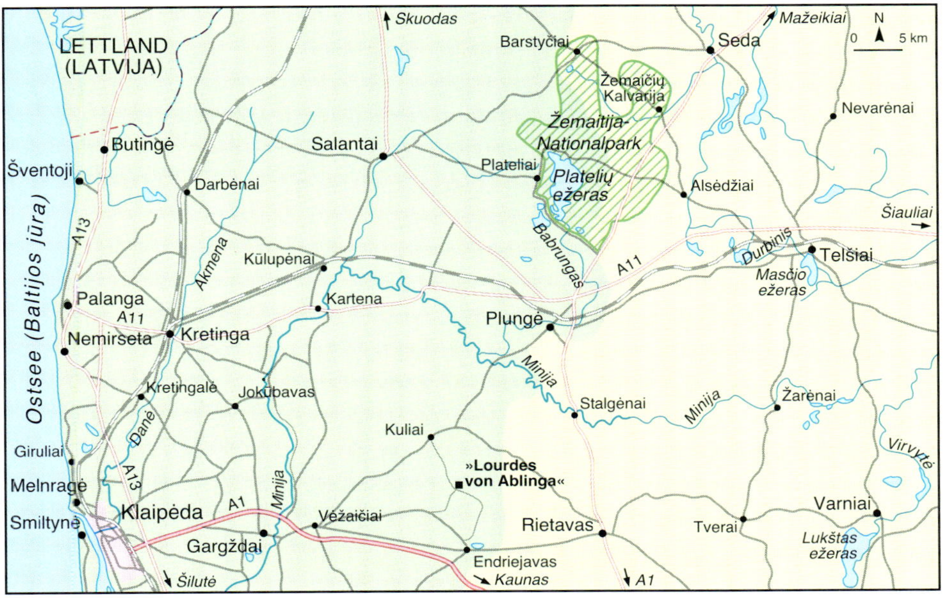

Die wichtigste Sehenswürdigkeit der Stadt ist die Bischofskirche, der **Dom des hl. Antonius von Padua** (Šv. Antano Paduviečio katedra), erbaut zwischen 1761 und 1791 im Stil des Barock. Der Franziskaner Antonius von Padua (1195–1231) war Lehrer der Theologie an der Universität Bologna, wurde als Volksprediger über Italiens Grenzen hinaus berühmt und als Wundertäter verehrt, vor allem wenn es um verlorene Sachen ging. Schon ein Jahr nach seinem frühen Tod hat ihn Papst Gregor IX. heiliggesprochen. Bevor Telšiai 1926 einen Bischof bekam, war der Dom eine Pfarrkirche, die man im Stadtkern auf einem der zahlreichen Hügel errichtete, vermutlich über den Grundmauern der ersten Kirche von 1547. Die *Altäre* gestaltete der schemaitische Meister Janis Mažeika im Übergangsstil vom Barock zum Klassizismus. Besonders schön ist auch das klassizistische *Kirchhoftor* des Domes. Zwischen 1926 und 1929 entstand der **Bischofspalast** nach Plänen des Architekten Vladimiras Dubeneckis, eines bedeutenden Vertreters des litauischen Neoklassizismus, der später das Militärmuseum in Kaunas entwarf (s. S. 142). Sehenswert ist auch das **Zisterzienserkloster** aus dem 17. Jh., das im Jahre 1740 das zuvor in Kražiai wirkende Priesterseminar aufnahm. Das **Heimatkundemuseum** (Kraštotyros muziejus) in der Muziejaus gatvė Nr. 25 bietet einen guten Einblick in die Geschichte der Žemaitija und besitzt eine stattliche *Gemäldesammlung*, darunter die »Huldigung der Könige« von Lucas Cranach d. Ä. Im Stadtpark zeigt ein **Freilichtmuseum** typisch schemaitische Bauernhäuser aus dem späten 19. und frühen 20. Jh.

Aus Telšiai stammt der Journalist, Schriftsteller und Politiker Juozas Paleckis (1899–1980), im Juni 1940 der letzte Ministerpräsident des formal unabhängigen Litauen und nach der Sowjetisierung des Landes langjähriger Vorsitzender des litauischen Obersten Sowjets. Paleckis, eine umstrittene Persönlichkeit, galt als überzeugter Kommunist, war aber auch ein echter Schemaite, der viele Anordnungen aus Moskau ignorierte oder abschwächte und alles unterstützte, was seinem Heimatland zugute kam.

Plungė

In Plungė, dem nächsten hübschen, kleinen Städtchen auf dem Wege an die Ostsee, verlebte Litauens großer Maler und Komponist Mikalojus Konstantinas Čiurlionis (s. S. 123) im Jahre 1909 seine Flitterwochen mit der Schriftstellerin Sofija Kymantaitė. Nachdem sich die beiden im nahen Dorf Šateikiai trauen lassen hatten, lebten sie in dem kleinen Holzhaus neben der späteren Johanneskirche; das heutige Häuschen ist allerdings eine Replik. An Čiurlionis erinnern auch die verbliebenen Teile vom **Schloß,** das der deutsche Architekt Karl Lorenz 1879 für den Fürsten Mykolas Oginski (Michael Oginskij) im Stil der Neorenaissance baute. Hier hatte der Fürst eine Musikschule etabliert, in der er besonders begabte Kinder seiner vielen tausend Beschäftigten aufnahm. Auch der junge Čiurlionis besuchte 1889 bis 1892 diese Schule. Wer den **Schloßpark** durchstreift, findet noch die neogotisch gestalteten **Pferdeställe** und das originelle **Gärtnerhaus**. Berühmtester Baum im Park ist die »Eiche des Perkūnas«, des Göttervaters und Donnergottes der heidnischen Litauer, in über 800 Jahren ist sie 28 m in die Höhe gewachsen, bei einem Stammumfang von fast 6 m.

Die dem Täufer geweihte **Johanneskirche** von Plungė (Šv. Jono Krikštytojo bažnyčia), ein Backsteinbau, entstand zwischen 1902 und 1933. Qualitätvolles litauisches Kunsthandwerk stellt die landesweit bekannte Manufaktur »Minija« her, die auch eine betriebseigene Verkaufsstelle besitzt.

30 km südlich von Plungė liegt zwischen den Orten Kuliai und Endriejavas am Hang eines Schüttberges das **»Lourdes von Ablinga«**, eine eindrucksvolle Stätte des Gedenkens an jene 30 litauischen Familien, die hier im Juni 1942 von deutschem Militär wegen Partisanentätigkeit erschossen wurden. Seit 1972 erinnern 30 geschnitzte Eichenholzstelen an die Exekution.

Plateliai und der Žemaitija-Nationalpark

Žemaitija-Nationalpark☆

Das Städtchen Plateliai am Westufer des gleichnamigen Sees (Platelių ežeras) ist das Zentrum des Žemaitija-Nationalparks (Nacionalinis Parkas Žemaitija), des jüngsten in Litauen. In Plateliai hält die Parkverwaltung Informationen bereit. Die kleine Stadt ging aus einer Siedlung um eine Inselburg hervor, von der aber keine Spur mehr zu entdecken ist. Im 16. Jh. war noch von einer Holzburg die Rede. Später gehörte Plateliai zum Herrschaftsbereich der Fürsten Oginski; Mykolas Kazimieras Oginski (Michael Kasimir Oginskij, 1731–99) war Großhetman von Litauen. Der Großhetman, sprachlich verwandt mit dem deutschen »Hauptmann«, war der Oberbefehlshaber des Heeres, vom König ernannt und nicht absetzbar. Ihm allein leistete das Heer den Eid, doch durfte er sich nicht in die Reichstage und Königswahlen einmischen. 1792 hob der Reichstag die Hetmanswürde auf. Zu Beginn des 19. Jh. erwarb die französische Adelsfamilie Choisel das Gut Plateliai, das sie bis 1940 besaß. Das Herrenhaus wurde im Zweiten Weltkrieg zerstört.

Der in das Hügelland eingebettete Platelių ežeras ist mit gut 12 km² der größte See der Žemaitija; er erreicht eine Tiefe von 46 m. Als er vor über 10 000 Jahren beim Abschmelzen der letzten Eiszeitgletscher entstand, lag sein Wasserspiegel 20 m höher als heute. In den See münden 17 Bäche, der kleine Fluß Babrungas leitet das Wasser ab. Der See mit seinen sieben Inseln und das umliegende liebliche Hügelland mit ausgedehnten Sumpfgebieten bilden den Nationalpark.

Den Wallfahrtsort **Žemaičių Kalvarija,** den »schemaitischen Kalvarienberg«, erreicht man von Plungė aus in Richtung Mažeikiai;

nach 26 km ist man am Ziel. Erwähnt wurde die Siedlung schon 1253 unter dem Namen »Gardai«, was soviel bedeutete wie »Viehpferch«. Später ging Gardai in den Besitz des Bischofs der Žemaitija über, der im Jahre 1637 Mönche des Dominikanerordens einlud, sich hier niederzulassen. So entstanden ein *Kloster* und ein *Passionsweg,* dessen 19 Kapellen die Stationen des Leidenswegs Christi symbolisieren. Der etwa 7 km lange Weg endet vor der 1896 geweihten neobarocken *Marienkirche.*

Kretinga

Zwischen Plungė und Palanga liegt die Kreisstadt Kretinga (Deutsch Krottingen). Hier laden malerische Straßen zum Bummeln ein, und wer sich für Historisches interessiert, findet auch dies in der alten Stadt an der Akmena, die unter dem Namen Danė in das Kurische Haff mündet.

Im Jahre 1260, so die livländische Ordenschronik, eroberten schemaitische Krieger die Burg von Kretinga vom Schwertbrüderorden. Drei Jahre darauf versuchten Ritter des Deutschen Ordens, die Burg den Schemaiten wieder zu entreißen, doch beim Angriff geriet ihr allzu leichtsinniger Anführer, der Komtur der Memelburg, in die Hände der Verteidiger. Vor den Augen der Angreifer verbrannten sie ihn bei lebendigem Leib auf einem riesigen Scheiterhaufen, was die Ritter so entsetzte, daß sie abzogen, fortan die Žemaitija mieden und ihre nächsten Angriffe nach Osten gegen das aukschtaitische Litauen richteten. Im 16. Jh. besaß Žygimantas (Sigismund II.), Großfürst von Litauen und König von Polen, in Kretinga ein Gut, das zu Beginn des 17. Jh. der Hetman des Großfürstentums Litauen, I. K. Katkevičius, übernahm. Durch Heirat kamen die Ländereien an

Das Klostergebäude in Kretinga vereinigt Stilelemente der Renaissance und des Barock

die Adelsfamilien Sapiega und Masalski. Ein späterer Herr auf Gut Kretinga war auch Graf Stanislaw Felix Potocki (1745–1805), der die polnische Verfassung stürzen wollte und deshalb zum Tode verurteilt wurde, aber rechtzeitig nach St. Petersburg entkam; Katharina die Große ernannte Potocki 1795 zum russischen General und schenkte ihm zugleich das Gut Kretinga. Bereits 1806 verkaufte die Familie Potocki das Gut an den Grafen Subow, den Geliebten der Zarin (s. S. 154). Und von den Subows erwarb es Ende des 19. Jh. Graf Tiškevičius, um damit seine riesige Schlösser- und Gütersammlung zu vergrößern.

Sehenswert ist der Haupt- oder **Marktplatz** von Kretinga mit Bürger- und Geschäftshäusern, die bis ins 17. Jh. zurückreichen. Die **Marienkirche** und das zugehörige Franziskanerkloster erbaute Meister Gaspar Arkon von 1610 bis 1617 im Auftrag von Hetman Katkevičius. Im späten 17. Jh. wurde die ursprünglich einschiffige Kirche zu einer dreischiffigen Basilika erweitert, die gotischen Spitzbogenfenster und der gotische Aufbau des Mittelschiffs blieben erhalten. Den im Zweiten Weltkrieg zerstörten Glockenturm vor der Hauptfassade ersetzte nach dem Krieg eine sympathische, aber stilfremde Konstruktion. Interessant sind die Renaissance-Schnitzarbeiten mit den Wappen und Bildnissen der Stifterfamilie an den *Türen der Sakristei und des Vorraums* sowie an der prächtigen *Kanzel*. Das zur selben Zeit entstandene **Kloster** zeigt sich in einer Stilmischung aus Renaissance und Barock, was besonders auf den schönen Stufengiebel zutrifft. Die Räumlichkeiten der *Klosterbibliothek* enthalten heute eine *heimatkundliche Sammlung*. Das von den Familien Subow und Tiškevičius erbaute bzw. umgebaute **Herrenhaus** des Gutes wird als Berufsschule genutzt. Schließlich ist noch das zum Gut gehörende **Brauhaus** von 1838 erhalten.

Portal der Marienkirche

Palanga

Palanga (Polangen), Litauens größtes und schönstes Seebad, hat durch seine seit 1959 erschlossenen brom-, kalzium- und magnesiumhaltigen Quellen auch als Heilbad an Bedeutung gewonnen. Trink- und Badekuren sowie Schlammbadtherapien werden hier am Ostseestrand angeboten. In sowjetischer Zeit hatte Palanga jährlich über 500 000 Kurgäste aus der gesamten UdSSR und aus den Ostblockstaaten, aber auch zahlreiche Gäste aus dem westlichen Ausland. Nach der politischen Wende war es selbst in der sommerlichen Haupturlaubszeit ruhiger geworden. Doch allmählich steigen die Besucherzahlen wieder. Besonders attraktiv ist der 15 km lange, schneeweiße und feinkörnige, 100 bis 250 m breite Sandstrand, eingefaßt von lichtem Kiefernwald und grüngrauem Meer. Eine 150 m weit ins Meer hinaus gebaute eichene Landungsbrücke zerstörte leider im Januar 1993 ein Orkan, aber als Symbol von Palanga wurde diese beliebte abendliche Flaniermeile in moderner Stahlbauweise

Palanga☆
Besonders sehenswert:
Schloß, Bernsteinmuseum
Botanischer Garten

erneuert. Im schönsten Botanischen Garten Litauens steht das Schloß mit dem größten Bernsteinmuseum der Welt. Palanga zählt heute ca. 22 000 Einwohner und ist eine kreisfreie Stadt.

Die Frühgeschichte von Palanga reicht bis in das 3. Jh. zurück, wie die Eisen- und Bronzegerätschaften, der Silber- und Bernsteinschmuck aus einem Gräberfeld dieser Zeit bezeugen. Bei Ausgrabungen gefundene römische Geldstücke weisen vermutlich auf den Bernsteinhandel mit dem Mittelmeerraum hin. Ein anderer Bezirk bestand aus 304 Gräbern des 8. bis 13. Jh., in denen zumeist Kuren bestattet waren, wie die Grabbeigaben belegen. Die Kuren sind ein baltisches Volk, dessen Kultur wohl bald untergegangen sein wird, denn kurisch sprechen heute nur noch wenige Menschen in Lettland und auf der Kurischen Nehrung (s. S. 195). Auch auf diesem Gräberfeld entdeckten die Archäologen Münzen, diesmal aus Westeuropa und sogar aus Arabien. Im Jahre 1161 landete der dänische König Waldemar I. mit einem Expeditionskorps bei Palanga, um das Baltikum zu erkunden. Vom 13. bis 15. Jh. wurde Palanga wie die ganze Žemaitija von zwei Seiten bedrängt: vom Deutschen Orden im Süden und von den Schwertbrüdern im Norden. Dennoch blieb der kurze Küstenstreifen nie lange in fremder Hand. Kuren und Schemaiten kämpften hier erfolgreich für eine gemeinsame Heimat.

Im 16. Jh. wickelte Litauen seinen Handelsverkehr über die Häfen Memel, das heutige Klaipėda, und Rīga ab, die Fischerhäfen Palanga und Šventoji waren für Überseeschiffe zu klein. Doch englische Kaufleute bauten den Hafen Palanga mit Zustimmung der Großfürsten von Litauen ab 1589 aus. 1639 erhielt die Stadt das Privileg, mit den drei Städten Rīga, Königsberg und Danzig selbständig Handel zu treiben, seit dieser Zeit auch durften sich Juden in Palanga ansiedeln. 1701 wurden Hafen und Stadt von den Schweden verwüstet, die Einfahrten mit Felsbrocken versperrt. Wenige Jahre später lebten nur noch 54 Familien in dem Ort. Doch langsam erholte sich Palanga wieder und erhielt 1791 sogar Stadtrechte. Doch mit der Polnischen Teilung von 1795 kam Litauen an Rußland, das keinerlei Interesse an einer so winzigen Hafenstadt hatte. Erst als im 19. Jh. das Baden im Meer in Mode kam, entdeckten reiche Litauer, Polen und Russen die Schönheit des litauischen Ostseestrands. Sie bauten sich Sommerhäuser und prächtige Villen.

1824 kaufte Graf Tiškevičius ganz Palanga, ließ den Hafen erneuern und eine Landungsbrücke bauen. Auf seinem Dampfer »Phoenix« genoß er die Früchte seiner vielen litauischen Güter. Doch der Hafen versandete bald, so daß mit Handelsschiffen kein Geschäft zu machen war. Dafür promenierten immer mehr Badegäste auf der langen Pier. Der Graf baute Sanatorien und Pensionen, verkaufte ab und zu auch ein paar Grundstücke, auf denen dann stattliche Villen wuchsen. 1930 gehörten den Tiškevičius über zwei Drittel aller Wohnhäuser in Palanga, dazu zwei Restaurants, ein Ziegelwerk und natürlich ein eigenes Schloß inmitten eines herrlichen Parks. 1940 emigrierte die Grafenfamilie ins Ausland, ihre Besitzungen wurden enteignet, aus dem Schloß wurde ein Bernsteinmuseum, aus dem Schloßpark ein Botanischer Garten.

Im historistischen Schloß von Palanga ist die bedeutendste Bernsteinsammlung der Welt zu bestaunen

Das **Schloß** der Grafen Tiškevičius entstand 1897 bis 1902 nach dem Entwurf des deutschen Architekten Friedrich Schwechten in den Formen des Historismus, hier in einer Mischung aus Renaissance, Barock und Klassizismus. Das Schloß steht auf einer künstlichen Terrasse, zu der zwei gegenläufige Galatreppen hinaufführen. Eine Balustrade umgibt die Terrasse. Den Haupteingang betont ein Zweisäulenportikus. Die beiden Seitenflügel sind zum Park hin vorgezogen. Ein kurzer gedeckter Gang verbindet den nördlichen Seitenflügel mit einer achteckigen, von einer Haube bekrönten Kapelle. Seit 1963 enthält das Schloß die wohl größte und bedeutendste **Bernsteinsammlung** der Welt. Grundstock hierfür war die berühmte Kollektion des Grafen Tiškevičius, die aus fast 500 seltenen Stücken dieses schönen Minerals bestand, insbesondere aus Inklusen, d. h. Einschließungen von Pflanzen oder Tieren, die vor 40 bis 55 Millionen Jahren die Erde bewohnten. Inzwischen gehören 25 000 Bernsteinobjekte zum Museumsfonds, von denen ständig die 4500 interessantesten Stücke gezeigt werden. Zu den besonderen Kostbarkeiten zählen ein *Bernsteinring* aus dem 15. Jh., ein *Kreuz* aus dem 16. Jh. und diverser *Bernsteinschmuck* des Meisters P. Kilijonas aus dem 17. Jh. Vor dem Ersten Weltkrieg verarbeiteten die Bernsteinwerkstätten von Palanga 2000 kg Bernstein pro Jahr; heute sind es jährlich 7000 bis 8000 kg Bernstein jeder Qualität, aus dem die Manufakturen und Ateliers in Palanga, vor allem aber in Klaipėda, Schmuck, Schatullen und andere Kunstgegenstände herstellen.

Die Skulptur der »Natternkönigin Eglė« im Botanischen Garten von Palanga nimmt ein litauisches Märchenmotiv auf

Das Schloß steht in einem herrlichen Landschaftspark, den der französische Gartenarchitekt Edouard André zwischen 1897 und 1907 aus einem sumpfigen Wald zauberte. Der Belgier Bernard de Colon pflanzte hier um die Jahrhundertwende rund 200 Arten von Bäumen und Sträuchern, die aus den Botanischen Gärten von Berlin und Paris kamen, auf einer Fläche von 30 ha. 1960 verwandelte der Gartenarchitekt A. Brusokas den Schloßpark in einen 86 ha großen **Botanischen Garten** (Botanikos parkas) mit über 500 Baum- und Straucharten, mit einem Rosarium und mehreren Gewächshäusern für subtropische Pflanzen. Eine Fontäne belebt den Blick von der Terrasse des Schlosses auf den Park, den stille Teiche mit Schwänen und Enten und leise plätschernde Brunnen verzaubern; dazwischen taucht hier und da eine Plastik auf, wie die herrlich bewegte »Natternkönigin Eglė« (Eglė-žalčcių karalienė) des Bildhauers Robertas Antinis (1960), eine Figur aus dem großen litauischen Märchenschatz.

Mitten im Park erhebt sich der **Birutėhügel** (Birutės kalnas), eine 22 m hohe Sanddüne, die wohl schon vor tausend Jahren ein Heiligtum trug. Eine litauische Chronik des 16. Jh. berichtet von einer Art Tempel mit einem heiligen Feuer, das von Priestern und Priesterinnen gehütet wurde. Um die Mitte des 14. Jh. wirkte in dem Heiligtum eine besonders schöne, kluge und stolze Vaidilutė, eine Priesterin, namens Birutė. Von ihr hörte der junge Fürst Kęstutis, der auf Burg Trakai (s. S. 109) residierte. Er kam und nahm Birutė mit sich, obwohl sie – wie die Chronik berichtet – »den Göttern gelobt hatte, ihre Jungfernschaft bis in den Tod zu bewahren. Fürst Kęstutis nahm sie mit Gewalt von jenem Ort, geleitete sie in allen Ehren bis in seine Hauptstadt Trakai, wo er großartige Hochzeit hielt …« Birutė gebar ihrem Mann mehrere Töchter und Söhne, zuallererst Vytautas, der später der bedeutendste litauische Großfürst werden sollte. Als Kęstutis 1382 von seinem Neffen Jogaila, dem Begründer des litauisch-polnischen Königshauses, ermordet worden war, kehrte Birutė nach Palanga zurück, um weiterhin den Göttern zu dienen. Angeblich wurde sie in dem Heiligtum auf der Düne bestattet, ihr Grab hat man allerdings bislang nicht gefunden. Bald nach Birutės Tod wurde Litauen christianisiert, den heidnischen Tempel ersetzte eine christliche *Kapelle*, die mehrmals erneuert wurde, zuletzt 1868/69 in rotem Backstein. Noch heute erflehen gute Christen von der Priesterin Birutė Hilfe. Am Fuß des Hügels gedenkt die *Holzskulptur* »An dich, Birutė« der schönen Priesterin, des litauischen Symbols der Liebe und der Treue. Der Bildhauer K. Pietrikaitė-Tulene gestaltete die Skulptur im Jahre 1965.

An der Vytauto gatvė, die parallel zum Strand verläuft und die Hauptstraße des Badeorts bildet, steht die neogotische **Mariä-Himmelfahrts-Kirche** des deutschen Architekten E. Schrandmann, geweiht 1907. Das Haus Nr. 33 beherbergt seit 1827 eine Apotheke, etwa 100 m weiter südwärts in Richtung Botanischer Garten informiert ein kleines **Historisches Museum** (Palangos istorijos muziejus) über die wechselvolle Geschichte von Stadt und Seebad Palanga. Längs des Botanischen Gartens führt die Dariaus ir Girėno gatvė, deren Name an die beiden Atlantikflieger (s. S. 142) erinnert, zum Strand. Kurz davor sprudelt rechter Hand der schöne Möwenbrunnen, und gleich daneben ruht Saulytė, die strahlende Sonnengöttin, im Gras einer Grünanlage. Geschaffen hat die steinerne Skulptur der Bildhauer Ž. Jonuškaitė. Parallel zum Strand zieht die Meilies alėja, je nach Übersetzung die Schmuse-, Flirt- oder Liebesallee, durch den Kiefernforst. Sie endet an der Einmündung der J. Basanavičiaus gatvė, der Straße mit den prächtigen **Holzvillen** und malerischen

Malerische Fachwerkhäuser und Holzvillen in Palanga zeugen von der Zeit, als das Baden im Meer in Mode kam

Fachwerkhäusern der Jahrhundertwende, wie der Villa »Anapilis« und der Villa »Jūros akis«. Schon nahe am Hauptzugang zum Strand steht am Rand eines kleinen Wasserbeckens die reizvolle Skulptur »Juratė ir Kastytis«, die auf das Märchen von der tragischen Liebe der Meeresprinzessin zu einem jungen Fischer anspielt (s. S. 255). Der Bildhauer N. Gaigalaite gestaltete 1958 das mythische Paar. In der Nähe der Basanavičiaus gatvė beim Flüßchen Rąžė, das quer durch den Ort der Ostsee zustrebt, errichteten junge Architekten mehrere moderne Gebäude, wie den gläsernen Rundbau des Restaurants »Vasara« und das hübsche Café »Klumpė« (Café Holzschuh), das tatsächlich einem riesigen Holzschuh gleicht.

Die Badesaison wird in Palanga alljährlich Anfang Juni festlich eröffnet und dauert bis Mitte September. Die durchschnittlichen Wassertemperaturen betragen hier an der Küste im Mai 12,4 °C, im Juni 13,4 °C, im Juli 17,1 °C, im August 17,5 °C und im September 12,9 °C, im Februar aber nur 1,6 °C. Nach einer stürmischen Nacht lohnt am ganz frühen Morgen ein Strandspaziergang, um unter angeschwemmtem Seetang nach Bernsteinstücken zu schauen.

Durch Eingemeindungen umfaßt Palanga heute ein 24 km langes und bis zu 5 km breites Gebiet zwischen Klaipėda und der lettischen Grenze, also fast die ganze litauische Ostseeküste. Zum südlichsten Vorort wurde das frühere Dorf **Nemirseta** (Nimmersatt). Es war einmal der nördlichste Ort des Deutschen Reiches (55° 54' nördl. Breite) und bis 1918 Grenzort zwischen Deutschland und Rußland (»Hier ist die Grenze Nimmersatt, wo's Deutsche Reich sein Ende hat.«). In jener Zeit ernährten sich die meisten Dorfbewohner vom Schmuggel. Die alten Zollgebäude sind noch vorhanden.

Ein nördlicher Vorort von Palanga ist seit 1973 das frühere Dorf **Šventoji**, auf dem Weg dorthin liegen der internationale Flughafen und schöne Kiefern- und Fichtenwälder. Šventoji ist ebenfalls ein schmuckes, allerdings bescheidenes Seebad mit herrlichen Stränden und hohen Dünen, einem kleinen Fischerhafen, mit malerischen alten Häusern und großen, modernen Sanatorien und Wohnbauten im Umkreis. Im Jahre 1589 übertrug König Sigismund III. Wasa einer englischen Gesellschaft das Recht, den Fischerhafen von Šventoji auszubauen und zu nutzen. Tatsächlich konkurrierte Šventoji Anfang des 17. Jh. mit Memel (Klaipėda) und sogar mit Rīga. Engländer und Dänen waren es vor allem, die diesen Hafen zum eigenen Vorteil nutzten. 1701 zerstörten die Schweden die Hafenanlagen, weil die Handelsherren in Rīga sie darum gebeten hatten. Erst 1925 begann mit dem Ausbau des Hafens und einer Stichverbindung zur Eisenbahnstrecke Klaipėda–Liepāja ein neuer Abschnitt der Ortsgeschichte. Die fast 100 m ins Meer ragende Landungsbrücke aus Eichenbalken wurde 1993 von einem Sturm zerstört. Auf einer Düne in

Von den Dünen in Šventoji winken die »Fischertöchter« ihren heimkehrenden Vätern zu

Höhe des Piers erwarten drei bronzene »Fischertöchter«, eine *Skulpturengruppe* des Bildhauers Simonas Pranaitité von 1982, fröhlich winkend ihre vom Fang heimkehrenden Väter.

Im Moorgebiet bei Šventoji entdeckten Archäologen eine jungsteinzeitliche Siedlung (etwa 4000–3000 v. Chr.), in der neben Steinwerkzeugen und Tonscherben auch Stoffreste und Stücke von Fischernetzen, sogar ein ganzer Einbaum und außerdem aus Holz geschnitzte Idole zum Vorschein kamen. Am meisten überraschte ein Zeremonialstock mit einem Elchkopf. Die Funde bewahrt heute das Litauische Nationalmuseum in Vilnius (s. S. 69).

Klaipėda und das Land an der Memel

Die Memel – ihr litauischer Name ist Nemunas, im Russischen heißt sie Neman – entspringt in einem sumpfigen Wald südlich der weißrussischen Hauptstadt Minsk. Sie ist ab Grodno schiffbar und mündet nach etwas mehr als 900 km in einem vielarmigen Delta ins Kurische Haff. In seinem Unterlauf bildet der Strom heute die Grenze zwischen der Republik Litauen und dem zur Russischen Föderation gehörenden Kaliningrader Gebiet.

Nördlich der Memel liegt eine Region, die als »Memelland« oder »Memelgebiet« einen Teil des einstigen nördlichen Ostpreußen bildete, mit einer Fläche von 2830 km^2 etwa so groß wie das Großherzogtum Luxemburg. Die nördliche Grenze des Memelgebiets, das auch den heute litauischen Teil von Haff und Nehrung umfaßte, wurde von der früheren deutsch-russischen Grenze gebildet. Seit 1948 gehörte das Memelgebiet zur Litauischen SSR, heute ist es als Provinz Klaipėda mit der gleichnamigen Hauptstadt Teil der Republik Litauen. Seine Geschichte, für das Verhältnis von Litauern und Deutschen auch heute noch vielfach schwierig, läßt sich bis ins 13. Jh. zurückverfolgen.

Geschichte des Memellands

Im Jahre 1226 rief Herzog Konrad von Masowien, der Herrscher eines Landstrichs beiderseits der mittleren Weichsel, den Deutschen Orden gegen die heidnischen Prussen zu Hilfe. Die Ordensritter unterwarfen in den folgenden Jahrzehnten das Prussenland, das spätere Ostpreußen, siedelten dort deutsche Bauern an und gründeten zahlreiche Städte. An der Mündung der »Mümmel« (Memel) begannen sie um das Jahr 1252 mit dem Bau einer Burgsiedlung, um von hier aus die noch unbezwungenen Schemaiten zu missionieren und eine Landverbindung zwischen den Gebieten des Deutschen Ordens im Süden und des Schwertbrüderordens im Norden herzustellen. Beide Orden hatten sich 1237 vereinigt. Als Grenze zwischen der preußischen und der livländischen Ordensprovinz galt die Memel. 1328 wurde diese Grenze etwas nach Norden verlegt; damit war ein Gebiet nördlich des Flusses umrissen, das den Namen »Memelland« erhielt. Der Orden bemühte sich, im Memelland deutsche Bauern anzusiedeln, doch nur wenige kamen in die fruchtbare, aber entlegene Gegend. Diese bildeten zusammen mit germanisierten Kuren und schließlich auch Litauern, die im 13. und 14. Jh. wegen ihres Übertritts zum Christentum aus ihrer Heimat vertrieben wurden, fortan die Bevölkerung des Memellands, das auch nach der Schlacht bei Tannenberg 1410 Ordensland blieb. Nur Polangen, das heutige Palanga, ursprünglich ebenfalls Teil des Memellands, wurde Litauen zugeschlagen, das so einen Zugang zum Meer bekam. Selbst der zweite Thorner Frieden von 1466 beließ das Memelland bei der

◁ Dünenlandschaft bei Nida (Nidden) auf der Kurischen Nehrung

preußischen Ordensprovinz, die allerdings unter polnische Lehnshoheit geriet. 1618 fiel es an die brandenburgische Linie der Hohenzollern, bis zum Versailler Friedensvertrag 1919 war es Teil des brandenburgisch-preußischen Staates.

In der Folge wurde das Memelgebiet zunächst Mandatsgebiet des Völkerbunds und Anfang des Jahres 1920 Frankreich zur treuhänderischen Verwaltung übergeben. Im November 1921 forderte das litauische Parlament die Angliederung des Memelgebiets an Litauen, und im Januar 1923 drangen dort litauische Freischärler ein, denen die wenigen französischen Besatzungssoldaten keinen nennenswerten Widerstand entgegensetzten. Schon im Februar verließen die Franzosen das Memelland, das in der folgenden Zeit rigoros ›litauisiert‹ wurde: Deutsche Orts- und Straßennamen verschwanden, Litauisch wurde alleinige Amtssprache, der Litas das offizielle Zahlungsmittel. Post und Eisenbahn kamen unter litauische Verwaltung. Mit dem Memelstatut vom März 1924 erhielt das Gebiet Autonomie unter litauischer Staatshoheit, und die Konvention über das Memelgebiet vom 8. 5. 1924, die 1925 in Kraft trat, sprach Litauen schließlich die volle Souveränität zu. Der litauische Staatspräsident ernannte den memelländischen Gouverneur und dieser wiederum den Vorsitzenden des Landesdirektoriums, also der Regierung.

Obwohl zahlreiche Litauer ins Memelgebiet einwanderten, erzielten dort die Parteien der Memeldeutschen bei den Wahlen zum Landtag klare Mehrheiten. Die letzten Wahlen im Dezember 1938 standen unter der Parole »Heim ins Reich« ganz im Zeichen einer von Nazideutschland gesteuerten Propaganda; die von den Nationalsozialisten bestimmte Einheitsliste der deutschen Parteien erhielt 87,2 % der Stimmen. Zwar machten England und Frankreich der

Am 23. 3. 1939 marschierten deutsche Truppen über die Königin-Luise-Brücke in Tilsit ins Memelland ein. Am Vortag hatte Litauen das Memelgebiet vertraglich an das Deutsche Reich abgetreten

deutschen Regierung deutlich, daß eine Rückkehr des Memelgebiets ins Deutsche Reich auf keinen Fall in Betracht käme. Doch Hitler forcierte den Druck auf die litauische Regierung. Bald war Deutsch wieder als Amtssprache zugelassen, an vielen Bahnhöfen und Postämtern wieder ein deutscher Ortsname zu lesen. Während sich England und Frankreich zurückhielten, wurde Litauen im März 1939 in Verhandlungen zwischen den Außenministern von Ribbentrop und Urbšys genötigt, das Memelgebiet an das Deutsche Reich zurückzugeben. Es wurde am 22. 3. 1939 der Provinz Ostpreußen einverleibt.

Am Ende des Zweiten Weltkriegs war auch dieses letzte deutsche Kapitel in der Geschichte des Memellands abgeschlossen. Im Januar 1945 besetzten die vorrückenden sowjetischen Truppen das Gebiet, über 90% der deutschen Bevölkerung flohen in Richtung Westen. Litauer und Russen übernahmen die verlassenen und im Krieg vielfach zerstörten Wohnungen und Höfe. Am 7. 4. 1948 wurde das Memelland in das sowjetische Staatsgebiet, genauer: in die Litauische SSR, eingegliedert. Heute leben in der litauischen Provinz Klaipėda noch etwa 18 000 deutschstämmige Bürger.

Klaipėda (Memel)

Klaipėda (Memel) ist mit fast 210 000 Einwohnern, neben 130 000 Litauern auch etwa 60 000 Russen, 12 000 Deutsche und 6000 Weißrussen, die drittgrößte Stadt des Landes. Ihr Gebiet erstreckt sich beiderseits des Flüßchens Dange (Danė) über 15 km am Kurischen Haff (Kuršių marios) entlang bis zu dessen Ausgang in die Ostsee. Zahllose Kräne prägen die Silhouette, denn Klaipėda ist Litauens einziger Seehafen. Dagegen fehlen Kirchtürme fast vollständig, denn keine der alten Kirchen ist nach den Zerstörungen 1944/45 bis heute wieder aufgebaut worden. Dafür wurde das Stadtzentrum, besonders die Altstadt, die seit 1969 unter Denkmalschutz steht, vorbildlich restauriert. Klaipėda ist heute eine rege Industriestadt mit Werften, Textilbetrieben, Papier- und Möbelherstellung, Elektro- und Lebensmittelindustrie. Die Stadt besitzt auch eine Universität, eine Musikhochschule und die einzige Seefahrtschule des Landes.

Klaipėda (Memel)☆☆
Besonders sehenswert:
Theaterplatz
Simon-Dach-Brunnen
Alte Post
Uhrenmuseum
Gemäldegalerie
Mažvydas-Skulpturenpark

Stadtgeschichte

Archäologischen Untersuchungen zufolge war das Stadtgebiet von Klaipėda schon zur Zeitenwende von Angehörigen baltischer Stämme besiedelt. Später bewachten zwei schemaitische Burgen die Einfahrt in die Danė: Poys etwas flußaufwärts und Callaypeda an der Mündung. Anfang des 13. Jh. bemächtigte sich der von Kurland aus agierende Schwertbrüderorden der Burg an der Danė-Mündung und baute sie als »Mummelburg« wieder auf, größer und wehrhafter denn je zuvor. 1252 gründeten Eberhard von Sayn, Ritter des livländischen Schwertbrüderordens, der seit 1237 mit dem Deutschen Orden vereinigt war, und der Bischof Heinrich von Kurland neben der »Mummelburg« (lat. Memele castrum) die Siedlung Memel, die schon 1254 Dortmunder und 1258 Lübecker Stadtrecht erhielt. Von hier aus versuchte der Orden, die Landbrücke nach Kurland herzustellen und die litauischen Stämme zu missionieren, was meistens Gegenangriffe auslöste, die zur Verwüstung der Stadt führten: mindestens sechsmal zwischen 1307 und 1402. Ab 1328 gehörte Memel allein dem Deutschen Orden, der die Stadt erheblich vergrößerte und mit einer Mauer umgab. Nach der Schlacht bei Tannenberg (1410) und den Friedensverträgen von Thorn (1411) und vom Melno-See (1422), nach denen Memel beim Orden verblieb, erschienen die Litauer nur noch einmal, im Jahre 1455, an der Danė-Mündung, um zu plündern und zu brandschatzen. Danach konnte sich die Stadt zunächst in Ruhe entwickeln.

Das alte Stadtwappen von Memel

Im Jahre 1540 zerstörte eine Feuersbrunst ganz Memel, während des Dreißigjährigen Kriegs wüteten schwedische Truppen in der Stadt und 1709/10 raffte die Pest über 3000 Bürger dahin. Doch immer wieder füllten Einwanderer die Lücken: Hugenotten aus Frankreich nach 1685, Salzburger Emigranten 1731/32 und auch Protestanten aus dem katholischen Litauen. Im Siebenjährigen Krieg (1756–63) hielten russische Truppen einige Jahre die Stadt besetzt. Von Januar 1807 bis Juni 1808 war Memel die provisorische Hauptstadt des preußischen Königreichs. Auf der Flucht vor den napoleonischen Truppen kamen außer dem Königspaar auch zahlreiche Adelsfamilien an die Ufer der Danė. 1807 schlossen England und Preußen in Memel einen Friedensvertrag, in dem England auf Hannover verzichtete, und im gleichen Jahre erließ Friedrich Wilhelm III. dort die Order zur Abschaffung der Leibeigenschaft in Preußen. Der große Brand von 1854 legte mehr als die Hälfte der Stadt in Schutt und Asche. Wirtschaftlichen Aufschwung nahm Memel dann aber durch den Bau der Eisenbahnlinie nach Tilsit im Jahre 1875 und des Fischereihafens 1900 sowie durch die Gründung mehrerer bedeutender Industriebetriebe.

Nach dem Ersten Weltkrieg wurde die Stadt Memel wie das gesamte Memelgebiet zunächst Mandatsgebiet des Völkerbunds, im Jahre 1923 jedoch von litauischen Freischärlern besetzt und 1924 von Litauen annektiert. Bis 1939 war Memel Sitz eines litauischen Gouverneurs und des Direktoriums (Regierung) des Memelgebiets. Im März 1939 kehrte mit dem Memelland auch die Stadt Memel zum Deutschen Reich zurück und wurde wieder ein Teil der Provinz Ostpreußen. Im Herbst 1944 flohen fast alle deutschen Bewohner vor der herannahenden Roten Armee. Deutsche Truppen verteidigten die Stadt erbittert bis zu ihrer Aufgabe am 28. 1. 1945. Nur etwa jeder zehnte deutsche Einwohner war zu dieser Zeit noch in Memel geblieben, viele von ihnen wurden von den Sowjets interniert und in

Karl Schmidt-Rottluff, »Memel II«, Holzschnitt, 1914

sibirische Arbeitslager verschleppt, meist ohne Wiederkehr. Das zu über 60 % zerstörte Memel, nunmehr Bezirkshauptstadt der Litauischen SSR, hieß fortan Klaipėda und entwickelte sich mit neuer Industrie, einem modernen Seehafen und einer Bevölkerung, die stolz auf den Wiederaufbau ist, zur besuchenswerten Stadt mit einem interessanten kulturellen Angebot.

Die Altstadt

Den Mittelpunkt der Altstadt (Senamiestis) von Klaipėda bildet der **Theaterplatz** (Teatro aikštė) mit dem Stadttheater und dem Simon-Dach-Brunnen. Dieser Platz war ursprünglich, spätestens im 17. Jh., der Marktplatz von Memel. 1775 entstand an seiner Nordwestseite das **Theater** (1, Dramos teatras), das 1819 ein Neubau im Stil des Weimarer Theaters ersetzte. 1854 brannte es aus, bis 1857 wurde es nach den vorhandenen Plänen klassizistisch erneuert. Die Südwestseite des Platzes blieb unbebaut und ließ den Blick zur Memelburg schweifen. Das änderte sich 1982, als ein moderner Anbau die Lücke harmonisch schloß und den Schauspielfreunden eine zweite Bühne zur Verfügung stellte. Dessen Architekt, Saulius Manomaitis, restaurierte auch den 1945 beschädigten klassizistischen Bau.

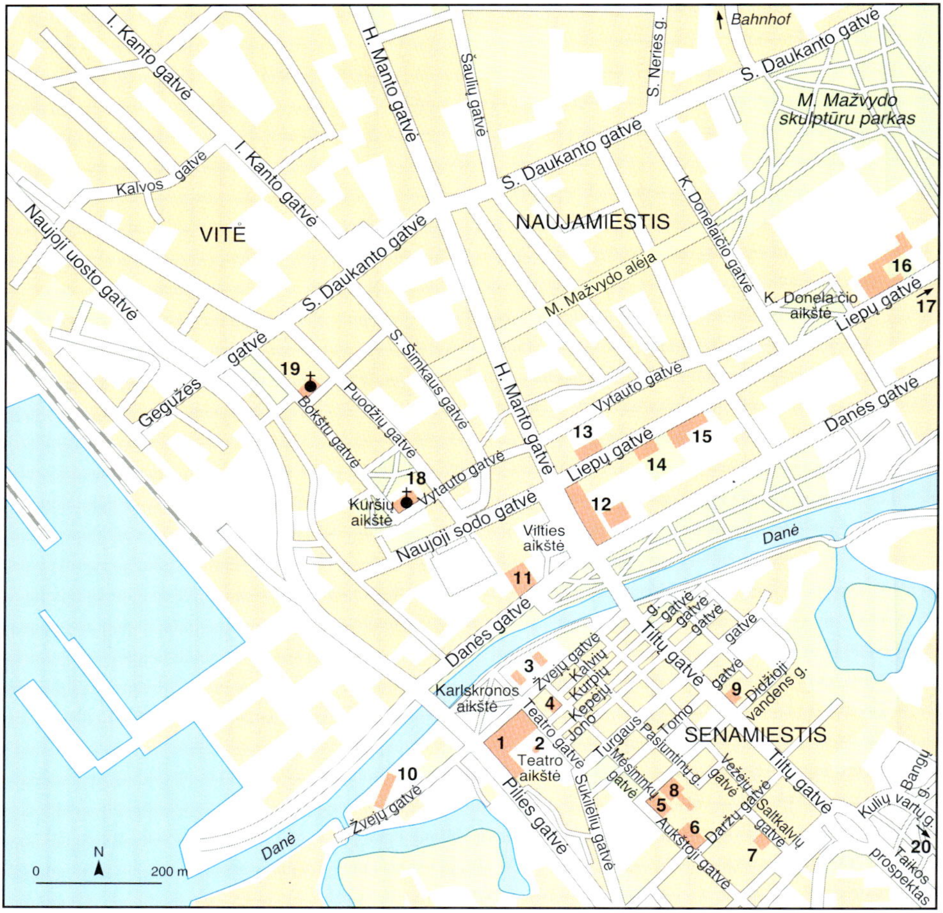

Klaipėda (Memel) 1 Stadttheater 2 Simon-Dach-Brunnen 3 Salzspeicher 4 Kęstutis-Žilinskas-Theater 5 Fachwerkspeicher 6 Alte Post 7 Schmiedemuseum 8 Klein-Litauen-Museum, Zweigstelle 9 Grüne Apotheke 10 Ruinen der Memelburg 11 Rathaus 12 Musiktheater, Philharmonie 13 Klein-Litauen-Museum 14 Uhrenmuseum 15 Hauptpost 16 Gemäldegalerie 17 Orthodoxe Kirche 18 Baptistenkapelle 19 Apostolische Kirche 20 Kirche Maria Königin des Friedens

Im Jahre 1912 erhielt der Theaterplatz einen **Simon-Dach-Brunnen** (2), der an den Memeler Dichter des 17. Jh. erinnert. Simon Dach (1605–59) verfaßte u. a. den Text zu dem Volkslied »Ännchen von Tharau«. Und natürlich schmückte außer dem Porträtrelief des Dichters ein bronzenes Ännchen den Brunnen, das aber am Ende des Zweiten Weltkriegs verlorenging. 1989 wurde ein neuer Simon-Dach-Brunnen enthüllt. Er ist nicht nur zum

Treffpunkt, sondern mit der Ännchenfigur zum Symbol der Stadt Klaipėda geworden.

»Ännchen von Tharau ist, die mir gefällt…«

Das Mädchen auf dem Brunnen stellt die Pfarrerstochter Anna Neander dar, die 1619 in Tharau bei Königsberg geboren wurde. Im Jahre 1636 stand ihre Hochzeit mit dem Pfarrer Johannes Partatius bevor, und der beauftragte seinen Freund Simon Dach, Barockdichter und damals Lehrer an der Königsberger Domschule, ein Hochzeitspoem zu schreiben, ein Gelegenheitsgedicht, wie es Dach häufig verfaßte. Der Domorganist Heinrich Albert, Schüler von Heinrich Schütz, vertonte die Verse, die beim Kerzentanz nach der Trauzeremonie im Königsberger Junkerhof zum ersten Mal erklangen – in ostpreußischem Platt:

Anke van Tharaw öß, de my geföllt,
Se öß mihn Lewen, mihn Goet on mihn Gölt.

Anke van Tharaw heft wedder eer Hart
Op my geröchtet ön Löw' on ön Schmart.

Anke van Tharaw mihn Rihkdom, mihn Goet,
Du mihne Seele, mihn Fleesch on mihn Bloet …

Berühmt und zum Volkslied wurden die Zeilen des insgeheim vielleicht auch in die Braut verliebten Simon Dach jedoch erst in der hochdeutschen Fassung von Johann Gottfried Herder (1744–1803) und nach der Melodie von Philipp Friedrich Silcher (1789–1860). Anna Neander, die ihre drei Ehemänner, allesamt Pfarrer, überlebte, starb im Jahre 1689 im ostpreußischen Insterburg.

Um 1910 sammelten Memeler Bürger Geld für ein Simon-Dach-Denkmal, das eine Plastik des Ännchen von Tharau krönen sollte. Gestaltet wurde diese von dem Berliner Bildhauer A. Künne, der sein Modell, die damals 13jährige Tochter des Dünenmeisters von Sandkrug, auf der Fähre von Sandkrug nach Memel entdeckte. Ihre Mutter soll das erst bei der Denkmalenthüllung bemerkt haben.

Am Ende der 1980er Jahre, als der Theaterplatz von Klaipėda restauriert wurde, entstand auch die litauisch-deutsche Initiative, den im Krieg zerstörten Brunnen mit der verschwundenen Ännchenfigur zu rekonstruieren. Der Berliner Bildhauer und Restaurator Harald Haacke gestaltete das zweite Ännchen nach Repliken und alten Fotografien, am 18. 11. 1989 wurde das Denkmal zum zweiten Mal festlich enthüllt.

Ännchen von Tharau, auf dem Simon-Dach-Brunnen

Nach dem großen Stadtbrand von 1854 waren nur wenige alte Häuser erhalten geblieben. Die erbitterten Kampfhandlungen von Oktober 1944 bis Ende Januar 1945 haben überraschenderweise in der Altstadt (Senamiestis) nur wenige Zerstörungen verursacht. 1969 wurde sie komplett unter Denkmalschutz gestellt, zwei Jahre später begannen die Restaurierungsarbeiten, die heute noch andauern. In der Pilies gatvė überlebte eines der schönsten Bürgerhäuser von

In der Altstadt von Klaipėda (Memel) finden sich viele Beispiele für den im Baltikum recht seltenen Fachwerkbau, der sich von Norddeutschland entlang der Ostseeküste verbreitete

Klaipėda: Das Haus Nr. 19 stammt in seinem Kern aus dem 17. Jh. und zeigt den in Litauen recht seltenen Fachwerkbau, der aus Norddeutschland ins Baltikum kam. Weitere **Fachwerkbauten,** zumeist Lagerhäuser und Kontore, sind in der Daržų gatvė, Kepėjų gatvė, Žvejų gatvė sowie in der Bangų gatvė jenseits der Tabakfabrik zu entdecken. Typische **Bürgerhäuser** aus dem 18. und 19. Jh. stehen in der Kalvių gatvė, Kurpių gatvė, Turgaus gatvė (Nr. 25), Didžioji Vandens gatvė (Nr. 8) und Aukštoji gatvė (Nr. 5, 7, 13). Auch in der Neustadt jenseits der Danė überdauerten bemerkenswerte Bauten, z. B. in der H. Manto gatvė und in der S. Daukanto gatvė.

Besonders fallen die Speicherbauten auf, etwa die hohen **Salzspeicher** (3) längs der Danė aus dem späten 18. und 19. Jh., neben dem mit Brunnen- und Grünanlagen geschmückten Karlskronos aikštė gleich hinter dem Theater. Oder der Speicherkomplex an der Ecke Tiltų gatvė/Kepėjų gatvė aus dem späten 19. Jh. Das Lagerhaus Kurpių gatvė beherbergt heute das **Kęstutis-Žilinskas-Theater** (4); in diesem Kornspeicher des 19. Jh. führt das Ensemble immer nur ein einziges Stück in jeder Spielzeit auf. In der Aukštoji gatvė wurde ein **Fachwerkspeicher** (5) aus dem 18. Jh. zu einem Ausstellungsbau für moderne litauische Kunst umgestaltet. In der Daržų gatvė steht der »Elefantenspeicher«, ein schlichter Fachwerkbau aus dem späten 18. Jh.

Die liebevoll restaurierte **Alte Post** (6, Senas paštas) in der Aukštoji gatvė Nr. 13) entstand um 1800 im Stil des »Berliner Vorklassizismus«, wie ihn der Baumeister und preußische Baudirektor

Die im Jugendstil gehaltene Schalterhalle der Hauptpost in der Neustadt

David Gilly (1748–1808) bevorzugte, also in schlichter Form mit wenigen griechisch-antiken Elementen. Das **Schmiedemuseum** (7, Mažosios Lietuvos kalvystės muziejus) in der Šaltkalvių gatvė zeigt in einer alten Schlosserei und Schmiede handgefertigte Eisengitter aus dem Memelgebiet. Das **Klein-Litauen-Museum** (8, Mažosios Lietuvos istorijos muziejus) in der Didžioji Vandens gatvė enthält Trachten, Haushaltsgeräte, aber auch Landkarten und steinzeitliche Ausgrabungsfunde aus dem Memelland. Wohl das älteste noch erhaltene Bürgerhaus Klaipėdas ist die **Grüne Apotheke** (9, Žalioji vaistinė) in der Tiltų gatvė, der früheren Friedrich-Wilhelm-Straße und Hauptstraße des alten Memel. Die Apotheke wurde 1677 gegründet und zeigt Apothekergeräte aus vergangener Zeit. Die bunten Glasfenster wurden alten Originalen nachempfunden. In der Turgaus gatvė verdienen noch die Häuser Nr. 1, die ehemalige Emissionsbank, und Nr. 9, die einstige Memeler Bank, beide aus der zweiten Hälfte des 19. Jh., Beachtung. Am südlichen Danėkai ankert der alte Dreimastschoner »Meridianas«, in dessen düsterem Bauch sich ein Restaurant eingerichtet hat.

Jenseits der Pilies gatvė erhebt sich der mächtige Schüttberg der **Memelburg** (10), die der livländische Zweig des Deutschen Ordens 1252 bis 1254 als »Mummelburg« errichtet hatte. 1312 wurde sie zu einer der stärksten Burgen des Ordens ausgebaut. Von der Burg ist kaum mehr etwas geblieben, 1815 war noch ein Flügel vorhanden, 1821 standen nur noch zwei Türme. Die letzten Mauerreste verschwanden im 19. Jh., als man den Burgberg zu einem modernen Fort auszubauen versuchte. Aber seit 1866 entstand die Festung Kopgalis (s. S. 198) an der Nordspitze der Kurischen Nehrung, so daß sich der Ausbau des Forts in der Innenstadt erübrigte. Die einst vierflügelige Ordensburg mit Rundtürmen an den Ecken war von einem tiefen Wassergraben umgeben, der seine heutige Form erst im 19. Jh. erhielt. Hier befindet sich nun ein moderner Jachthafen, der mit der Danė, also auch mit dem Kurischen Haff und der Ostsee, verbunden ist. Die Kettenbrücke, eine schmiedeeiserne Konstruktion vom Ende des 19. Jh., überspannt den Danėzulauf zum Wassergraben. Von der Ordensburg besitzt das Stadtarchiv von Klaipėda genaue Pläne, so daß man beabsichtigt, die Burg des 13. Jh. zu rekonstruieren, sobald die Eigentumsverhältnisse geklärt sind und genügend Geld vorhanden ist. Sie soll dann als repräsentatives Zentrum der Universität Klaipėda dienen.

Die Neustadt

Jenseits des Flusses liegt die Neustadt (Naujamiestis) von Klaipėda. Parallel zum nördlichen Danėufer verläuft die Danės gatvė, die oberhalb der Danėbrücke, der früheren Börsenbrücke, eine erholsame Grünanlage mit Wasserspielen passiert. Einst standen hier Hafengebäude mit Gleisanschluß. Unterhalb der Brücke überstand das klassizistische **Rathaus** (11) die Kämpfe des letzten Kriegsjahrs. Das im späten 18. Jh. errichtete stattliche Haus des Kaufmanns Cogentius war 1807/08 Domizil der preußischen Königsfamilie. Ab 1845 diente es als Rathaus, 1876 wurde es vergrößert und umgebaut. Zwischen den Weltkriegen tagte darin der Landtag des Memelgebiets, heute ist

Kaufmannshaus, Domizil des preußischen Königs, Landtag: Das alte Rathaus von Klaipėda (Memel) kann auf eine wechselvolle Geschichte zurückblicken

hier eine städtische Dienststelle untergebracht. An der Giebelspitze erscheint das alte Wappen von Memel. In der Grünanlage vor der Danė steht auf einem Granitfelsen »Žvejys« (= Fischer), eine Bronze des Bildhauers Kazys Kisielius (1971). Der riesige Backsteinkomplex des Hotels »Klaipėda« trat 1985 an die Stelle der alten Feuerwehr, die zu den ältesten Zweckbauten dieser Art in Europa zählte. Das repräsentative Hotel entwarf der litauische Architekt Gytis Tiškas. Der Platz davor, Vilties aikštė (Platz der Hoffnung), war bis 1991 der Leninplatz mit einem Denkmal des ersten Machthabers der Sowjetunion. Die Ostseite des Vilties aikštė beherrscht das Kulturhaus von 1963 mit dem **Musiktheater** (12, Musikinis teatras). Im selben Gebäude befindet sich auch die **Philharmonie** (Klaipėdos filharmonija). Vom Vilties aikštė zieht die Herkaus Manto gatvė nordwärts durch die Neustadt (Naujamiestis). Herkaus Mantas war der Führer der Prussenaufstände zwischen 1260 und 1274 gegen den Deutschen Orden. Die Herkaus Manto gatvė ist die Haupteinkaufsstraße von Klaipėda; Geschäfte und Warenhäuser wechseln mit Restaurants, Cafés und Kinos. Aus einer Mauernische blickt der Recke Herkaus Mantas stolz auf die Passanten.

Am Vilties aikštė beginnt auch die **Liepų gatvė,** die schönste und interessanteste Straße von Klaipėda. Sie hat den Charakter einer ostdeutschen Siedlerstadt am besten bewahrt. Das **Klein-Litauen-Museum** (13, Mažosios Lietuvos istorijos muziejus) im Hause des dänischen Vizekonsuls (19. Jh.) verfügt über Sammlungen zur Geschichte des Memellands und des ehemals nördlichen Ostpreußen. Das einstige Bankhaus in der Liepų gatvė Nr. 12, ein neoklassizistischer Bau vom Ende des 19. Jh., beherbergt heute das sehr sehenswerte **Uhrenmuseum** (14, Laikrodžių muziejus), das in zwei Etagen Uhren aus alter und neuer Zeit zeigt, im Garten auch Sonnenuhren. Nur wenige Schritte weiter erhebt sich seit 1893 der stolze Backsteinbau der **Hauptpost** (15), ein neogotisches Architekturdenkmal aus dem Fin de siècle, dessen Baupläne Kaiser Wilhelm II. mit eigenhändiger Unterschrift absegnete. Von besonderem Reiz ist die im schönsten Jugendstil gehaltene *Schalterhalle.* Täglich um 12 Uhr erklingt vom 42 m hohen, schlanken Glockenturm des Postamts die Melodie des »Ännchen von Tharau«. 1987 baute die weltbekannte Thüringer Glockengießerei in Apolda das aus 48 Glocken bestehende Instrument ein. In den 1970er Jahren wurde die Hauptpost restauriert. Auf dem K. Donelaičio aikštė steht ein modernes **Denkmal für Kristijonas Donelaitis** (1714–80), den Klassiker der litauischen Literatur (s. S. 53) Die monumentale Porträtbüste gestaltete der Bildhauer Petras Deltuva im Jahre 1973.

Fassadenschmuck am Klein-Litauen-Museum

Die **Gemäldegalerie** der Stadt Klaipėda (16, Paveikslų galerija) an der Liepų gatvė zählt zu den größten und wichtigsten Kunstsammlungen Litauens. Untergebracht ist sie in einem Gebäudetrakt vom Anfang des 20. Jh., der sich in den Stilformen des Eklektizismus präsentiert; 1971 bis 1977 wurde der Museumsbau restauriert. Gezeigt werden Werke der darstellenden und der angewandten Kunst von litauischen Meistern des 19. und 20. Jh. Angeschlossen ist eine westeuropäische Abteilung mit Werken deutscher, niederländischer, französischer und italienischer Meister des 17. bis 19. Jh. sowie russischer Maler der jüngeren Vergangenheit. Im Museumsgarten sind Skulpturen, Reliefs und Mosaike aufgestellt. Das Obergeschoß zeigt u. a. eine umfangreiche Postkartensammlung mit älteren Darstellungen der Stadt Memel und der Kurischen Nehrung.

200 m weiter beginnt der **Mažvydas-Skulpturenpark** (M. Mažvydo skulptūrų parkas), der einstige Zentralfriedhof von Memel. Martynas Mažvydas († 1563) gilt als der Herausgeber des ersten Buches in litauischer Sprache, einer Übersetzung des evangelischen Katechismus von Martin Luther. Die alten Grabsteine auf dem Friedhof wurden 1977 entfernt, die Bäume und Sträucher ließ man stehen, so daß aus dem Gottesacker ein herrlicher Stadtpark wurde. Als sich vor der Wende in Klaipėda alljährlich litauische Bildhauer zu einem Workshop trafen, wählten sie am Ende die jeweils besten Arbeiten aus und stellten sie in dem Park der Öffentlichkeit vor. So entstand ein Skulpturenpark mit über 100 Werken, ein originelles Freilichtmuseum moderner Kunst. Eine Steinplatte erinnert mit deutschen und litauischen Worten an die Vergangenheit des Parks. In dessen östlicher Ecke steht eine kleine **orthodoxe Kirche** (17, Stačiatikių bažnyčia), die einstige Friedhofskapelle. Der Backsteinbau mit einem Glockentürmchen als Dachreiter stammt vom Anfang des 20. Jh. Im Nordwesten des Parks gedenkt ein Granitmonument der im Zweiten Weltkrieg Gefallenen der Roten Armee, in der ja auch Litauer dienten. Über die M. Mažvydo alėja kehrt man zur H. Manto gatvė zurück oder geht durch die S. Neries gatvė in Richtung Bahnhof. An dieser schönen Kastanienallee, der einstigen Bahnhofstraße, die heute den Namen der litauischen Dichterin Salomėja Neris (1904–45) trägt, steht ein neogotischer Backsteinbau von 1907, der jetzt zur Pädagogischen Hochschule gehört. Die Innenräume sind in den Formen des Jugendstils gehalten. Die Verlängerung der S. Neries gatvė nach Süden ist die K. Donelaičio gatvė, die beim Donelaitisplatz in die Liepų gatvė mündet. 1911 entstand hier das Auguste-Viktoria-Lyzeum, das den Namen der letzten deutschen Kaiserin und Gemahlin Wilhelms II. trug. Heute gehört die Schule zum Konservatorium. In der mit Wandmalereien und farbigen Fenstern geschmückten Aula finden Kammermusikabende statt.

Historische Aufnahme der Friedrich-Wilhelm-Straße in Memel, um 1910

Klaipėda scheint eine Stadt ohne Kirchen zu sein, denn man sieht kaum einen Kirchturm. Tatsächlich wurden im Kampf um die Stadt 1944/45 fast alle Kirchen zerstört, die Ruinen nach Kriegsende abgetragen. Erhalten blieben die frühere **Baptistenkapelle** (18) von 1851 am Kuršių aikštė und die **Apostolische Kirche** (19, Kristaus Karaliaus) vom Anfang des 20. Jh. in der Bokštų gatvė. Die katholische **Kirche Maria Königin des Friedens** (20, Marijos Taikos Karalienės bažnyčia) in der Rumpiškės gatvė geht auf eine Backsteinkirche des 19. Jh. zurück, die in der Puodzių gatvė stand und 1944 zerstört wurde. Mit Spenden der katholischen Neubürger erfolgte 1960 bis

1962 südöstlich der Altstadt ein Neubau, den der kulturell aktive Stadtsowjet aber noch vor der Weihe zu einem Konzertsaal umfunktionierte. Seit 1988 werden hier wieder Gottesdienste abgehalten.

Folgt man der H. Manto gatvė nordwärts, so erreicht man kurz hinter der Eisenbahnüberführung links der Straße einen riesigen **Freizeitpark** (Kultūros ir poilsio parkas). Das Riesenrad bietet einen großartigen Blick auf Stadt und Hafen Klaipėda. Hinter dem Park biegt man links in die Kosmonautų gatvė ab und erreicht nach 3 km **Melnragė** (Mellneraggen) an der Ostsee, den Badestrand von Klaipėda. Melnragė ging aus einem Fischerdorf hervor und soll in naher Zukunft der Ölhafen von Litauen werden, weil das Land nicht mehr allein auf russische Erdölimporte angewiesen sein möchte. 6 km weiter nordwärts kommt man zum alten Ostseebad **Giruliai** (Ostseebad Försterei), wohl dem beliebtesten Ausflugsziel der Bevölkerung von Klaipėda. Noch vor wenigen Jahren war Giruliai streng bewachtes Sperrgebiet, das nur von den Gästen der dortigen Ferienheime mit Passierschein betreten werden durfte. Gut gepflegt erscheinen noch immer die stattlichen alten *Villen* der Kaufleute aus Memel. An den breiten, feinsandigen Strand von Giruliai schließt sich eine Steilküste an, deren höchste Erhebung mit 24 m die »Holländer Mütze« ist. Dann folgt das Fischerdorf **Karklė** (Karkelbeck) mit kleinen, malerischen Gehöften und einem Friedhof, der noch deutsche Grabstellen enthält. Und bald darauf ist man in **Nemirseta** (s. S. 180), in »Nimmersatt, wo das Reich sein Ende hat«, wie Schulkinder sich zur Kaiserzeit das nördlichste Dorf des Deutschen Reiches einprägten.

Die Kurische Nehrung

Kurische Nehrung☆☆
Besonders sehenswert:
Smiltynė (Sandkrug)
Juodkrantė (Schwarzort)
Nida (Nidden)

Zwei Fähren verbinden die Stadt Klaipėda mit der Kurischen Nehrung (Kuršių nerija). Die eine legt am südlichen Danėkai in der Žvejų gatvė gleich hinter der Pilies gatvė unterhalb der westlichen Danėbrücke ab. Sie dient in der Hauptsache dem Personenverkehr, doch außerhalb der Hauptferienzeit befördert sie auch eine begrenzte Zahl von Kraftfahrzeugen. Sie verkehrt stündlich, im Sommer auch halbstündlich und braucht für die 1 km lange Überfahrt zehn Minuten. Die zweite Fährverbindung besteht 2 km weiter südlich von der Varnėnų gatvė aus und ist vor allem für Kraftfahrzeuge nach Neringa vorgesehen.

Die Kurische Nehrung, eine insgesamt 98 km lange und 400 m bis 3,8 km breite Dünenkette, trennt das Kurische Haff (Kuršių marios) von der Ostsee, dem Baltischen Meer (Baltijos jūra). Sie dürfte vor 5000 bis 6000 Jahren entstanden sein, als die Meeresströmung die aus dem Meer ragenden Endmoränenhügel der Eiszeit durch Sand

Dünenlandschaft bei Nida (Nidden)

»Die Kurische Nehrung ist so merkwürdig, daß man sie eigentlich ebensogut als Spanien und Italien gesehen haben muß, wenn einem nicht ein wunderbares Bild in der Seele fehlen soll.«
Wilhelm von Humboldt (1767–1835)

miteinander verband. Die in das Haff mündenden Flüsse, vor allem die Memel (Nemunas), sorgten dafür, daß das Nordende der Nehrung nicht mit dem Festland verschmolz, sondern daß sich an dieser Stelle das bis 7,5 m tiefe »Memeler Tief« bildete. Der Sage nach hat sich aber alles ganz anders zugetragen: In jener Zeit, als statt der Nehrung nur Inseln aus der Ostsee ragten, lebte auf einer dieser Inseln ein Fischermädchen namens Neringa. Sie war so riesenhaft gewachsen, daß sie von einer Insel zur anderen waten konnte, ohne schwimmen zu müssen. Neringa half den Fischern, indem sie ihnen die schönsten und größten Fische zutrieb. Das ärgerte den Meeresgott Bangputys, und er entfesselte einen solchen Sturm, daß viele Fischerboote in Seenot gerieten und sogar die Dörfer auf den Inseln unterzugehen drohten. Da sammelte Neringa geschwind allen Sand des Meeresbodens in ihr gerafftes Kleid und schüttete ihn zwischen die Inseln, so daß ein schützender Wall entstand, die Nehrung.

Den Landstreifen bedeckte bald dichter Wald, in dessen Schutz sich Menschen niederließen, um Fischfang und bescheidenen Ackerbau zu betreiben. Als im 17. Jh. die Schweden fast alle Bäume auf der Nehrung fällten, begann der Sand zu wandern. Auf der Haff-

seite wuchsen die Dünen bis zu einer Höhe von 70 m und begruben ein Fischerdorf nach dem anderen. Doch immer wieder bauten die Fischer, die Kuren wie die Deutschen, einige hundert Meter weiter neue Häuser. Und immer weiter trieben Wind und Wasser die Nehrung ostwärts gegen das Haff, so daß es in 200 bis 400 Jahren aufgefüllt wäre, wenn die Menschen nicht dem Flugsand Einhalt geboten hätten. Im Jahre 1825 begann der Postmeister Georg David Kuwert aus Nidden, die Dünen zu bepflanzen, vor allem mit verschiedenen anspruchslosen Kiefernarten. So blieb Nidden vom Dünensand verschont. Der Waldfriedhof dort bewahrt Kuwerts Grab; auf dem Grabstein steht: »Georg David Kuwert, ab anno 1828 Mehlawischkensis, mortuus anno 1856 primus incepit Niddensem tristem solitudinem his arboribus arbustare« (Georg David Kuwert, seit dem Jahre 1828 in Mehlawischken, gestorben im Jahre 1856, hat als erster begonnen, die traurige Einöde Niddens mit Waldbäumen zu bepflanzen). Auch andere machten sich daran, die Dünen zu bändigen: Sogar Strafgefangene aus Memel setzten Strandhafer, Strandroggen, Strandgräser sowie nordische Krüppelkiefern in den Dünensand, der mit Lehm und Schlick fruchtbar gemacht wurde.

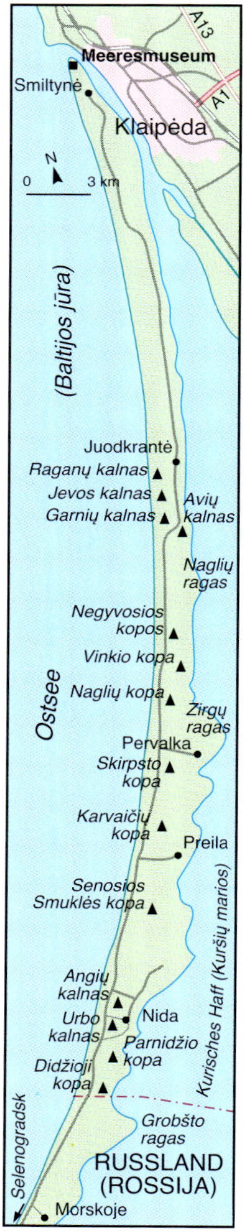

Die Kurische Nehrung (litauischer Teil)

Die Kurische Nehrung zählt zu den interessantesten Landschaften überhaupt, mit schönen und einsamen Stränden und den höchsten Dünen Europas. Das Klima der Nehrung ist ideal. Die reine Luft des Meeres und der Kiefernwälder hilft allen, die mit Beschwerden der Atemwege zu tun haben. In den Sommermonaten scheint die Sonne fast täglich von morgens bis abends, nur selten von einem Gewitter unterbrochen. Ständig weht im Sommer ein erfrischender Wind, bis zum Nachmittag aus östlicher Richtung, danach vom Wasser her aus dem Westen. Eine prachtvolle Brandung erwartet die Badegäste bei Wassertemperaturen von 17 bis 18 °C. Stundenlang kann man durch den Nehrungswald streifen, durch Kiefernforsten und sumpfige Niederungen mit Birken, Erlen, Espen und Weiden, muß dabei aber auf den Wegen bleiben, denn die Nehrung ist Naturschutzgebiet. Mit viel Glück trifft man im Niederungsgestrüpp auch Elche, jene mächtigen Hirsche, die das nordische Sumpfland bevorzugen. Im Spätsommer, wenn die Brunftzeit naht, sollte man jedoch den Elchbullen aus dem Wege gehen. Auch Rehe, Hasen, Dachse, Iltisse, Marder, Wiesel und Füchse zeigen sich mitunter den Wanderern.

Wie schon zwischen 1919 und 1939 ist die Kurische Nehrung auch heute politisch zweigeteilt. Die Grenze verläuft 4 km südlich von Nida (Nidden). Damals trennte sie die litauische von der deutschen Hälfte, heute gehört die Südhälfte (s. S. 264) zur Oblast Kaliningrad.

Smiltynė (Sandkrug)

Das Nordende der Nehrung, früher »Süderspitze« genannt, weil es für Schiffe die Südspitze der Einfahrt ins Haff war, gehört zu Smiltynė und damit seit der litauischen Gemeindereform von 1961 zur Stadt Klaipėda. An der Süderspitze bauten erstmals zwischen 1814 und 1821 einige Fischer ihre Häuser, die aber schon wenige Jahre darauf durch Sturm und Eisgang zerstört wurden. Um 1900 errichteten einige Bürger aus Memel an geschützterer Stelle ein paar Häuser und ein Gartenrestaurant, das sich in den Sommermonaten regen Zuspruchs erfreute. An der Anlegestelle der Fähre stand schon im frühen 17. Jh. eine große Herberge, der »Sandkrug«, in der die Kutscher und ihre Reisegäste, die auf der alten Poststraße von Königsberg nach Memel fuhren, vor dem Übersetzen über das Memeler Tief übernachteten. Auch die Fischer aus den Nehrungsdörfern, die ihren Fang auf den Markt in Memel brachten, blieben über Nacht im Sandkrug, der schließlich einer kleinen Siedlung den Namen gab.

Das **Meeresmuseum** (Jūrų muziejus) wurde 1979 in den Räumlichkeiten des ehemaligen Wilhelmsforts, der Festung Kopgalis (Kopgalio tvirtovė), 1,5 km nördlich des Fähranlegers, eröffnet. Es ist zu Fuß, mit der Pferdekutsche und in der Hauptsaison auch mit einer kleinen Eisenbahn zu erreichen; für den Autoverkehr bleibt die Zufahrtsstraße, zumindest in der Ferienzeit, gesperrt. Mit dem Bau des Forts, das die Einfahrt in den Memeler Hafen kontrollieren sollte, wurde 1866 an der Stelle einer älteren Festung von 1791 begonnen. Aber noch vor der Fertigstellung war die neue Anlage militärtechnisch veraltet, sie diente bis zum Ersten Weltkrieg als Munitionsdepot. Schon auf dem Weg zum Museum gibt es viel zu sehen: vier Fischtrawler der litauischen Hochseeflotte, in voller Größe an Land gezogen; dann ein altes Fischerdorf mit Wohn- und Nebengebäuden aus mehreren Haffgemeinden. Das Meeresmuseum selbst besteht aus einem Ring von Kasematten und dem zweistöckigen Rundbau der Festung mit zentralem Wasserbecken und zahllosen Aquarien, in denen Fische, Muscheln, Korallen und andere Lebewesen der Ozeane, Flüsse und Seen zu beobachten sind. Seelöwen, Seehunde und andere Meeressäuger sowie Pinguine bevölkern die großen Randbecken. Eine besondere Attraktion ist das neue Delphinarium. In den Festungskasematten sind Schiffsmodelle, nautische Geräte und Dokumente zur litauischen Seefahrt zu sehen. Dioramen zeigen die Entwicklung des Hafens von Klaipėda.

Neringa

Die Stadt Neringa entstand 1961 durch den Zusammenschluß der Dörfer Juodkrantė (Schwarzort), Pervalka (Perwelk), Preila (Preil) sowie Nida (Nidden) und zählt heute etwa 2700 ständige Einwohner. Die Stadtverwaltung hat ihren Sitz im Ortsteil Nida. Ganz Neringa ist Sommerfrische, Seebad und Nationalpark (Kuršių nerijos nacionalinis parkas) zugleich. Schon frühzeitig hat man hier die Gefahren erkannt, die ein zu starker Touristenstrom für die einzigartige Naturlandschaft heraufbeschwört. Daher dürfen täglich nicht mehr als 2000 Besucherfahrzeuge nach Neringa kommen, gegen eine relativ hohe Mautgebühr. Noch vor der Mautstelle begrüßen den Reisenden am Rande der alten Poststraße, die heute eine zwar schmale, aber gut asphaltierte Autostraße ist, drei Kurenwimpel auf hohen Masten, einst weithin sichtbare Kennzeichen der im Haff fischenden Kurenkähne.

Juodkrantė (Schwarzort)

Juodkrantė (Schwarzort)☆
Besonders sehenswert:
Fischerhäuser
Raganų kalnas (Hexenberg)

Juodkrantė, die »Perle der Kurischen Nehrung«, erschien schon im Jahre 1429 in einer Wegbeschreibung des Deutschen Ordens. 1673 öffnete in Schwarzort eine Schenke ihre Pforten, in der sich Fischer, Kuriere und Reisende trafen; es war der Amtskrug »Am schwarzen Ort«, zugleich ein Ausspann für Postkutschen und Fischfuhrwerke. Aus dem Amtskrug entwickelte sich vor etwa hundert Jahren die Villa »Hubertus« mit ihrem hohen, viereckigen Turm und der langen Veranda. Der Amtskrug war der Kristallisationskern für eine Siedlung, die ein Wall mächtiger Kiefern von Beginn an schützte. An dem schwarz erscheinenden Kiefernwald über der Siedlung orientierten sich die Fischer auf Haff und See und nannten das Dorf daher »Schwarzort«, bei den Litauern wurde daraus »Juodkrantė« (= schwarze Küste).

1697 wohnten hier erst sechs Fischerfamilien, ein Jahrhundert später waren es gerade sieben. Als Ende des 18. Jh. das Nachbardorf Karwaiten im Dünensand versank, kamen mehrere Familien von dort nach Schwarzort. 1940 zählte der Ort fast 500 Einwohner, heute leben in Juodkrantė wohl ebenso viele, Litauer fast ausschließlich, die im nahen Klaipėda arbeiten, eine Pension betreiben oder noch zu den wenigen Haffischern gehören. 1858 begann das gemeinsame Unternehmen des Hotelbesitzers Viktor Stantien und des Kaufmanns Martin Becker, auf der Haffseite des Dorfes nach Bernstein zu baggern. Immerhin gewann die betreibende Gesellschaft jährlich rund 75 000 kg des fossilen Harzes, was etwa 180 000 Taler einbrachte. Doch bis 1899 war der »Bernsteinhafen« leer gebaggert. Ende des 19. Jh. galt Schwarzort bereits als beliebte Sommerfrische, in den 1920er Jahren quartierten sich immer mehr Sommergäste dort ein, aus Memel und Kaunas, vor allem aber aus Deutschland.

Die ursprüngliche **Kirche** von Juodkrantė stammte aus dem bereits verlassenen Dorf Karwaiten. Fast 20 km weit mußten die Fischer die Teile der Kirche mit ihren Kähnen transportieren, bis sie in Schwarzort wieder zusammengefügt werden konnten; 1795 fand die Weihe statt, 1797 war Karwaiten vollends vom Sande bedeckt. Doch 1878 brannte die riedgedeckte Kirche nieder, sieben Jahre später entstand ein neuer massiver Bau im neogotischen Stil mit einem 21 m hohen Glockenturm. Die alte Schule von 1743 brannte ebenfalls ab und wurde 1902/03 durch einen Neubau ersetzt. Bemerkenswert sind in Juodkrantė das **Kurhaus** in der Kalno gatvė, das aus der 1868 erbauten Villa »Flora« hervorging, das **Hotel »Juodkrantė«** in der Kaimo gatvė, erbaut 1879 als Hotel »Sturmhöfel«, und in derselben Straße mehrere **Fischerhäuser** vom Anfang des 20. Jh., zum Beispiel Nr. 37 und 70 b.

Von alten Sagen umwoben sind der Raganų kalnas und der südlich benachbarte Jevos kalnas, zwei hohe, bewaldete Dünen, auf denen die Fischer von Schwarzort schon im Mittelalter den Johannistag (Joninės) feierten. Aus dem **Raganų kalnas,** dem Hexenberg, wurde 1979/80 tatsächlich ein Berg voller Hexen und Teufel, gestaltet von den besten Holzschnitzern Litauens. 82 bizarre *Holzplastiken* begleiten einen Rundweg über den Hügel, am besten wohl bei Vollmond zu beschreiten, um das alte litauische Heidentum nachzuempfinden. In den Gestalten erscheinen das Böse und das Gute, das Teuflische und das Barmherzige. Die kunstvoll geschnitzten Holzstämme offenbaren die Vorliebe der Litauer für eine drastische Charakterisierung, für das Märchenhafte. Wohl kein europäisches Volk weiß seine Gedanken, seine Träume, seine Phantasien so kraß und anschaulich darzustellen.

Während die alte Poststraße bis Juodkrantė weitgehend der Haffküste folgte, zieht sie nun Richtung Süden zur Seeseite hinüber, über

In den bizarren Holzplastiken auf dem Hexenberg leben Elemente des alten litauischen Volksglaubens fort

eine Strecke von 9 km durch eine imposante **Dünenlandschaft,** die sich bis zu einer Höhe von 54 m auftürmt. Von mehreren Parkplätzen aus kann man herrliche Wanderungen unternehmen, zum 40 m hohen Avių kalnas (Schafenberg), zu Naglių ragas (Negelner Haken), Vinkio kopa, Lydumo ragas, Naglių kopa (Negelner Düne; kalnas = Berg, kopa = Düne, ragas = Haken, Kap). Etwa 9 km südlich von Juodkrantė erreicht man die Toten Dünen (Negyvosios kopos, Mirtisios kopos), unter denen das Dorf Nagliai (Negeln) begraben liegt. Wie Karwaiten und Negeln gingen seit dem 16. Jh. auf der Kurischen Nehrung insgesamt 14 Dörfer unter. Die Leute von Nida (Nidden) mußten dreimal umziehen, und auch Preila (Preil) lag einst an einem anderen Ort.

Pervalka (Perwelk)

Eine Stichstraße führt zum Ort Pervalka (Perwelk), der wie das Nachbardorf Preila im Jahre 1844 von Bewohnern der untergegangenen Fischerdörfer Negeln und Karwaiten gegründet wurde. Auf einer Düne kurz vor Pervalka steht eine hohe **Holzskulptur für Ludwig Rhesa** (Liudvikas Rėza, 1776–1840), den Dichter, Gelehrten und Liedersammler, der als erster litauische Volkslieder (Dainos) in Deutschland bekannt machte (s. S. 55). Die Skulptur schnitzte 1975 der Bildhauer und Maler Eduardas Jonušas aus Nida, dessen Arbeiten wir an vielen Stellen der Kurischen Nehrung begegnen, aus einem mächtigen Eichenstamm. Der Dichter blickt ernst und versonnen nach Süden, wo im Jahre 1797 kurz vor dem heutigen Ort Preila der Sand sein Heimatdorf Karwaiten (Karvaičiai) begraben hatte. Er studierte damals an der Universität Königsberg, an der er später auch Professor wurde.

Pervalka schmiegt sich in eine Bucht, die sich vom Žirgų ragas (Pferdehaken) mit der »Haffleuchte«, einem Leuchtfeuer, bis zum Pervalkos ragas (Perwelkscher Haken) hinzieht. Elf alte **Fischerhäuser** stehen in Pervalka unter Denkmalschutz. Am kleinen Landungssteg legen zur Ferienzeit Touristenboote an. Südwestlich vom Dorf ragt die Skirpsto kopa (Kirbste-Düne) 53 m empor. Gleich dahinter beginnt das Elchrevier, das sich fast bis Nida hinzieht.

Preila (Preil)

Preila ist die jüngste Siedlung der Kurischen Nehrung, gegründet 1843 von Fischern aus Negeln, die ihre von den Dünen bedrohten Häuser verlassen mußten. Auch dieser kleine Ort ist nur über eine Stichstraße zu erreichen. Hier stehen zwischen modernen Gästehäusern und Pensionen noch einige über hundert Jahre alte **Fischerhäuser**. Mehrere Anhöhen bieten dem Ort sicheren Schutz, vor allem die Karvaičiu kopa (Karwaitener Düne) im Norden und die Senosios Smuklės kopa bzw. Vecekrugo kopa (Wetzekrugdüne) mit über 67 m Höhe im Süden, von der aus man bereits Nida sehen kann. Preila liegt langgestreckt am Haffstrand zwischem dem Ožkų ragas (Ziegenhaken) und dem Preilos ragas (Preilscher Haken).

Nida (Nidden)

Nida (Nidden)☆☆
Besonders sehenswert:
Alter Friedhof
Fischerhäuser
Thomas-Mann-Haus
Tal des Schweigens
Hohe Düne

Hauptort und Herz der Kurischen Nehrung, Verwaltungssitz der Stadt Neringa und einer der schönsten kleinen Badeorte an der Ostsee ist Nida (Nidden). Hier leben zwei Drittel der insgesamt etwa 2700 Einwohner von Neringa. Drei Stichstraßen verbinden den gepflegten, weit auseinandergezogenen Ort mit der alten Poststraße,

In einem alten Fischerhaus ist heute das Heimatmuseum von Nida (Nidden) untergebracht

die 4 km weiter südlich die litauisch-russische Grenze erreicht. Taxifahrer chauffieren Besucher mit russischem Visum gern in den südlichen Teil der Nehrung, in das Samland und nach Königsberg. Nida bietet neben schneeweißem Ostseestrand, Kiefernwäldern und Elchbruch auch die höchsten Dünen Europas beim Tal des Schweigens, das Thomas-Mann-Haus und ein original eingerichtetes altes Haffischerhaus.

Im Jahre 1366 teilten sich der Deutsche Orden und das Bistum Samland das Kurische Haff. Die Grenze verlief vom Grabscher Haken (Grabšto ragas) südlich von Nidden bis zum Breiten Stein, der vermutlich auf gleicher Höhe am Ostrand des Haffs lag, und stimmte ungefähr mit der heutigen litauisch-russischen Grenze überein. 1385 und 1437 erschien der Name »Noyden« für ein Fischerdorf auf der Nehrung in den Wegeberichten des Deutschen Ordens. Damals dürfte der Ort etwa 2 km südlich vom heutigen Nida gelegen haben, denn auf dem sogenannten »Pestfriedhof« fand man Münzen und andere Grabbeigaben aus jener Zeit. Im Jahre 1559 lebten 36 Familien in Nidden. Zu Beginn des 18. Jh. kamen die Dünen, so daß die Bewohner in die heutige Ortslage umzogen. Einige Fischer gründeten ganz in der Nähe das Dorf Skrusdin, heute der Ortsteil Skruzdynė. Als Negeln und Karwaiten vom Dünensand begraben wurden, ließen sich etliche Familien von dort in Nidden nieder und bauten außerdem das Dorf Purwin, den heutigen Ortsteil Purvynės. Beide neuen Dörfer verschmolzen allmählich mit Nidden. 1869 brach dort ein Feuer aus, das von Dach zu Dach sprang und den ganzen Ort mit Ausnahme der Kirche und der Schule einäscherte. Doch Nidden wurde wieder aufgebaut. Als alle Dünen im näheren Umkreis befestigt waren, zogen immer mehr Menschen hinzu, die vom Fischfang, vor allem aber von den immer zahlreicheren Sommergästen lebten. 1944 zählte Nidden etwa 900 Einwohner. Die Fischer betrieben 57 Kähne und 30 Boote, von denen mehrere noch die Wimpel der untergegangenen Dörfer Negeln und Karwaiten führten.

Kurenwimpel zeigen traditionell die Herkunft der Fischer an

Das heutige Nida zieht sich etwa 4 km am Haffufer entlang; dicht bewaldete Anhöhen, wie Angių kalnas (Schlangenberg) und Urbo kalnas, den auch die Deutschen seit jeher »Urbo kalns« nannten, schützen den Ort vor Westwinden. Der Weg zum Ostseestrand beträgt 2 km. 1903/04 erhielt Nidden einen Hafen (Uostas), den heutzutage Ausflugsschiffe aus Klaipėda und Tragflügelboote aus Kaunas anfahren. Im Hafen wartet ein restaurierter Kurenkahn auf Ausflügler, mit graugeräucherten Segeln und einem Kurenwimpel an der Mastspitze, der in althergebrachten Symbolen den Heimathafen Nidden verrät. Ein Kurenwimpel krönt auch das moderne **Rathaus** (Neringos miesto taryba ir valdyba), dessen Aussehen dem Stil der alten Fischerhäuser entspricht. Auf dem Urbo kalnas baute die ostpreußische Regierung 1874 einen 27 m hohen **Leuchtturm** (Švyturys), dessen Blinkfeuer bei klarem Wetter noch in Klaipėda zu sehen war. In den letzten Kriegsmonaten 1944/45 wurde das Wahrzeichen zerstört, aber bald nach Kriegsende durch einen neuen Leuchtturm ersetzt.

Auf einer Anhöhe über dem Haff steht die **Kirche** (Bažnyčia) von Nida, ein 1887 bis 1889 erbautes evangelisch-lutherisches Gotteshaus im neogotischen Stil. Der Pfarrer Karl Gustav Echternach hatte in ganz Deutschland Geld für den Bau gesammelt. Kaiserin Auguste Viktoria stiftete zwei Kronleuchter, der Maler Ernst Mollenhauer das Altarbild vom versinkenden Paulus. Seit 1959 wurde die Kirche nur noch für Kunstausstellungen und Konzerte genutzt, bis zum Weihnachtsabend 1988, als erstmals wieder ein Gottesdienst darin stattfand. 1992 wurde die Kirche mit Spenden ehemaliger deutscher Niddener restauriert, 1995 erhielt sie auch die noch fehlenden Abendmahlsgeräte aus Silber und Bernstein.

Ein Museum ganz besonderer Art ist der **Alte Friedhof** (Senosios Nidos kapinės) aus dem 19. Jh. zu Füßen der Kirche. Der ostpreußische Maler Lovis Corinth (1858–1925, s. S. 52), der häufig Nidden besuchte, malte ihn und die originellen Grabtafeln (Krikštai, Einz. Krikštas, eigentlich »Taufe«), aus Eichenholz für die Männer, aus Lindenholz für die Frauen. Die Tafeln waren phantasievoll geformt – ein Kreuz trat allerdings höchst selten auf –, kunstvoll geschnitzt und mit Blumen oder Ornamenten bunt bemalt; die Inschrift trat blau oder weiß hervor. Die Krikštai der Frauen besaßen meist auch ein kleines Dach, an dessen Kante weiße Striche das Alter der Verstorbenen verrieten. Die Grabtafeln waren kurischen Ursprungs, sie wurden von den Deutschen übernommen. Auf dem Alten Friedhof werden heute nur noch deutsche und kurische Protestanten beigesetzt, 1995 lebten in Nida noch sechs deutsche und vier kurische Familien. Litauische Katholiken erhalten ihre letzte Ruhestätte auf dem neuen Friedhof am Angių kalnas (Schlangenberg), wo sich neuerdings die Sitte der kurischen Grabtafeln in litauisch abgewandelten Formen durchsetzt. Auf dem winzigen **Försterfriedhof** (Miškininkų kapinaitės) nahe der alten Poststraße liegt das Grab von Georg David Kuwert, der als erster die Wanderdünen bepflanzte (s. S. 197).

Am Nidos ragas (Niddener Haken) entstand das ursprüngliche Fischerdorf Nidden, das man nach dem Zusammenwachsen der drei Dörfer Purwin, Skrusdin und Nidden nur noch kurz Haken bzw. Ragas nannte. Hier überdauerten etliche **Haffischerhäuser,** die überwiegend aus dem 19. Jh. stammen und – in den letzten Jahren liebevoll restauriert – zu den insgesamt 52 Fischerhäusern gehören, die in Nida unter Denkmalschutz stehen. Bis zur Wende zum 20. Jh. waren alle Häuser der Kurischen Nehrung aus Holz gebaut und noch mit Ried gedeckt. Das Kiefernholz schlugen die Fischer im Nehrungswald, Steine für das Fundament, Ried für das Dach und Lehm für den Ofen kamen vom Festland. Statt der Steine verwendete man in früherer Zeit Kiefernstubben als Fundament. Nägel oder Schrauben gab es nicht, alle Bauteile fügten die Zimmerleute aus dem Landesinnern mittels besonderer Nutung zusammen. Die Hauptfassade mit meist zwei Fenstern im Erdgeschoß blickte immer zum Haff. Mooslagen dichteten die Wände ab. Der Ofen in der

Haffischerhaus in den drei kurischen Farben

Lovis Corinth, »Fischerfriedhof auf Nidden«, 1893, München, Neue Pinakothek

Küche diente zum Kochen und zum Brotbacken, er hatte keinen Schornstein. Der Rauch zog durch den 2 m × 2 m großen und etwa 70 cm hohen Räucherkasten in den Bodenraum, wo Segel, Netze, Leinen und die Fleischvorräte hingen, und von dort durch Luken und Ritzen ins Freie. Schornsteine kamen erst um 1900 auf, als man die Häuser mit Dachziegeln zu decken begann. Fenster, Türen und Giebelbretter wurden vom Tischler kunstvoll geschnitzt. Mit den drei kurischen Farben Braun (wie die Erde), Weiß (wie der Sand) und Blau (wie der Himmel) strich nun der Hausherr sein neues Heim an: braun die Fassaden, weiß die Fenster und blau die Giebelbretter und Türen. Daß Ausnahmen die Regel bestätigen, entdeckt man in Nida an zahlreichen Stellen. Auf der Giebelspitze schützte eine »Windtafel«, etwa gekreuzte Pferde oder Elche, Lilien, Tulpen oder Engel, das Haus und seine Bewohner vor bösen Geistern. Das **Ethnographische Museum** (Etnografinis muziejus), ein original eingerichtetes Fischerhaus in der Naglių gatvė nahe dem Hafen, zeigt die Lebensweise der Haffischer im letzten Jahrhundert.

Das **Haus des Schriftstellers Thomas Mann** (Rašytojo Tomo Mano namas) auf dem Uošvės kalnas (Schwiegermutterberg) hoch über dem Haff hatte der Architekt Herbert Reismann einem alten

Nehrungsfischerhaus nachempfunden. Über den Entschluß seiner Familie, hier oben ein Haus mit einer herrlichen Aussicht auf das Haff und den Ort Nidden, dem von den Manns so geliebten »Italienblick«, zu bauen, berichtete Thomas Mann: »(Wir waren) von der unbeschreiblichen Eigenart und Schönheit dieser Natur, der phantastischen Welt der Wanderdünen, den von Elchen bewohnten Kiefern- und Birkenwäldern zwischen Haff und Ostsee, der wilden Großartigkeit des Strandes so ergriffen, daß wir beschlossen, an so entlegener Stelle einen festen Wohnsitz zu schaffen.« In diesem Haus verbrachte Thomas Mann mit seiner Familie die Sommer 1930 bis 1932, hier schrieb er an seiner Joseph-Tetralogie. Das Haus ist heute eine kleine Gedenkstätte mit Büchern, Fotos und persönlichen Gegenständen des Schriftstellers. Nach 1939 stand es als »Jagdhaus Elchwald« dem »Reichsforstmeister« Hermann Göring zur Verfügung, der allerdings nie zur Elchjagd auf die Nehrung kam.

Das **Hotel »Juratė«,** Pamario gatvė Nr. 3, ist mit insgesamt über 500 Betten in zehn Häusern das größte Ferienheim in Nidden. Das Hotel hieß bis zum Kriegsende Hotel »Zur Königin Luise«, denn in dem Vorgängerbau dieses Hauses logierte für eine Nacht des Jahres 1807 die preußische Königin auf ihrer Flucht vor den französischen Truppen. Neben dem Hotel »Juratė« erinnert ein kleines Häuschen aus dem 19. Jh., die vila »Undinė«, an die Zeit der Napoleonischen Kriege. Das ganze Hotelgrundstück, auf dem heute reizvolle Fischerhaus-Repliken und moderne Apartmenthäuser stehen, gehörte bis 1945 dem alteingesessenen Niddener Bürger Gustav Blode. Die Parkanlage des Hotels schmückt der Edelstahlbrunnen »Juratė und Kastytis« (s. S. 257), eine Schöpfung des Bildhauers Eduardas Jonušas aus Nida. Jenseits der Durchgangsstraße plätschert ein zweiter Brunnen, an dessen Rand ein junges Mädchen sitzt; der Schöpfer dieser Bronze heißt Antonas Ruzgas. Noch weitere Häuser sind voller Geschichte: Die Villa »Charlotte« von 1909 beherbergt heute eine Musikschule (Muzikos mokykla), das einstige Kaufhaus Froese ist Lesesaal (Skaitykla). Johann Froeses »Waldhaus« dient als Poliklinik (Poliklinika). Zwischen Durchgangsstraße und Haff fällt die stattliche vila »Svajonė«, das einstige Hotel »Blode«, ins Auge. Zuletzt gehörte es dem Maler Ernst Mollenhauer aus Nidden, der es von seinem Schwiegervater übernommen hatte. In der Gaststube des Hotels trafen sich in den späten 1920er und frühen 30er Jahren prominente Gäste: Thomas Mann, die Maler Karl Schmidt-Rottluff, Lovis Corinth, Ernst Ludwig Kirchner, Erich Heckel und Max Pechstein.

Wohl das Schönste in Nida ist eine Wanderung auf die Große Düne, deren Gebiet sich über mehrere Kilometer bis in den russischen Teil der Nehrung hinzieht. Man folgt vom Hafen aus dem Weg am Haff entlang mit ständigem Blick auf den gewaltigen Dünenkamm. Eine Treppe mit über hundert Stufen führt zur gut 52 m hohen **Parnidžio kopa** (Parniddener Düne) empor. Der Aussichtspunkt auf der Düne belohnt mit einem atemberaubenden Rundblick auf das Haff, auf die Große Düne, in das Tal des Schweigens, zur Ostsee hinüber, zum Leuchtturm und zu den Häusern von Nida. Ganz fern glitzert die Pillkoppener Düne, die schon auf russischem Gebiet liegt, und der grünliche Streifen, der in das Haff dringt, ist der Grabscher Haken (Grobšto ragas) (s. S. 268). Übrigens: Wer es sich bequem machen möchte, kann mit dem Wagen bis kurz vor den Aussichtspunkt hinauffahren. Diesen schmückt eine moderne Sonnenuhr, deren riesiger Betonfinger weithin sichtbar in den Himmel ragt und mit seinen geheimnisvollen Zeichen einem Heiligtum aus heidnischer Zeit ähnelt.

Ein Pfad führt in das **Tal des Schweigens** (Mirties slėnys = Tal des Todes) hinab. Von dem mittelalterlichen Pestfriedhof, der Agnes Miegel zu ihrem Gedicht über »Die Frauen von Nidden« anregte, ist nichts mehr zu sehen. An das Lager französischer Kriegsgefangener aus dem Ersten Weltkrieg erinnern nur noch spärliche Mauerreste. Ein stählernes Monument weist auf die litauische Segelfliegerschule hin, die hier im Jahre 1933 entstanden war. Die **Große oder Hohe Düne** (Didžioji kopa) schließt das Tal zum Haff hin ab. Sie ist heute noch knapp 70 m hoch und damit die höchste Düne Europas, doch sie verliert immer mehr an Höhe, weil die ausgedehnten Strandforsten den Westwind daran hindern, Sand heranzuwehen, die Düne andererseits alljährlich bis zu 50 cm in das Haff hineinwandert. Eines fernen Tages wird die Hohe Düne, die Hauptattraktion des Badeorts, verschwunden sein. Würde man sie bepflanzen, um ihren Lauf zu stoppen, bliebe nur noch eine gewöhnliche Anhöhe, aber keine goldgleißende Düne mehr. Auf jeden Fall ist es streng verboten, die Dünenhänge herabzurutschen oder Pflanzen aus den Dünen zu reißen, weil das die Erosion beschleunigt. Nur so kann die einmalige Schönheit der Kurischen Nehrung noch möglichst lange erhalten bleiben.

Von Klaipėda durch die Memelniederung

Das Kurische Haff

Wie eine riesige dreieckige Lagune ruht das Kurische Haff (Kuršių marios) zwischen der Kurischen Nehrung (Kuršių nerija) im Westen, der Memelniederung im Osten und dem Samland im Süden. Quer hindurch geht die litauisch-russische Grenze, von Nida (Nidden) im Westen bis zur Mündung der Skirvytė (russ. Sewernaja, dt. Skirwieth) im Osten. Das Haff ist 93 km lang und bis zu 45 km breit, es bedeckt eine Fläche von 1610 km^2. Am Süd- und Ostrand ist es zwischen 0,5 und 2 m tief, in der Auslaufrinne vor Klaipėda immerhin bis zu 7,5 m. Nur Schiffe mit geringem Tiefgang können auf dem Haff verkehren, seine Bedeutung für die Schiffahrt ist daher gering.

Um die Stadt Memel, das heutige Klaipėda, über den Memelfluß an das zentralrussische Flußsystem anzuschließen, baute das Land Preußen von 1863 bis 1873 den 23,5 km langen **König-Wilhelm-Kanal** (Karaliaus Vilhelmo kanalas), heute meist Klaipėdos kanalas genannt, der am Südende des Tiefs im Medžių uostas (Holzhafen) beim Stadtteil Smeltė (Schmelz) beginnt und fast schnurgerade der Minija (Minge) zustrebt, die bei dem Dorf Lankupiai (Lankuppen) erreicht wird. Hier schützt eine 157 m lange und 25 m breite Schleuse, eine der größten in Europa, den Kanal vor dem gefürchteten Minija-Hochwasser. Bis zu 300 t große Flußschiffe ziehen von hier aus zur Atmata (Atmath), einem Mündungsarm des Nemunas (Memel). Vom Nemunas können Schiffe der Matrosowka (Gilge) folgen und über den Nemonin (Nemonien) und den **Großen Friedrichsgraben** (Polesskij kanal) der Deima (Deime) zustreben. Über die Pregolja (Pregel) erreichen sie schließlich Kaliningrad (Königsberg). Den Bau des Friedrichsgrabens, der zwischen Golowkino (Nemonien) und Polessk (Labiau) in geringem Abstand der Haffküste folgt, hatte bereits der Große Kurfürst Friedrich Wilhelm von Brandenburg (1640–88) angeregt, verwirklicht wurde der Bau in den Jahren 1689 bis 1697. Der Kanal ist 19 km lang und zwischen 19 und 138 m breit. 1833/34 verbesserte der 11 km lange **Seckenburger Kanal** (Primorskij kanal) die Verbindung zwischen Gilge und Nemonien. Eine verzwickte Reise war das also zwischen Memel und Königsberg, die die gefährlichen und unberechenbaren Untiefen im Kurischen Haff mied. Doch dieses Wasserstraßensystem sollte ja nicht die beiden Städte gefahrlos verbinden – über die Ostsee ginge das weit besser –, sondern das Hinterland erschließen. Holz war im 19. Jh. das wichtigste Trans-

Fischerboot mit traditionellem Kurenwimpel

portgut, aber auch Getreide und Vieh kamen aus Weißrußland, Rußland sowie aus der Ukraine an die Ostsee.

Von Klaipėda durch die Memelniederung

Die berühmten **Kurenkähne**, die seit Jahrhunderten wichtigsten Segelschiffe der Haffischer, besaßen keinen Kiel und konnten daher auch an besonders flachen Stellen segeln. Außerdem brauchten sie keinen Hafen, denn man konnte sie relativ einfach und schnell an Land ziehen. Heute ersetzen Motorschiffe mit geringem Tiefgang die Kurenkähne, die seit dem Mittelalter in nahezu unveränderter Form gebaut und gefahren wurden. Im Museum sieht man hier und da noch eines der unverwüstlichen Boote, und von Nida aus kann man mit ihnen über das Haff kreuzen. Die Fischerei auf dem Haff war wohl schon immer ein landesherrliches Privileg. Der Landesherr – über mehrere Jahrhunderte war das der Deutsche Orden – verteilte die Berechtigungen, die immer an einen bestimmten Landbesitz gebunden waren. So besaß zum Beispiel der Gastwirt Gustav Blode in Nidden auf dem Grundstück seines Kruges (heute das Haupthaus des Hotels »Juratė«) eine Berechtigungsurkunde von 1529. Die Kähne mußten an Rumpf und Segel deutliche Kennzeichen tragen, später kamen die schmucken Kurenwimpel auf (s. S. 203). Die Segel – am 10 bis 12 m hohen Großmast blähten sich 40 m^2 und mehr –

waren selten weiß, meistens grau vom Rauch auf dem Dachboden, sehr oft aber rotbraun, was eine heiße Imprägnierlauge aus frischer Erlenrinde bewirkte.

Im Kurischen Haff werden unter anderem Aale, Barsche, Brassen, Hechte, Neunaugen und Zander gefangen. In den nehrungsnahen Gewässern der Ostsee gehen Dorsche, Flundern, Heringe, Krabben, Lachse, Sprotten, Steinbutte und gelegentlich auch Störe ins Netz.

Am Haff entlang nach Šilutė

Priekulė (Prökuls)

Die Fahrt führt durch die Memelniederung, den Kern des einstigen Memelgebiets oder Kleinlitauens (Mažas Lietuva), im Gegensatz zum ›eigentlichen‹ Litauen oder Großlitauen. Gut 20 km südlich von Klaipėda liegt der Marktflecken Priekulė (Prökuls) in einer Schleife der Minija (Minge) an der Bahnstrecke Klaipėda–Tschernjachowsk. Priekulė bietet keine touristische Sensation; es ist ein Landstädtchen, an dem der letzte Krieg fast spurlos vorüberging und das noch immer sein altes preußisches Stadtbild bewahrt hat. 1540 erschien in einem Amtsbuch der Name des Besitzers einer Gastwirtschaft an der Minge: Lukas Preckol. Als sich im Umkreis des Kruges eine Siedlung entwickelte, übernahm sie den Namen des Wirtes. Auf einer Landkarte von 1548 war bereits das Dorf »Precols« eingezeichnet. Spätestens 1587 besaß der Ort eine Kirche, aber nicht alle Einwohner waren Christen, da »viele Tote ohne einen Gesang begraben wurden«, wie ein Lokalchronist beklagte. Schon 1594 hatte Precols einen Lehrer. 1609 plünderte während des Schwedenkriegs eine Abteilung polnischer Kavallerie die Dorfbewohner. 1688 baute der Pfarrer Wilhelm Martini eine neue Kirche. 1905 zählte Prökuls knapp 500 Einwohner, die alle evangelisch waren, aber überwiegend litauisch sprachen. Heute leben hier etwa 1200 Menschen, darunter nur noch wenige Deutsche, die nach Abriß der alten evangelischen Kirche das frühere Gemeindehaus in eine Kirche umgebaut haben.

Die Einwohner von Priekulė arbeiten in Klaipėda, denn außer einer Käsefabrik gibt es hier keine Industrie. 1990 beging der Ort sein 450jähriges Jubiläum. Bei dieser Gelegenheit gedachten die Bewohner der Schriftstellerin Ieva Simonaitytė (Eva Simoneit, 1897–1978). Sie wurde in Wannaggen, heute Vanai, an der früheren deutsch-litauischen Grenze geboren, lebte in Königsberg und Vilnius und starb in Priekulė. Ihr Alterssitz, ein hübsches Sommerhaus, wurde zur Gedenkstätte. Die aus Priekulė stammende Bildhauerin Dalia Matulaitė gestaltete ein Denkmal für I. Simonaitytė auf dem Hauptplatz. Priekulė rühmt sich auch, die nähere Heimat der Vorfahren Immanuel Kants (1724–1804) zu sein. Der Urgroßvater des Philosophen, Richard Kant, kam aus dem kleinen Dorf Kantweinen (Kantvainai), 5 km nordöstlich von Prökuls. Er hatte in Ruß (Rusnė) eine Gastwirtschaft gepachtet. Immanuel Kants Großvater war Riemer (Gürtelmacher) in Memel (Klaipėda), sein Vater, ebenfalls ein Riemer, ging nach Königsberg, wo auch Immanuel Kant geboren wurde.

7 km südöstlich von Priekulė duckt sich die winzige Stadt **Vilkyčiai** (Wilkieten) zwischen die 40 bis 50 m hohen Endmoränenhügel der Vilkyter Höhenkette. Als im 18. Jh. die Pest fast alle Bewohner hinweggerafft hatte, kamen 1731/32 protestantische Flüchtlinge aus Salzburg und prägten das Städtchen im alpenländischen Sinne. Die pittoreske Altstadt steht heute unter Denkmalschutz.

Dreverna (Drawöhnen)

Nach Dreverna (Drawöhnen) am gleichnamigen Flüßchen, das hier ins Kurische Haff mündet, sind es von Priekulė 8 km, eine Fahrt durch saftig grüne Weiden, auf denen schwarzbunte Rinder grasen. Eine neue Stahlbrücke überspannt den **Klaipėdos kanalas** (s. S. 208), den alten König-Wilhelm-Kanal. Die Straße begleitet den schnurgeraden Wasserlauf, den heutzutage nur noch selten Schiffe und erst recht keine Flöße mehr befahren; er dient als Frischwasserreservoir für die Stadt Klaipėda. Drawöhnen war schon im 13. Jh. ein bekanntes Fischerdorf, im 17. und 18. Jh. fanden hier vielbesuchte Fischmärkte statt. Sehenswert sind noch einige alte **Fischerhäuser** des 18. und 19. Jh. mit dem obligaten Storchennest auf dem Dach und einem Ziehbrunnen im Garten. Einen kurzen Besuch lohnt der alte **Friedhof** auf dem künstlichen Hügel, wo das alljährliche Frühjahrshochwasser die Toten nicht erreichen kann. Wunderschön ist von hier der Blick über das Haff hinweg zu den weißleuchtenden Negyvosios kopos (s. S. 201), den »Toten Dünen« von Negeln auf der Kurischen Nehrung.

Kintai (Kinten)

Nun folgen wir der Küste südwärts, passieren das kleine Dorf Svencelė (Schwenzeln) mit einer Villa aus dem 19. Jh., blicken östlich der Straße über das Svencelės pelkė (Schwenzelner Moor), durchfahren einen dichten Nadelwald und erreichen nach insgesamt 12 km das malerische Fischerdorf Kintai (Kinten). Im Jahre 1540 hatte hier ein Benedikt Kinten (Kintius) einen Bauernhof. Nach ihm erhielt das Fischerdorf, das am Rande des Haffs entstand und bald einen berühmteren Fischmarkt abhielt als Drawöhnen, seinen Namen. Um das Jahr 1700 holten sich die Kintener Fischer von der 10 km entfernten Ruine der Windenburg, einer Burg des Deutschen Ordens, Steine und Ziegel der stattlichen Burgkapelle und bauten sie in ihrem Heimatdorf als **Kirche** wieder auf. Anfang der 1980er Jahre ließ die Kolchose Kintai die Kirche außen und innen sorgfältig restaurieren und in einen Konzertsaal verwandeln. Das stattliche

Gebäude der Raiffeisenkasse vom Anfang des 20. Jh., besser bekannt als »Hall'sche Villa«, nach dem Direktor des Memeler Raiffeisenverbands, ist heute ein Mehrfamilienhaus. Aus der alten, im eklektizistischen Stil der Jahrhundertwende errichteten Schule wurde ein Verwaltungsgebäude der Kolchose.

Ventė (Windenburg)

Am Ende einer weit in das Kurische Haff hinausragenden Halbinsel, der Windenburger Ecke (Ventės ragas), liegt das alte Fischerdorf Ventė (Windenburg), das im 14. Jh. neben der Windenburg des Deutschen Ordens entstand. Die Ordensburg ist verschwunden, das große Erlebnis dieser abgeschiedenen Ecke ist heutzutage die berühmte Vogelwarte, die man unbedingt besuchen sollte. Von Juodkrantė (Schwarzort), vor allem aber von Nida (Nidden) kommen Ausflugsschiffe herüber. Im Jahre 1360 wurde die Windenburg als eine der ersten Ordensburgen im Memelgebiet erbaut. Sie unterstand dem Marschall des Deutschen Ordens in Königsberg. Von hier aus fuhren die Krieger des Ordens memelaufwärts, vereinigten sich mit Truppen von weiteren Burgen des Memelrings und gingen auf »Litauerreise«, um das Land zu erobern und dessen Bewohner zu missionieren. Als der Orden nach der Schlacht bei Tannenberg (1410) diese »Reisen« einstellte, verfielen die Ordensburgen, 1422 rissen die sturmgepeitschten Brandungswellen des Haffs einen Teil der Windenburger Mauern ein. Um 1700 holten sich die Kintener Fischer die Steine der Burgkapelle. Im 19. Jh. sollen noch Mauerwerk und Fundamente der Burg im Wasser zu sehen gewesen sein.

Die **Vogelwarte Windenburg** (Ventės rago ornitologinė stotis) wurde 1929 gegründet. Damals entstand das Wohn- und Beobachtungshaus hinter dem rotbraunen **Leuchtturm** (Švyturys) aus dem Jahre 1863. Eine breite Treppe führt zum Haff hinunter. Wenige Kilometer vor dem Leuchtturm, der heute als technisches Denkmal geschützt ist, lauern das tückische Ackmenriff (Akmenė sekluma) und die Hohe Sandbank (Kalva sekluma) auf sorglose Skipper. Und auch die Vorbeifahrt an der Knaupbucht (Kniaupos įlanka) vor der Mündung der Atmata ist wegen plötzlich auftretender Sturmböen und Strömungen gefürchtet. Die Windenburger Ecke ist ein Rastpunkt für zahllose Zugvögel, die nicht der Nehrungsroute folgen und dabei von der Vogelwarte Rossitten (s. S. 264) beobachtet werden, sondern quer über das Kurische Haff fliegen. In der Vogelzugzeit im Oktober und November kommen täglich 100 000 bis 300 000, an manchen Tagen sogar über eine Million Vögel nach Windenburg. 50 000 bis 60 000 Vögel von etwa 140 Arten werden hier jährlich beringt, um ihre Flugroute verfolgen zu können. Diese Tiere werden in riesigen Netzen, die man in Nida herstellt, gefangen und nach dem Beringen wieder freigelassen. Die Wissenschaftler von Ventė beteiligen sich am UNESCO-Programm zur Erforschung der weltweiten Migration der Vögel. Eine kleine *Ausstellung* in der Forschungsstation erläutert die Tätigkeit der Vogelwarte und beschreibt die Tierwelt der Halbinsel Ventė, die – wie das ganze Memeldelta – unter Naturschutz steht.

Minija (Minge)

Nach Verlassen der Halbinsel biegt man ostwärts ab und fährt über die weltvergessenen Dörfer Stankiškiai und Bložiai mit ihren modernen Holzhäuschen, moosigen Strohdächern, zahllosen Storchennestern und Ziehbrunnen in das malerische Fischerdorf Minija (Minge), das »litauische Venedig«. Mit der ›Republik von San Marco‹ hat Minija allerdings nur zwei Dinge gemeinsam: Die Häuser sind alt und stehen – zu beiden Seiten des Flusses Minija (Minge) – unmittelbar am Wasser. Da die Minija trotz des Rückhaltebeckens bei Lankupiai immer wieder, in manchen Jahren mehrmals über die Ufer tritt, zogen viele Fischer in das sicherere Kintai und schlossen sich der dortigen Kolchose an. Die langsam verfallenden **Fischerhäuser,** vor allem die aus dem 19. Jh., sollen restauriert werden und einmal eine internationale Künstlerkolonie beherbergen. Minija liegt »am Ende der Welt«. Von hier führt keine Straße südwärts. Man muß also umkehren und den Krokų Lanka (Krakerorther Lank), einen großen Binnensee, umfahren. Der See war einst eine Bucht des Kurischen Haffs, von der Memel angeschwemmte Erde bildete ein riesiges Delta, ein Paradies für Vögel, Fische und andere Lebewesen (Nemuno-deltos botaninis-zoologinis draustinis).

Am Kurischen Haff wird der Fischfang noch auf althergebrachte Weise betrieben

Šilutė (Heydekrug)

Šilutė (Heydekrug) ☆
Besonders sehenswert:
Evangelische Kirche
Heimatmuseum

Von Minija sind es gut 15 km bis nach Šilutė (Heydekrug), dem Hauptort des südlichen Memellands. Die Kreisstadt, 52 km südlich von Klaipėda, hat heute etwa 16 000 Einwohner, die in mehreren größeren Industrieunternehmen arbeiten, u. a. in einer Möbelfabrik, einer Pumpenfabrik und einem Torfverarbeitungsbetrieb. Im Jahre 1511 erhielt ein gewisser Johann Talat vom Deutschen Orden die Erlaubnis, am Ufer des Flüßchens Šyša (Sziesze) inmitten einer reizvollen Heidelandschaft eine Schankwirtschaft zu eröffnen, den »Heidekrug«. Rings um den Krug entstanden vier Siedlungen: Heidekrug (Šilokarčema, aus šilas = Heide, karčema = Kneipe), gegründet nach 1511; Werden (Verdainė), schon im 13. Jh. erwähnt; Szibben (Žibai), 1540 erwähnt, und Zintjonischken (Cintjoniškės), 1779 erwähnt. Erst 1910 wurden die vier Dörfer unter dem Namen Heydekrug zu einem Marktflecken vereinigt, der 1941 Stadtrecht erhielt. Die litauischen Einwohner nannten ihren Ort Šilokarčema (= Heidekneipe), aber weil ihnen dieser Name nicht besonders gefiel, wählten sie nach dem Anschluß des Memellands an Litauen 1923 den offiziellen Namen Šilutė.

In Heydekrug fand an jedem Dienstag einer der größten Wochenmärkte in Ostpreußen statt. Noch immer ist der riesige Marktplatz am Ufer der regulierten Šyša vorhanden, er wird heutzutage aber nur noch für einen kleinen Wochenmarkt genutzt. Früher ankerten neben dem Platz Kähne aus Ruß, Memel, Nidden, Tilsit und sogar aus Königsberg. Händler aus Litauen und Rußland hatten ihre Stände. Weithin bekannt war der Viehmarkt von Heydekrug, und zum Pferdemarkt kamen sogar holländische und englische Interessenten. Der Hochadel erschien, um von hier aus auf die Jagd zu ziehen. Einmal weilte sogar der russische Zar Nikolaj II. als Jagdgast in Heydekrug.

Portal der (noch heute) evangelischen Kirche in Šilutė (Heydekrug)

Die Häuser am **Markt** (Turgų gatvė) sind fast alle erhalten und restauriert. Die **evangelische Kirche** von 1926 mit ihrem 50 m hohen Glockenturm, 1994/95 restauriert, stand auch in sowjetischer Zeit ununterbrochen für Gottesdienste zur Verfügung. Seit 1989 wird hier auch wieder deutsch gepredigt, denn immerhin leben im heutigen Šilutė mehrere hundert Deutsche. Die Kirche versteckt sich in einem kleinen Park mit hohen Bäumen. Ihre Vorgängerin stammte aus dem Jahre 1566. Über dem Portal überdauerte das Lutherwort »Ein feste Burg ist unser Gott.« 1588 bekam Heydekrug eine Schule. Im 17. Jh. ließen sich mehrere schottische Familien, wegen ihres kalvinistischen Glaubens verfolgte Presbyterianer, hier nieder. 1837 errichteten Baptisten ein Gebetshaus. Im Jahre 1850 wurde die **katholische Kirche** geweiht. Dieser schöne Backsteinbau gewann durch die zahlreich zugewanderten katholischen Litauer sehr an Bedeutung. Das Waisenhaus nebenan erfüllt noch immer seinen ursprünglichen Zweck. Erhalten blieb auch der rote Ziegelbau des Amtsgerichts von 1909. Das benachbarte Gefängnis ist heute eine

Ingenieurschule. Das Rathaus besitzt noch die großen Tore für die freiwillige Feuerwehr. Wer Spuren der Vergangenheit sucht, findet außerdem »Deim's Hotel«, heute Hotel »Nemunas«, die Landwirtschaftsschule, den Bahnhof und manch anderes Gebäude aus deutscher Zeit.

Die Antiquitätensammlung des Gutsbesitzers Scheu bildete den Anfangsbestand für das höchst interessante **Heimatmuseum**, in dem heutzutage nicht nur Funde aus den steinzeitlichen Gräberfeldern von Vėžaičiai, Stragnai und Lapaliai zu sehen sind, sondern auch volkskundliche Exponate aus der jüngeren memelländischen Vergangenheit, die das überwiegend gute Zusammenleben von Deutschen und Litauern dokumentieren. Vor dem Landwirtschaftlichen Technikum löste ein Ehrenmal für die Gefallenen der Sowjetarmee die früher an dieser Stelle an den Schriftsteller Hermann Sudermann erinnernde Porträtbüste ab. 1996 erhielt die Stadt ein neues Sudermann-Denkmal, einen Nachguß aus der Werkstatt des Berliners Harald Haacke. Sudermann wurde in der nahen Gutssiedlung Macikai (Matzicken) geboren. Heydekrug war für ihn die Heimatstadt, hier ging er zur Schule.

Das Dorf **Macikai** (Matzicken), nur 3 km östlich von Šilutė gelegen, ist ein Ort der Erinnerungen. Ein gewaltiges *Kreuz*, das 1988 auf dem Gelände des früheren Staatsguts aufgestellt wurde, markiert ein riesiges Gräberfeld, auf dem 8000 Opfer der Stalinzeit ihre letzte Ruhestätte fanden. 1923 hatte Litauen auf dem Gut eine Kaserne eingerichtet, die die Deutschen 1939 in ein Kriegsgefangenenlager verwandelten. 1945 wurde daraus eine Sammelstelle für Deportationen mißliebiger Litauer nach Sibirien. Ein 1984 restauriertes Wohnhaus, knapp 1 km von dem Gut entfernt, enthält eine *Gedenkstätte für Hermann Sudermann* (1857–1928), den deutschen Schriftsteller und Dramatiker. Sudermann kam in dem nicht mehr existierenden Nachbarhaus zur Welt, einer winzigen Brauerei, die im Ersten Weltkrieg zerstört wurde. Hier verlebte er seine Kindheit, von hier aus besuchte er die Schule in Heydekrug. Die Gedenkstätte besteht seit 1989 und zeigt Fotos, Handschriften sowie Ausgaben seiner zahlreichen Werke.

Rusnė (Ruß)

Noch einsamer fast als die Halbinsel Ventė ist das Delta von Rusnė (Ruß). Der Nemunas (Memel, russ. Neman) teilt sich wenige Kilometer westlich von Sowjetsk (Tilsit) in zwei Mündungsarme: Matrosowka (Gilge) und Rusnė (Ruß). Die Rusnė gabelt sich bei der Stadt Rusnė wiederum in zwei Arme: die Atmata (Atmath) und die Skirvytė (Skirwieth, russ. Sewernaja). Genaugenommen gibt es noch einen dritten, winzigen Arm, die Pakalnė (Pokallna), von der wiederum die Vorusnė (Warruß) abzweigt. Nemunas, Rusnė und Skirvytė

»Auf der rechten Seite kommt nun Ruß, der große Herrenort, in dem so viel getrunken wird wie nirgends auf der Welt. Vor dem Rußner Wasserpunsch fürchten sich ja selbst die Herren von der Regierung.«
Hermann Sudermann (1857–1928), »Die Reise nach Tilsit«

bilden die Grenze zwischen Litauen und dem zu Rußland gehörenden Königsberger Gebiet.

Die Ortschaft Rusnė (Ruß) 8 km südwestlich von Šilutė umfaßt das gesamte, 43,5 km² große Flußdelta und avancierte erst vor wenigen Jahren vom Marktflecken zur Stadt. Da das Delta nur bis 1,5 m über dem Haffspiegel liegt, das Frühjahrshochwasser den normalen Wasserstand aber um 3 m und mehr übersteigt, stehen die Wiesen und Sümpfe des Deltas trotz Eindeichungen fast in jedem Jahr unter Wasser. Auch die kleine Stadt Rusnė hat nicht selten darunter zu leiden.

Eine Fischersiedlung mit Namen »Ruß« war schon im 14. Jh. bekannt. 1419 erhielt die Siedlung eine Kirche, im Jahre 1448 offiziell eine Schankwirtschaft, was keineswegs bedeutet, daß die Kirche schon vor der Schankwirtschaft bestand, wohl ganz im Gegenteil. Im 16. Jh. lebten hier überwiegend Litauer, die 1583 für ihre Kinder eine litauische Schule einrichteten. 1825 sollen mehr als die Hälfte der Bewohner litauisch gesprochen haben. Im Jahre 1900 zählte Ruß rund 2000 Einwohner, darunter je 100 Katholiken und Juden. Von 1912 bis 1914 entstand die Brücke über die Atmath, den 225 m breiten Hauptmündungsarm der Memel. Die Brücke wurde im Oktober 1944 zerstört und 1974 einige hundert Meter flußabwärts auf fünf Pfeilern neu erbaut.

Wehrhaft-trutzig wirkt der Kirchturm von Rusnė (Ruß)

Der **Marktplatz** von Rusnė hat sein früheres Aussehen weitgehend bewahrt. Die **evangelisch-lutherische Kirche** von 1809 wurde nach 1989 restauriert und der Gemeinde wieder zur Verfügung gestellt. Besonders sehenswert sind die ehemaligen **Fischerhäuser** im Ortsteil Skirvytėlė (Skirwietell) im Süden von Rusnė in der Žvejų gatvė (Fischergasse). Es empfiehlt sich, von Rusnė aus quer durch das unter Naturschutz stehende Delta bis zum **Leuchtturm von Uostadvaris** (Uostadvario švyturys) zu fahren, der gegenüber der Mingemündung die Einfahrt in die Atmata sicherte. Obwohl das 1873 errichtete Bauwerk unter Denkmalschutz steht, gleicht es zur Zeit einer Ruine. Die benachbarte **Pumpstation** (Uostadvario vandens kėlimo stotis) aus dem Jahre 1907, die das überschüssige Wasser vom Delta saugen und in die Atmata speien sollte, steht ebenfalls unter Denkmalschutz; die mächtige, wohlgepflegte Pumpe befindet sich in einem Ziegelbau. Die alte Pumpstation von Uostadvaris wurde inzwischen durch eine moderne Anlage gleich nebenan ersetzt.

Juknaičiai (Jugnaten)

Juknaičiai (Jugnaten), 10 km südöstlich von Šilutė, war seit 1963 eine Mustersowchose, also ein vorbildlicher staatlicher Landwirtschaftsbetrieb, der sich mit neuesten Arbeitsverfahren auf Rinderzucht, Milchwirtschaft und Geflügelhaltung spezialisiert hatte und zu den erfolgreichsten Sowchosen Litauens zählte. Ihr Direktor Zigmantas Dokšas engagierte begabte junge Baumeister und Künstler, darunter den Architekten Eduardas Vičius und den Bildhauer Stanislovas (Stasys) Kuzma, von dem das »Musenfest« am Schauspiel-

Die Sowchose von Juknaičiai glänzt mit origineller Architektur

haus in Vilnius stammt (s. S. 99), und verwandelte mit ihrer Hilfe das alte Dorf in ein beeindruckendes Gemeinwesen, das mehr einem Kurort als einem Industriestandort gleicht. Der Architekt zauberte reizvolle Reihenhäuser und Wohnblocks, die das Kulturzentrum mit Veranstaltungshalle, Schule und Schwimmbad umschließen. Ein außergewöhnlich gestalteter **Wasserturm** ragt wie ein moderner Kirchturm aus der Ortsmitte hervor. Ein futuristisches **Hotel** (1986) mit hohem Komfort beherbergt heute vor allem deutsche Gäste. Vor dem Hotel steigt inmitten gepflegter Grünanlagen die **Bronzeskulptur** »Skridis« (Flug) von G. Karalius empor. Kuzma hinterließ in Juknaičiai mehrere beachtenswerte Skulpturen, z. B. »Liepsna« (Feuer), »Žirgas su sakalu« (Pferd und Falke) sowie »Eglę Žilvina und ihre Kinder«.

Tauragė (Tauroggen)

Tauragė (Tauroggen) Besonders sehenswert: Heimatmuseum

An beiden Ufern der Jūra, eines Nebenflusses des Nemunas, liegt die Kreisstadt Tauragė, durch welche die alte Handelsstraße von Königsberg nach Rīga verlief, die heutige A 12. Der Ort Tauroggen wurde erstmals im Jahre 1507 erwähnt, als die Einwohner ihre erste Kirche weihten, ein katholisches Gotteshaus, zu dem sich 1567 ein evangelisch-lutherisches gesellte. Von 1687 bis 1795 gehörte Tauroggen zu Preußen, danach kam es zum Zarenreich und erhielt auch eine russisch-orthodoxe Kirche. 1812 rückte die Stadt in das Licht der Weltgeschichte: Am 30. Dezember jenes Jahres schloß der preußische General Yorck in der Mühle von Poscherun (Požerunai) bei Tauroggen einen Neutralitätsvertrag mit dem russischen General Diebitsch, die berühmte »Konvention von Tauroggen«. Etwa 8 km südlich von Tauragė in Richtung Sowjetsk (Tilsit), an der Kreuzung nach Vainutas, aber abseits der Straße, erinnert ein steinernes **Denkmal** in der Form eines aufgeschlagenen Buches mit litauischer und russischer Inschrift an die Konvention. Die »Mühle von Poscherun« existiert nicht mehr.

Die Konvention von Tauroggen

Ludwig Yorck, der spätere Graf Yorck von Wartenburg, befehligte 1812 das preußische Hilfskorps der Grande Armée Napoleons, die sich auf dem Rückzug aus Rußland befand. Bei Verhandlungen in der Mühle von Poscherun am Westufer der Jūra gegenüber von Tauroggen drohte der russische Generalstab mit dem Angriff auf die 20 000 Mann starke preußische Truppe, falls Yorck sie nicht für neutral erklären würde. Yorck, ganz preußischer Offizier, entschloß sich nur zögernd zu diesem Schritt, der de facto Fahnenflucht bedeutete, da die Preußen seit Februar 1812 mit den Franzosen verbündet waren. Preußenkönig Friedrich Wilhelm III. billigte insgeheim Yorcks eigenmächtige Entscheidung. Die Konvention von Tauroggen sollte den Anstoß zur preußischen Volkserhebung gegen den Franzosenkaiser geben. Nachdem sich Preußen und Rußland im Februar 1813 im Vertrag von Kalisch verbündet hatten, erklärte Preußen am 16. 3. Frankreich den Krieg. Österreich trat im August an der Seite Preußens und Rußlands in die Befreiungskriege ein. Das Schlachtenglück wendete sich erstmals in der blutigen Völkerschlacht bei Leipzig vom 16. bis 19. 10. 1813 entscheidend gegen Napoleon. Ende März 1814 zogen Diebitsch und Yorck an der Spitze ihrer Truppen in Paris ein, im Juni wurde Yorck in den Grafenstand erhoben. Ein Jahr später besiegelte die Schlacht bei Waterloo endgültig Napoleons Niederlage.

Der architektonische Historismus machte im 19. Jh. auch vor Gefängnissen und Zollstationen nicht halt. Heute residiert hier das Heimatmuseum von Tauragė (Tauroggen)

Tauragė ist auch mit dem Leben des französischen Schriftstellers Honoré de Balzac (1799–1850) verbunden. Im Frühjahr 1843 war er nach St. Petersburg gereist, um seine polnische Brieffreundin Evelina Hanska, geborene Gräfin Rzewuska, zu heiraten, mit der er seit elf Jahren in Briefwechsel stand. Aber die beiden gerieten in Streit, und Balzac fuhr nach Paris zurück. In Tauroggen, dem letzten Ort des Zarenreichs, machte er Rast und schrieb Gräfin Evelina einen Brief, der sie wieder aussöhnte. Schließlich heirateten die beiden doch noch, im Jahre 1850, nur kurze Zeit vor Balzacs Tod. Eine Kopie des Briefes verwahrt das Heimatmuseum.

Einer mittelalterlichen Burg gleicht in Tauragė das mächtige Backsteingebäude mit seinen vier runden Ecktürmen und den 6 m hohen Mauern, erbaut um die Mitte des 19. Jh. als Zollstation und Gefängnis. Heute erhält das martialisch aussehende Gebäude eine Technikerfachschule und das **Heimatmuseum.**

Gut 25 km südlich von Tauragė kreuzen sich die Straße Šilutė–Jurbarkas und die A 12 im Dorfe Mikytai. 6 km östlich davon biegt man in Lumpėnai südwärts ab und erreicht nach etwa 4 km am nördlichen Ufer des Nemunas (Memel), der hier die litauisch-russische Grenze markiert, den **Rambyno kalnas,** den heiligen Berg Rambynas, ein uraltes, sagenumwobenes Heiligtum der Litauer. Der Hügel ist heute noch 46 m hoch, früher dürfte der Schüttberg fast doppelt so hoch gewesen sein. Jedes Hochwasser drückte in der Nemunasschleife gegen den Hang, trug ihn ab und unterspülte ihn. 1835 und 1878 stürzten gewaltige Teile des Rambynas in die Fluten und wurden fortgetragen. Vielleicht schon im 12. Jh., bestimmt aber im 13. Jh., wachte hier die Burg Ramigė, von deren Erstürmung im Jahre 1276 die Chronik des Deutschen Ordens berichtet. Die Wegebeschreibungen des Ordens erwähnen den heiligen Hain von Rambynas. Daß der Rambynas auch in christlicher Zeit als heilig galt, davon hören wir im 16. und sogar noch im 19. Jh., als katholische Litauer dorthin pilgerten, um die alten Götter durch Opfergaben zu beschwichtigen und Glück, Gesundheit und Kindersegen zu erbitten. 1811 entfernte ein Müller den gewaltigen Altarstein, um den heidnischen Bräuchen ein Ende zu bereiten und aus dem Altar Mühlsteine herzustellen. Aber die Steinmetzen sollen sich bei der Bearbeitung des Altarfelsens schwer verletzt haben, und der Müller soll gar in das Getriebe seiner Mühle geraten und zermalmt worden sein.

Seit dem Ende des 19. Jh. feiert die litauische Jugend in der Nacht zum 24. Juni auf dem Rambynas die Sommersonnenwende, die Johannisnacht, das Geburtsfest Johannes' des Täufers. Diese kürzeste und fröhlichste Nacht des Jahres ist mit bestimmten Bräuchen verbunden: mit dem Entzünden des Johannisfeuers, mit dem Sprung der jungen Paare durch die Flammen, mit Musik, Gesang und Tanz und mit der gemeinsamen »Suche nach der Farnblüte«. Der aus Tilsit stammende Schriftsteller Johannes Bobrowski (1917–65) hat so ein Fest in seinem Roman »Litauische Claviere« beschrieben.

Fassade der im Stil der florentinischen Renaissance erbauten Alten Börse in Kaliningrad (Königsberg) ▷

Königsberg und das Samland

Im Potsdamer Abkommen vom 2. 8. 1945 erhielt die Sowjetunion als eine der Siegermächte des Zweiten Weltkriegs den nördlichen Teil Ostpreußens mit der Stadt Königsberg zugesprochen. Das Gebiet bekam im Juli 1946 den amtlichen Namen Kaliningradskaja Oblast (КАЛИНИНГРАДСКАЯ ОБЛАСТ) nach dem sowjetischen Staatsoberhaupt Michail I. Kalinin und gehörte zur Russischen SFSR. Das Kaliningrader Gebiet mißt in West-Ost-Richtung maximal 205 km und von Nord nach Süd maximal 108 km. Auf einer Fläche von 15 100 km² wohnen hier heute gut 900 000 Menschen, also rund 60 Einw./km².

Das Territorium war bis 1991 militärisches Sperrgebiet und durfte sowohl von Sowjetbürgern als auch von Ausländern nur mit Sondergenehmigung betreten werden. Nach dem Ende der Sowjetunion ist die Kaliningrader Oblast (= Gebiet) eine Exklave der Russischen Föderation, und es bereitet keinerlei Schwierigkeiten, das erforderliche Visum zu bekommen, wenn die Hotel-, Camping- oder sonstigen Unterkünfte für die Dauer der Reise bestätigt sind. Zwar ist das Gebiet touristisch noch wenig erschlossen. Doch um so eindrucksvoller wirken die fast unberührte wald- und seenreiche Landschaft, die herrliche Ostseeküste mit den gepflegten Seebädern Swetlogorsk (Rauschen) und Selenogradsk (Cranz) und mit der Kurischen Nehrung, die Hauptstadt Kaliningrad (Königsberg) und die alten preußischen Landstädte, die Elchniederung und die Rominter Heide.

Auch wenn in den letzten Monaten des Zweiten Weltkriegs unzählige Kulturdenkmäler zerstört und von ehemals fast 2800 Ortschaften im nördlichen Ostpreußen nahezu 1500 zu Wüstungen wurden – inzwischen sind sie meist völlig vom Erdboden verschwunden –, prägen das Land noch immer altbaltische, prussische, ostpreußisch-deutsche Traditionen. Vieles haben die neuen russischen Bewohner nach dem Krieg übernommen, anderes aus ihrer alten Heimat in der ehemaligen Sowjetunion mitgebracht, auch die Freundlichkeit und Hilfsbereitschaft, das Lachen und vielleicht auch ein wenig Dickköpfigkeit.

Kaliningrad (Königsberg)

Kaliningrad (Königsberg) ☆☆
Besonders sehenswert:
Dom mit Kantgrab
Dohnaturm (Bernsteinmuseum)
Neues Schauspielhaus
Luisenkirche
Amalienau
Juditter Pfarrkirche

Kaliningrad (КАЛИНИНГРАД) ist die Hauptstadt des gleichnamigen Territoriums. Auf den 220 km² Stadtgebiet leben rund 430 000 Menschen, davon etwa 340 000 Russen, 40 000 Weißrussen, 30 000 Ukrainer, 10 000 Litauer und auch um die 1000 Deutsche. Trotz der verheerenden Verwüstungen, die britische und amerikanische Bombenangriffe im Sommer 1944 sowie die Belagerung und Eroberung der Stadt durch sowjetische Truppen im Frühjahr 1945 verursachten, blieben einige historisch bedeutende Bauwerke erhalten. Andere sind inzwischen wieder instand gesetzt oder restauriert worden. Der eng bebaute mittelalterliche Stadtkern jedoch, der Kneiphof, verwandelte sich in eine Grünanlage; an die Stelle des berühmten Schlosses trat die monströse Bauruine eines geplanten neuen Rathauses. Die Domruine aber erhielt das Turmdach zurück, und auch in die Mauern des Kirchenschiffs soll nach dem Wiederaufbau erneut Leben einkehren.

Die Russen gaben dem alten Königsberg im Juli 1946 den Namen von Michail Iwanowitsch Kalinin (1875–1946), dem ersten Staatsoberhaupt der Sowjetunion. In ganz Rußland hat man inzwischen zahllosen Orten und Straßen, die nach Kalinin benannt wurden, ihre alten Namen zurückgegeben – oder neue gewählt, die nicht mit der Erinnerung an die Stalinzeit belastet sind. Ob aber aus Kaliningrad jemals wieder »Kenigsberg« (КЕНИГСБЕРГ) werden wird, wie die Stadt noch 1945/46 hieß? Vielleicht hat der manchmal geäußerte Vorschlag »Immanuel-Kant-Stadt« bessere Chancen, mit dem der größte Sohn der Stadt geehrt würde.

Stadtgeschichte

Im Jahre 1255 errichtete der Deutsche Orden gleich nach der Eroberung des Samlands eine mächtige Burg, die er nach dem prominentesten Teilnehmer des Kreuzzugs, König Ottokar II. von Böhmen, Königsberg nannte. Die Burg, die später dem Hochmeister des Ordens als Residenz dienen sollte, entstand wenige Kilometer vor der Mündung des Pregel in das Frische Haff auf dem Hügel der zerstörten prussischen Fliehburg Tuwangste. Zwischen Burg und Pregel lag eine ansehnliche Hafen- und Marktsiedlung der Prussen, die schon im 11. und 12. Jh. von Wikingerschiffen besucht wurde und seit dem Anfang des 13. Jh. eine Handelsniederlassung der Hanse besaß. Die frühesten Siedlungsrelikte im Stadtgebiet stammen allerdings von Fischerfamilien aus der Zeit um 1500 v. Chr.

Bei dem großen Prussenaufstand des Jahres 1262 ging die alte Siedlung in Flammen auf. An derselben Stelle entstand nach dem Ende der Erhebung eine neue ›Altstadt‹, die 1286 mit dem Kulmer Stadtrecht ausgestattet wurde. Erstmals 1233 hatten die Städte Kulm und Thorn vom Deutschen Orden eine Urkunde über ihre Freiheiten erhalten, die »Kulmische Handfeste«. Fortan bekamen im Ordensbereich alle neuen Städte dieses Recht. In Königsberg folgte 1300 der Löbenicht, die Handwerkerstadt östlich der Altstadt, und 1327 erhielt auch der prächtige Kneiphof, die Stadt der Kaufleute auf der Pregelinsel, die Handfeste. 1286 überspannte eine erste Brücke, die Krämerbrücke, den Pregel, den die Prussen Pregora nannten.

In Königsberg residierten der Ordensmarschall und der Bischof des Samlands. Nachdem 1263 die Steindammer Kirche und 1288 die Juditter Kirche geweiht worden waren, entstand zwischen 1333 und 1380 der Dom. 1339 trat die Königsberger Altstadt der Hanse bei, wenig später folgten Löbenicht und Kneiphof. Ab 1454 tobte in Königsberg der Streit zwischen dem Deutschen Orden und dem Preußischen Bund. Altstadt und Löbenicht hielten zum Orden, der

Friedrich III., Kurfürst von Brandenburg, krönt sich 1701 zum König in Preußen. Erst nach der ersten Teilung Polens 1772 konnten die preußischen Regenten den Titel »König von Preußen« führen. (Gemälde, Anton v. Werner, um 1887, Doorn, Stichting Huis Doorn)

Kneiphof stand auf seiten des Bundes. Als die Marienburg, seit 1309 Ordensresidenz, im Jahre 1457 an Polen verpfändet werden mußte, wählte der Hochmeister Ludwig von Ehrlichshausen die Königsberger Burg als neue Residenz. Königsberg wurde somit Hauptstadt des Deutschen Ritterordens. Auch als der letzte Hochmeister Albrecht von Brandenburg den Ordensstaat in ein weltliches Herzogtum umwandelte und seinem Onkel Sigismund I., König von Polen, im April 1525 in Krakau den Lehnseid leistete, blieb Königsberg die Residenzstadt. 1534 stiftete Herzog Albrecht dort eine herzogliche Bibliothek, die schon 1540 als eine der ersten Bibliotheken Europas der Öffentlichkeit zur Verfügung stand. 1544 gründete der Herzog die Königsberger Universität, die Albertina.

Am 11. 7. 1657 erblickte Friedrich, der Sohn des Großen Kurfürsten, im Königsberger Schloß das Licht der Welt. 1688 wurde er als Friedrich III. Kurfürst von Brandenburg. Im Jahre 1700 handelte er mit Kaiser Leopold I. von Österreich die Bedingungen für die Erhebung Preußens zum Königreich aus. In Königsberg setzte der Kurfürst sich und seiner Gemahlin Sophie Charlotte dann am 18. 1. 1701 im Audienzsaal des Schlosses die Krone auf. Als Friedrich I. war er der erste König *in* Preußen, d. h. für Preußen außerhalb der Reichsgrenze. Die drei Königsberger Städte hatten inzwischen zusammen 40 000 Einwohner, doppelt so viel wie das brandenburgische Berlin. Da Friedrich Wilhelm I., der Soldatenkönig, nicht einsah, daß Königsberg drei Stadtverwaltungen brauchte, legte er am 28. 8. 1724 Altstadt, Löbenicht und Kneiphof zusammen. Königsberg erhielt den Titel »Königliche Preußische Haupt- und Residenz-

Ansicht der Königsberger Universität um 1880 (zeitgenössischer Holzstich)

stadt« und führte im neuen Stadtwappen die Symbole der drei Ursprungsstädte unter dem preußischen Adler.

1755 wurde in Königsberg ein Theater eröffnet. Im selben Jahr hielt Immanuel Kant an der Königsberger Universität seine erste philosophische Vorlesung. Im Siebenjährigen Krieg (1756–63) marschierten die Russen in Ostpreußen ein und wurden im Januar 1758 von der Königsberger Bevölkerung mit Jubel begrüßt. Die rund fünfjährige Besetzung unter dem deutschbaltischen Gouverneur Baron von Korff änderte nicht viel, nur der doppelköpfige Zarenadler ersetzte nun den Preußenadler. Der Handel blühte nach wie vor, und gefeiert wurde mehr denn je. Aber was der Krieg verschonte, zerstörte der Frieden: 1764, 1769 und 1775 vernichteten drei ausgedehnte Brände fast die ganze Stadt.

Zwei Tage nach der Schlacht bei Friedland am 14. 6. 1807 marschierten die Franzosen in Königsberg ein, am 10. 7. erschien Napoleon. 1808 und 1809 verlegte die preußische Königsfamilie ihre Residenz nach Königsberg. Im Winter logierte sie im Schloß, im Sommer auf dem Gut des Schulrats Busolt. Im Februar 1813 beschloß der ostpreußische Landtag in Königsberg das Landwehrgesetz, das die Aufstellung von 30 000 Mann als Vorbereitung für den Befreiungskrieg vorsah. Es dauerte viele Jahre, bis sich die Stadt von den Folgen der Napoleonischen Kriege wirtschaftlich wieder erholt hatte.

Die Revolution von 1848 verlief in Königsberg ohne Blutvergießen. Menschenmassen zogen demonstrierend durch die Innenstadt, Fahnen schwenkend und Parolen skandierend. Im August 1853 war der Königsberger Bahnhof betriebsbereit, und wenig später fuhr die erste Eisenbahn von dort nach Berlin. Am 18. 10. 1861 setzte sich Wilhelm I. in der Schloßkirche die Königskrone auf, zum zweiten Mal krönte sich ein Monarch in Königsberg. 1862 war der Neubau der Universität im Königsgarten fertiggestellt. In den 60er Jahren entstanden weitere Bahnstrecken, zum Ostseehafen Pillau und nach Rußland hinein. Von 1894 bis 1901 wurde der Königsberger Seekanal aus dem Frischen Haff gegraben, der es Überseeschiffen ermöglichte, Königsberg unmittelbar anzulaufen, das um die Wende zum 20. Jh. größter deutscher Getreideausfuhrhafen und weltweit größter Handelshafen für Hülsenfrüchte war. Im ausgehenden 19. Jh. umschloß ein Festungsgürtel mit zwölf Forts die Stadt, doch schon in den ersten Jahren des 20. Jh. wuchs die Stadt über diesen Gürtel hinaus.

Gleich zu Beginn des Ersten Weltkriegs nahm die siegreiche Schlacht bei Tannenberg den Königsbergern alle Angst vor einer Belagerung oder gar Besetzung durch zaristische Truppen. Nach dem Krieg brachte die Abtrennung Ostpreußens vom Reich durch den Polnischen Korridor die Stadt in wirtschaftliche Schwierigkeiten, die jedoch durch die erfolgreiche Deutsche Ostmesse und durch andere Maßnahmen wieder behoben wurden. 1919 verwandelte sich der Königsberger Exerzierplatz in den Flughafen Devau, auf dem bereits im ersten Betriebsjahr über 800 Fluggäste starteten bzw. landeten.

Am Ende des Zweiten Weltkriegs ging das alte Königsberg in einem Inferno unter. In der Nacht vom 26. zum 27. 8. 1944 bombardierten 200 britische Flugzeuge die nördlichen Stadtteile, drei Nächte darauf vernichteten 600 Flugzeuge die Innenstadt. Bei den Angriffen verloren zusammen 200 000 Menschen ihre Wohnung. 4200 kamen ums Leben. Das Schloß, der Dom, fast alle Kirchen waren zerstört. Am 31. 1. 1945 schloß die Sowjetarmee den Ring um die »Festung Königsberg«, doch gelang es den deutschen Truppen kurz darauf, einen Korridor nach Pillau freizukämpfen, durch den der größte Teil der Königsberger Bevölkerung bis zur Kapitulation der Stadt entkommen konnte. Am 6. 4. begann die Rote Armee mit dem Sturm auf Königsberg. Drei Tage später unterzeichnete General Otto Lasch die Kapitulation. Nach Schätzungen überlebten 73 000 deutsche Einwohner die Einnahme der Stadt. Bis 1947 ging ihre Zahl durch Deportationen und Hinrichtungen auf etwa 25 000 zurück, die 1947 und 1948 nach Deutschland ausgewiesen wurden.

Noch im Herbst 1945 trafen die ersten Neubürger aus der Sowjetunion ein. Als die Sowjets am 17. 10. 1945 das nördliche Ostpreußen entsprechend den Vereinbarungen der Potsdamer Konferenz vom Juli 1945 der Sowjetrepublik Rußland angliederten, wurde Königsberg die Hauptstadt des Gebiets. Im Jahr darauf erhielt »Kenigsberg« den Namen Kaliningrad. 1956 hatte die Stadt bereits wieder 188 000 Einwohner, 1971 schon 306 000, heute schätzt man die Einwohnerzahl auf etwa 430 000.

Kaliningrad ist eine neue Stadt, die man nicht mit dem alten Königsberg vergleichen kann. Nur noch wenige alte Bauten erinnern an die preußische Zeit. Doch die Stadt wird von Jahr zu Jahr schöner, denn inzwischen wurden hier zwei Generationen geboren, für die Kaliningrad die Heimat ist. Und diese Heimat soll durch attraktive Bauten und reizvolle Anlagen immer liebens- und auch besuchenswerter werden.

Vom Kneiphof zum Oberteich

Mittelpunkt des alten Königsberg war der **Kneiphof,** die reiche Inselstadt der Fernkaufleute, umflossen vom Neuen und vom Alten Pregel. Im Westen überquerte eine Fähre das Hundegatt, auf den anderen drei Seiten verbanden mehrere Brücken die Insel mit den übrigen Stadtteilen. Geblieben ist allein die Honigbrücke (most Med, Мост Мед) im Osten der Insel. Die Krämer- und die Grüne Brücke, die der alten Furt folgten, sind 1972 im Zuge des Leninprospekts (Leninskij prospekt, Ленинский пр.) als über 500 m lange Hochbrücke neu erstanden. Die Insel bedeckte einst ein Schachbrettmuster malerischer Gassen, zu denen der Kohlmarkt, die Fleischbänkenstraße, die Brodbänkenstraße, die Magisterstraße u. a. gehörten. In der Nacht zum 30. 8. 1944 walzte ein alliierter Bombenangriff das alte Viertel nieder, von dem ein Volkslied singt: »Der Altstadt die Macht, dem Kneiphof die Pracht.« Heute ist die Insel eine ausgedehnte Parkanlage, eingefaßt von der stark befahrenen Hochbrücke (Estakadnyi most, Зстакадньи мост) im Westen und der gewaltigen Ruine des Domes im Osten.

Der erste **Dom** (1, Katedralnij sobor) von Königsberg war um das Jahr 1300 zwischen Pregel und Löbe in der Altstadt erbaut worden, doch schon 1320 befand der damalige samländische Bischof Johannes Clare seine Bischofskirche für zu klein und ordnete einen Neubau am kircheneigenen Ostrand der Kneiphofinsel an. Der Backsteindom begann 1325 als Basilika zu wachsen. Als Ordensmeister Luther von Braunschweig sah, daß eine mächtige Wehrkirche mit starken Mauern, Ecktürmen und Wehrgängen entstand, eine Burg fast, wehrhafter als der Sitz des Ordensmarschalls auf dem

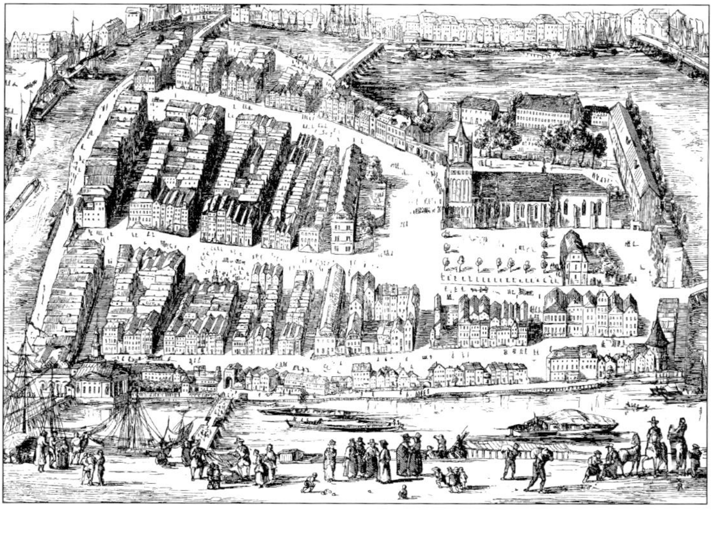

Ansicht des Kneiphofs aus dem Jahre 1844: Dicht an dicht drängten sich Handelskontore und Kaufmannshäuser

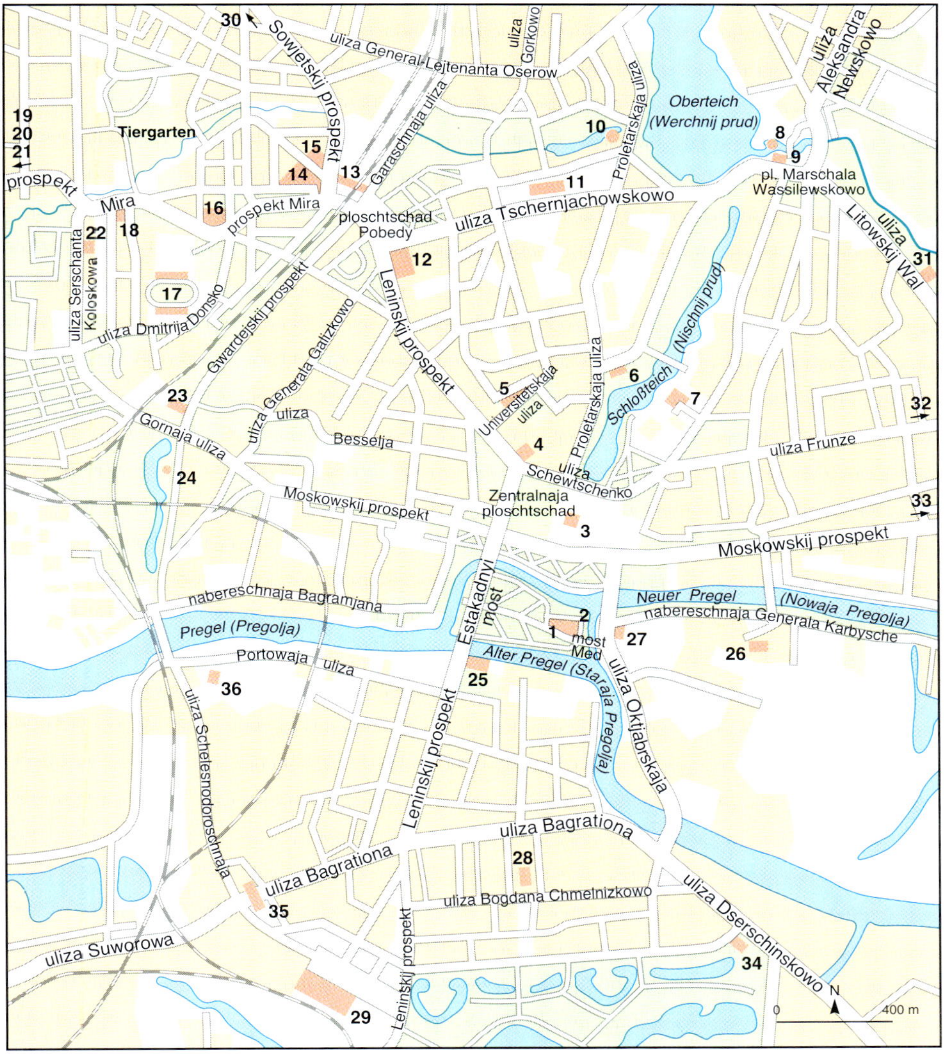

Kaliningrad (Königsberg) 1 Dom 2 Kantgrab 3 Haus der Räte 4 Hotel »Kaliningrad« 5 Universität 6 ehem. Parkhotel 7 Museum für Geschichte und Kunst, ehem. Stadthalle 8 Dohnaturm, Bernsteinmuseum 9 Roßgärter Tor 10 Wrangelturm 11 Haus der Technik 12 Rathaus 13 ehem. Nordbahnhof 14 ehem. Amts- und Landgericht 15 ehem. Polizeipräsidium 16 Schauspielhaus 17 Stadion Baltika 18 Hotel »Moskwa« 19 Luisenkirche 20 St.-Adalbert-Kirche 21 Juditter Pfarrkirche 22 Agnes-Miegel-Haus 23 Sternwartebastei 24 Memorial der 1200 Gardisten 25 Alte Börse 26 Kreuzkirche 27 Jüd. Waisenhaus 28 Kirche Zur Heiligen Familie, Orgelhalle 29 Hauptbahnhof 30 Fort V 31 Grolmanbastei 32 Königstor 33 Sackheimer Tor 34 Friedländer Tor 35 Brandenburger Tor 36 Friedrichsburgtor

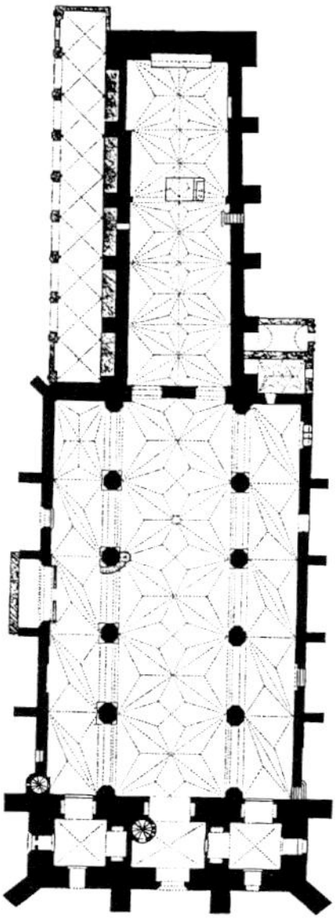

Kaliningrad (Königsberg), Dom, Grundriß

Tuwangste, forderte er 1333, die Pläne zu ändern und eine Kirche, »schön und geziemend und bar jeder kriegerischen Verwendbarkeit«, zu errichten. Nach 1351 wurde aus der Basilika eine dreischiffige Hallenkirche. Südlich des Domes gesellten sich die Stiftsgebäude mit einem Kreuzgang, im Norden Schule und Hospital, im Osten am Ufer des Pregel die Bischöfliche Pfalz hinzu, so daß das Ganze einen Bischofshof ergab. 1544 fielen die beiden Türme der Westfassade einem Brand zum Opfer. Danach hat man nur den Südturm erneuert, der Nordturm erhielt ein Notdach mit Giebelwänden. In diesem Zustand verblieb die Kirche 400 Jahre, bis sie in jener Augustnacht 1944 ausbrannte und allein die Außenmauern stehenblieben.

Erst 1987 begann man mit Konservierungsarbeiten, 1990 beschloß der Stadtrat den Wiederaufbau des Domes. Im Jahre 1994 bekam der Turm ein neues Dach mit respektabler Wetterfahne. 1995 folgte die in Deutschland gefertigte Turmuhr, deren Uhrwerk von Braunschweig aus funkgesteuert wird. Zugleich erklangen erstmals die vier in Kaliningrad gegossenen Glocken »Rußland«, »Alexander Newskij«, »Peter der Große« und »Kneiphof«, computergesteuert im Viertelstundentakt und mit dem Thema von Beethovens 5. Sinfonie zu jeder vollen Stunde. Nach seiner vollständigen Wiederherstellung soll der Dom als Gotteshaus für protestantische und russisch-orthodoxe Christen dienen. Schon seit 1995 finden in der noch offenen Haupthalle an Feiertagen Gottesdienste statt. In den Turmräumen wird das Kantmuseum, das zur Zeit in der Universität untergebracht ist (s. S. 233), sein neues Domizil finden; auch soll hier die Wallenrothsche Bibliothek wiedererstehen und ein Dommuseum eingerichtet werden.

Das Langhaus des Domes mißt 45 m × 27 m in fünf Jochen, der Chor 36,5 m × 11 m. Der Niedere Chor ist drei-, der Hohe Chor zweijochig. Der gesamte Bau erreicht eine Länge von 101 m. Die zweitürmige Westfassade schmücken mehrere Reihen von Blendnischen und Lisenen, die den Mittelgiebel leicht überragen. Die Ausstattung der Bischofskirche wurde fast vollständig vernichtet. Erhalten blieben allein Teile des 11 m hohen und 12,25 m breiten *Wandgrabmals für Herzog Albrecht* († 1568), das Cornelis Floris im Stil italienischer Hochrenaissancegräber an die Ostwand setzte (1572). An der Nordwand zeigen sich noch Reste des *Grabmals der Markgräfin Elisabeth* († 1578). Willem van dem Blocke schuf dieses mächtige Epitaph aus Kalkstein im ausgehenden 16. Jh.

In der Domkrypta fanden fast alle in Königsberg residierenden Hochmeister des Deutschen Ordens ihre letzte Ruhestätte. Auch den protestantischen Prediger Johannes Brismann hat man hier beigesetzt. Als 1544 neben dem Dom die Königsberger Universität ihren Vorlesungsbetrieb aufnahm, sah man als Begräbnisstätte für die Professoren die nördliche Außenmauer des Domes vor. Als letzter Professor wurde hier im Jahre 1804 Immanuel Kant beigesetzt. Sein erstes Grabmal, eine Kapelle im gotisierenden Stil, verfiel sehr schnell, so daß sie schon 1810 ein Neubau ersetzen mußte. 1880 kamen Kants sterbliche Überreste in eine besonders gesicherte

◁ Blick auf den Kneiphof mit der freistehenden Domruine

Gruft. Zu Kants 200. Geburtstag im Jahre 1924 errichtete der Architekt Friedrich Lahr darüber ein neues **Kant-Grabmal** (2), einen offenen Pfeilerbau über einem Steinsarkophag. Bis 1954 wurden Grabmal und Sarkophag restauriert. Wie in Moskau am Grab des Unbekannten Soldaten oder in St. Petersburg am Reiterdenkmal Peters des Großen legen frisch getraute Paare hier in Kaliningrad nach russischer Sitte Blumen am Grab des Philosophen nieder. Südöstlich vom Dom erinnert ein **Gedenkstein für Julius Rupp** (1809–84) an den protestantischen Theologen, einen Mitbegründer der Freien Gemeinden. Das Denkmal überdauerte die Veränderungen seit Kriegsende wohl nur deshalb, weil das Relief von Rupps Enkelin Käthe Kollwitz (1867–1945), der großen Königsberger Graphikerin und Plastikerin, gestaltet wurde (um 1900). Das in den letzten Kriegstagen stark beschädigte Bronzerelief ersetzte der Berliner Bildhauer Harald Haacke, der auch das Ännchen von Tharau in Klaipėda (Memel) erneuerte (s. S. 188).

Gedenkstein für den protestantischen Theologen Julius Rupp

Der Leninprospekt bringt uns zum Zentralplatz (Zentralnaja ploschtschad, Центральная пл.), wo einst das mächtige und majestätische **Schloß**, neben dem Dom das wichtigste Wahrzeichen von Königsberg, stand. Nachdem vom Schloß im Zweiten Weltkrieg nur eine Ruine übriggeblieben war, haben die Russen 1955 den gewalti-

Kaiser-Wilhelm-Platz und Schloß (historische Aufnahme aus der ersten Hälfte des 20. Jh.)

Die Stelle des einstigen Königsschlosses nimmt heute die moderne Bauruine des »Hauses der Räte« ein

gen Turm gesprengt und damit – wie der sowjetische Regierungschef Nikolaj Bulganin gesagt haben soll – das »Symbol des Preußentums, des Faschismus und des Revanchismus« beseitigt. Seit 1967 wuchs neben der Stelle, an der das Schloß stand, ein neues Riesenbauwerk empor: das **»Haus der Räte«** (3, Dom Sowjetow), ein neues Rathaus für Kaliningrad. Doch die Architekten hatten den mittelalterlichen Burggraben übersehen, der zwar zugeschüttet, dessen Füllung aber nicht fest genug war, um den riesigen Bau zu tragen. Einige Wände rissen, woraufhin die letzten Arbeiten eingestellt wurden. Da eine Korrektur nicht möglich ist, wie inzwischen auch westliche Fachleute bei der Inspektion der Bauruine feststellten, bleibt wohl nur der Abriß des nahezu fertigen Hochhauses.

Kahle Betonplatten, verunkrautete Blumenbeete und zerstörte Springbrunnen bedecken die Stätte des Ordens- und Königsschlosses. Hier errichtete der Deutsche Orden, unmittelbar nach der Eroberung des Samlands, im Jahre 1255 über der zerstörten Prussenburg Tuwangste auf einem kaum wahrnehmbaren Höhenrücken nördlich des Pregels die Ordensburg Königsberg. Ihr Name erinnerte an den prominentesten Teilnehmer des Samlandkreuzzugs, König Ottokar II. von Böhmen. Die erste Burg war ein aus Holzpalisaden gebildetes Provisorium. Schon 1257 begannen die Bauarbeiten an einer steinernen Ordensburg, die bis 1387 währten. Die Burg war zunächst der Sitz des Königsberger Komturs und kurz nach 1309 auch die Residenz des Ordensmarschalls. Als im Jahre 1457 die Marienburg aufgegeben werden mußte, ließ sich der Hochmeister des Deutschen Ordens auf Burg Königsberg nieder. Ab 1525 residierten hier die Herzöge von Preußen und ab 1701 auch die brandenburgisch-preußischen Könige.

Die Burg wurde oft modernisiert, vergrößert und schließlich in ein Schloß verwandelt. 1551 baute der Meister Merten Seigermacher eine Uhr in den 82 m hohen Hauptturm ein. Zweimal täglich durfte ein Posaunenchor die 284 Stufen zur Galerie erklimmen, um Choräle zu spielen. 1701 krönte sich Kurfürst Friedrich III. im Königsberger Schloß zum König. Bis 1918 war es zweite Residenz der preußischen Monarchen, danach diente es bis zur Zerstörung als Verwaltungsbau. 1924 wurde im Schloß ein »Preußisches Museum« eröffnet, das über die Geschichte von den Prussen bis zu den Preußen berichtete. Im Kriegsjahr 1942 brachte eine deutsche Sondereinheit das berühmte *Bernsteinzimmer* aus dem Zarenschloß von Zarskoje Selo (Puschkin) nach Königsberg. Diese kostbare Raumausstattung war ein Geschenk des Soldatenkönigs Friedrich Wilhelm I. an Peter den Großen (1716). Man befürchtete, daß das Zimmer zusammen mit dem Schloß in den erbitterten Kämpfen um Leningrad untergehen würde, und hielt das Königsberger Schloß in dieser Zeit für einen sicheren Aufbewahrungsort. Aber seit im August 1944 das einstige Ordensschloß Bombenangriffen zum Opfer fiel, ist das Bernsteinzimmer, das noch kurz zuvor abtransportiert worden sein soll, verschollen.

Nördlich des Zentralplatzes zweigt die Schewtschenkostraße (Шевченко ул., früher Junkerstraße) vom Leninprospekt, dem früheren Steindamm, ab. Hier steht das **Hotel »Kaliningrad«** (4), 1979 als Spitzenhotel der Gebietshauptstadt eröffnet, heute eine hauptsächlich von westlichen Gästen besuchte Unterkunft. Die Schewtschenkostraße erinnert an Taras Grigorjewitsch Schewtschenko (1814–61), den bedeutendsten Dichter und Maler der Ukraine.

Der Weg durch den Leninprospekt und die Universitätsstraße (Университетская ул.) führt zur berühmten »Albertina«, zur Kaliningrader **Universität** (5). 1544 gründete Herzog Albrecht das nach ihm benannte Collegium Albertinum, kurz: die »Albertina«. Der Backsteinbau entstand am alten Dom im Kneiphof über den gotischen Grundmauern der Bischofspfalz und eines Hospitals. 1844 bis 1861 errichtete der Schinkelschüler August Stüler auf dem damaligen Paradeplatz, dem einstigen Königsgarten, die Neue Universität, einen Gebäudekomplex im Stil der Florentiner Renaissance aus sandfarbenem Backstein. Heute ist die Anlage, die schon bald nach Kriegsende wieder aufgebaut wurde, nur schwer wiederzuerkennen. Alles ist schlichter und einfacher gehalten. 1974 eröffnete die Universität ein kleines *Kantmuseum*, weltweit das einzige seiner Art. Es enthält zahlreiche Erinnerungen an den großen Philosophen: Porträts, Stiche, Manuskripte und Erstausgaben in vielen Sprachen. Besucher sollten sich vorher telefonisch anmelden, weil das ehrenamtlich betreute Museum keine festen Öffnungszeiten hat.

Im Hof der Universität befindet sich ein *Lapidarium* mit Fragmenten von Bauschmuck und Plastiken, darunter auch die Skulptur des Walther von der Vogelweide (ca. 1170–ca. 1230). 1930 veranstaltete der Ostpreußische Sängerbund im 700. Todesjahr des großen deutschen Lyrikers des Mittelalters ein landesweites Sängerfest und enthüllte dabei im Tiergarten (s. S. 239), dem Vergnügungspark der

Königsberger, ein Denkmal des Minnesängers. Sein Schöpfer war der Bildhauer Georg Fug (Fugh). 1975 kam das fast unbeschädigte Standbild auf die Kneiphofinsel neben den Dom und 1993 in das Lapidarium der Universität.

Vor der Neuen Universität steht das **Kantdenkmal,** ursprünglich ein Bronzestandbild des Bildhauers Christian Daniel Rauch aus dem Jahre 1864. Die heutige Skulptur ist eine Kopie, hergestellt 1992 von dem Berliner Bildhauer Harald Haacke und gestiftet von der aus Ostpreußen stammenden Publizistin Marion Gräfin Dönhoff. Das Original ging im Zweiten Weltkrieg verloren. Allein der Sockel blieb erhalten; auf ihm stand seit 1966 ein Denkmal für den deutschen Kommunisten Ernst Thälmann (1886–1944).

In dem riesigen Bunker unter dem parkartigen Universitätsplatz befand sich 1944/45 die Befehlszentrale der deutschen Verteidiger von Königsberg unter General Otto Lasch. Teile des Bunkers enthalten heute ein **Museum über die letzten Wochen und Tage der Festung Königsberg.**

Von der Universität in Richtung Osten sind es nur wenige Schritte bis zum Unteren Teich (Nischnij prud), dem **Schloßteich.** In dem 1256 künstlich angestauten Mühlenteich der Ordensburg züchteten die Ordensleute Fische und Schwäne für die Tafel der Ritter. 1798 unternahm die preußische Königin Luise mit ihrem Gemahl Friedrich Wilhelm III. auf dem Teich mehrere Bootsfahrten, was die Königsberger so begeisterte, daß Kahnpartien auf dem Schloßteich seitdem zu ihren beliebtesten Freizeitbeschäftigungen zählen. Der Schloßteich war überhaupt der Mittelpunkt vieler Vergnügungen. Im Sommer vergnügten sich die Königsberger in den Uferlokalen unter schattigen Linden und Kastanien, im Winter beim Schlittschuhlaufen auf der zugefrorenen Wasserfläche. Über den Teich führte eine schmale Brücke, die 1983 erneuert wurde.

Das Westufer war einst sehr vornehm, denn hier stand das feudale **Parkhotel** (6), das heute das Landwirtschaftsbauamt des Bezirks Kaliningrad beherbergt, in Zukunft aber wieder als Luxushotel internationalen Gästen zur Verfügung stehen soll. An das Parkhotel schlossen sich nordwärts die großen Königsberger Logen der Freimaurer an. Die Stelle der Logenhäuser nehmen heute das Gewerkschaftshaus und der Jugendpalast mit Abenteuerspielplatz ein. Auf der Ostseite des Schloßteiches ist ein stattlicher Findling, der **E.-T.-A.-Hoffmann-Gedenkstein,** zu entdecken. Der in Königsberg geborene Ernst Theodor Wilhelm Hoffmann (1776–1822) – E. T. A. Hoffmann, weil er Mozart liebte und daher seinen dritten Vornamen durch Amadeus ersetzte – galt als ein Universalgenie. Er war Musikdirektor, Komponist, Regisseur, Bühnenmaler, Kapellmeister, Dichter und wohl der bedeutendste Erzähler der deutschen Romantik, Regierungsrat und schließlich Richter am Berliner Kammergericht. Der Findling zeigt die ungefähre Stelle, an der einst Hoffmanns Elternhaus stand. Einige Meter weiter erhebt sich in den Grünanlagen eine Weltzeitsäule. Gleich dahinter steht das moderne Gebäude

Immanuel Kant steht wieder vor der Universität (1992 hergestellte Kopie eines Bronzestandbilds von Christian Daniel Rauch)

Die ehemalige und nach alten Plänen wieder aufgebaute Stadthalle beherbergt heute das Museum für Geschichte und Kunst

der Fernseh- und Rundfunkgesellschaft »Janmar«. Es nimmt die Stelle der früheren Burgkirche ein.

Das **Museum für Geschichte und Kunst** (7, Istoriko-chudoschestwennyj musej) ging aus der **Stadthalle** von 1912 hervor, die den damals größten Konzertsaal Deutschlands besaß (1604 Sitzplätze). 1944 wurde sie zerstört, aber 1981 bis 1986 nach den alten Plänen wieder aufgebaut. Neben einer reichhaltigen Sammlung zur Stadtgeschichte und zur Paläontologie der Region besitzt das Museum auch Räumlichkeiten für Konzerte, Vorträge und Wechselausstellungen.

Schöne Kaskaden mit Springbrunnen und Jugendstilmosaiken schließen den Schloßteich nach oben hin ab. Leider sind sie außer Betrieb, das Wasser aus dem Oberteich fließt durch unterirdische Rohrleitungen zum Schloßteich hinab. Der **Oberteich** (Werchnij prud) jenseits des Marschall-Wassilewskij-Platzes (Маршала Васи-

Ländliche Idylle inmitten von Königsberg: der Oberteich

левского пл.) wirkt schon recht ländlich. Hier läßt sich die Kaliningrader Jugend in der Sonne bräunen, hier lädt im Sommer ein Strandbad zum Schwimmen ein. Aleksandr Michajlowitsch Wassilewskij (1895–1977), seit 1943 Marschall der Sowjetunion, leitete 1945 den sowjetischen Angriff auf Ostpreußen. Von 1949 bis 1953 war er Verteidigungsminister und 1952 bis 1961 Mitglied des Zentralkomitees der Kommunistischen Partei der Sowjetunion (KPdSU).

Die südöstliche Ecke des Oberteichs beherrscht der **Dohnaturm** (8), erbaut gegen 1850 als Teil der inneren Befestigungslinie der Stadt. Sein Name erinnert an Graf Karl Friedrich Emil von Dohna-Schlobitten (1784–1859), preußischer Feldmarschall und Oberstkämmerer, der 1812 – in russischen Diensten – an der Konvention von Tauroggen (s. S. 218) mitwirkte. Seit 1979 beherbergt der Dohnaturm ein **Bernsteinmuseum** (musej Jantarja), das weltweit zu den bedeutendsten seiner Art zählt. Einzigartige Bernsteinfunde mit seltenen Inklusen stammen aus dem Tagebau Jantarnyj (Palmnicken) (s. S. 256). Wertvolles Kunsthandwerk mit und aus Bernstein stellten die Rüstkammer des Moskauer Kreml und Kaliningrader Manufakturen zur Verfügung. Dazu gehören auch Wandtafelkopien des berühmten Bernsteinzimmers von Zarskoje Selo. In den Kellerräumen des Dohnaturms befindet sich die Bernsteinschatzkammer mit besonders erlesenen Schmuckstücken aus dem fossilen Harz. Die Bestände des alten Königsberger Bernsteinmuseums gelangten 1945 zur Universität Göttingen bzw. tauchten später im litauischen Schloß Palanga (s. S. 177) auf. Vor dem Museum im Dohnaturm verkaufen Händler an Tischen schönen und sehr preiswerten Bernsteinschmuck.

Neben dem Dohnaturm steht das **Roßgärter Tor** (9, Gorodskije worota Rosgarten), eines der sechs erhalten gebliebenen Stadttore von Königsberg, die zwischen 1843 und 1864 beim Ausbau der Stadt zu einer modernen Festung in romantisierender Gotik aus Backstein errichtet wurden. Der damalige Festungsring bestand aus schweren Basteien und Geschütztürmen, aus verbindenden Mauern mit Wällen und Gräben. Am Roßgärter Tor, hinter dem sich im 19. Jh. Pferdeweiden, Roßgärten, erstreckten, blieben die *Medaillonporträts* der preußischen Generale Gerhard von Scharnhorst (1755–1813) und Neidhardt von Gneisenau (1760–1831) erhalten. Heute befindet sich in den Räumlichkeiten des Tores ein Café. Die Cranzer Allee, die einst das Tor passierte und als Poststraße über die Kurische Nehrung nach Memel führte, zieht heute als Aleksander-Newskij-Straße (ул. Александра Невского) am Tor vorbei.

Am Westufer des Oberteichs steht der **Wrangelturm** (10) von 1853, wie der Dohnaturm Teil des alten Festungsrings. Sein Name erinnert an den preußischen Feldmarschall Friedrich Heinrich Ernst Graf von Wrangel (1784–1877), der bei der Revolution von 1848 mit seinen Truppen in Berlin einrückte, den Belagerungszustand verhängte und die Autorität der Regierung ohne Blutvergießen wieder-

Medaillons der preußischen Heeresreformer Gneisenau und Scharnhorst am Roßgärter Tor

Skulptur von Hermann Brachert am Haus der Technik

herstellte. Vom Wrangelturm aus führt die Tschernjachowskijstraße (ул. Черняховского, früher Wrangelstraße) am **Haus der Technik** (11) vorbei, das der Architekt Hanns Hopp 1925 für die Deutsche Ostmesse erbaute und das heute Verkaufsstellen für Haushaltswaren enthält. Daneben brodelt der **Zentralmarkt** (Zentralnyj rynok). 2000 und mehr Händler bieten hier täglich an festen Ständen oder auf wackligen Kisten fast alles feil, woran Nachfrage besteht, vor allem Lebensmittel und Textilien, Lederwaren und Möbel. Die Parkanlage westlich des Zentralmarktes gehörte einst zum Messegelände.

Vom Nordbahnhof nach Amalienau und Juditten

Das Zentrum des neuen Kaliningrad ist der Platz des Sieges, ploschtschad Pobedy (Победы пл., früher Hansaplatz). Dessen Südseite beherrscht das **Rathaus** (12, Stadthaus) von 1923, bis heute ununterbrochen Sitz der Stadtverwaltung. Dem Rathaus gegenüber steht der **Nordbahnhof** (13) von 1930, der heutzutage als Seemannsheim (Meschreisowyi dom morjakow) dient. Von diesem Bahnhof fuhren schon vor dem Krieg jährlich eine viertel Million Menschen in die Seebäder der Samlandküste, heute sind es mehr als doppelt so viele. Schalter und Bahnsteige befinden sich nun hinter dem ehemaligen Bahnhofsgebäude. Östlich vom Nordbahnhof blickt noch immer Lenin vom hohen Podest auf die Stadt. Er wird der neuen russisch-orthodoxen Kathedrale weichen müssen, die hier entsteht und für die 1995 feierlich der Grundstein gelegt wurde. Die Kathedrale von Kaliningrad wird nach der Kathedrale von Bagrationowsk (Preußisch Eylau) (s. S. 309) der zweite Neubau einer orthodoxen Kirche in der Oblast Kaliningrad sein.

Die Westseite des Siegesplatzes begrenzt das ehemalige **Amts- und Landgericht** (14), ein Gebäudetrakt aus dem Jahre 1913, der 1933 erweitert wurde und seit 1958 die Technische Hochschule für Fischereiwesen beherbergt. Nördlich davon, am Eingang des Sowjetskij-Prospekts (Советский пр., früher Stresemannstraße), schließt sich das frühere **Polizeipräsidium** (15) an, ein Gebäude aus den Jahren 1912 bis 1914 in historisierendem Stil, in dem seit 1945 eine Abteilung des Staatssicherheitsdienstes residiert. Vom Platz des Sieges zieht der Leninprospekt (Ленинский пр.) quer durch die Innenstadt südwärts. Er bildet die Hauptmagistrale von Kaliningrad, überspannt als Hochstraße die Kneiphofinsel und nähert sich dem Hauptbahnhof. Im wesentlichen folgt der Prospekt dem früheren Steindamm und der Vorstädtischen Langgasse. Wenige Schritte vom Siegesplatz entfernt ragt inmitten einer gepflegten Grünanlage das **Mutter-Rußland-Monument** empor, das der Moskauer Bildhauer B. W. Edunow 1974 gestaltete. Vorher stand auf dem Sockel Stalin (1879–1953) aus rotem Granit.

Folgt man vom Platz des Sieges dem Friedensprospekt (пр. Мира, früher Hansaring) westwärts, so entdeckt man in der Parkanlage vor

Das nach alten Plänen 1960 wiedereröffnete Neue Schauspielhaus

dem alten Amts- und Landgericht zwei bronzene **Wisentbullen**, die auf hohem Steinsockel über einem Wasserbecken miteinander kämpfen. Sie kamen im Jahre 1912 als Geschenk des preußischen Kultusministers nach Königsberg. Schöpfer dieser realistischen Gruppe war der Bildhauer August Gaul (1911). Über den Friedensprospekt erreicht man das **Neue Schauspielhaus** (16), das Dramentheater (Dramatitscheskij teatr). 1911/12 war das Gebäude nach den Plänen des Architekten Wilhelm Kuckuck als Luisentheater entstanden, 1927 hat man es im Bauhausstil erneuert. Nach der fast vollständigen Zerstörung 1944/45 erfolgte bis 1960 ein Neubau nach den alten Plänen, jedoch mit einem repräsentativen Portikus; mit der klassizistisch nachempfundenen Vorhalle wirkt er wie ein kleines Abbild des Moskauer Bolschoj-Theaters.

Inmitten einer Brunnenanlage dem Theater gegenüber – hier trifft die Theaterstraße (ул. Театральная, früher Kniprodestraße) auf den Prospekt Mira – steht das **Schillerdenkmal,** ein Werk des Königsberger Bildhauers Stanislaus Cauer (1867–1943). Das Denkmal des Dichters Friedrich von Schiller war 1910 aufgestellt worden und hat den Krieg relativ gut überstanden, vielleicht weil jemand auf den weißen Sockel auf russisch geschrieben hatte: »Nicht schießen, das ist einer von uns!« Rund 100 m weiter ostwärts zieht der Friedensprospekt am Eingang des **Stadion Baltika** (17) vorbei. 1892 schenkte der Bankier Walter Simon seiner Heimatstadt Königsberg das fast 7 ha große Gelände, um darauf Sportanlagen einzurichten, aus denen allmählich ein Stadion erwuchs.

Auf der nördlichen Seite des Mira-Prospekts erscheint das mit Tierplastiken geschmückte Portal des **Tiergartens** (Soopark), der

Das drei Kaliningrader ›Astronauten‹ gewidmete Kosmonautendenkmal

1895 auf dem Gelände der Norddeutschen Gewerbeausstellung eröffnet wurde. Ein Gedenkstein erinnert an Hermann Claars, den Ausstellungsdirektor und ersten Direktor des neuen Tiergartens, der kein Zoologischer Garten im strengen Sinne, sondern eher ein Vergnügungspark war. Hier fanden Volksfeste und Konzerte statt, und 1920 eröffnete Reichspräsident Friedrich Ebert im Tiergarten die erste Deutsche Ostmesse. Mit 893 Tierarten begann der Garten, 1910 waren es bereits 2126 Arten. Im Zweiten Weltkrieg blieb der Tiergarten nahezu unbehelligt; nur die Tiere waren verschwunden, bis auf das von

Kugeln schwer verwundete Flußpferd Hans, das russische Militärveterinäre wieder gesund pflegten. Hans war der erste Bewohner des im Jahre 1947 wiedereröffneten Kaliningrader Tiergartens, der heute in der internationalen Fachwelt erneut einen guten Ruf genießt. Im Tiergarten wartet die arg beschädigte *Bronzeskulptur eines Elchs* auf ihren Rücktransport nach Tilsit, wo sie ursprünglich stand (s. S. 283).

Das **Hotel »Moskwa«** (18) dem Tiergarten gegenüber erbaute 1935/36 der Architekt S. Saßnick für die Berliner Nordstern-Versicherung. An der oberen Fassadenecke ist noch das Symbol der deutschen Hauptstadt, der Bär, zu erkennen. Wer in einer festlichen Halle speisen möchte, der diniere im Hotel-Restaurant. Neben dem nahen Café Skaska an der Ecke zur uliza Serschanta Koloskowa (ул. Сержанта Колоскова, früher Hornstraße) ragt das **Kosmonautendenkmal** des Künstlers Boris Jedunow in den Himmel. Drei Kaliningrader haben an sowjetischen Weltraumflügen teilgenommen: Aleksej Leonow, der 1965 das Raumschiff »Woschod II« verließ und sich als erster Mensch frei im Weltraum bewegte, Viktor Patsajew, der 1971 bei der Rückkehr des Raumschiffs »Sojus XI« ums Leben kam, und Jurij Romanenko, der 1977/78 einen 96tägigen Weltraumflug absolvierte.

Einige hundert Meter weiter westlich, inmitten des weitgehend erhaltenen Hufenviertels, steht in der uliza Parkowaja (ул. Парковая, früher Louis-Ferdinand-Straße) die von dem Architekten Friedrich Heitmann im neoromanischen Stil erbaute **Luisenkirche** (19, Zerkow Luisy), genauer: die Königin-Luise-Gedächtniskirche, geweiht im Jahre 1901 in Gegenwart des deutschen Kaiserpaars Wilhelm II. und Auguste Viktoria. Seit 1975 dient die Kirche als Puppentheater und ist damit zu einer Attraktion des Kaliningrader **Kulturparks** (Park kultury) geworden, eines Vergnügungsparks für groß und klein, mit Karussells, Schießbuden und einem Riesenrad, der sich heute anstelle des einstigen Parks Luisenwahl inmitten eingeebneter Friedhöfe erstreckt. Den Park stiftete der Königsberger Schulrat Busolt im Jahre 1796 und gab ihm den Namen seiner Frau Luise. Die Königsberger identifizierten den herrlichen Park schon bald mit ihrer Königin und stellten 1874, etwa 100 m östlich der Kirche, ein **Memorial für die Königin Luise** auf, eine halbrunde Balustrade mit der Marmorbüste der Königin, ein Werk des klassizistischen Bildhauers Christian Daniel Rauch (1777–1857). Sehenswert im Kulturpark ist auch das **Rominter Jagdhaus,** das sich Kaiser Wilhelm II. im Sommer 1891 von norwegischen Zimmerleuten im skandinavischen Stil aus rotgebeiztem Fichtenholz erbauen ließ. In einer alten Villa westlich der Luisenkirche, dem früheren Albrechtstift, wohnen und arbeiten heute Maler und Bildhauer. In dem zugehörigen kleinen Park steht seit 1922 die weiße **Marmorskulptur** »Nach dem Bade« von Stanislaus Cauer (1867–1943), der auch das Schillerdenkmal (s. S. 239) schuf.

»Nach dem Bade«, Marmorskulptur von Stanislaus Cauer

Nach Westen hin geht der Friedensprospekt (пр. Мира) in den Prospekt des Sieges (пр. Победы, früher Lawsker Allee, westlich anschließend Juditter Allee) über, der durch das vornehme Wohnviertel **Amalienau** zieht. Die prächtigen Villen hier wurden an der Wende zum 20. Jh. vom Königsberger Geldadel erbaut. Amalienau blieb von den Zerstörungen des Zweiten Weltkriegs verschont, so daß hier nach dem Krieg hohe Offiziere und staatliche Institutionen ihr Quartier nahmen. Heute dienen die gut erhaltenen Villen als Kinder- und Altersheime, als repräsentative Sitze ausländischer Wirtschaftsunternehmen, immer häufiger aber auch als Domizile arrivierter Kaliningrader Einwohner. Das stattliche Gebäude uliza Ogarjewa Nr. 24 (ул. Огарева, früher Ottokarstraße) zum Beispiel gehört der bekannten *Musikschule Glier*. Reingold Morizewitsch Glier (1874–1956), im Ausland besser unter dem Namen Reinhold Glière bekannt, zählt zu den bedeutendsten russischen Komponisten der Moderne. Der Lehrer von Prokofieff und Khatschaturian komponierte im Stil der Nachromantik Sinfonien, Opern, Konzerte, Ballettmusiken sowie Lieder. 1946 gründete er eine Musikschule, die inzwischen allein in Kaliningrad über tausend Schüler zählt und hier in mehreren Häusern untergebracht ist. Bis 1945 war die Villa in der Ogarjewa der Wohnsitz des NS-Gauleiters von Ostpreußen Erich Koch.

In Höhe der Kastanienallee, die ihren früheren Namen behalten hat (Каштановая аллея), trifft der Siegesprospekt auf die ehemals katholische **St.-Adalbert-Kirche** (20). Der Architekt Friedrich Heitmann errichtete diesen schlichten Bau im Jahre 1904. Adalbert, Bischof von Prag, wurde 997 bei dem Versuch, die Samländer zu missionieren, am Frischen Haff erschlagen und von Papst Silvester II. 999 heiliggesprochen. In der Adalbertkirche wirkt heute ein Institut für Ionosphärenforschung, ein großes Fassadengemälde weist auf die Forschungstätigkeit hin.

Von den einst zahlreichen Lagerhäusern entlang dem Pregel ist keines mehr erhalten. Nur im Hafen stehen noch zwei gewaltige Betongebäude, ein Gruppen- und ein Turmspeicher aus dem Jahre 1924, die damals größten **Speicherbauten** der Welt. Zu sehen sind sie auf einer Hafenrundfahrt oder auf einem Abstecher vom Villenviertel Amalienau aus, wobei die uliza Wagonostroitelnaja (ул. Вагоностроительная, früher Arndtstraße) südwärts zum Pregel zu wählen ist.

Gut 5 km westlich vom Kaliningrader Stadtzentrum steht im Vorort Mendelejewo (МЕНДЕЛЕЕВО, Juditten) eine der ältesten Kirchen Ostpreußens, die ehemalige **Juditter Pfarrkirche** (21) und heutige russisch-orthodoxe Kathedrale des hl. Nikolaus (Swjarto Nikolskij Sobor). Im Jahre 1276 oder 1288 begann man mit dem Bau der Kirche als Teil eines befestigten Gutes, das die Adelsfamilie Judetus – daher Juditten – vom Deutschen Orden als Lehen erhalten hatte und nun bewirtschaftete. Schon um 1300 war Juditten mit seiner Kirche ein bekannter Wallfahrtsort, zu dem Gläubige aus dem ganzen Samland und den umliegenden Prussengauen pilgerten, ein »preußisches Jerusalem«. Die erste Kirche war ein wuchtig breiter Bau aus unbearbeiteten Feldsteinen und umfaßte nur den späteren Chor. Das

Der 1897 fertiggestellte Silospeicher war seinerzeit der größte seiner Art (zeitgenössischer Holzstich)

Schiff baute man um die Mitte des 14. Jh. an, wobei ein breiter Triumphbogen aus der Westmauer der bisherigen Kirche gebrochen wurde. Dicke Feldsteinmauern und fehlende Fenster auf der Nordseite weisen den Sakralbau als ländliche Wehrkirche aus, die Schutz gegen die zum großen Teil noch heidnischen Prussen bieten sollte. Der Westgiebel entstand aus Backsteinen mit eingesetzten Blenden. Der separat vor die Westfassade gesetzte Glockenturm vom Ende des 14. Jh. besteht aus einem schweren Feld- und Backsteinunterbau mit zurückgesetztem Fachwerkoberbau; im ausgehenden 16. Jh. wurde das Fachwerk mit Ziegeln umgeben. Das originelle *Deckengewölbe* folgte der magischen Zahl Fünf: fünf gotische Gewölberippen für jedes Joch, fünf Ecken, fünf Stützen und eine fünfflächige Decke über der Empore. Zwischen Turm und Schiff errichtete die Familie von Roeder eine Gruft, aus der 1820 die Vorhalle hervorging.

Im Zweiten Weltkrieg blieb die Kirche wie durch ein Wunder völlig unbeschädigt. Noch 1946 trafen sich hier die wenigen Königsberger, die ihre Stadt nicht verlassen wollten, zum Gottesdienst. In den folgenden Jahren wurde die Kirche ausgeraubt, mutwillig beschädigt, zum Teil sogar abgetragen. Im September 1985 beschloß der Kaliningrader Stadtsowjet, die Ruine der russisch-orthodoxen Gemeinschaft zu übergeben, die sie am 6. 10. dem hl. Nikolaus weihte. Damit war die ehemalige Juditter Pfarrkirche die erste Kirche im Königsberger Gebiet, in der nach Kriegsende wieder Gottesdienste stattfinden durften.

Von der kostbaren Ausstattung der Pfarrkirche, darunter Wandmalereien vom Ende des 14. Jh., Holzfiguren aus der Zeit um 1520 und ein Beichtstuhl von etwa 1670, ist nach dem letzten Krieg nichts geblieben. Auch die berühmte »Königsberger Madonna«, meist »Muttergottes auf dem Halbmond« genannt, vor 1454 entstanden und vom Deutschen Orden gestiftet, ist verschollen. Den Altarraum schmückt heute eine prächtige Ikonenwand in gotischer Tradition.

Wallfahrtsort war Juditten nur bis zur Reformation, als die Kirche eine evangelische Pfarrkirche wurde. Aber noch im 18. und 19. Jh. kamen zahlreiche Gläubige zur »Madonna auf der Mondsichel«.

Auch die preußische Königin Luise besuchte mehrmals die Kirche, als sie in Königsberg wohnte. Aus Juditten stammt der Literaturtheoretiker und Schriftsteller Johann Christoph Gottsched (1700–66).

Durch die westliche und südliche Innenstadt

Vom Friedensprospekt (prospekt Mira, пр. Мира) zweigt unweit des Hotels »Moskwa« (18, s. S. 241) die uliza S. Koloskowa (ул. Сержанта Колоскова) ab. Hier überstand mit der Nr. 7 das **Geburtshaus von Agnes Miegel** (22) den Sturm des Zweiten Weltkriegs. Agnes Miegel (1879–1964, s. S. 54), wohl die bedeutendste Dichterin Ostpreußens, wurde durch ihre Lyrik und ihre Erzählungen bekannt. 1992 ließ die Agnes-Miegel-Gesellschaft an ihrem Geburtshaus eine Gedenktafel anbringen. Am Gwardejskij-Prospekt (Гвардейский пр., früher Deutschordenring) gehört die **Sternwartebastei** (23, Bastion Astronomitscheskij) zu dem im 19. Jh. entstandenen Verteidigungsring um Königsberg. Die Bastei ist nicht zu besichtigen, weil sie militärisch genutzt wird. An der Ecke Gwardejskij-Prospekt/uliza Gornaja entstand 1995/96 eine **russisch-orthodoxe Kapelle** in traditionellem Baustil.

Die Alte Börse am Pregel

Jenseits der uliza Gornaja (ул. Горная, früher Friedrich-Ebert-Straße) erhebt sich am Gwardejskij-Prospekt das **Memorial der 1200 Gardisten** (24), das erste monumentale Gefallenendenkmal in der Sowjetunion überhaupt, eingeweiht am 30. 9. 1945. Das Memorial bildet einen Halbkreis, an dessen Enden die russischen Bildhauer B. Pundsüß und J. Mikenas die beiden Skulpturengruppen »Sturm« und »Sieg« stellten. Mikenas erhielt für den »Sieg« den Staatspreis der UdSSR. In der Mitte des Mahnmals steigt aus einem Sowjetstern ein Obelisk auf. In der Gedenkstätte brennt ein Ewiges Feuer. Jenseits des langgezogenen Sees hinter dem Memorial erstreckt sich bis zur Alten Pillauer Landstraße, der heutigen uliza Dmitrija Donskowo (ул. Дмитрия Донского), ein weiter Park mit uralten Linden und Ulmen.

Östlich der Sternwartebastei kommt man zur General-Galizkij-Straße (ул. Генерала Галицкого, früher Steindammer Wall), die an der Grünanlage des Butterbergs vorbeiführt. Dort errichtete der Astronom und Professor an der Königsberger Universität Friedrich Wilhelm Bessel (1784–1846) von 1811 bis 1813 eine Sternwarte. Bessel bestimmte die Größe der Erdoberfläche und berechnete erstmals die Entfernung eines Fixsterns von der Erde. 1944 wurde das Observatorium zerstört. Auf einer kleinen Anhöhe nahe der Sternwartebastei stellte die Kaliningrader Gesellschaft für Denkmalschutz einen **Bessel-Gedenkstein** auf.

Am Südufer des Pregel, dem Kneiphof gegenüber, steht dicht neben dem Leninprospekt die **Alte Börse** (25, Torgowaja birscha), ein stattlicher Bau im Stil der Florentiner Renaissance, zwischen 1870 und 1875 nach den Plänen des Architekten Heinrich Müller-Bremer errichtet. Heute ist der nach 1945 wiedererstandene Bau ein Kulturhaus der Seeleute. Die Königsberger Börse nahm ihre Arbeit schon im Jahre 1626 auf. Sie stand im Lauf ihrer Geschichte an vielen Stellen der Stadt. Wegen des sumpfigen Untergrunds am heutigen Standort mußte der Bau auf etwa 2000 Eichenpfähle gestellt werden. Die schmückenden Allegorien der vier Erdteile Europa, Asien, Afrika und Amerika, Schöpfungen des Bildhauers Emil Hundrieser, sind im Bombenangriff von 1944 untergegangen. Nur die beiden Portallöwen halten noch immer Wache.

Die **Kreuzkirche** (26) auf der großen Pregelinsel, etwa 700 m östlich vom Kneiphof, erbaute der Berliner Architekt Arthur Kickton zwischen 1930 und 1933 für die evangelische Gemeinde. Die Backsteinkirche auf dem Grundriß eines griechischen Kreuzes wird an ihrer Westseite von zwei achteckigen Glockentürmen abgeschlossen, zwischen denen eine hohe, spitzbogige Nische aufragt. Diese Nische füllt ein riesiges *Mosaik* mit der Darstellung des Kreuzes. Die Schäden von 1944/45 sind inzwischen behoben, die Zeiten vorbei, in denen die Kirche als Garage, dann als Fabrik diente. Beide Türme tragen eine kuppelförmige Haube mit frisch vergoldetem Kreuz. Die Kirche ist seit 1990 ein russisch-orthodoxes Gotteshaus und wurde außen und innen restauriert.

Das Brückenzollhäuschen am Alten Pregel zitiert Stilmerkmale der Backsteingotik

An die **Große Synagoge** aus den Jahren 1904 bis 1906, die in der Lindenstraße, der heutigen uliza Oktjabrskaja (ул. Октябрьская) stand und in der Pogromnacht vom 9./10. 11. 1938 niederbrannte, erinnert nur noch das benachbarte **Jüdische Waisenhaus** (27), erbaut 1904/05. Die uliza Oktjabrskaja überquert bei der Hohen Brücke den Alten Pregel. Gleich neben der Brücke überdauerte das grazile, einer winzigen Burg ähnliche **Brückenzollhäuschen.** Wenige Schritte entfernt blieb an der uliza Bogdana Chmelnizkowo (Богдана Хмельницкого ул., früher Oberhaberberg) die **Kirche Zur Heiligen Familie** (28) unzerstört. Sie diente in den letzten Kriegswochen als deutsches, dann als russisches Lazarett. Friedrich Heitmann hatte die katholische Kirche 1904 bis 1907 im neogotischen Stil erbaut. Bis 1980 wurde die Kirche restauriert und als *Orgelhalle der Philharmonie* (Organnij sal) eingerichtet. Aus der Tschechoslowakei kam eine neue Orgel der traditionsreichen deutsch-böhmischen Firma Rieger-Kross mit 44 Registern und 3600 Pfeifen. Inzwischen mag die Kaliningrader Bevölkerung die Konzerthalle nicht mehr missen, doch die polnische Gemeinde der Stadt fordert die Rückgabe des Gebäudes an die katholische Kirche.

Der nahe Leninprospekt endet im Süden vor dem **Hauptbahnhof** (29, Yuschnij woksal), der von 1915 bis 1929 als modernster Bahnhof Europas erbaut wurde und Ost- und Südbahnhof ersetzte. Den Zweiten Weltkrieg überstand der Hauptbahnhof fast ohne Schäden, nur das mächtige Glasdach mußte erneuert werden. Von hier fuhren vor dem Krieg alle Fernzüge ab, nach Berlin, nach Breslau und Stettin, nach Warschau und Moskau. Am 22. 1. 1945 verließ der letzte Zug ins Deutsche Reich, voll von Flüchtlingen und verwundeten Soldaten, den Königsberger Hauptbahnhof. 1990 trafen die ersten westdeutschen Touristen per Bahn in Kaliningrad ein. Zwei Bahnsteige des Hauptbahnhofs sind Zügen der europäischen Spurweite vorbehalten. Bei der Restaurierung des Bahnhofs wurde die Skulptur »Chronos« des Bildhauers Hermann Brachert über dem Haupteingang durch das Wappen Rußlands ersetzt. Vor dem Bahnhof steht nach wie vor ein imposantes **Kalinindenkmal,** das an das sowjetische Staatsoberhaupt von 1919 bis 1946 erinnert und vom russischen Bildhauer B. W. Edunow 1959 entworfen wurde.

Bastionen, Türme und Tore – Reste der alten Stadtbefestigung

Der Befestigungsring um Königsberg entstand von 1626 bis 1628 während des Schwedenkriegs. Die strategische Planung oblag dem Grafen Abraham zu Dohna, Festungsbaumeister war Conrad Burck. In den Jahren 1843 bis 1864 wurden die Anlagen zu einer modernen Festung ausgebaut. Obwohl mehrere der gewaltigen Bollwerke 1945 stark umkämpft waren, überstand ihr Mauerwerk den Krieg und prägt noch heute an mehreren Stellen das Stadtbild.

Am Prospekt der Sowjets (Советский пр., früher Stresemannstraße), der Straße in Richtung Swetlogorsk (Rauschen), steht am nordwestlichen Stadtrand das von einem breiten Wassergraben umgebene **Fort V** (30). Diesseits des Grabens erinnern ein Mahnmal und mehrere deutsche und sowjetische Geschütze an die erbitterten Kämpfe des Zweiten Weltkriegs.

Auf unserem Rundgang durch das Zentrum von Kaliningrad sind wir bereits auf weitere Bauten des Befestigungsrings aus dem 19. Jh. gestoßen: auf den **Dohnaturm** (8, s. S. 237) – das heutige Bernsteinmuseum –, den **Wrangelturm** (10, s. S. 237) auf der gegenüberliegenden Seite des Oberteichs und die **Sternwartebastei** (23, s. S. 244) am westlichen Rand der Innenstadt. Am Litauerwall (ул. Литовский вал), der auf einen Befestigungsgürtel aus der Zeit des Deutschen Ordens zurückgeht, erinnert die **Grolmanbastei** (31, Bastion Grolman) an den preußischen General Karl von Grolman (1777–1843), dem – neben Gneisenau – der erfolgreiche Ausgang der Schlacht bei Waterloo (18. 6. 1815) zu verdanken ist. Der Bastei gegenüber steht die einstige »Divisionskaserne Kronprinz« aus dem Jahre 1843, der deutsche Name ist noch an einem Turm des Gebäudes zu erkennen.

Zusammen mit Bastionen und Geschütztürmen entstanden in der Mitte des 19. Jh. auch acht neue Stadttore, erbaut im Stil einer romantisierenden Gotik, von denen heute noch sechs erhalten sind: **Roßgärter Tor** (9, s. S. 237), Königstor, Sackheimer Tor, Friedländer

Die sechs erhaltenen Stadttore, von links nach rechts: Roßgärter Tor und Königstor

Tor, Brandenburger Tor und Friedrichsburgtor. Das Steindammer Tor am früheren Hansa- und heutigen Siegesplatz und das Tragheimer Tor in Höhe der Gorkijstraße (ул. Горького) wurden schon vor dem Ersten Weltkrieg abgerissen.

Wo die Frunsestraße (ул. Фрунзе, früher Königstraße) den Litauerwall kreuzt, erhebt sich das stark beschädigte **Königstor** (32, Gorodskije worota Koroljewskije), das jüngste der Königsberger Stadttore, erbaut von 1843 bis 1864 im neogotischen Stil nach dem Entwurf des preußischen Pioniergenerals Ludwig von Aster. Die Fassade schmücken drei *Sandsteinfiguren*: Links steht Ottokar II. von Böhmen in der Rüstung eines Deutschordensritters, rechts ist Herzog Albrecht von Brandenburg, der letzte Hochmeister des Ordens, zu erkennen, die Mitte nimmt König Friedrich I. ein. Allen drei Herrschern, die der Bildhauer Wilhelm Ludwig Stürmer (1812–64) gestaltete, wurden nach Kriegsende die Köpfe abgeschossen. Unter den Figuren erscheinen die Wappen der drei Herrscher, die beiden Wappen darüber symbolisieren das Samland und das Natanger Land.

Das restaurierte **Sackheimer Tor** (33, Gorodskije worota Sakchajmskije), gebaut um 1850, zeigt die *Reliefs* der preußischen Generale Hans David Ludwig Graf Yorck von Wartenburg (1759–1830), der 1812 eigenmächtig mit den Russen die Konvention

Sackheimer und Friedländer Tor

von Tauroggen (s. S. 218) abschloß, und Friedrich Wilhelm Graf Bülow von Dennewitz (1755–1816), der entscheidend an der Leipziger Völkerschlacht und am Sieg bei Waterloo beteiligt war. Das **Friedländer Tor** (34, Gorodskije worota Fridlandskije) am Ostende des Kalininprospekts (Калинина пр., früher Österreichische Straße) bildete den südöstlichen Eingang zur Stadt; hier begann die Straße nach Friedland. Das Tor entstand bis 1862, wurde 1944/45 nicht allzu stark beschädigt und inzwischen weitgehend restauriert, um in den Räumlichkeiten ein kleines *Museum zur Stadtgeschichte* einzurichten. Von dem Bauschmuck des Tores blieb nur wenig erhalten. W. L. Stürmer schuf zwei steinerne *Skulpturen*: an der Innenseite den Großkomtur Friedrich von Hohenzollern, Teilnehmer an der verhängnisvollen Schlacht bei Tannenberg (1410), an der Außenseite den Hochmeister Siegfried von Feuchtwangen, der die Ordensresidenz im Jahre 1309 von Venedig zur Marienburg verlegte. Von dem Großkomtur ist kaum mehr etwas zu erkennen, dem Hochmeister wurde der Kopf weggeschossen.

Brandenburger Tor und Friedrichsburgtor

An der uliza Bagrationa (ул. Багратиона, früher Alter Garten), steht, nicht weit vom Hauptbahnhof entfernt, seit Mitte des 19. Jh. das **Brandenburger Tor** (35, Gorodskije worota Brandenburgskije), das einzige der Königsberger Stadttore, durch das noch immer Kraftfahrzeuge und auch Straßenbahnen fahren können. Dieses Tor schmückte der Bildhauer Stürmer mit zwei steinernen *Medaillons*, die den preußischen Kriegsminister und Heeresreformer Generalfeldmarschall Hermann von Boyen (1771–1848) und den Chef des preußischen Ingenieurkorps Ernst Ludwig von Aster (1778–1855) zeigen.

Nahe der uliza Portowaja (ул. Портовая, früher Friedrichsburgstraße) erinnert das **Friedrichsburgtor** (36, Gorodskije worota Fridrichburgskije) an die imposante Festung Friedrichsburg, die Friedrich Wilhelm, der Große Kurfürst, gegen 1657 von dem Königsberger Professor Christian Otter errichten ließ, um die Pregeleinfahrt und die besonders gefährdete Südwestseite der Stadt zu schützen. Zu dieser mächtigen, sternförmigen, von einem Pregelarm umflossenen Festungsanlage kam 1796 eine kleine, viertürmige Zitadelle hinzu. Ein Teil dieser Zitadelle und das Friedrichsburgtor sind heute noch zu sehen. Das ganze Terrain einschließlich Pregelarm wurde eingeebnet und dient seitdem als Güterbahnhof und Abstellplatz. An der Innenseite des Tores wacht noch immer der preußische Adler, im Innern des Bauwerks soll nach gründlicher Restaurierung ein Prussenmuseum eingerichtet werden.

Nicht weit vom Friedrichsburgtor entfernt, am nördlichen Pregelufer, liegt zwischen Hotelschiffen der legendäre **Frachter »Witjas«** (37, Held) vor Anker. Das einst deutsche Schiff mit dem Namen »Mars« brachte von Januar bis April 1945 insgesamt über 20 000 Menschen aus dem belagerten Königsberg. Nach Kriegsende kam das Schiff an die Sowjetunion, wurde umgetauft und befuhr als Expeditionsschiff in den folgenden Jahrzehnten alle Weltmeere. Seit 1990 ist die »Witjas« an ihrem heutigen Liegeplatz ein *Museum der Weltmeere*.

Das Samland

Das Samland (Semlandskij poluostrow) ist die Halbinsel zwischen Kurischem Haff (Kurschskij saliw) und Frischem Haff (Kaliningradskij saliw), zwischen der Ostsee (Baltijskoje more) und den Flüssen Pregel (Pregolja) und Deime (Deima). Es bildet fast ein Rechteck, etwa 75 km lang und 30 km breit, dessen Eckpunkte in Primorsk (Fischhausen), Taran mys (Brüsterort), Polessk (Labiau) und Gwardejsk (Tapiau) liegen, und bedeckt eine Fläche von rund 2250 km^2. Das Gebiet ist überwiegend eben, nur im westlichen Teil erreicht es Höhen zwischen 90 und 110 m. Im Westen und Norden fällt die 60 m hohe Küste (Bernsteinküste) steil zur Ostsee ab. Berühmt sind die Seebäder Swetlogorsk (Rauschen) und Selenogradsk (Cranz) sowie das einzige Bernsteinbergwerk der Welt in Jantarnyj (Palmnicken).

Das Samland

Das Samland gehörte im Mittelalter zu den zwölf prussischen Gauen. 1243 begründete Papst Innozenz IV. das Bistum Samland, das bis zur Memel (russ. Neman, lit. Nemunas) reichte und erst 1255 vom Deutschen Orden unterworfen wurde. Das Bistum hatte seinen Sitz in Fischhausen und bestand bis zum Jahre 1523, als Bischof Georg von Polentz der Reformation beitrat.

Gurjewsk (Neuhausen)

11 km nordöstlich von Kaliningrad liegt Gurjewsk (ГУРЬЕВСК, Neuhausen), ein Städtchen mit einer interessanten Kirche und den Resten eines Schlosses. 8400 Einwohner leben heute in Gurjewsk.

Im Jahre 1292 errichtete das kurz zuvor gegründete samländische Domkapitel hier eine Burg, die als bischöflicher Sommersitz dienen sollte; im Winterhalbjahr wünschte der Bischof die Anwesenheit der geistlichen Herren in seiner Residenz zu Schonewik (Fischhausen, s. S. 253). Als Bischof Georg von Polentz 1523 zum protestantischen Bekenntnis übertrat, verlegte er seine Residenz nach Neuhausen, dessen Burg er in ein großes Schloß verwandelte. In den Sommermonaten hatte der Bischof regelmäßig seinen Freund, den Hochmeister Albrecht, ab 1525 Herzog in Preußen, zu Gast. Ab 1550 gehörte Schloß Neuhausen den Herzögen, später den Königen von Preußen. 1842 ging es in den Besitz der Adelsfamilie Luckner über.

1945 wurde **Schloß Neuhausen** stark zerstört. Erhalten sind lediglich noch die beiden unteren Stockwerke des dreigeschossigen Gebäudes. Die **evangelische Pfarrkirche** blieb dagegen nahezu unbeschädigt und diente nach 1945 den in Gurjewsk stationierten sowjetischen Truppen als Klubhaus. Heute steht sie leer; sie soll aber nach einer Restaurierung wieder sakrale Aufgaben erfüllen. Die Kirche wurde in der zweiten Hälfte des 14. Jh. erbaut und gegen 1400 nach Osten erweitert. Im 15. Jh. erhielt sie an ihrer Südseite eine Vor- und Eingangshalle mit großem, getrepptem Rundbogeneingang und einem hohen Stufengiebel. Der Glockenturm an der Westseite des Kirchenschiffs entstand in drei Bauabschnitten, der erste zusammen mit der Kirche im späten 14. Jh., der letzte zu Anfang des 16. Jh. Der Turm hat keine Spitze, sondern ein Schrägdach mit Stufengiebeln und übereck gestellten Fialen. Von der Ausstattung der Kirche blieb allein der Grabstein des aus Thüringen stammenden Ritters von Eichicht († 1602) erhalten.

Primorsk (Fischhausen)

36 km westlich von Kaliningrad liegt am Nordende der Frischen Nehrung (Baltijskaja kosa), in einer Bucht des Frischen Haffs (Kaliningradskij saliw) die kleine Kreis- und Hafenstadt Primorsk (ПРИМОРСК, Fischhausen).

Ihr russischer Name bedeutet »Stadt am Meer«. 1900 Einwohner leben hier heute. Da die Stadt 1944/45 an der »Straße des Todes« lag, über die Hunderttausende von Deutschen vor der Roten Armee über das Frische Haff zu fliehen versuchten, wurde sie immer wieder angegriffen und stark zerstört, so daß es nur noch wenig zu besichtigen gibt. Doch hat Primorsk als alte Bischofsstadt historische Bedeutung.

1264 ließ der zweite Bischof von Samland Heinrich von Strittberg an dieser strategisch wichtigen Stelle – hier hatte das Frische Haff damals ein Tief, also einen Ausgang zur Ostsee – eine stattliche **Burg** als Bischofsresidenz errichten. Die Siedlung neben der Burg nannte sich anfangs »Schonewik« (Schöne Bucht), später »Bischoveshusen«, woraus schließlich »Vischhausen« entstand. Als Bischof Georg von Polentz 1523 zum evangelischen Bekenntnis übertrat, verlegte er seine Residenz in das Schloß Neuhausen bei Königsberg (s. S. 252); die Bischofsburg wurde zur Sommerresidenz der preußischen Herzöge. Von 1701 bis 1705 ließ König Friedrich I. Teile der Burg für den Aufbau der Festung Pillau abbrechen; heute sind noch Abschnitte des im 14. Jh. errichteten Haupthauses vorhanden.

Im Hafen von Primorsk dümpelt – sofern nicht auf großer Fahrt – die fast 100 m lange **Viermastbark »Krusenstern«.** Das prächtige Segelschiff lief 1926 als letzter großer Frachtsegler der Weltgeschichte unter dem Namen »Padua« in Wesermünde vom Stapel; es beförderte Salpeter aus Chile sowie Getreide aus Australien und diente im Zweiten Weltkrieg in der Ostsee als Schulschiff. Nach Kriegsende ging die »Padua« wie viele andere deutsche Schiffe an die Siegermächte. Im Dezember 1945 übernahm die Sowjetunion den Großsegler und setzte ihn unter dem Namen »Krusenstern« als Schulschiff ein. Der in Estland geborene russische Admiral Adam Johannes von Krusenstern (1770–1846) leitete 1803 bis 1806 die erste russische Weltumseglung.

5 km westlich von Primorsk erbaute der Deutsche Orden zwischen 1264 und 1300 im strategischen Zusammenhang mit der Brandenburg (s. S. 268) und der Burg Balga (s. S. 270) die **Burg Lochstedt,** die »Stätte am Loch«, an der tiefen Verbindung zwischen Haff und See. Sie war eine der großartigsten Burganlagen des Ordens. Ab 1305 residierte hier ein Komtur, 1327 war es noch ein Pfleger des Ordens, der zugleich als Bernsteinmeister das Privileg des Ordens wahrnahm, sämtliche Bernsteinfunde entgegenzunehmen. Als im 14. Jh. das Tief versandete und sich die Einfahrt ins Haff südwärts verlagerte, verlor die Ordensburg ihre Bedeutung. Lochstedt behielt aber die Aufsicht über alle Bernsteinfunde, es wurde Sitz des Bernsteinamts, bis der Orden diese Institution 1581 nach Germau verlegte. 1701/02 hatte auch die Burg Lochstedt als Steinbruch für den Bau der Festung Pillau zu dienen. Heute sind im Dorf **Pawlowo** (ПАВЛОВО) noch der halbhohe Südflügel mit Sakristeianbau und der Westflügel des Konventshauses vorhanden.

Baltijsk (Pillau) und das Frische Haff

Baltijsk (Pillau) ☆
Besonders sehenswert:
Garnisonkirche
Leuchtturm

Die Stadt Baltijsk (БАЛТИЙСК, Pillau), Fischereihafen und wichtigster Stützpunkt der russischen Flotte in der Ostsee, liegt am Ausgang des Frischen Haffs zur Ostsee, am Ende des Königsberger Seekanals. Bis zum Herbst 1995 war die gesamte Stadt militärisches Sperrgebiet, das nur mit einer Sondergenehmigung betreten werden durfte. Heute sind nur noch bestimmte Hafenabschnitte für Nichtbefugte gesperrt. Die Stadt zählt 28 700 Einwohner.

Das **Frische Haff** (Kaliningradskij saliw), ein etwa 90 km langer, bis 25 km breiter und 861 km^2 großer Strandsee, ist auf die gleiche Weise und etwa gleichzeitig wie das Kurische Haff (s. S. 207) entstanden. Seinen Namen hat es von dem 60 km langen Fluß Frisching (Prochladnaja), der bei Uschakowo (Brandenburg) in das Haff mündet. Fünf weitere Flüsse füllen das Haff, das durch eine Öffnung in der 70 km langen und etwa 2 km breiten Frischen Nehrung mit der Ostsee verbunden ist. Stürme ließen diesen Durchlaß, »Tief« oder »Glatt« genannt, versanden und an benachbarter Stelle neu erstehen. Das geschah 1376 – während die Ordensburg Lochstedt damals ihre Bedeutung verlor, brach weiter südlich das heutige Pillauer Tief auf. Da das Frische Haff wegen seiner geringen Tiefe für moderne Überseeschiffe nicht befahrbar ist, wurde bis 1901 der 42,5 km lange und 6,5 m tiefe **Königsberger Seekanal** (Kaliningradskij kanal) gebaut, eine durch Molen geschützte Fahrrinne zwischen der Pregelmündung bei Königsberg und dem Pillauer Tief. Dieses Tief ist 550 m breit und bis 7 m tief.

Nach dem Sturm des Jahres 1376 fand das Haff einen neuen Abfluß bei der seit 1330 bestehenden prussischen Fischersiedlung »Velowe«, die dadurch sehr an Bedeutung gewann. Sofort richtete hier der Deutsche Orden eine »Pfundbude« ein, eine Art Mautstation, um von jedem einlaufenden Schiff eine Abgabe zu kassieren. Die »Pfundbude« existierte bis zum Jahre 1804. Aus »Velowe« wurde »Pillau«, was sich beides wohl vom baltischen »pilti« (Aufschüttung) herleitet. Nach 1626 bauten die Schweden Pillau zu einer Festung aus, 1701 erhielt der Ort das Marktrecht, 1725 wurde er eine preußische Stadt. 1731/32 ließen sich hier zahlreiche Salzburger Emigranten nieder. 1902 bzw. 1937 wurden die schon im 15. Jh. bestehenden Nachbarsiedlungen Wogram und Camstigall eingemeindet. Im Januar 1945, als Hunderttausende von Flüchtlingen aus Königsberg und dem nördlichen Ostpreußen Pillau und den dort wartenden Schiffen zustrebten, lag die Hafenstadt unter pausenlosem Beschuß, so daß von älterer Bausubstanz nur wenig geblieben ist.

Die 1712 bis 1720 erbaute, 1768 nach einem Brand erneuerte evangelische **Garnisonkirche,** ein turmloser Backsteinbau, der nach 1945 ein Kino war, steht heute als Kirche des hl. Georg von der See der russisch-orthodoxen Gemeinde zur Verfügung. Der **Leuchtturm** von 1813, wohl der schönste im nördlichen Ostpreußen, erfüllt – modernisiert und renoviert – noch immer seine Aufgabe. Er wurde

Der Pillauer Leuchtturm auf einer Ansichtspostkarte der Jahrhundertwende

nach den Richtlinien des preußischen Baumeisters Karl Friedrich Schinkel erbaut, die für alle Leuchtfeuer Preußens verbindlich waren. 116 Stufen führen zum Besucherumgang hinauf, der eine prächtige Rundsicht über Stadt, Hafen und die Einfahrt zum Königsberger Seekanal bietet. Sehenswert ist auch die **Zitadelle,** die der Schwedenkönig Gustav II. Adolf 1626 bis 1632 erbauen ließ. 1636 verließen die Schweden wieder die Stadt. In der Zitadelle ist zur Zeit eine Nachrichteneinheit der russischen Marine stationiert. Das Gouverneurshaus stammt aus dem Jahre 1638. König Friedrich Wilhelm I. (1713–40) kümmerte sich auch um die Wohnverhältnisse seiner Untertanen und ordnete an, alle **Wohnhäuser** Pillaus in einheitlicher Größe und in holländischer Klinkerbauweise zu errichten. Hier und da sind solche Häuser noch heute zu entdecken.

In dem Dorf **Russkoje** (РУССКОЕ, Germau), gut 25 km nördlich von Baltijsk, erinnert der größte deutsche Soldatenfriedhof in der Kaliningrader Oblast an die Kämpfe des Jahres 1945. Neben den Mauerresten der zerschossenen Pfarrkirche wurde er 1995 eingerichtet. Jenseits der Dorfstraße gedenkt ein sowjetischer Soldatenfriedhof der gefallenen Rotarmisten.

1252/53 griff der Deutsche Orden die mächtige Prussenburg Girmowe vergeblich an. Wenige Jahre danach kam sie kampflos an den Orden, der sie zu einer kaum einzunehmenden Feste ausbaute. 1581 wurde Germau, wie die Deutschen die Siedlung nun nannten, Sitz des Bernsteinmeisters, im selben Jahr kam von Lochstedt (s. S. 253) das Bernsteinamt herüber, 1644 folgte auch das Bernsteingericht. 1693 verlegte der preußische Staat Bernsteingericht und -amt nach Palmnicken.

Jantarnyj (Palmnicken)

Jantarnyj (Palmnicken)

Die West- und die Nordküste Samlands bilden die berühmte »Bernsteinküste«, an der 94 % der Weltproduktion des fossilen Harzes gefördert werden. Das Zentrum der Bernsteinförderung ist der riesige Tagebau von Jantarnyj (ЯНТАРНЫЙ, Palmnicken), die einzige Bernsteinmine der Welt. Jantarnyj – der Name bedeutet »aus Bernstein« – liegt 45 km westlich von Kaliningrad (Königsberg) an der sturmgepeitschten Westküste. Seine rund 5000 Einwohner leben vom Bernstein und von der Fischerei. Das Minengelände ist weiträumig abgesperrt, so daß man nicht einmal an den Strand kommt. Eine Besichtigung der Anlagen aber ist möglich, nur sollte man sich vorher anmelden und einer Gruppe anschließen. Ein kleines Museum erklärt die Entstehung des »Sonnensteins«, der »Tränen einer Meeresprinzessin«, und zeigt außergewöhnliche Bernsteinstücke, vor allem Einschlüsse von Tieren und Pflanzen.

Bernstein – Tränen einer Meeresprinzessin

Der hellgelbe bis schwarzbraune, undurchsichtige bis glasklare Schmuckstein ist ein fossiles Harz, das die Chemiker Succinit nennen. Die alten Griechen, die dem Bernstein den Namen »elektron« gegeben hatten, beobachteten am geriebenen Stein elektrische Phänomene. Der griechische Philosoph und Naturforscher Aristoteles (384–322 v. Chr.) sah das »elektron« bereits als versteinertes Baumharz an. Später ging dieses Wissen verloren, und noch im 18. Jh. hielt man den Stein für eingetrockneten wilden Honig. Erst 1811 bezeichnete ihn der Danziger Chemiker Struve als Koniferenharz, und im selben Jahr bewies der Königsberger Mineraloge Schweiger dessen fossile Natur. Heute weiß man, daß der an der Ostsee gefundene Bernstein im Zeitalter des Eozän entstand, also vor 40 bis 55 Mio. Jahren, als sich die von gewaltigen Kiefernwäldern bedeckte Fennoskandia (Finnland und Skandinavien) plötzlich stark erwärmte, das Harz in Mengen aus dem Nadelholz tropfte und dabei häufig Pflanzenteile und Tiere umschloß. Unter dem Einfluß von Mikroorganismen und Prozessen wie Oxidation und Polymerisation veränderte sich das ausgetretene Harz und wurde so allmählich zu Bernstein. Die Wissenschaft kennt in aller Welt rund 150 Arten des fossilen Harzes. Die meisten und schönsten Bernsteinarten werden auf der nördlichen Halbkugel, vor allem an den Küsten der Ostsee, gefunden. Bernstein hat das spezifische Gewicht 1,1, ist also kaum schwerer als Wasser. Er schmilzt zwischen 290 und 385 °C und ist brennbar, daher auch sein Name, vom niederdeutschen »bern« für »brennen«.

Als Schmuck wurde Bernstein schon am Ende der Eiszeit getragen. Um 2000 v. Chr. kam er in größeren Mengen nach Griechenland, wo man in den glänzenden Steinen die Tränen der Heliaden, der Töchter des Sonnengottes Helios, zu erkennen glaubte. Nach dem Tode ihres Bruders Phaëthon hatte Zeus die Heliaden in Pappeln verwandelt, um ihre Trauer zu beenden. Doch sie weinten weiter, und ihre Tränen wurden zu Bernstein. Auch der litauische Dichter und Theologe Maironis erklärte die Herkunft des Bernsteins: Einst verliebte sich die Meeresprinzessin Juratė in den jungen Fischer Kastytis und lockte ihn in ihr Bernsteinschloß auf dem

Historische Aufnahme von Bernsteinfischern an der samländischen Küste

Grunde der Ostsee. Doch Göttervater Perkūnas verdroß diese Verbindung, und er zerstörte das Schloß, dessen Trümmer die Wellen seither an den baltischen Strand tragen. Die runden, wasserklaren Bernsteintropfen aber, die die Kinder aus dem Sand lesen, waren die Tränen der Juratė, die sie um ihren geliebten Fischer vergoß.

Im 16. Jh. begann man, aus dem Bernstein durch Schneiden, Schnitzen und Schleifen Kunstwerke von höchster Qualität zu schaffen. Im 17. und 18. Jh. erreichte diese Kunst ihren Höhepunkt, besonders in Brügge, Lübeck, Danzig und vor allem in Königsberg.

Die älteste, noch heute von Einheimischen und Badegästen bevorzugte Art der Bernsteingewinnung ist das Auflesen der Bernsteinstücke am Strand, was sich besonders nach Sturmnächten lohnt. Fischer wenden mit langen Holzgabeln die Steine am Meeresgrund und fangen den relativ leichten und daher im Wasser treibenden Bernstein in kleinen, feinmaschigen Netzen. Sehr alt ist auch das Graben nach Bernstein in den Uferbergen. Eine industrielle Förderung führte 1858 die Königsberger Firma Stantien & Becker ein, die in Schwarzort (s. S. 199) bernsteinhaltigen Meeresboden mit Dampfbaggern emporholte und ausspülte. Bis 1896 hatte das Unternehmen den ganzen Bernsteinmarkt unter Kontrolle und bestimmte die Preise. Das bewog die Regierung Preußens, die Bernsteingewinnung im Jahre 1899 zu verstaatlichen. 1913 begann man, in Palmnikken den Bernstein im Tagebau zu fördern. Aus 50 bis 80 m Tiefe holen mächtige Bagger noch heute die »Blaue Erde« aus den Uferregionen empor. Nach Spülen, Sieben und Sortieren ergeben im Durchschnitt 750 kg dieser Erde 1 kg Bernstein. Jährlich kommen zur Zeit gut 800 t Bernstein auf den Markt. Winzige Bernsteinkörner werden zu Preßbernstein, zu Lack und anderen Industrieprodukten weiterverarbeitet, größere Steine kommen in die Manufakturen zum Schneiden, Schnitzen und Schleifen.

Sehenswert sind in Jantarnyj auch der Wasserturm, der Bahnhof, das sogenannte Assessorhaus, in dem der Leiter des Bernsteinbergwerks residierte, das Schloßhotel für die Bernsteinaufkäufer, mehrere Wohnhäuser, vor allem aber die Kirche, alles aus der Zeit am Ende des 19. und zu Anfang des 20. Jh. Die liebevoll restaurierte **Pfarrkirche** von Palmnicken, seit 1991 Gotteshaus der russisch-orthodoxen Gemeinde, wurde 1887 bis 1892 aus Feldsteinbrocken erbaut.

Swetlogorsk (Rauschen)

Swetlogorsk (Rauschen)☆☆
Besonders sehenswert:
Warmbad
Steilküste

Knapp 40 km nordwestlich von Kaliningrad liegt an der steilen Nordküste des Samlands die kleine Stadt Swetlogorsk (СВЕТЛОГОРСК), das alte Rauschen, das beliebteste Seebad der ganzen Oblast, das die Russen »Sotschi des Nordens« nennen. Thomas Mann verlebte hier 1929 mit seiner Frau Katia und den Kindern Elisabeth und Michael die Sommerferien. Käthe Kollwitz besaß in

Sommerfrische vor den Toren Kaliningrads: Steilküste bei Swetlogorsk (Rauschen)

Rauschen ein kleines Sommerhaus, in dem die in Berlin lebende Künstlerin alljährlich »Ferien vom Ich« machte. Die heute 8000 Einwohner von Swetlogorsk bewirten in der Hauptsaison bis zu 50 000 Badegäste täglich, zumeist Kaliningrader, die mit der »Elektritschka«, dem Nahverkehrszug, binnen einer Stunde herüberkommen. Die meisten gehen zum Strand, viele wandern durch die herrlichen Wälder, durch duftende Heide und romantische Schluchten, flanieren durch stille Alleen oder die belebten Einkaufsstraßen, genießen den weiten Blick von der 60 m hohen Küste und die fast staubfreie und sehr jodhaltige Luft. Alljährlich am ersten Samstag im Juni findet in Swetlogorsk die »Saisoneröffnung« statt, ein Fest mit farbenfrohen Volkstänzen, mit Musik und Gesang aus alter und neuer Zeit, ein buntes Treiben, an dem die ganze Oblast teilzunehmen scheint.

Am Südufer des heutigen Mühlenteichs (Tichoje osero) lag im Jahre 1258 die Prussensiedlung »Rusemoter« bzw. »Motre«, die Ordensritter nannten sie »Rauschen«. Sie stauten den Katzbach auf und betrieben hier die größte Mühle des Samlands. Von der Mühle ist nichts geblieben, nur eine 400jährige Linde könnte noch aus früherer Zeit berichten. Gegen Ende des 19. Jh. kamen immer mehr Badegäste nach Rauschen, die in schmucken Villen und gemütlichen Pensionen logierten. Einen steilen Aufschwung nahm das Seebad, als es im Jahre 1900 an die Eisenbahn angeschlossen wurde. Seit 1906 fahren die Züge sogar bis zur Düne vor dem Strand. Neben Rauschen-Ort (heute Swetlogorsk I) mit den Wohn- und Geschäftsvierteln unterschied man bald das Badeviertel Rauschen-Düne (heute Swetlogorsk II). Das Ostseebad Swetlogorsk zeigt sich seit seiner deutschen Zeit nahezu unverändert, denn nichts wurde hier

Das Warmbad wurde um die Jahrhundertwende im Jugendstil erbaut

zerstört, nichts abgerissen, nichts entführt. In den letzten Jahrzehnten ergänzten allerdings große, moderne Sanatorien die schönen, alten Holzvillen, die wie sanfte Farbtupfer das Grün der Parkanlagen beleben. Swetlogorsk ist nicht nur Seebad, sondern auch Heilbad für Erkrankungen des Herz-Kreislauf- und des Nervensystems.

Das Wahrzeichen von Swetlogorsk ist das prächtige **Warmbad** mit seinem fast 30 m hohen Wasser- und Aussichtsturm. Es wurde um die Wende zum 20. Jh. in den Formen des Jugendstils erbaut und bietet seinen Gästen als Kurhaus noch heute Bäder und Massagen. Der Swetlogorsker Künstler Nikolaj Frolow schmückte den Turm mit einer lustigen Sonnenuhr. Das Warmbad steht am Kurpark, dem »Lärchenpark«, und, kaum 100 m vom Bad entfernt, versteckt sich hier seit 1940 die »Wasserträgerin«, eine marmorne **Brunnenfigur** des Bildhauers Hermann Brachert (1890–1972). Seine **Bronze**-»Nymphe« von 1938 schmückt die Strandpromenade nahe der Serpentine.

»Wasserträgerin«, Brunnenfigur von Hermann Brachert

Badegäste haben mehrere Möglichkeiten, von der 60 m hohen Steilküste zum Strand hinunterzukommen. Da ist der wuchtige Fahrstuhlturm, der die alte Drahtseilbahn ersetzte. Am Westende der Strandpromenade schlängelt sich eine Serpentine zum Strand hinab; hier steht auch eine Seilbahn (Kanatnaja doroga) mit 18 kleinen Kabinen zur Verfügung. Am Ostende der Promenade, wo einst die Venusschlucht den Steilhang unterbrach, verbindet heute eine breite **Paradetreppe** die Düne mit dem Strand. Eine riesige **Sonnenuhr** mit Tierkreiseinteilung, gestaltet von Nikolaj Frolow, dem Schöpfer der Warmbad-Sonnenuhr, schließt die Treppe nach unten ab. An der Strandpromenade überrascht eine **Holzskulptur** die Spaziergänger, sie zeigt den Meeresgott Bangputys, den bösen Wellenbläser, und den jungen Kaufmann Sadko, der sich in die Nymphe Rusalka verliebte.

Die **evangelische Kirche** von Rauschen in Swetlogorsk I diente jahrzehntelang als Turnhalle und gehört jetzt der russisch-orthodoxen Gemeinde. Die kleine **katholische Kirche**, die bislang als Warenlager zweckentfremdet war, wird nun als Kammerkonzertsaal genutzt. Dann ist da noch die neue, 1994 geweihte **Kirche des Gedenkens**, die an jenen schrecklichen Tag des Jahres 1972 erinnert, als ein sowjetisches Militärflugzeug auf ein Swetlogorsker Kinderheim stürzte und zwölf Kinder in den Tod riß.

Von Swetlogorsk lohnen Ausflüge nach Otradnoje (Georgenswalde), Lesnoje (Warnicken), Primorje (Großkuhren), Taran mys (Brüsterort) und Pionerskij (Neukuhren). Da alle diese Orte, ausgenommen Taran mys, nur 4 bis 6 km vom Swetlogorsker Zentrum entfernt sind und die Landschaft bezaubernd ist, sollte man zu Fuß gehen oder ein Fahrrad mieten. Eine Tafel am Warmbad erläutert die schönsten und interessantesten Wanderwege.

Otradnoje (ОТРАДНОЕ, Georgenswalde, vorher Kunigehlen) liegt westlich von Swetlogorsk mitten im Walde und ist eine beliebte Sommerfrische. Das *Atelier-* und *Wohnhaus* des Bildhauers Hermann Brachert ist seit 1990 eine liebevoll betreute Gedenkstätte, die einige seiner Hauptwerke hütet: die Reliefs »Drei Mädchen mit Bernstein«, »Schwebende Nymphe« und »Fischer mit Nixe«. Wer am Strand westwärts wandert, erreicht den winzigen Ort **Lesnoje** (ЛЕСНОЕ, Warnicken) am Eingang der wildromantischen Wolfsschlucht. Und wer dieser folgt, trifft nacheinander auf weitere Schluchten und Höhen, deren einstige deutsche Namen wohl am leichtesten zu behalten sind: Gausupschlucht, Wolfskessel, Detroitschlucht, Blaue Rinne, Götterhain, Elisenhöh, Erster Gedanke, Augenweide, Fuchsschlucht, Gebauershöh. Von der Gebauershöh führen etwa 200 Stufen in die Wolfsschlucht zurück. Hinter Lesnoje folgen **Primorje** (ПРИМОРЬЕ, Großkuhren) und **Filino** (ФИЛИНО, Kleinkuhren). Als »Widderkap« ließe sich **Taran mys** (ТАРАН МЫС, Brüsterort) übersetzen, die nordwestliche Landspitze des Samlands, mit einem Leuchtturm, der vor einem 4 km weit in die See ragenden Felsenriff warnt. Taran mys ist nach wie vor militärisches Sperrgebiet.

Pionerskij (ПИОНЕРСКИЙ, Neukuhren) ist mit Swetlogorsk durch einen 6 km langen Weg verbunden, der dem oberen Rand der Steilküste folgt, durch das Fischerdörfchen **Rybnoje** (РЫБНОЕ, Loppöhnen) zieht und die Wanger Spitze erreicht. Von hier aus läßt sich im Westen das 15 km entfernte Taran mys (Brüsterort) und im Osten das 4 km entfernte Gwardejskij mys (Rantauer Spitze) ausmachen. Gleich hinter der Wanger Spitze beginnt das Seebad Pionerskij, zugleich ein bedeutender Fischereihafen, der aber von Unbefugten nicht betreten werden darf.

Selenogradsk (Cranz)

Selenogradsk (Cranz)☆
Besonders sehenswert:
Gästehäuser
Wasserturm
Pfarrkirche

An der Nordküste des Samlands, wo die Kurische Nehrung beginnt, liegt, nur rund 30 km von Kaliningrad entfernt, das noch immer überaus beliebte Ostseebad Selenogradsk (ЗЕЛЕНОГРАДСК = Grüne Stadt), das einstige Hausbad der Königsberger. Es führt den Titel »Курорт«(= Kurort), der aus der deutschen in die russische Sprache eingegangen ist. Das größte Seebad der Oblast zählt heute 11 300 Einwohner, mehr als doppelt so viel wie 1939. 35 Minuten braucht der Zug vom Kaliningrader Nordbahnhof nach Selenogradsk.

Cranz ging aus einer Prussen- und Kurensiedlung hervor, die ihre Bewohner »Krantas« nannten, was nichts anderes als »Küste« bedeutet. In der Nähe unterhielten die Wikinger vom 9. bis 11. Jh. einen großen Handelsplatz. Im 13. Jh. gründete der Deutsche Orden am Zugang zur Nehrung einen »Krug«, ein Gasthaus mit Übernachtungsmöglichkeit für alle Reisenden, die auf der uralten Handels- und Heeresstraße über die Kurische Nehrung unterwegs waren. Aus dem Ortsnamen »Krantas« wurde »Cranzkuhren« und schließlich schlicht und einfach »Cranz«. Im Jahre 1816 erhielt das 300-Seelen-Fischerdorf wegen seines herrlichen Strandes, der würzig-duftenden Wiesen und Wälder, vor allem aber wegen seiner Nähe zu Königsberg den Titel »Königliches Seebad«. Dennoch trauten sich in jenem Jahr erst 35 Gäste an die Ostseeküste. Cranz erhielt eine aus Holzbohlen gefertigte »Promenade« längs des Strandes und an deren Ostende eine »Plantage« als Kurpark, mit vielerlei, auch exotischen Bäumen und Sträuchern. 1850 folgte ein Warmbadehaus, denn das

Ostseewasser, das selbst im Juli und August selten wärmer als 18 °C wird, war nicht jedermanns Sache. Als 1885 die Eisenbahn Cranz erreichte, kamen immer mehr Gäste, und schon bald fanden es reichere Königsberger Familien schick, die ganze Saison dort zu verbringen. Die arbeitenden Väter kamen dann am Wochenende oder sogar an jedem Nachmittag mit dem Zug hinterher. Bereits um die Wende zum 20. Jh. genoß Cranz den Ruf eines eleganten, ja mondänen Bades. In Cranz war immer etwas los: Hier spielte das

In Selenogradsk (Cranz) haben sich noch stattliche Bürgerhäuser der Belle Époque erhalten

Kurorchester täglich die neuesten Melodien, hier folgte ein Tanzvergnügen dem anderen, Tennis war en vogue, Radrennen fanden begeisterte Zuschauer. Vom Fischerhafen Cranzbeek fuhren Ausflugsdampfer über das Kurische Haff nach Rossitten, Nidden, Schwarzort und Memel. 1895 erlangte das Ostseebad Cranz seine Unabhängigkeit von der Regierung. Zwar verlor es dadurch den Titel »Königliches Seebad«, kam aber als selbständiger Kurort zu großem Wohlstand, zumal in der Hauptsaison nicht selten mehr als 200 000 Tagesgäste dorthin kamen.

Fast alle Gebäude, vor allem die gemütlichen zweistöckigen Holzhäuschen mit ihren typischen Gästeveranden im Ortskern von Selenogradsk haben die Kriegs- und Nachkriegsjahre relativ gut überstanden und wurden inzwischen weitgehend restauriert, auch das **Krankenhaus** von 1906 in der uliza Pogranichnaij Nr. 1 (ул. Пограничнаий). Viele Neubauten, Sanatorien, Kinderheime, Restaurants und am Rande des Ortes auch die üblichen Wohnhochhäuser, kamen hinzu. Eine 2 km lange Betonpromenade löste die schmalen Holzstege ab; sie wurde so breit, daß vom Sandstrand nur noch wenig blieb. Gebadet und gesonnt wird ohnehin zumeist jenseits der Promenade, am liebsten dort, wo die Kurische Nehrung beginnt. Aus dem alten **Wasserturm** wurde ein Restaurant. Die ehemalige evangelische **Pfarrkirche St. Adalbert,** ein neogotischer Backsteinbau von 1897 mit 42 m hohem Glockenturm, war jahrzehntelang eine Turnhalle und gehört heute der russisch-orthodoxen Gemeinde von Selenogradsk. Adalbert, auch Albrecht oder Adalbrecht genannt († 981), war Erzbischof von Magdeburg und mühte sich um die Missionierung der Prussen.

In **Sosnowka** (СОСНОВКА, Bledau), 4 km südöstlich von Selenogradsk und heute ein Ortsteil des Seebads, steht inmitten eines wunderschönen, alten *Parks* das stattliche *Schloß* der Grafen Patotski, ein Bau des ausgehenden 19. Jh. Heute ist das Schloß ein Heim für taubstumme Kinder.

Die Kurische Nehrung

Kurische Nehrung☆☆
Besonders sehenswert:
Lesnoj (Sarkau), Museum des Kurischen Nationalparks
Rybatschij (Rossitten), Vogelwarte
Dünenlandschaft

Von Selenogradsk (Cranz) aus geht es auf der Straße 515, der alten Handels-, Heer- und Poststraße, über die Kurische Nehrung (Kurschskaja kosa, s. S. 198), den 98 km langen, schmalen Dünenstreifen, der das Kurische Haff (Kurschskij saliw) von der Ostsee (Baltijskoje more) trennt. Der südliche Teil der Nehrung gehört zum Kaliningrader Gebiet, der nördliche ist litauisch. Die Kurische Nehrung wurde in der Sowjetära zum Nationalpark erklärt und blieb es auch nach dem Zerfall der Union, als zwischen Morskoje (Pillkoppen) und Nida (Nidden) die russisch-litauische Grenze entstand. Die ganze Nehrung steht also unter besonderem Schutz, was bedeutet, daß Kraftfahrzeuge nur auf den gekennzeichneten Parkplätzen

abzustellen sind, daß man außerhalb der offiziellen Campingplätze kein Zelt aufbauen und kein Feuer entzünden darf, daß man Pflanzen und Tiere der Nehrung – ausgenommen Beeren und Pilze – unbehelligt zu lassen hat.

Lesnoj (Sarkau)

Nach 11 km erreicht man Lesnoj (ЛЕСНОЙ, Sarkau), eine stille Sommerfrische für Naturfreunde. Gleich hinter Lesnoj verengt sich die Nehrung auf nur 360 m Breite. An dieser Stelle verband einst ein Kanal das Haff mit der Ostsee. Diesen Durchlaß nutzten die Sarkauer Fischer, die ihre Boote an der geschützten Haffseite liegen hatten, um in der Ostsee Flundern zu fangen, die sie salzten, über Kiefernzapfen räucherten und als ganz besondere Delikatesse an die Königsberger Fischhändler verkauften. Vom Kanal sind keinerlei Spuren geblieben.

In Lesnoj sollte man unbedingt das **Museum des Kurischen Nationalparks** besuchen. Zahlreiche interessante Exponate erläutern die reiche Kultur der Kuren als Haff- und Ostseefischer und den oft vergeblichen Kampf gegen die Wanderdünen. So ist zu erfahren, daß Johann Daniel Titzius, Professor an der Wittenberger Universität, bei einem Wettbewerb der Danziger Gesellschaft der Naturforscher im Jahre 1768 als erster vorgeschlagen hatte, die Dünen durch systematische Bepflanzung zu befestigen. Der Däne Sjøren Bjern arbeitete daraufhin einen Bepflanzungsplan aus, den der Förster und Düneninspektor Wilhelm Franz Epha (1828–1904) während seines langen Berufslebens realisierte. Das moderne Museumsgebäude ließ sich der Parteichef der Kaliningrader Oblast als Sommerhaus errichten. Doch er fiel in Ungnade, noch bevor er das schöne Domizil beziehen konnte. Daraufhin bestimmte es der Gebietssowjet zum Nationalparkmuseum. Vom Museum aus sind es nur wenige Schritte zum Haff.

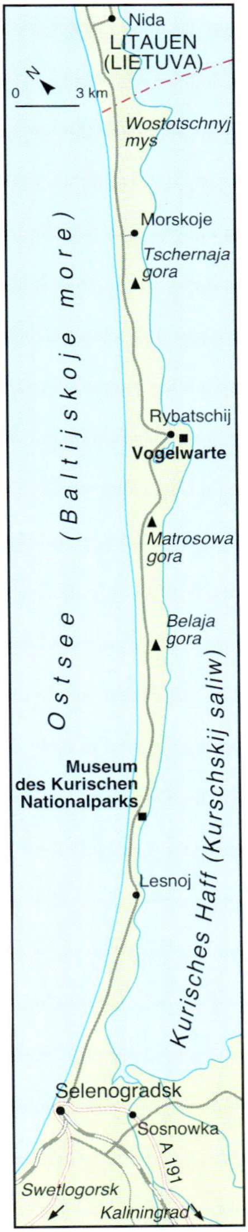

Die Kurische Nehrung (russischer Teil)

Rybatschij (Rossitten)

Rybatschij (Rossitten)☆
Besonders sehenswert: Vogelwarte

Weiter zieht die Nehrungsstraße am Weißen Berg (Belaja gora) und am Schiefen Berg (Matrosowa gora) vorbei und erreicht nach 23 km das kleine Seebad Rybatschij (РЫБАЧИЙ, Rossitten) mit einem Fischerhafen und der weltberühmten Vogelwarte. Über 4 km ist die Nehrung in Rossitten breit. Hier, an der breitesten Stelle des Dünenstreifens, baute der Deutsche Orden gegen 1330 eine Burg, deren Reste im Laufe der Jahrhunderte jedoch im Haff versanken.

Kurz vor Ende des 19. Jh. kam Johannes Thienemann (1863–1938) als Pfarrer nach Rossitten. Neben seiner seelsorgerischen Arbeit für die Gemeinde beobachtete er die riesigen Vogelschwärme, die im Herbst südwestwärts und im Frühjahr nordostwärts zogen, immer dem schmalen Landstreifen der Nehrung folgend. An manchen Tagen zählte er 600 000 Vögel. Thienemann begann, einzelne Vögel, die zum Winter die Nehrung verließen, mit Fäden und winzigen, beschrifteten Metallstreifen zu beringen. Tatsächlich konnte er in den folgenden Jahren ›Heimkehrer‹ ausmachen, und er erhielt Nachricht aus Südwestafrika, wo Vögel aus Rossitten gefangen worden waren. Zwar hatten Ornithologen schon lange die Lebensweise der Vögel beobachtet und auch Züge über kürzere oder längere Distanzen vermutet. Den wissenschaftlichen Beweis für einen 10 000 km langen Flug aber erbrachte erst Thienemann. Von seinen Forschungsergebnissen beeindruckt, gründete die Deutsche Ornithologische Gesellschaft mit staatlicher Unterstützung in Rossitten eine Vogelwarte, deren Leitung sie Thienemann anvertraute. Trägerin war später die Kaiser-Wilhelm-Gesellschaft. 1903 wurden dort gerade 100 Zugvögel beringt, 1912 waren es bereits über 40 000, 1936 über 200 000. Im Jahre 1944 mußte die Vogelwarte aufgegeben werden.

In solchen Netzen werden bei der Vogelwarte Rybatschij (Rossitten) zu Forschungszwecken Zugvögel gefangen

Die sowjetische Akademie der Wissenschaften nahm 1956 die Arbeit der Vogelwarte Rossitten als »Ornithologische Forschungsstation Rybatschij« wieder auf. Heute wiegen, messen, registrieren und beringen hier die Forscher zur Zeit des Vogelzugs täglich bis zu 9000 Vögel, nachdem diese in bis zu 250 m langen Reusennetzen bei nur geringer Verletzungsgefahr gefangen worden sind. Das alles können Gäste bei einem Besuch der Station verfolgen. Doch angesichts der Wirtschaftskrise nach dem Ende der Sowjetunion fließen nurmehr knappe Mittel der Russischen Föderation in die ornithologische Forschung. Die Vogelwarte ist deshalb in ihrer Existenz bedroht und auf Unterstützung aus dem Westen angewiesen.

An der Hauswand der alten, zweistöckigen **Forschungsstation** heißt es auf zwei Tafeln übersetzt: »1901. Vogelwarte Rossitten der Kaiser-Wilhelm-Gesellschaft« und »1956. Biostation Rybatschij. Zoologisches Institut der Akademie der Wissenschaften der UdSSR«. An einem mächtigen Findling unter einer alten Eiche hinter dem Tor zum Gelände der Vogelwarte überdauerte der Hinweis, daß 1886 Reichskanzler Otto von Bismarck in Rossitten war.

Rybatschij ist ein Fischerdorf und Seebad, ohne jeden Rummel, in der Einsamkeit einer fast unberührten Natur. Von Dünenwanderungen bis zum Bernsteinsuchen, vom Schwimmen im ostseekühlen Wasser bis zur Elchbeobachtung, vom Sonnenbaden bis zur Begleitung eines Haffischers reicht das Angebot für den naturbegeisterten Feriengast. Die 1873 geweihte **Rossittener Kirche** ist erhalten geblieben und diente den Fischern als Werkraum für die Instandsetzung ihrer Netze. Inzwischen wurde sie dem hl. Sergios (Sergej von Radonesch, 1313/21–91) geweiht, der im Wald von Radonesch, etwa 70 km nordöstlich von Moskau, eine klösterliche Gemeinschaft gründete, die zum Vorbild für die Entwicklung des russischen Mönchtums wurde.

Die hohen, weiten Dünen zwischen Rybatschij (Rossitten) und Morskoje (Pillkoppen) und die günstigen Aufwinde über dem gleißenden Sand machten die Gegend nach dem Ersten Weltkrieg zu einem einzigartigen Segelfliegerparadies. Im Sommer 1924 erzielte in Rossitten der Segelflieger Ferdinand Schulz (1892–1929) Weltrekorde im Dauerfliegen. Vom Parkplatz an der Nehrungsstraße kurz vor Morskoje aus kann man auf den fast 60 m hohen Schwarzen Berg (Tschernaja gora) mit Blick auf den Ort Morskoje und auf das weite Haff steigen (ca. 30 Minuten) oder zum nahen Ostseestrand gehen, um nach Herzenslust zu baden, in der Sonne zu liegen oder Bernsteinstückchen zu suchen.

Morskoje (Pillkoppen)

10 km nördlich von Rybatschij zweigt eine gut 1 km lange Stichstraße zum Fischerort **Morskoje** (MOPCKOE, Pillkoppen) ab, der heute nicht viel anders aussieht als vor einem halben Jahrhundert. Hoch über dem Dorf droht die Düne Epha, deren Name an den För-

ster Franz Epha erinnert, der durch seine Pflanzungen viele Dünen am weiteren Wandern hinderte. Schon fast im Wasser steht der eiserne »Stormturm«, der einst den Fischern auf dem Haff Richtung und Stärke des Windes signalisierte. Längst ist der kreuzförmige Mast, der einst 50 m vom Haff entfernt auf einer niedrigen Anhöhe stand, außer Betrieb.

Noch 6 km sind es von Morskoje bis zur litauischen Grenze. Rechts erblickt man den Grabscher Haken (Wostotschnyj mys) und gleich dahinter die Große Düne von Nidden, die höchste Düne Europas (s. S. 207). Wer die Grenze passieren will, braucht ein litauisches Visum.

Von Kaliningrad ans Frische Haff

Uschakowo (Brandenburg)

Von Kaliningrad (Königsberg) aus folgt die A 194 der Küste des Frischen Haffs (Kaliningradskij saliw) südwestwärts nach Mamonowo (Heiligenbeil). Nach Verlassen der letzten Industrie- und Hafenvororte der Hauptstadt erreicht man 21 km hinter Kaliningrad, an der Mündung des Frisching (Prochladnaja), der dem Haff seinen deutschen Namen gegeben hat, den Fischerort und Marktflecken **Uschakowo** (УШАКОВО, Brandenburg). Die Brandenburg war als Wächterin vor der Einfahrt nach Königsberg eine der stärksten Burgen des Deutschen Ordens. Sie erhebt sich hoch über dem Frisching noch als stattliche Ruine.

Markgraf Otto III. von Brandenburg ließ die Ordensburg 1266 – elf Jahre nach der Gründung Königsbergs – bei seinem dritten Kreuzzug in das Prussenland auf den Grundmauern der zerstörten Warmierburg Pokarben (Pocarwin) erbauen. Noch im selben Jahr zerstörten die Prussen die provisorisch als Holz-Erde-Werk errichtete erste Anlage. Von 1272 bis 1290 erneuerte der Orden die Burg in massiver Ziegelbauweise. So hielt sich die Brandenburg über anderthalb Jahrhunderte, bis sie wiederum angegriffen wurde. 1454, 1456 und schließlich 1520 ging sie jeweils in Flammen auf, wurde aber immer wiederhergestellt und verbessert. Die letzte Anlage hielt bis zur Mitte des 18. Jh., dann verfiel sie und diente als Steinbruch.

Die **Hauptburg** maß 65 m × 52 m und war damit die größte der bekannten Ordensburgen, größer noch als die Marienburg des Mittelalters. Sie dürfte vom selben Baumeister stammen, der sechs Jahre später die Marienburg entwarf. In dem 38 m langen Hof der Brandenburg befand sich der Brunnen. Vom Südwestflügel führte der Torweg über einen Graben zur weiträumigen Vorburg. Im nördlichen Teil dieses Flügels vermuten die Archäologen den Remter,

Von Kaliningrad ans Frische Haff

einen festlichen Versammlungs- und Speisesaal, im südlichen Teil die Kapelle. Der Südostflügel enthielt wohl den Kapitelsaal, der Nordostflügel das Dormitorium, den Schlafsaal. Aus der Nordecke ragte der mächtige Bergfried heraus. Und zum Hof hin stiegen hölzerne Lauben als Bogengänge die Fassaden zweistöckig hinauf. Zu Füßen der Burg erkennt man zwischen eng gesetzten Bauernhäusern die Ruine eines über 40 m langen Wirtschaftsgebäudes.

Jenseits der Durchgangsstraße ragt der imposante Turm der ehemaligen evangelischen **Pfarrkirche** auf einer Anhöhe über dem Frisching empor. Die Kirche war im 14. Jh. als Ziegelbau auf einem Feldsteinsockel errichtet worden. 1945 wurde sie bis auf den Turm zerstört.

Wesjoloje (Balga)

Etwa 20 km südwestlich von Uschakowo zweigt eine gut befahrbare Straße nordwärts auf eine Halbinsel des Frischen Haffs ab, wo den Reisenden nach 9 km Wesjoloje (ВЕСЕЛОЕ, Balga) erwartet, ein winziger Ort mit ein paar neueren Häusern. Das alte Dorf Balga wurde in den Kämpfen des Februar und März 1945 zerstört. Ein lichter Wald aus hohen Bäumen bedeckt den Ort, an den nur noch ein Mauerrest der **Pfarrkirche**, zwischen 1320 und 1330 als turmloser Backsteinbau errichtet, und ein bescheidenes Gedenkkreuz erinnern.

Seit Mitte des 18. Jh. verfällt die Burgruine Balga

Selbst von der **Burg Balga**, einer der mächtigsten Konventsburgen des Deutschen Ordens, zeugen nur noch Ruinenreste. 1239 fiel die Prussenfeste »Honeda« nach zweijähriger Belagerung in die Hand der Ordensleute. Ihre überaus günstige Lage auf dem Steilufer des Haffs zwischen dem Flüßchen Wolitta im Osten und Sümpfen im Südwesten veranlaßte den Orden, die Burg wieder aufzubauen. Das Gelände diktierte nach wie vor den außergewöhnlichen Grundriß des Kernbaus in der Form eines unregelmäßigen Sechsecks. Zuerst entstand der Südflügel mit der Kapelle, der Nordostflügel enthielt den Kapitelsaal, der Südwestflügel den Remter. Das Haupttor befand sich im Nordwesten, der Bergfried erhob sich an der Westseite des Kapellenflügels. Vom Parcham, dem Zwinger, an der Haffseite führte ein gedeckter Bogengang auf zwei Pfeilern mehr als 20 m zum Dansker, einer Abortanlage über dem Haff. Die Vorburg war regelmäßiger angelegt. Von ihr blieben Teile eines dreigeschossigen, 62 m langen und 18 m breiten Flügels erhalten. Von 1526 bis 1550 diente Burg Balga als Wohnsitz für den Bischof Georg Polentz, der 1525, nach dem Ende des Deutschen Ordens, sein samländisches Kirchenreich an das Herzogtum Preußen abtreten mußte. Nach Polentz' Tod residierten hier bis 1752 preußische Amtsverweser. In dieser Zeit wurden die Burggebäude Mauer für Mauer abgetragen; 1701 und in den Jahren danach ließ König Friedrich I. hier Steine zum Festungsbau in Pillau brechen. Bis zum Ende des 18. Jh. war von der Hauptburg nicht mehr viel zu sehen.

Mamonowo (Heiligenbeil)

Mamonowo (MAMOHOBO, Heiligenbeil) liegt am Ufer der Jarft (Wituschka) unmittelbar vor der russisch-polnischen Grenze und daher innerhalb des Sperrbezirks. Für dessen Besuch ist eine Sondergenehmigung nötig, welche die Kaliningrader Kommandantur aber innerhalb einer halben Stunde ausstellt. Die kleine Kreisstadt Mamonowo mit gut 8000 Einwohnern besitzt nur noch wenige öffentliche Bauten aus deutscher Zeit und noch weniger ältere Wohnhäuser, denn die mehrwöchigen erbitterten Kämpfe um den »Heiligenbeiler Kessel« bis Ende März 1945 verursachten im Stadtbereich schwerste Zerstörungen.

Mamonowo (Heiligenbeil)

1272 gelang es einem Trupp des Deutschen Ordens unter der Führung der Grafen Günter und Dietrich von Regenstein, die nahe Prussenburg »Swentomest« zu erobern und zu zerstören. Im Jahre 1301 erhielt der Marktort Heiligenbeil, der auf die Prussensiedlung »Swentopil« (= Heiliger Berg) zurückgeht, das Kulmer Stadtrecht. Obwohl das Stadtwappen zwei gekreuzte Beile zeigt, kommt der Namensbestandteil »beil« von »pil, pilis« (= Berg). 1349 weihten die Heiligenbeiler ihre Pfarrkirche, die sie an der Stelle eines prussischen Heiligtums erbaut hatten. 1372 gründeten Augustinermönche in Heiligenbeil ein Kloster, das 1520 abbrannte und nicht mehr erneuert wurde. Mehrmals zerstörten heftige Brände große Teile der Stadt: 1463, 1519, 1677 und 1807. Von 1819 bis 1945 war Heiligenbeil Kreisstadt. 1945 wurden die Pfarrkirche und das Rathaus vernichtet. Die Russen gaben der Stadt den Namen des vor Heiligenbeil gefallenen Kommandeurs Nikolaj W. Mamonow.

Zu den älteren, bis heute erhaltenen Bauten gehören das **Johanniterkrankenhaus** von 1887, das **St. Georgshospital** von 1900, das **Postamt** von 1880 – noch immer schmückt das preußische Posthorn die Backsteinfassade –, der **Bahnhof** von 1888, der **Wasserturm** von 1908, in dem sich heute ein Nachtklub etabliert hat, die **Stadtschule** von 1910 und das ehemalige **Amtsgericht** von 1929. Während vor hundert Jahren der Maschinenbau die Stadt prägte, ist es heute ein Fischkonservenkombinat, mit allerdings unsicherer Zukunft.

Der Wasserturm von Mamonowo (Heiligenbeil)

Fahrten ins Binnenland

Durch die Elchniederung zur Memel

Polessk (Labiau) und das Große Moosbruch

Polessk (Labiau)
Besonders sehenswert:
Deimebrücke

Den nordöstlichen Eckpunkt des Samlands bildet Polessk (ПОЛЕССК, Labiau), ein Städtchen mit gut 7000 Einwohnern an der Mündung der Deime (Deima) in das Kurische Haff. Von Kaliningrad (Königsberg) sind es auf der A 190 über Gurjewsk (Neuhausen, s. S. 250) gut 45 km bis ins ehemalige Labiau. Dort endet der Große Friedrichsgraben (Polesskij kanal), jener alte Kanal, der gemeinsam mit anderen Kanälen und dem Fluß Gilge den Pregel mit der Memel verbindet (s. S. 208).

1255 eroberte der Deutsche Orden die Prussenburg in der Nähe der Deimemündung. Bis 1258 baute er die Burg aus, um Königsberg und das Samland vor den nördlichen Nachbarn, vor allem den Schalauer Prussen und den Litauern, zu schützen. Bald danach entwikkelte sich bei der Burg eine Siedlung, die zu blühen begann, als der Orden bis 1405 die Deime für die Schiffahrt ausbaute. 1626 trug der Marktort den Titel »Stadt«, die Stadtrechte erhielt er aber erst 1642 vom Großen Kurfürsten. 1656 besiegte dieser die Schweden und ließ sich von König Karl X. Gustav im Vertrag von Labiau (20. 11. 1656) die volle Unabhängigkeit Preußens von Schweden zusichern.

Nach 1550 wohnte Anna Maria, die zweite Frau des Herzogs Albrecht, auf **Burg Labiau.** 1657 wurde die Burg zum Kern eines sechszackigen Festungssterns. 1860 verwandelte man sie in ein Gefängnis. Im Zweiten Weltkrieg erlitt sie nur geringe Schäden; fortan diente sie als Reparaturwerft für Flußschiffe, bis sie 1965 ausbrannte und zum Teil abgetragen wurde. Von der unregelmäßigen Vierflügelanlage auf einer leichten Erhebung in einer Schleife der Deime sind die Burggebäude bis zur Höhe von zwei Geschossen noch vorhanden. Der Sockel der Anlage besteht aus Feldsteinen, der Aufbau aus Backstein. Der älteste Teil der Burg ist der Westflügel, vermutlich einst der Sitz des Komturs mit der Schatzkammer zwischen 3 m starken Mauern. Im Nordflügel war wohl der Konvent untergebracht, mit Küche und Backhaus im Erdgeschoß. Der Ostflügel war der repräsentativste Teil der Burg mit Rittersaal. Der Südflügel kam erst nach 1550 hinzu. Die Südostecke nahm der Peinturm (Kerker) ein. Im Westen schloß sich an den Westflügel die Vorburg an, die bis zum Mühltor der Stadtbefestigung reichte. Ein Teil der Stadtmauer ist noch erhalten.

Im Stadtinnern haben einige Bürgerhäuser aus dem 19. und vom Anfang des 20. Jh. die beiden Weltkriege überdauert. Ein technisches Denkmal von besonderem Reiz ist die große **Deimebrücke**, eine Klappbrücke aus dem 19. Jh. Ein noch immer stolz herabblickender Greif erinnert an den früheren Namen des Bauwerks: Adlerbrücke. Die ehemalige **evangelische Kapelle** in der Pionerskaja uliza (früher

◁ Prächtige Alleen laden zu Fahrten über Land ein

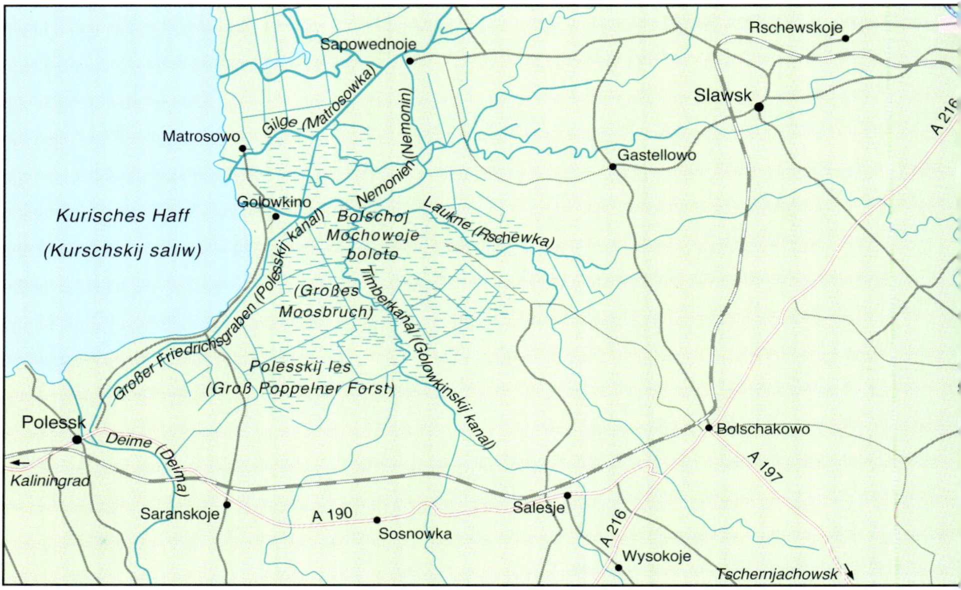

Schmiedestraße) dient heute als Kindertagesstätte, die **Kapelle** in der Sawodskaja uliza (früher Haffstraße) ist jetzt ein Kulturhaus mit *Heimatmuseum*. Im einstigen **Kreishaus** residiert eine Nebenstelle der St. Petersburger Agrarakademie, im ehemaligen **Rathaus**, dem sogenannten »Deutschen Haus«, versammelt sich die russisch-orthodoxe St.-Nikolaus-Gemeinde zum Gottesdienst.

Die Deimebrücke bei Polessk (Labiau) ist eine Klappbrücke aus dem 19. Jh.

Durch die Elchniederung zur Memel

Östlich von Polessk (Labiau) erstreckt sich das **Große Moosbruch** (Bolschoj Mochowoje boloto), die mit 125 km² größte Moorlandschaft des einstigen Ostpreußen und Teil der ausgedehnten **Elchniederung.** Mitten hindurch fließt der Timberkanal (Golowkinskij kanal). Von den wenigen Siedlungen, die auf Bruchinseln entstanden, hat kaum eine das Ende des Zweiten Weltkriegs überlebt. Die Natur hat inzwischen die malerischen Bruchdörfer zurückerobert und mit üppiger Vegetation zugedeckt, so daß es oftmals unmöglich ist, bestimmte Örtlichkeiten wiederzufinden. Wer die unendliche Einsamkeit des Großen Moosbruchs erleben möchte, kann es zur Zeit am besten von Bolschakowo oder von Gastellowo aus erwandern. Die 22 km lange Fahrt längs des Großen Friedrichsgrabens (s. S. 208), der stellenweise der Haffküste folgt, lohnt auch den Abstecher von Polessk nach **Matrosowo** (МАТРОСОВО), dem alten Fischerdorf Gilge. Um von Polessk nach Sowjetsk (Tilsit) zu gelangen, muß das Große Moosbruch südlich über Saranskoje, Sosnowka, Salesje und Bolschakowo umfahren werden.

Das Dorf **Bolschakowo** (БОЛЬШАКОВО, Kreuzingen, vorher Groß Skaisgirren) zeigt beispielhaft die Geschichte eines aus dem letzten Krieg unbehelligt davongekommenen Sakralbaus: 1945 bestimmte der Ortssowjet die *Kirche* zum Kulturhaus, in den 60er Jahren diente sie als Kaufhaus, um 1982 wurde sie in ein Kino bzw. Theater umfunktioniert. Demnächst sollen in dem Gebäude, dessen Glockenturm zum Teil abgetragen und dessen Fenster zugemauert wurden, Gottesdienste nach russisch-orthodoxem Ritus stattfinden.

Gastellowo (ГАСТЕЛЛОВО, Groß Friedrichsdorf), ein Großdorf »am Rande der Zivilisation«, Ausgangspunkt für unvergeßliche Wanderungen in die Elchniederung, hatte eine imposante *Pfarrkirche* aus dem 19. Jh., von der allerdings nur der hohe Glockenturm und ein Mauerstück des Kirchenschiffs stehengeblieben sind. Auch diese beiden Ruinenteile hätten die Bewohner des Dorfes am liebsten abgetragen, würden darauf nicht regelmäßig zwei Storchenpaare nisten. Am Ortsrand errichteten römisch-katholische Geistliche ein transportables Holzkirchlein in leuchtendem Blau und Weiß, als Gotteshaus für neue deutschstämmige russische Einwohner.

Slawsk (СЛАВСК, Heinrichswalde), mit knapp 5000 Einwohnern der Hauptort der Elchniederung, zeigt sich noch immer als eine typische nord-ostpreußische Landstadt. Heinrichswalde war im 17. Jh. als Marktflecken gegründet worden. 1818 erhielt der Ort den Sitz einer Kreisverwaltung. Die evangelische *Pfarrkirche* stammt aus dem Jahre 1686, von 1867 bis 1869 wurde sie vollständig im Stil der Neogotik erneuert. Sie überstand den letzten Krieg ohne Schaden, diente mehrere Jahrzehnte als gemeinschaftliche Dreschhalle, wurde ab 1990 sorgfältig restauriert und wieder für den Sakraldienst geweiht. Heute finden in der Kirche im Wechsel katholische und russisch-orthodoxe Gottesdienste statt.

Sowjetsk (Tilsit)

Sowjetsk (Tilsit)☆
Besonders sehenswert:
Königin-Luise-Brücke
Schauspielhaus

Sowjetsk (СОВЕТСК, Tilsit), die mit 43 000 Einwohnern zweitgrößte Stadt der Oblast Kaliningrad, liegt am Südufer der Memel (Neman) und ist der wichtigste Grenzübergang nach Litauen mit Fernstraßen nach Rīga und St. Petersburg bzw. nach Vilnius, Minsk und Moskau. Bekannt wurde die Stadt durch den Tilsiter Käse, jenen herbpikanten, leicht säuerlichen Schnittkäse, und durch den Frieden von Tilsit, der den Krieg von 1806/07 zwischen Frankreich und Preußen/Rußland vorübergehend beendete. Besuchenswert ist die Stadt trotz der schweren Zerstörungen in den Jahren 1944/45 noch immer, allein schon wegen der prächtigen Königin-Luise-Brücke, des »Grenzlandtheaters« und der vielen wiedererrichteten bzw. sorgsam restaurierten öffentlichen und privaten Gebäude.

Stadtgeschichte

Ein sechsfach belegtes Gräberfeld mit mehr als 2000 Bestattungen bei dem Dorf Rschewskoje (РЖЕВСКОЕ, Linkuhnen), 8 km westlich von Sowjetsk, weist auf eine relativ große prussische Handelsstadt an der Memel hin, die bereits vor der Zeitenwende recht bedeutend war und bis etwa 1100 n. Chr. eine Handelsniederlassung der Wikinger beherbergte. Die Stadt an der Mündung der Tilszelle (Tylscha) in die Memel, die sich »Tils«, »Tyls«, »Tilsit« nannte, war vermutlich die Hauptstadt des Prussengaus Schalauen.

Historische Aufnahme des im Zweiten Weltkrieg zerstörten Tilsiter Rathauses

Nachdem der Deutsche Ritterorden im Laufe des 13. Jh. das Samland, Nadrauen und Sudauen erobert hatte, ging er gegen den letzten noch unbezwungenen Prussengau, Schalauen, vor. Unter dem Hochmeister Hartmann von Heldrungen (1273–82) verwüstete das Ordensheer 1277 das Gebiet, doch die Schalauer schlugen zurück, fielen in das Ordensland ein und brandschatzten die Stadt Labiau. Aber das half ihnen nicht, denn bald darauf vollendete Konrad von Tierberg, Landmeister des Ordens, die Unterwerfung und die damit verbundene Christianisierung. Nun grenzte das Ordensland an Litauen, das über ein gut geschultes und äußerst bewegliches Heer verfügte. Daher baute der Orden längs der Memel eine Kette von Burgen, alle im Umkreis von Tilsit. Auch die Litauer bauten Burgen, jenseits der Memel, den Ordensburgen gegenüber, denn sie wußten, daß der Orden jetzt Litauen ins Visier genommen hatte.

Im Jahre 1404 ordnete der Hochmeister Konrad von Jungingen den Neubau einer besonders starken Burg zwischen Memel und Tilszelle an, eines »hus«, das er »Tylsat« nannte, denn nach der Heirat des litauischen Großfürsten Jogaila (Jagiello) mit Königin Hedwig von Polen im Jahre 1386 spitzte sich die Lage für den Deutschen Orden zu. Burg Tylsat war noch nicht fertig, als das vereinigte litauisch-polnische Heer 1410 in das Ordensland einfiel und bei Tannenberg das zahlenmäßig unterlegene Ordensheer vernichtete. Im Februar 1411 überfielen Litauer die halbfertige Burg Tylsat und brannten sie nieder.

Während der Deutsche Orden immer mehr an Macht verlor und in Abhängigkeit zur polnisch-litauischen Union geriet, wuchs die Bedeutung des Handelszentrums Tilsit. Hanf, Leinsamen, Roggen, Talg, Nüsse, Honig, Holz und Felle, Salz, Heringe und Tuche waren die wichtigsten Handelsgüter, die an der Tilszelle umgeschlagen wurden. 1515 verlieh Albrecht von Brandenburg, der letzte Hochmeister des Ordens, dem Flecken Tilsit formell das Marktrecht. Er siedelte hier auch die ersten deutschen Handwerker und Kaufleute an. Als Albrecht den Ordensstaat Preußen 1525 in ein weltliches Herzogtum umwandelte, kümmerte er sich besonders um Tilsit. Er baute die Burg als Schloß wieder auf und quartierte darin den Amtshauptmann ein. 1552 erhob Herzog Albrecht den Marktflecken »Tilse« mit damals etwa 3000 Einwohnern in feierlicher Zeremonie persönlich zur Stadt.

Die Kriege des 17. Jh. zwischen Schweden, Preußen und Polen beeinträchtigten die Blüte Tilsits. Im Dezember 1678 rückten Schweden in Tilsit ein. Der Große Kurfürst warf ihnen 9000 Mann entgegen, die bei eisiger Kälte im Januar 1679 auf Schlitten das zugefrorene Kurische Haff überquerten und die Schweden besiegten. Das 18. Jh. begann mit einer grauenvollen Pestepidemie, die sich über mehrere Jahre hinzog. Allein 1710 starben in Tilsit 1632 Menschen am »Schwarzen Tod«. Um die Bevölkerungslücken im nördlichen Ostpreußen zu schließen, rief Friedrich Wilhelm I. Siedler aus Süd-

Begegnung Napoleons mit Zar Alexander I. auf Flößen in der Mitte der Memel am 25. Juni 1807 (zeitgenössische kolorierte Radierung)

deutschland, aus der Pfalz, aus der Schweiz. 1733/34 ließen sich 170 Salzburger Emigranten in Tilsit nieder. Während des Siebenjährigen Krieges (1756–63) war Tilsit schließlich fünf Jahre lang von russischen Truppen besetzt.

Im Jahre 1807 hatte Napoleon die vereinigten Preußen und Russen in den Schlachten von Preußisch Eylau (s. S. 308) und Friedland (s. S. 291) besiegt und zum Rückzug gezwungen. Preußenkönig Friedrich Wilhelm III. residierte in Memel, Zar Alexander I. hielt sich in Wilna auf, als Russen und Franzosen zunächst einen Waffenstillstand vereinbarten. In Tilsit, das von französischen Truppen besetzt war, kam es seit dem 25. 6. 1807 zu Friedensverhandlungen. Damit diese auf neutralem Boden stattfinden konnten, zimmerten russische Pioniere zwei Flöße, setzten zwei kostbar ausgestattete Baracken darauf und verankerten sie in der Mitte der Memel. Zunächst verhandelten Napoleon und Zar Alexander unter vier Augen, während der Preußenkönig, im Regen wartend, am Memelufer auf und ab ritt. Er wurde erst am nächsten Tag zu den Verhandlungen hinzugezogen. Ganz Tilsit erhielt jetzt den Status einer neutralen Zone, so daß der preußische und der russische Herrscher hier Quartier nehmen konnten. In den Verhandlungen beharrte Napoleon auf seinen Bedingungen Preußen gegenüber, das alle westelbischen und polnischen Besitzungen, mehr als die Hälfte seines Staatsgebiets, abgeben sollte.

In ihrer Not setzten die preußischen Unterhändler alle Hoffnung auf ihre Königin Luise, die sie nach Tilsit baten, um Napoleon durch ihre Anmut und Liebenswürdigkeit zu beeinflussen. Königin Luise (1776–1810) stammte aus dem Haus Mecklenburg-Strelitz und hatte 1793 den preußischen Kronprinzen Friedrich Wilhelm geheiratet, 1797 wurden Friedrich Wilhelm III. und Luise zum König und zur Königin von Preußen gekrönt. Beide führten ein sehr glückliches, häusliches Leben, Luise wurde vom Volk verehrt. Nach der preußischen Niederlage in der Schlacht bei Jena und Auerstedt 1806 floh die Königin mit ihren Kindern zunächst nach Königsberg, später nach Memel, von wo sie auch zu den Verhandlungen nach Tilsit kam. Luise kehrte später, am Ende des Jahres 1809, mit dem König nach Berlin zurück, erkrankte bald darauf und starb im Juli 1810. Zahlreiche Stiftungen wurden in ihrem Namen gegründet, zahlreiche Bauwerke nach ihr benannt, und ihr hohes Ansehen veranlaßte Künstler wie Gottfried Schadow oder Christian Daniel Rauch, ihr bedeutende Denkmäler zu schaffen.

In jenem Sommer 1807 traf Königin Luise am 6. 7. in Tilsit ein und stieg in der Wohnung ihres Gemahls neben der Schloßmühle ab. Kaum eine Viertelstunde später fanden sich Napoleon und sein Minister Talleyrand vor ihrem Quartier ein, um sie zu begrüßen. Im Salon des Hauses empfing die Königin ihre Gäste und nannte ihnen offen den Grund für ihr Kommen. Sie appellierte an die Großmut des Kaisers und bat darum, die Bedingungen des Friedensvertrags noch einmal zu überdenken und Preußen wenigstens Magdeburg zu

6. 7. 1807: »Napoleon empfängt die Königin Luise in Tilsit« (Gemälde von Nicolas Louis François, ehem. Versailles, 1978 zerstört)

belassen. »Sie verlangen viel, Madame«, antwortete Napoleon, »doch ich will mir's überlegen.« Beim Heimritt soll er zu Talleyrand gesagt haben: »Ich wußte, daß ich eine schöne Königin sehen würde, und ich habe die schönste Königin und interessanteste Frau gefunden.« Am Vormittag des 7. 7. zerstörte Napoleon alle Hoffnungen, indem er der preußischen Delegation mitteilen ließ, daß alles, was er der Königin gesagt habe, nur höfliche Redensarten gewesen seien. Am Nachmittag trafen die drei Monarchen noch einmal zusammen, wobei der preußische König die Friedensbedingungen erniedrigend nannte. Napoleon fuhr ihn daraufhin an: »Es liegt in meinem System, Preußen zu demütigen. Ich will, daß es nie mehr eine Macht in der politischen Waage Europas ist.« Am 7. 7. 1807 schlossen Rußland und Frankreich Frieden und in geheimen Artikeln zugleich ein Bündnis, zwei Tage später wurde der Friedensvertrag zwischen Preußen und Frankreich unterzeichnet.

Im November 1808 erließ Freiherr vom Stein die Städteordnung, die auch für Tilsit den Beginn der Selbstverwaltung bedeutete. 1812 brach der Krieg zwischen Frankreich und Rußland aus; der linke Flügel der Grande Armée zog über Tilsit nach Norden. Das preußische Hilfskorps der Franzosen unter General Yorck richtete sein Hauptquartier in Tilsit ein. Französische Pioniere bauten eine Schiffsbrücke über die Memel. Täglich mußten die Tilsiter für 3000

Soldaten Quartier und Verpflegung stellen. Mitte September stand Moskau in Flammen, drei Monate später erreichten die ersten fliehenden französischen Soldaten Tilsit. Am 21.12. rückten 1500 Kosaken in Tilsit ein. Am 30. 12. vereinbarte Yorck mit den Russen die Konvention von Tauroggen (s. S. 218).

Im Krimkrieg, den Frankreich, Großbritannien und die Türkei 1853 bis 1856 gegen Rußland führten, nahm Tilsit einen starken Aufschwung, denn die gesamte Einfuhr nach Rußland lief nun über die Memel und über Tilsit, da alle russischen Häfen blockiert waren. Einer modernen Handelsmesse entsprach der traditionelle Michaelismarkt, ein »freyer Jahrmarkt«, den von jeher ein großer Pferdemarkt begleitete. Der abschließende »Pferdeball« war der jährliche Höhepunkt im gesellschaftlichen Leben der Stadt.

Im 19. Jh. brachten zugewanderte holländische Mennoniten einen pikant-würzigen Käse auf den Markt, der als »Tilsiter Käse« bald weltweit bekannt, aber nicht nur in der Stadt, sondern vor allem in der Elchniederung hergestellt wurde. Im 19. Jh. dirigierte Tilsit auch den deutsch-russischen Holzhandel. Das Holz kam in Triften aus den Wäldern Rußlands und Litauens und wurde von Tilsit aus an die Sägewerke verteilt. 1865 erhielt die Stadt einen Anschluß an das ostpreußisch-baltische Eisenbahnnetz. 1870 zählte Tilsit 20 000 Einwohner, 1905 hatte es bereits die Zahl von 37 000 überschritten.

Zu Beginn des Ersten Weltkriegs mußten sich die deutschen Truppen unter russischem Druck zurückziehen. Am 26. 8. 1914 besetzten russische Soldaten Tilsit und hißten auf dem Rathaus ihre Kriegsflagge. Doch das Leben ging weiter, die Geschäfte blieben geöffnet, die Kinder gingen zur Schule. Die von den Deutschen gewonnene Schlacht bei Tannenberg erzwang den russischen Rückzug, und am 12. 9. war Tilsit seine Besatzer wieder los. Der Versailler Friedensvertrag bestimmte die Memel zum Grenzstrom, was die Wirtschaft der Stadt ungeheuer beeinträchtigte. Am Vorabend des Zweiten Weltkriegs hatte Tilsit 58 000 Einwohner. Bis zum Herbst 1944 blieb es von allen Kriegshandlungen unbehelligt. Die letzten Monate aber brachten schwere Zerstörungen, die Bevölkerung flüchtete in den Westen. Tilsit kam 1945 unter dem Namen Sowjetsk (Stadt der Räte) zur Oblast Kaliningrad und gehört seitdem zur Russischen Föderation.

Rundgang durch die Altstadt

Das Wahrzeichen von Sowjetsk (Tilsit) ist die **Königin-Luise-Brücke,** kurz: Luisenbrücke. Von 1904 bis 1907 wurde die 416 m lange Brücke über die Memel (Neman) geschlagen. Sie ersetzte eine Schiffsbrücke, die im Jahre 1767 auf 36 Prähmen, kastenförmigen Lastkähnen, erbaut worden war. In jedem Winter mußte die Schiffsbrücke abgeschwenkt werden, um den Eisgang nicht zu behindern. In drei Bogen schwingt sich die Luisenbrücke über den Strom. Diese Bogen wurden im Oktober 1944 von der deutschen Wehrmacht gesprengt, aber von den Sowjets nach dem Kriege wieder aufgebaut.

Das prächtige neobarocke *Sandsteinportal* an der Südseite der Brücke war unbeschädigt geblieben. Die neuen Bewohner von Sowjetsk wechselten lediglich das Medaillon mit dem Porträt der preußischen Königin über dem Portalbogen gegen das Staatswappen der Sowjetunion aus. Dem Brückenportal gegenüber erinnert seit 1992 ein *Gedenkstein* an den Tilsiter Frieden von 1807.

Von der **Ordensburg,** die schon 1876 zur Ruine verbrannte, sind auf dem Gelände eines Kalkwerks neben der Luisenbrücke noch immer Mauerreste zu sehen. Die kurz vor der Schlacht bei Tannenberg (1410) errichtete, aber noch nicht fertig ausgebaute Burg wurde 1411 von Litauern zerstört, danach erneuert. 1537 ließ Herzog Albrecht die Tilsiter Burg zu einem Schloß ausbauen. 1809 verkaufte

Portal der Königin-Luise-Brücke

der preußische Staat die inzwischen verfallene Anlage an ein Steinwerk, das die Gemäuer zum Teil abtrug. Südlich der einstigen Burg erstreckt sich der Schloßmühlenteich, den die Ordensleute durch Aufstauen der Tilszelle (Tylscha) gewonnen hatten. Er schützte die Süd- und Ostseite der Burg, trieb zugleich Wassermühlen an und diente als Fischreservoir.

In Verlängerung der Luisenbrücke zieht die 1 km lange uliza Pobedy (ул. Победы, Straße des Sieges, früher Hohe Straße) als Fußgängerzone südwestwärts quer durch die Altstadt. Sie ist noch heute die Haupteinkaufsstraße und die ›Flaniermeile‹ der Stadt. Erhalten blieben hier einige schöne alte **Bürgerhäuser** aus dem 19. und beginnenden 20. Jh., auch das **Postamt,** das 1835 im Stil des Klassizismus nach einem Entwurf des Deichinspektors Gerasch entstand. Die uliza Pobedy mündet an ihrem westlichen Ende in den ploschtschad Lenina (пл. Ленина, Leninplatz, früher Hohes Tor), von dem mehrere Straßen abgehen. Die uliza Lenina (ул. Ленина, Leninstraße, früher Clausiusstraße) bringt uns zur sogenannten **Frankschen Villa**, dem Pfarrhaus (19. Jh.) der abgerissenen Kreuzkirche, heute ein Kinderheim. Die uliza Gorkowo (ул. Горково, Gorkistraße, früher Bahnhofstraße) führt an prächtigen Stadtvillen und an einem Kasernenkomplex vorbei zum Bahnhof bzw. zur zentralen Busstation, die Teatralnaja uliza (Театралная ул., Theaterstraße, früher Angerpromenade) zum einstigen **Amts- und Landgericht.** Aus dem Amtsgericht wurde ein Kulturpalast, das Landgericht enthält heute Dienststellen der Stadtverwaltung. Der Backsteinbau von 1868 versteckt sich hinter Putz. Auf dem Anger stand einst dort, wo jetzt ein Panzermonument an den Sieg der Sowjetarmee und ihre Gefallenen erinnert, der berühmte Bronzeelch, das Wahrzeichen des nördlichen Ostpreußen, den noch der Königsberger Tiergarten verwahrt (s. S. 241).

Fassadenschmuck an einem Bürgerhaus in der uliza Pobedy

Die Teatralnaja uliza endet vor dem **Schauspielhaus,** dem früheren Stadttheater, das zwischen 1920 und 1939, als das Memelgebiet zu Litauen gehörte, »Grenzlandtheater« hieß. Ein Theater besaß Tilsit schon 1816. Als der Zuschauerraum zu klein wurde, zog es 1857 in eine entsprechend umgebaute Lagerhalle um, die aber 1889 wegen Baufälligkeit abgebrochen werden mußte. 1893 war dann das neue Stadttheater fertig, ein prächtig verzierter neoklassizistischer Bau, der 1935/36 unter Entfernung des allzu üppigen Bauschmucks renoviert wurde.

Hinter dem Theater steht die neogotische ehemalige **Reformierte Kirche** aus den Jahren 1898 bis 1900, die einzige erhaltene Kirche in der Stadt, von deren Glockenturm allerdings nur der Stumpf blieb. Heute werden hier Maschinen hergestellt, doch möchte die russisch-orthodoxe Gemeinde die Kirche für ihre Gottesdienste nutzen und betreibt daher den Umzug der Maschinenfabrik. Tilsit besaß sechs Kirchen, die alle das Kriegsende glimpflich überstanden haben, trotzdem aber bis auf die Reformierte Kirche abgebrochen wurden. Die Lutherkirche, auch Deutsche Kirche oder Stadtkirche genannt, die älteste protestantische Kirche Ostpreußens, wurde 1598 bis 1612 erbaut und von 1945 bis 1968 noch als Sägewerk genutzt.

Die uliza Gagarina (ул. Гагарина, Gagarinstraße, früher Deutsche Straße) führt in leichtem Rechtsbogen zur Luisenbrücke zurück. An ihrer Südseite lassen sich einige schöne **Bürgerhäuser** in den Formen des Jugendstils entdecken. Sie kommt nahe an dem Platz vorbei, an dem das Rathaus von Tilsit stand, das der Architekt Karl Ludwig Bergius um 1750 erbaut hatte, das aber nach Kriegsende ebenfalls der Spitzhacke zum Opfer fiel. Zu Beginn des 20. Jh. hat man sämtliche die damalige Stadt umgebenden Festungswerke abgebaut und in einen Gürtel grüner Parks verwandelt. Die schönste Parkanlage war wohl Jakobsruh, in der bis 1945 ein Denkmal für die Königin Luise stand. Erhalten sind in Sowjetsk noch der Bahnhof, die Gebäude der Reichsbank und des Vorschußvereins, das Reitmeyersche Haus sowie die Loge »Zu den drei Erzvätern«.

Neman (Ragnit)

Neman (Ragnit)
Besonders sehenswert:
Ordensburg

13 km östlich von Sowjetsk liegt ebenfalls am Südufer der Memel (Neman) das Städtchen Neman (НЕМАН, Ragnit), mit seinen gut 10000 Einwohnern. Es wurde durch seine Ordensburg bekannt, deren gewaltige Ruine noch heute beeindruckt.

Gegenüber dem Rambynas (s. S. 219), dem heiligen Berg der Litauer, errichtete der Deutsche Orden 1289 über den Grundmauern einer Schalauerfeste, die er erst 1275 in seine Gewalt bekam, eine Grenzburg, ein »Horn« gegen Litauen, denn »Ragnit« leitet sich vom litauischen bzw. schalauischen »ragas« (= Horn) ab. Ragnit gehörte zu einer Burgenreihe, die Ausgangspunkt für zahllose »Litauerreisen« des Ordens war. Trotz aller Sicherungen gelang es den Litauern aber, die Ragniter Burg 1355 zu zerstören. Zwischen 1397 und 1409 erbaute der Orden westlich der alten Stelle eine neue **Burg,** diesmal aus Stein mit bis zu 3 m starken Mauern, eine der größten Burgen des Deutschen Ordens, entworfen von dem Baumeister Nikolaus Fellenstein, der schon am Ausbau der Marienburg mitgewirkt hatte. Die Burg Ragnit wurde Sitz eines Komturs, dem mehrere Ordensburgen unterstanden, darunter Tilsit und Labiau. Doch die neue Burg brauchte sich nach der Schlacht bei Tannenberg (1410) nicht mehr zu bewähren, denn der Orden stellte seine »Litauerreisen« seitdem ein.

Im Jahre 1828 brannte die Burg. Umfassende Erneuerungs- und Umbauarbeiten waren erforderlich, um die ehemalige Burg in ein Gericht mit Gefängnis zu verwandeln. 1944 standen die Gebäude erneut in Flammen. Der Burgkomplex, seitdem eine Ruine, war einmal eine quadratische Vierflügelanlage mit 59 m Seitenlänge und einem 31 m × 31 m großen Innenhof. Ecktürme waren nicht vorhanden. Den an der Westseite gelegenen Eingang schützte eine rechteckige *Vorburg*, an die nur noch der schlanke *Uhrturm* erinnert.

1722 erhob Friedrich Wilhelm I. die Burgsiedlung zur Stadt. 1736 erhielt die evangelische Bürgerschaft eine neue **Pfarrkirche,** die allerdings schon 1757 niederbrannte. Daraufhin entstand bis 1772 nach den Entwürfen des Architekten Johann Friedrich Fischer ein länglicher Saalbau, der erst 1853 einen Glockenturm erhielt. Ende 1944 wurde der Turm von deutschen Pionieren gesprengt, wobei sein Unterbau bis zur Firsthöhe des Kirchenschiffs erhalten blieb. Seit der Nachkriegszeit dient die Pfarrkirche nach entsprechendem Umbau als Lager (Untergeschoß) und Wohnhaus (zwei Obergeschosse mit Fenstern). Von 1549 bis 1563 wirkte in Ragnit der litauische Pfarrer Martynas Mažvydas, der Übersetzer und Herausgeber des ersten Buches in litauischer Sprache, des Neuen Testaments nach Martin Luther.

Krasnosnamensk (Haselberg/Lasdehnen)

Krasnosnamensk (КРАСНОЗНАМЕНСК, Haselberg, vorher Lasdehnen) liegt 34 km östlich von Neman in der äußersten Nordostecke der Kaliningrader Oblast inmitten traumhaft schöner und einsamer Wälder und Moorgebiete: des Trappöner oder Memelwalder Forstes (Nemanskij les), des Adlerwalder Moores (boloto Mitschurinskoje) und des Torfbruchs Königshuld (boloto Welikoje). Munter schlängelt sich die Scheschuppe (russ. Scheschupe, lit. Šešupė) durch die Stadt. Der 278 km lange Fluß mündet östlich von Neman in die Memel (Neman). Sein Wasser ist so klar, daß man darin die leckersten Bachforellen sieht; für Angler, Jäger und Wanderer ist Krasnosnamensk ein Eldorado. Es ist das kleine, stille Landstädtchen von einst geblieben, von Kriegseinwirkungen verschont und heute Heimat von etwa 4000 Einwohnern.

1566 erschien der prussisch-litauische Siedlungsname »Lasdehnen« (= Haselbusch) erstmals in einer Urkunde des Deutschen Ordens. Lasdehnens Markt war in allen Zeiten ein beliebter Treffpunkt deutscher und litauischer Händler und Käufer. Doch der Ort entwickelte sich recht langsam, noch um 1785 umfaßte er lediglich 48 Gehöfte. Einen bescheidenen Aufschwung brachte die Schmalspurbahn von Pillkallen (Dobrowolsk), das an der preußischen Staatsbahn Tilsit (Sowjetsk)–Stallupönen (Nesterow) lag. 1936 wurde Lasdehnens prussisch-litauischer Name von den Nationalsozialisten durch die deutsche Bezeichnung Haselberg ersetzt.

Wichtigste Sehenswürdigkeit der Stadt ist die russisch-orthodoxe **Peter-und-Paul-Kirche** (Petropawlowskaja chram), die 1991 aus der ehemaligen evangelischen Pfarrkirche hervorging. Den neogotischen Bau aus den Jahren 1874 bis 1877 entwarf der Schinkelschüler August Stüler. Lange Jahre diente die dreischiffige Basilika mit den schmucken Staffelgiebeln im Norden und Süden und dem 40 m hohen Glockenturm als Heuschober, was sie immerhin vor dem Verfall bewahrte. Eine Kirche gab es in Lasdehnen seit 1578. Wer sich in

Krasnosnamensk einige Tage einquartiert und auf Entdeckungsreise durch das Städtchen geht, wird auf manch Interessantes stoßen, z. B. auf die romantisch ausgestaltete Gaststätte der örtlichen Forstwirtschaft oder auf den größten Rentierzuchtbetrieb der Oblast. 1500 Rene grasen hier auf fetten Weiden, um die Tafel der Moskauer, Petersburger und Kaliningrader abwechslungsreicher zu gestalten.

An Pregel und Pissa entlang bis in die Rominter Heide

Der **Pregel** (Pregolja) ist der Hauptfluß des Königsberger Gebiets. Die alten Prussen nannten ihn »Skara«, die Ordensritter »Lipza«, im Russischen heißt er »Pregolja«. Sein Einzugsgebiet umfaßt eine Fläche von über 15 000 km^2, etwa 10 % mehr als die ganze Oblast Kaliningrad. Der Pregel hat keine Quelle, sondern drei Quellflüsse: Die **Inster** (Instrutsch) entspringt nordöstlich von Dobrowolsk (Pillkallen) und vereinigt sich nach 75 km bei Tschernjachowsk (Insterburg) mit der Angerapp zum Pregel. Die **Angerapp** (Angrapa) fließt aus den

Masurischen Seen und legt 169 km bis zur Inster zurück. Als dritter Quellfluß zählt noch die **Pissa** (Pissa), die dem Wysztyter See (Wischtineckoje osero) entspringt, in Gussew (Gumbinnen) die **Rominte** (Krasnaja, = die Schöne) aufnimmt und kurz vor Tschernjachowsk nach 109 km auf die Angerapp trifft. Größter Nebenfluß des Pregel ist die 289 km lange, fischreiche **Alle** (Lawa), die bei Snamensk (Wehlau) auf den Pregel trifft. Bei Gwardejsk (Tapiau) zweigt vom Pregel die **Deime** (Deima) ab, die als Mündungsarm dem Kurischen Haff zustrebt. Wenige Kilometer unterhalb von Gwardejsk gabelt sich der Pregel in den Alten Pregel (Staraja Pregolja), früher auch Samländischer Pregel genannt, und den Neuen Pregel (Nowaja Pregolja), früher Natanger Pregel. Beide Teilflüsse vereinigen sich in Königsberg hinter der Kneiphofinsel wieder. 7 km unterhalb des Kneiphofs mündet der Pregel ins Frische Haff (Kaliningradskij saliw).

Von Kaliningrad nach Gwardejsk

An Pregel und Pissa entlang bis in die Rominter Heide

Die von Kaliningrad (Königsberg) in Richtung Osten nach Gwardejsk (Tapiau) führende autobahnähnliche A 229 umgeht mehrere wegen ihrer kulturhistorischen Kostbarkeiten sehenswerte Ortschaften, die

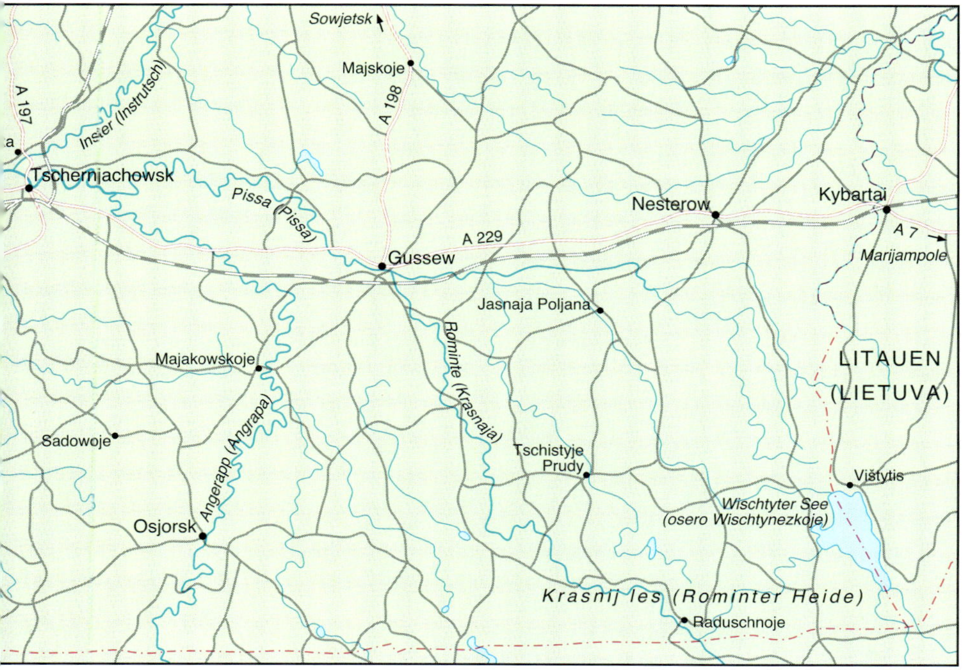

fast alle an der alten Poststraße liegen. Da ist zuerst **Rodniki** (РОДНИКИ, Preußisch Arnau) mit seiner vor 1350 erbauten *Backsteinkirche*, dem »Juwel am Pregel«. Die inzwischen stark verfallene Kirche bewahrt Fresken aus dem 14. Jh., die E. T. A. Hoffmann und Immanuel Kant rühmten. Das Verwaltungsgebäude der örtlichen Sowchose ist ein *Herrenhaus* des 19. Jh., in dem der schlesische Dichter Joseph von Eichendorff häufig zu Gast war.

In **Nisowje** (НИЗОВЬЕ, Waldau) gehen die Mauern der Schule auf eine *Burg* des Deutschen Ordens von 1264 zurück. Den in Königsberg residierenden Hochmeistern diente die Burg zwischen 1457 und 1525 als Sommersitz. Um 1530 ließ Herzog Albrecht das Anwesen für seine Gemahlin Anna Maria modernisieren. 1720 wurde Waldau eine königlich preußische Domäne. 1870 bis 1945 diente die Anlage als Lehrerseminar.

In **Uschakowo** (УШАКОВО, Heiligenwalde) wird seit 1993 die im Jahre 1344 erstmals genannte *Kirche* restauriert. Die kostbare gotische Ausstattung ist 1945 zerstört worden, nur der Taufstein und die Tür zur Sakristei blieben erhalten. 1994 begingen Deutsche und Russen gemeinsam das Fest des 650jährigen Bestehens von Dorf und Kirche.

Gwardejsk (Tapiau)

Gwardejsk (Tapiau)☆
Besonders sehenswert:
Pfarrkirche
Burg

Gwardejsk (ГВАРДЕЙСК, Tapiau) entwickelte sich neben einer Burg des Deutschen Ordens am Ufer des Pregel (Pregolja), an der Abzweigung der Deime (Deima), die nordwärts dem Kurischen Haff zuströmt. Das alte Tapiau blieb im letzten Weltkrieg fast unzerstört und bietet in seinem Kern noch heute das Bild eines ostpreußischen Landstädtchens. Neben der ehemaligen evangelischen Pfarrkirche ist es vor allem die mächtige Ordensburg, von der sich größere Abschnitte nahezu unverändert erhalten haben. 12 400 Einwohner hat Gwardejsk heutzutage.

Als der Deutsche Orden im Jahre 1255 mit dem Kreuzzugsheer des Königs Ottokar II. von Böhmen das Samland eroberte, blieb die mächtige Prussenburg Sugurbe im Winkel zwischen Pregel und Deime unbezwungen. Erst 1265 konnte sie der Orden in Besitz nehmen. Zwischen 1280 und 1290 erneuerte und modernisierte er die Burg als Bollwerk gegen die benachbarten Nadrauer und Schalauer, vor allem aber gegen die Litauer. 1285 empfing hier Vytautas, der nach der Ermordung seines Vaters, des Großfürsten Kęstutis (s. S. 18), beim Orden Asylrecht genoß, die Taufe. Als der Ordenshochsitz im Jahre 1457 von der Marienburg nach Königsberg kam, nahm die Tapiauer Burg die »Ordensliberei« auf, die Bibliothek und das Archiv des Deutschen Ordens. Herzog Albrecht weilte gern auf Burg Tapiau und starb hier auch am 20. 3. 1568. 1722 erhielt die Siedlung Tapiau endlich die Rechte einer Stadt. Am 21. 7. 1858 wurde in Tapiau der Maler und Graphiker Lovis Corinth geboren (s. S. 52).

Der Bahnhof von Gwardejsk (Tapiau)

Der heutige Name Gwardejsk geht auf die 11. sowjetische Gardearmee zurück, die 1944/45 im Pregel-Deime-Gebiet und vor Königsberg erfolgreich gegen deutsche Verbände operierte, und bedeutet etwa »Stadt der Garde«.

Den Markt- und Hauptplatz von Gwardejsk umgeben zahlreiche Bürgerhäuser vom Ende des 19. und Anfang des 20. Jh. Das frühere Rathaus mit dem Staffelgiebel stammt von 1922. Die einstige **Pfarrkirche** entstand in der ersten Hälfte des 16. Jh. als einfacher Backsteinbau mit einem Turm an der Westfassade. Nach Bränden in den Jahren 1668 und 1694 erneuert, erhielt die Kirche 1768 eine östliche Erweiterung. 1910 schuf Lovis Corinth für seine Pfarrkirche das Altargemälde »Golgatha«, das 1944 aus Sicherheitsgründen ausgelagert wurde und seitdem verschollen ist. Von 1989 bis 1991 wurde die Kirche innen und außen restauriert und anschließend der russisch-orthodoxen Gemeinde übergeben.

Der imposanteste Bau von Gwardejsk ist die **Burg** des Deutschen Ordens, die zwischen 1280 und 1290 am Ostufer der Deime errichtet wurde und bis 1297 einem Komtur, danach einem Pfleger des Ordens unterstand. 1351 erneuerte der Orden die Burg. 1793 bestimmte König Friedrich Wilhelm II. sie zu einer Armen- und Besserungsanstalt, für die er ein eigenes Reglement erließ, das später als Vorbild für alle preußischen Anstalten dieser Art diente. 1893 nahm die Burg auch Blinde und Taube auf, seit 1902 beherbergte sie geistig Behinderte. Schließlich war sie wieder eine Kaserne. Und heute dient sie dem Strafvollzug. Eine Besichtigung ist daher nicht möglich.

Die Ordensburg war eine etwa 46 m × 48 m große Vierflügelanlage, umrahmt von einem 10 m breiten Parcham, einer Art Zwinger in Form eines Umgangs zwischen der inneren und der äußeren Ringmauer. Erhalten blieben der zweigeschossige Nordwestflügel mit einem schmalen Torweg und die Kellerräume des Südostflügels. Alle anderen Gebäude, insbesondere die Gebäude auf den Fundamenten der Vorburg im Nordwesten, stammen aus dem 18. und 19. Jh.

Snamensk (Wehlau)

15 km östlich von Gwardejsk (Tapiau) liegt an der Einmündung der Alle (Lawa) in den Pregel (Pregolja) die kleine Stadt Snamensk (ЗHAMEHCK, Wehlau), deren Stadtkern noch ein paar alte Häuser und die stattliche Ruine der Pfarrkirche aus dem späten 14. Jh. enthält. Das ehemalige Wehlau hatte bis zum Zweiten Weltkrieg den größten Pferdemarkt Europas. Die Schanzenwiesen südlich des Kirchplatzes faßten 20 000 und mehr Pferde, der Ruf des Wehlauer Marktes ging weit über die Grenzen des Deutschen Reiches hinaus.

Zwischen Pregel und Alle hatten die heidnischen Nadrauer (Prussen) in der ersten Hälfte des 13. Jh. ihre Burg »Wetau« oder »Wetale« erbaut, um Angriffe des Deutschen Ordens auf ihr Land abzuwehren. Als der Orden 1255 mit einem riesigen Kreuzfahrerheer anrückte, ließen sie sich jedoch lieber freiwillig taufen und übergaben die Burg den Ordensrittern. Im Jahre 1280 griffen die Sudauer an und zerstörten Burg und Burgsiedlung. Aus »Wetau« oder »Wetale« – die baltische Wortwurzel »wet« bedeutet Siedlung, Ort – wurde »Velowe« bzw. »Wilow«. 1339 erhielt Wilow unter seinem Schulzen Gottfried Hundertmark das kulmische Stadtrecht. Bis in diese Zeit reichen auch die Anfänge des Wehlauer Pferdemarktes zurück. 1347 verwüstete ein litauisches Heer die Stadt. Zwei Jahre darauf verwandelten Franziskaner die zerstörte Burg in ein Kloster. 1447 ließen sich auch Benediktiner in der Burg nieder. Beide Mönchsorden wirkten einträchtig nebeneinander, bis die beiden Klöster 1520 nach der Reformation aufgelöst wurden.

Ein wichtiges Ereignis in der Geschichte Preußens war der Wehlauer Friedens- und Bündnisvertrag vom 29. 9. 1657, der dem Großen Kurfürsten die Unabhängigkeit seines Herzogtums Preußen von Polen brachte – seit dem Krakauer Vertrag von 1525 stand Preußen unter polnischer Lehnshoheit. 1679 wüteten die Schweden in Wehlau, 1757 die Russen, 1807 die Franzosen, 1944/45 wurde fast der ganze Ortskern zerstört. Die Sowjets gaben der Stadt Wehlau 1945 den neuen Namen Snamensk, was sich vom russischen Wort »snamja« (Fahne) ableitet und die Sowjetfahne meint.

Von der **Ordensburg,** die von 1349 bis 1520 als Kloster für die Franziskaner, ab 1447 auch für die Benediktiner diente, sind nur noch Kellergewölbe erhalten, in denen sich inzwischen ein Restaurant etablierte. Die dreischiffige **Pfarrkirche St. Jakobi** ließ der Hochmeister Winrich von Kniprode (1351–82) über den Grundmauern einer ersten, 1347 von den Litauern niedergebrannten Kirche erbauen. 1945 wurde die Jakobikirche fast vollständig zerstört, nur der Turm und die Mauern des Schiffs blieben stehen.

Prawdinsk (Friedland)

Prawdinsk (Friedland)
Besonders sehenswert:
Pfarrkirche St. Georg
Stadtmuseum

Von Snamensk (Wehlau) bietet sich ein Abstecher in Richtung Südwesten und Süden an. Erstes Ziel ist nach 28 km Fahrt Prawdinsk (ПРАВДИНСК, Friedland) an der Alle (Lawa). Es hat heute wie vor dem Zweiten Weltkrieg gut 4000 Einwohner. Das typische ostpreußische Landstädtchen mit seiner stattlichen Pfarrkirche und dem großen Marktplatz behielt zahlreiche niedrige Wohnhäuser; allerdings haben die schmucken Laubenhäuser am Markt die Kämpfe von 1945 nicht überdauert.

Das Gründungsjahr der Stadt Friedland ist umstritten. Die meisten Historiker bevorzugen das Jahr 1312, in dem der Hochmeister Karl Beffart von Trier dem auf eine prussische Siedlung zurückgehenden Ort das Kulmer Stadtrecht verliehen haben soll. Nach anderen Quellen war es der Hochmeister Luther, Herzog von Braunschweig, bzw. sein Brandenburger Komtur Heinrich Dusler, der die Stadt an einer wichtigen Straßenkreuzung und einer Furt über die Alle gründete. Eine Burg hatte Friedland nie besessen. Dafür war die auf dem linken Ufer der Alle fast rechtwinklig angelegte Stadt von Anfang an durch Wall und Palisaden geschützt, was die Litauer aber nicht davon abhielt, im Jahre 1347 Friedland zu überfallen, zu plündern und einzuäschern. Daraufhin erhielt die wieder aufgebaute Stadt eine steinerne Mauer mit zwei Toren, dem Alletor im Osten und dem Domnauer Tor im Westen. Dazu gesellte sich im ausgehenden 15. Jh. das von hohen Türmen flankierte Mühltor im Süden. 1441 löste sich Friedland vom Deutschen Orden und trat dem Preußischen Bund bei; 1466 stellte der Orden die Stadt aber wieder unter seine Hoheit. In jedem Jahrhundert erlebte Friedland mindestens eine Katastrophe – Stadtbrand oder Zerstörung im Krieg –, der jeweils fast die ganze Bausubstanz, mit Ausnahme der Kirche, anheimfiel.

In der Schlacht bei Friedland siegte am 14. 6. 1807 Napoleon mit 70 000 Mann gegen 55 000 verbündete Russen und Preußen unter Bennigsen, womit der französisch-preußisch-russische Krieg von 1806/07 praktisch beendet war. Am 21. 6. schlossen die Kriegsparteien einen Waffenstillstand, dem im Juli der Frieden von Tilsit (s. S. 279) folgte.

Der eindrucksvollste, alles andere weit überragende Bau in Prawdinsk ist die ehemalige evangelische **Pfarrkirche St. Georg,** die den Zweiten Weltkrieg ohne wesentlichen Gebäudeschaden überstanden hat und nach absehbarer Restaurierung der russisch-orthodoxen Gemeinde zur Verfügung stehen soll. Erbaut wurde die dreischiffige Georgskirche in der zweiten Hälfte des 14. Jh., nachdem der hölzerne Vorgängerbau 1347 niedergebrannt war. In prächtigem Schmuck zeigt sich der neunteilige *Ostgiebel.* Die wenigen Öffnungen des sechsgeschossigen Westturms verraten den ursprünglichen Wehrcharakter der Pfarrkirche in der Nordwestecke der mittelalterlichen Stadt unmittelbar an der Stadtmauer. Achteckige Pfeiler tra-

Die ehemals evangelische Pfarrkirche St. Georg in Prawdinsk (Friedland) wird nach ihrer Restaurierung der russisch-orthodoxen Gemeinde dienen

gen das eindrucksvolle *Sterngewölbe* des Mittelschiffs, das wohl an der Wende zum 16. Jh. eingefügt wurde. Auf den Schlußsteinen erkennt man den auferstandenen Christus und den hl. Jakobus. Von der kostbaren Ausstattung der Kirche blieben lediglich einige *Grabplatten* aus dem 17. und 18. Jh. erhalten. Bemerkenswert ist die *Annenkapelle*, die sich die Adelsfamilie von Proeck um 1500 innerhalb der Georgskirche als Privatkapelle einbauen ließ.

Auf dem benachbarten St.-Lorenz-Friedhof, heute eine stille Parkanlage, erinnert ein 3 m hohes **Denkmal an den russischen Generalmajor von Makowsky** und an die in der Schlacht bei Friedland gefallenen russischen und preußischen Soldaten. Als russische Truppen 1914 Friedland besetzten, soll sie das Denkmal bewogen haben, von einer Plünderung der Stadt abzusehen. Besonders sehenswert ist in Prawdinsk das moderne **Stadtmuseum** mit seiner mit Halbreliefs und Mosaiken gestalteten Fassade und der sorgfältig bearbeiteten Sammlung zur Geschichte der Stadt.

Domnowo (Domnau)

Domnowo (ДОМНОВО, Domnau), 16 km westlich von Prawdinsk gelegen, zählt zu den wenigen Orten des Königsberger Gebiets, die ihren Namen nahezu unverändert beibehalten haben. Eine Kirchen- und eine Schloßruine sind die wichtigsten Sehenswürdigkeiten der alten Stadt, die 1914 zu 65 % und 1945 nahezu vollständig zerstört wurde. An der Kreuzung zweier im Mittelalter bedeutender Handelsstraßen baute der Deutsche Orden um 1300 auf dem Hügel südlich über dem See, auf dem schon die prussischen Natanger eine Feste unterhalten hatten, eine Burg, die 1334 zum Mittelpunkt von einem Kammeramt des Ordens wurde. Im Jahre 1400 mit dem Kulmer Stadtrecht versehen, gelangte die Burgsiedlung Domnau in den folgenden Jahrhunderten zu ziemlicher Bedeutung, doch immer wieder warfen Großbrände die Stadt in ihrer Entwicklung zurück.

Von der **Ordensburg** auf dem »Schloßberg« blieben nur Kellergewölbe und Feldsteinmauerwerk. Die **Pfarrkirche** wurde schon gebaut, als die Burg noch nicht fertig war. Zuerst entstand der östliche Teil, zumeist aus unbehauenen Feldsteinen gefügt und mit Backsteinen ergänzt. An den verschiedenen Materialien kann man deutlich die einzelnen Bauabschnitte erkennen. Der dreigeschossige Westturm kam erst im 15. Jh. dazu. Das reich profilierte Westportal wird – wie bei den Ordensburgen – von einem granitenen Spitzbogen gerahmt. Die zur Zeit dem Verfall preisgegebene Kirche diente in den vergangenen Jahrzehnten als Scheune und Getreidespeicher. Wohl das kostbarste Stück der Ausstattung war ein *Vesperbild*, das ein unbekannter Meister um 1430 aus Lindenholz schnitzte. Es befindet sich heute im Museum der polnischen Stadt Lidzbark Warmiński (Heilsberg). Auf der Insel eines künstlich geschaffenen Sees baute sich Kunz von Egloffstein zu Beginn des 15. Jh. das **Neue Schloß.** 1678 wurde der Bau einstöckig erneuert, 1776/77 erhielt er ein Ober- und ein Mansardengeschoß. 1945 brannte das Schloß, heute zeigt es sich als Ruine.

Ein berühmter Sohn der Stadt Domnau war der Kirchenlieddichter Georg Weißel (1590–1635). Er wirkte als Schulrektor im benachbarten Friedland und war seit 1623 Pfarrer an der Altroßgärter Kirche in Königsberg. Bekannt ist sein Lied »Macht hoch die Tür, die Tor macht weit«.

Schelesnodoroschnyj (Gerdauen)

Schelesnodoroschnyj (Gerdauen)

22 km südöstlich von Prawdinsk (Friedland) liegt bereits im Sperrgebiet an der Grenze zu Polen die Stadt Schelesnodoroschnyj (ЖЕЛЕЗНОДОРОЖНЫЙ, Gerdauen). Die reizvolle Gegend zu beiden Seiten des Omet (Stogowka), eines rechten Nebenflusses der Alle, war schon im 9. Jh. bewohnt. Zu Beginn des 13. Jh. erhob sich hier eine Burg. Sie gehörte dem prussischen Edlen Girdaw, der zum Christentum konvertiert war und mit dem Deutschen Orden zusammenarbeitete. Als 1262 die Prussen die Burg angriffen, steckte Girdaw sie in Brand und floh nach Königsberg. Zwischen 1315 und 1325 baute der Orden die Burg zu einem starken Konventshaus wieder auf. Es muß eine recht stabile Anlage gewesen sein, denn die Litauer konnten sie im Jahre 1347 nicht bezwingen. 1398 verlieh der Hochmeister Konrad von Jungingen der Burgsiedlung das Kulmer Stadtrecht. 1406 erhielt Gerdauen eine Stadtmauer, von der am Nordrand der Altstadt noch Teile zu entdecken sind. 1818 wurde Gerdauen eine Kreisstadt, die 1939 gut 5000 Einwohner zählte; heute beträgt die Einwohnerzahl kaum 3000. Gerdauens bedeutendster Bürger war der Schriftsteller Theodor Gottlieb von Hippel (1741–96, s. S. 53).

Die **Burg** des Deutschen Ordens östlich der Stadt war 1672 nicht mehr bewohnt und verfiel. Zwischen 1872 und 1874 entstand auf den Burgfundamenten ein Gutshaus, das 1945 zerstört wurde. 1991 begann man, aus der Ruine ein Hotel zu gestalten. Zu Füßen der Burg errichtete der Orden 1437 oder schon früher eine **Wassermühle,** die 1909 durch ein mächtiges, inzwischen aber auch zur Ruine verfallenes Gebäude ersetzt wurde. Die ehemalige **Pfarrkirche** hatte der Prusse Girdaw im Jahre 1260 gestiftet. Der heutige Bau, ein chorloser Ziegelbau mit eingezogenem Westturm, entstand im 15. Jh. Seine Nordwand war in die Stadtmauer einbezogen. 1945 trug die Kirche nur geringe Schäden davon.

Tschernjachowsk (Insterburg)

Tschernjachowsk (Insterburg)☆
Besonders sehenswert:
Burg
Michaelkathedrale

Der Weg von Snamensk (Wehlau) nach Tschernjachowsk (Insterburg), insgesamt gut 40 km, führt über **Talpaki** (ТАЛПАКИ, Taplacken). Hier zweigt die alte Handels- und Heeresstraße nach Sowjetsk (Tilsit) und ins Baltikum ab. An diesem strategisch wichtigen Punkt errichtete der Deutsche Orden im 13. Jh. an der Mündung der Nehme (Glubokaja) in den Pregel (Pregolja) eine kleine, aber äußerst standfeste *Burg.* Nur einmal, 1376, wurde das Holz-Erd-Werk von den Litauern niedergebrannt, aber schon bald darauf durch eine Steinburg ersetzt. Von dieser sind Teile des Hauptbaus im heutigen Gutshaus und Reste des Nordflügels in einem Wohnhaus zu entdecken. Einen besonderen Blickfang bietet die alte *Pregelschleuse* aus dem 19. Jh.

Die Pregelschleuse bei Talpaki (Taplacken) stammt noch aus dem 19. Jh.

Von Talpaki sind es noch 30 km bis zur Kreisstadt Tschernjachowsk (ЧЕРНЯХОВСК, Insterburg), der mit 41 000 Einwohnern drittgrößten Stadt im nördlichen Ostpreußen. Obwohl das damalige Insterburg im Zweiten Weltkrieg schwer unter Bombenangriffen zu leiden hatte, blieb doch der Stadtkern weitgehend erhalten.

Dort, wo sich Angerapp (Angrapa) und Inster (Instrutsch) zum Pregel (Pregolja) vereinigen, kontrollierte der Prussenstamm der Nadrauer im 12. Jh. mit einer Burg die Verkehrswege. 1256 zerstörte ein Heer des Deutschen Ordens die Burg. Doch erst als es dem Orden gelang, 1275/76 ganz Nadrauen zu bezwingen, gründete er hier ein »Fähnlein«, einen Stützpunkt, den der Hochmeister Dietrich von Altenburg ab 1336 zu einer Ordensburg, der »Insterburg«, ausbauen ließ. Sie sollte eine der wichtigsten Ausgangspositionen für die »Litauerreisen« des Ordens werden, doch immer wieder, vor allem 1376 unter Kęstutis, kamen die Litauer dem Orden zuvor und griffen die Burg präventiv an. 1583 erhielt der »Stadtfleck Inster«, der sich aus vier Siedlungskernen (Burg, Wirtschaftshof des Ordens, Krug Pangerwitz an der Pregelbrücke, Dorf Sprange) entwickelt hatte, vom Markgrafen Georg Friedrich die Stadtrechte. Insterburg war nie von schützenden Mauern umgeben, so daß alle Heere – Schweden, Russen und Franzosen – ungehindert hindurchziehen konnten und meist nur wenig Schaden anrichteten. Im Zweiten

Tschaikowsky-Denkmal in Tschernjachowsk (Insterburg)

Weltkrieg erlitt Insterburg vor allem bei dem Bombenangriff vom 27. 7. 1944 und bei der Einnahme durch die Sowjets am 21. 1. 1945 schwere Zerstörungen.

An die mächtige **Burg,** die der Deutsche Orden im 14. Jh. über einer zerstörten Prussenfestung errichtete, erinnert die imposante Ruine des vierflügeligen Hauptbaus, dessen breiter Südwesttrakt zuerst entstand und im späten 14. Jh. durch weitere Flügel zu einer quadratischen Anlage ergänzt wurde. Die Ordensleute und ihre Nachfolger bauten die Burg nach mehrfacher Zerstörung immer wieder, meist verändert, auf. Von der Mitte des Südostflügels führte einst in Höhe des Hauptgeschosses ein Ausbau zum Dansker über dem Schloßteich hinaus. Dansker, auch Danziger oder Danzker genannt, waren die Aborte der Ordensburgen des 13. und 14. Jh. Ohne den sonst üblichen trennenden Graben schloß sich die ausgedehnte Vorburg mit den Wirtschaftsgebäuden an den Hauptbau an; sie nahm, auch das recht ungewöhnlich, die höchste Stelle des Burggeländes ein. Der 9 m dicke »Peinturm«, in der Westecke aus Backstein errichtet, erhielt im 15. Jh. erste Pulvergeschütze. Neben der Burg erinnert ein kleiner Obelisk an die im Jahre 1914 Gefallenen eines litauischen Ulanenregiments.

Insterburgs älteste Kirche, die evangelische **Lutherkirche,** stammte aus dem frühen 17. Jh.; sie wurde 1945 schwer beschädigt, 1972 gesprengt und bis auf die Kellergewölbe abgetragen. Die ehemalige reformierte Kirche, ein neoromanischer Backsteinbau von 1900, diente bis 1979 als Turnhalle und steht seit 1989 als **Michaelkathedrale** (Michailowskij Sobor) der russisch-orthodoxen Gemeinde zur Verfügung. Schweizer und Franzosen, die 1702 nach Insterburg gekommen waren, hatten eine reformierte Gemeinde gegründet und schon 1735 ihr erstes Gotteshaus geweiht. Auch die **katholische** Kirche, ein neogotischer Ziegelbau von 1911, wurde 1945 nur wenig beschädigt und von der Sowjetarmee jahrzehntelang als Arsenal benutzt. Nach gründlicher Restaurierung sollen in ihr wieder Gottesdienste nach katholischem Ritus abgehalten werden.

Recht modern wirkt die in den 30er Jahren im Bauhausstil errichtete **Berufsschule** neben der Michaelkathedrale. Im früheren **Reichsbankgebäude** von 1899 ist heute eine Apteka (Apotheke) untergebracht. Aus der Vorkriegszeit stammen außerdem das Krankenhaus, der Wasserturm, das Postamt, der Bahnhof und einige Jugendstilhäuser in der Sowjetskaja uliza (Советская ул.). Zwei Denkmäler, das eine in der Innenstadt, das andere vor dem Bahnhof, erinnern an den jungen sowjetischen Armeegeneral Igor M. Tschernjachowskij, der im Februar 1945 beim Angriff auf Königsberg gefallen war und der Stadt Insterburg den heutigen Namen gab.

Zwei recht bekannte Personen sind mit der Stadt verbunden: 1831 wurde in Insterburg der Schriftsteller und Dramatiker Ernst Wichert (1831–1902, s. S. 55) geboren. 1689 starb hier im Hause ihres Sohnes Friedrich Neander die Pfarrerswitwe Anna Beilstein, das Ännchen von Tharau (s. S. 189).

Majowka (Georgenburg)

Die Fernstraße A197 nach Sowjetsk (Tilsit) führt im Norden von Tschernjachowsk (Insterburg) am alten Zuchthaus vorbei, einer 1844 erbauten Strafanstalt. Diese schwere, festungsartige Anlage zeigt einen streng symmetrischen, sternförmigen Grundriß. Nach 2 km erreicht die Straße den Ort Majowka (MAËBKA, Georgenburg), beeindruckend durch seine Burg und das im Aufbau befindliche Trakehnergestüt.

Die Georgenburg ließ 1352 der samländische Bischof Jakob I. (1345–58) als Gegenstück zur nahen Insterburg des Deutschen Ordens errichten. Er gründete hier auch ein Gestüt für schwere Conventspferde für den Reiterkampf und für leichtere Karbispferde als Zugtiere. 1364, 1385 und 1403 wurde die Burg von Litauern erobert und niedergebrannt, aber jeweils von den Bischöfen wieder neu und stärker aufgebaut. 1709 wurde Georgenburg eine Domäne, die 1829 Wilhelm Simpson erwarb. Er baute hier ein Vollblutgestüt auf, das größte ostpreußische Privatgestüt, das 1889 der Staat kaufte und bis 1944 fortführte. Vor einigen Jahren wurde das Gestüt Majowka als russische Pferdezuchtstätte für Trakehner (s. S. 303) erneuert. Im benachbarten Nettienen – das 3 km westlich von Majowka gelegene Dorf ist heute eine Wüstung – kam William von Simpson (1881–1945) zur Welt, dessen Familienromane »Die Barrings« (1937) und »Der Enkel« (1939) das Leben auf Gut Georgenburg beschreiben. Fast alle wertvollen Zuchtpferde wurden 1944 in den Westen gerettet. Die Rote Armee richtete in dem Gut ein Kriegsgefangenenlager ein, später wurde es ein Krankenhaus, schließlich diente der Hauptbau als Mietshaus. Das stattliche Zentrum der einstigen **Bischofsburg** mit seinen Staffelgiebeln soll demnächst restauriert und in ein Reiterhotel umgebaut werden.

Trakehnergestüt in Majowka (Georgenburg)

Osjorsk (Angerapp/Darkehmen)

Osjorsk (O3EPCK, Angerapp, vorher Darkehmen), 32 km südöstlich von Tschernjachowsk (Insterburg) gelegen, präsentiert sich noch heute als ein typisches ostpreußisches Landstädtchen, dessen Erscheinungsbild im letzten Krieg nicht allzusehr gelitten hat. 6200 Einwohner leben hier heute, gut 4000 waren es vor dem Krieg.

Die Siedlung Darkehmen wurde erstmals im Jahre 1539 erwähnt. Hier am tausendfach gewundenen Flüßchen Angerapp (Angrapa) stand weder ein Bollwerk der Prussen noch eine Burg des Deutschen Ordens. Nicht ganz zu Recht führt der Ort daher seinen Gästen den »Schloßberg« südöstlich der Stadt auf dem rechten Flußufer vor, der allerdings auch »Potrimpusberg« hieß und wohl ein uraltes prussisches Heiligtum trug. Als die Pest 1709 bis 1711 im nördlichen Ostpreußen ganze Ortschaften auslöschte, war auch Darkehmen betroffen. König Friedrich Wilhelm I. siedelte daher Franzosen an, die florierende Manufakturen gründeten. 1732 kamen Salzburger hinzu, die Wollspinnereien und Tuchwebereien eröffneten. Am Fluß entstanden Gerbereien.

1725 wurde Darkehmen eine Stadt; der Königsberger Stadtplaner Joachim Ludwig Schultheiß von Unfriedt entwarf eine neue Stadtanlage mit großem viereckigem Marktplatz. Die Angerapp trieb Mühlen, seit 1886 sogar ein Kraftwerk. Darkehmen war die erste Stadt in Ostpreußen mit elektrischer Straßenbeleuchtung, nur vier Jahre nach Berlin und neun Jahre nach Paris, der ersten Stadt der Welt, in der elektrisches Licht die alten Gaslaternen abgelöst hatte. 1914 wurde Darkehmen schwer beschossen, doch mit Hilfe der Patenstadt Dresden im alten Stil wieder aufgebaut. Auch im Zweiten Weltkrieg trug es erhebliche Schäden davon. Darkehmen mußte 1938 seinen aus dem Prussischen stammenden Ortsnamen in »Angerapp« ändern.

Osjorsk hat noch immer seinen großen **Marktplatz**, den Bürgerhäuser aus dem 18. und 19. Jh. umgeben. In der Mitte des Platzes verschwand 1945 das Rathaus von 1812, dessen Stelle heute das moderne **Haus des Sowjets** einnimmt, in dem auch kulturelle und gesellschaftliche Veranstaltungen stattfinden. Die ehemalige evangelische **Pfarrkirche** löste 1842 einen zu Beginn des 17. Jh. errichteten Vorgängerbau ab. Ihre Formen verraten den Einfluß der Schinkelschule. 1892 wurde der Dachreiter erhöht. Den Ersten wie den Zweiten Weltkrieg hatte die Kirche ohne größeren Schaden überstanden, sie diente den Russen ab 1946 als Lager, später als Traktorenwerkstatt. Demnächst soll sie restauriert und der russisch-orthodoxen Gemeinde übergeben werden. Der Stadtfriedhof wurde zu einem Stadtpark mit Kinderspielplatz.

Hervorzuheben ist, daß in Osjorsk auch das Amtsgericht, das Schulhaus daneben und das alte Wasserkraftwerk von 1886 an der Angerapp überdauert haben.

Die berühmte Bronzeskulptur des Gumbinner Elches ist ein Werk von Ludwig Vordermayer (1910)

Gussew (Gumbinnen)

Gussew (Gumbinnen)
Besonders sehenswert:
Alte Regierung
Gumbinner Elch
Salzburger Kirche

28 km östlich von Tschernjachowsk (Insterburg) liegt an der Mündung der Rominte (Krasnaja) in die Pissa (Pissa) die Kreisstadt Gussew (ГУСЕВ, Gumbinnen) mit 28 000 Einwohnern. Besonders sehenswert sind hier das von Karl Friedrich Schinkel beeinflußte Regierungsgebäude und der berühmte Gumbinner Bronzeelch.

Gussew ist eine relativ junge Stadt, obwohl das Mündungsgebiet der Rominte schon vor 10 000 Jahren, am Ende der Eiszeit, bewohnt war. 1539 wurde erstmals ein Ort »Kuligkehmen« genannt, von prussisch »kulis« (= Stein) und »kiemas« (= Hof). Neben Kuligkehmen bildete sich 1558 Pisserkeim (Pissakehmen), das 1580 den Namen Gumbinnen annahm und allmählich mit Kuligkehmen zusammenwuchs. In den Pestjahren 1709/10 verlor Gumbinnen fast alle seine Einwohner. Daraufhin siedelte König Friedrich Wilhelm I. Religionsflüchtlinge aus der Schweiz, der Pfalz, aus Nassau und der Magdeburger Gegend an. 1724 erhob er Gumbinnen zur Stadt und beauftragte den Königsberger Stadtplaner und Architekten Joachim

Ludwig Schultheiß von Unfriedt mit der Planung eines neuen Ortskerns. In das Zentrum stellte Schultheiß von Unfriedt ein prächtiges »Conferentz- und Rathaus«, das 1831 abbrannte. Ab 1732 wanderten zahlreiche Salzburger zu, wodurch Gumbinnen zur Hauptstadt eines Regierungsbezirks aufstieg und wegen seiner überwiegend litauischen Landbevölkerung zum Mittelpunkt »Preußisch-Litthauens« wurde. 1736 begann ein litauisches Gymnasium mit dem Unterricht, und Regierungspräsident Theodor von Schön gründete 1810 das deutschsprachige »Intelligenzblatt für Litauen«. Im Zweiten Weltkrieg wurde Gumbinnen in der Nacht zum 17. 10. 1944 durch Fliegerangriffe schwer getroffen. Unter sowjetischer Herrschaft erhielt Gumbinnen seinen neuen Namen zu Ehren des im Januar 1945 dort gefallenen Gardekapitäns und Helden der Sowjetunion Stanislaw A. Gussew.

Die interessanteste Sehenswürdigkeit von Gussew ist zweifellos die sogenannte **Alte Regierung** (1832–36), die der Geheime Oberbaurat Severin unter Schinkels Einfluß entworfen hatte. 1864 und 1910 wurde das Attikageschoß des vierstöckigen Backsteinbaus erneuert und erweitert. An die Alte Regierung schlossen sich 1911 die Neue Regierung und das Kreishaus im Stil des Neobarock an. Vor der Alten Regierung stand bis 1945 ein Denkmal König Friedrich Wilhelms I., gestaltet zwischen 1827 und 1837 von dem bedeutenden klassizistischen Bildhauer Christian Daniel Rauch. Auf dem

Die Neue Regierung in Gussew (Gumbinnen)

Sockel, den Karl Friedrich Schinkel entwarf, steht heute (noch) Wladimir Iljitsch Lenin (1870–1924). In der Grünanlage an der uliza Pobedy (ул. Победы, Straße des Sieges, früher Königsstraße), der Alten Regierung schräg gegenüber, zeigt sich seit Mai 1991 wieder der berühmte **Gumbinner Elch,** eine Bronzeskulptur von Ludwig Vordermayer, gegossen 1910 von H. Noack in Berlin-Friedenau. Die Nachkriegsjahrzehnte überstand der Elch gemeinsam mit seinem Tilsiter Kollegen im Königsberger Tiergarten.

1995 wurde die **Salzburger Kirche,** die die vergangenen Jahrzehnte als Lagerhalle und Autowerkstatt überdauerte, als erstes evangelisches Gotteshaus im Kaliningrader Gebiet neu geweiht. Von 1752 bis 1754 war sie von Salzburger Glaubensflüchtlingen als Hospitalkirche errichtet worden, 1839/40 ersetzte eine schlichte Hallenkirche aus Stein nach den Plänen des Baumeisters Karl Friedrich Schinkel den inzwischen verwitterten Holzbau. Die Predigten für die fast 100köpfige evangelisch-lutherische Gemeinde rußlanddeutscher Neusiedler werden in deutscher Sprache gehalten. Außerdem dient die Kirche als Begegnungsstätte für Deutsche und Russen sowie mit der erneuerten Orgel als Konzertsaal. In Kürze soll bei der Kirche auch ein Gemeindezentrum mit Diakoniestation, Bibliothek und einem Museum der Salzburger Emigranten entstehen.

Sehenswert sind in Gussew noch das **Rathaus,** das 1890 im historisierenden Stil der niederländischen Renaissance an der Stelle des Vorgängerbaus von 1726 errichtet wurde, der **Bahnhof** aus der Wende zum 20. Jh., die altlutherische **Kreuzkirche,** die seit 1992 dem russisch-orthodoxen Ritus verpflichtet ist, das **Hotel Rossija,** das aus dem Hotel Kaiserhof hervorging, die einstige **Volksbank,** das frühere **Amtsgericht,** das ehemalige **Finanzamt** und mehrere **Schulen** (Friedrichschule, Cecilienschule) sowie etliche **Bürgerhäuser** aus dem 19. und 20., aber auch noch einige aus dem 18. Jh.

Jasnaja Poljana (Trakehnen)

Jasnaja Poljana (Trakehnen)

Das ehemalige Hauptgestüt der Trakehner Pferdezucht ist heute ein etwas verwahrlostes russisches Staatsgut (Sowchose), das sich hauptsächlich mit Rinderzucht und Milchwirtschaft befaßt. Da die Bauten des berühmten Gestüts zum Teil noch vorhanden sind, gilt Jasnaja Poljana (ЯСНАЯ ПОЛЯНА, = helle Lichtung; Trakehnen) als ein touristischer Höhepunkt jeder Reise in das nördliche Ostpreußen. Jasnaja Poljana erreicht man am schnellsten von der Fernstraße A 229 aus. 12 km östlich von Gussew (Gumbinnen) biegt man südwärts ab; nach 6 km Fahrt auf asphaltierter Allee ist man im Dorf Jasnaja Poljana, dem weltbekannten Trakehnen. Der prussisch-litauische Ortsname »Trakehnen« bedeutet etwa »Brandrodung«. Als die Nationalsozialisten zwischen 1936 und 1938 in Ostpreußen fast alle prussisch-litauischen Ortsnamen eindeutschten, beließ man dem Ort und der Zucht ihren berühmten Namen. In den Räumen der

Der Torbogen zum berühmten Trakehner Hauptgestüt, heute russisches Staatsgut Jasnaja Poljana

Alten Apotheke – diese Aufschrift erscheint auch in deutscher Sprache – werden Speisen und Getränke nach deutscher Art von Wolgadeutschen zubereitet und serviert, die in Jasnaja Poljana eine neue Heimat gefunden haben.

Der alte graublau-weiße **Torbogen** mit der siebenendigen Elchschaufel, dem Brandzeichen der Trakehnerpferde, und der Jahreszahl 1732, dem Gründungsjahr der Trakehnerzucht, markiert den Eingang zum Hauptgestüt. Wenige Meter rechts vom Tor steht das **Schloß,** einst Sitz des Landstallmeisters und Verwaltungszentrale des Gestüts. Das Holztürmchen auf dem Dachfirst mit dem springenden Pferd als Wetterfahne ist inzwischen herabgestürzt. Die Fassade der 1790 erbauten Residenz bröckelt, das Unkraut im Park ringsum wuchert. Vor der Freitreppe zum Schloß stand bis 1945 die lebensgroße *Bronzeplastik* des »Tempelhüter«, des berühmtesten Trakehnerhengstes aller Zeiten. Die Plastik gestaltete 1932 der Bildhauer R. Kübart; sie wurde nach Moskau verschleppt und im Hof des Instituts für Züchtungsforschung der dortigen Universität aufgestellt. Im Schloß befand sich eine *Sammlung von Gemälden* der berühmtesten Zuchthengste Trakehnens, die heute das russische Zentralgestüt Kirow verwahrt.

Die Trakehner Pferdezucht

Wie der Ritter des Deutschen Ordens Peter von Duisburg in seinem »Chronicon terrae Prussiae« (14. Jh.) berichtet, spielten Pferde bei den alten Prussen eine wichtige Rolle. So hatten die Bewohner des Samlands im Kriegsfall 4000 Reiter und die Sudauer Prussen sogar 6000 Reiter zu stellen. Auch beim Totenkult standen Pferde im Mittelpunkt. Das dicke Brett, das aufrecht stehend das Grab eines Prussen kennzeichnete, schmückte ein geschnitzter Pferdekopf, das der Prussinnen ein bunter Vogel.

Als der Deutsche Orden das Land in Besitz genommen und die Prussen zum Christentum bekehrt hatte, begann er sich auch für die einheimischen Pferde zu interessieren, für die kleinen, gedrungenen, aber außerordentlich ausdauernden und genügsamen »Schweiken« – von prussisch-litauisch »sweikus« = gesund –, von den Prussen gezähmte Wildpferde. 1376 gründete der Orden bei Insterburg ein erstes Gestüt, um das Jahr 1400 betrieb er bereits über 50 Gestüte mit 16 000 Pferden, jeweils in der Nähe seiner Burgen. Schon bald waren die Ordenspferde so berühmt, daß sich die Großen Europas um die edlen Rosse rissen. Nach der Schlacht bei Tannenberg (1410) schloß der Orden die meisten seiner Gestüte. Nachdem der Ordensstaat 1525 ein weltliches Herzogtum geworden war, förderten die Herrscher Preußens die verbliebenen Ordensgestüte; die ausdauernde »prussische Rasse« wurde mit arabischem und westeuropäischem Blut veredelt.

1725 ordnete König Friedrich Wilhelm I. an, die über das ganze Land verstreuten Gestüte in das menschenleere, nicht kultivierte Sumpfland bei dem kleinen Domänenvorwerk Trakehnen nördlich der Rominter Heide zu verlegen. 600 Infanteristen aus Memel legten die Sümpfe trocken, bauten einen 7 km langen Kanal, ebneten das 35 km^2 große Gelände und schufen daraus Wiesen, Weiden und fruchtbare Äcker. Sechs Jahre dauerten die Arbeiten, zu denen auch der Bau der erforderlichen Stallungen, Remisen, Scheunen und anderer Wirtschafts- und Gestütsgebäude gehörte. Schließlich mußten auch 150 Bauernhöfe geschaffen werden sowie Wohnungen für die rund 1000 Beamten und Angestellten des Hauptgestüts, ferner Schulen und ein Krankenhaus. Durch Erlaß wurden alle im sogenannten »Preußisch-Litauen« verstreut liegenden Gestüte mit Wirkung vom 1. 5. 1732 im »Königlichen Stutamt Trakehnen« zusammengefaßt, das im Laufe der Zeit die größte und auch berühmteste Pferdezuchtanstalt der Welt werden sollte. 1739 schenkte Friedrich Wilhelm I. das Trakehner Gestüt seinem Sohn, dem späteren König Friedrich dem Großen.

1786 ging das Trakehner Gestüt in das Eigentum des Preußischen Staates über. Seitdem erhielten alle Trakehner Pferde einen Namen, und ab 1787 führte das Hauptgestüt Trakehnen ein Zuchtregister. Im gleichen Jahr wurde die Elchschaufel als Brandzeichen eingeführt. 1806/07 floh das Hauptgestüt vor den Truppen Napoleons nach Rußland, 1812 nach Schlesien. Nach den Befreiungskriegen verbesserte Landstallmeister von Below (1789–1814) die Trakehnerzucht,

Das alte Trakehner Brandzeichen am Torbogen

indem er verstärkt arabisches und englisches Vollblut heranzog. Nach dem Ersten Weltkrieg ging der Bedarf an Wagen- und Militärpferden zurück. Dafür wuchs das Interesse am Reitsport. Auf den Rennplätzen Europas und bei Olympischen Spielen errangen die Trakehner immer größere Erfolge. Am Ende des Zweiten Weltkriegs wurden Trakehner Pferde jedoch in alle Welt zerstreut. Die wertvollsten Zuchtpferde aus dem Hauptgestüt kamen auf abenteuerlicher Flucht nach Perlin in Mecklenburg, wo sie in die Hände der Sowjetarmee fielen. Ende August 1945 wurden die Tiere nach Kirow, 150 km östlich von Rostow am Don, gebracht. Heute tummeln sich dort über 1250 Trakehner.

Das Gebiet der späteren Bundesrepublik erreichten 1944/45 von 27 000 Trakehnern nur 1500, zumeist Pferde von Nebengestüten und Bauernhöfen. In Hunnesrück (Niedersachsen) sowie in Schmoel und Rantzau (Ostholstein) bildeten sich neue Keimzellen für eine Trakehnerzucht, deren heutiges Ziel ein edles, vielseitig verwendbares Sportpferd ist.

Tschistyje Prudy (Tollmingen/Tollmingkehmen) und die Rominter Heide

Rominter Heide☆

Knapp 20 km südlich von Jasnaja Poljana (Trakehnen) erreicht man über Nebenstraßen die Ortschaft Tschistyje Prudy (ЧИСТЫЕ ПРУДЫ, Tollmingen, vorher Tollmingkehmen) mit einer eindrucksvollen Gedenkstätte für Kristijonas Donelaitis (Christian Donelitius, 1714–80), den ersten großen Dichter litauischer Sprache. Den russischen Ortsnamen Tschistyje Prudy kann man mit »saubere Teiche« übersetzen.

Zu Beginn des 15. Jh. war der Ort von litauischen Siedlern gegründet worden, die ihn »Tolminkiemis« nannten, was »der ferne Hof« bedeutet, eben fern der Heimat Litauen. 1589 weihten sie ihre erste Kirche. 1709 bis 1711 raffte die Pest die meisten Einwohner dahin, Neusiedler aus Deutschland übernahmen die leeren Höfe. Als Kristijonas Donelaitis 1743 in Tollmingkehmen seine Pfarrstelle antrat, war nur noch jeder dritte Einwohner ein Litauer. Donelaitis, der in Königsberg protestantische Theologie studiert hatte, predigte morgens deutsch und nachmittags litauisch. Bis zu seinem Tod wirkte er hier als Pfarrer und verfaßte seine berühmten Poeme, wie die Hexameter-Dichtung »Metai« (Jahreszeiten), in der er die schwermütige Schönheit der ostpreußischen Landschaft und das karge Leben der litauischen Kleinbauern beschrieb. Donelaitis gelang es wie kaum einem anderen, die Urkraft ebenso wie die zarte Musikalität der litauischen Sprache herauszustellen.

1756 trat ein verputzter Hallenbau aus Feldsteinen an die Stelle der ersten Kirche. Um 1820 erhielt die evangelische **Pfarrkirche** einen klassizistischen Turm mit holzverschaltem Oberbau, einem Umgang und einer kleinen Glockenstube obenauf. Das 1944 beschädigte Gotteshaus verfiel in den folgenden Jahrzehnten, bis sich das ebenfalls zur Sowjetunion gehörende Litauen des großen Dichters erinnerte und von 1975 bis 1979 Kirche und Pfarrhaus als *Gedenkstätte für Kristijonas Donelaitis* restaurierte. Schon 1967 hatte die Akademie der Wissenschaften der Litauischen SSR in Altarnähe die sterblichen Überreste des Dichters entdeckt und identifiziert.

Südlich von Tschistyje Prudy erstreckt sich bis weit nach Polen hinein die **Rominter Heide,** ein herrliches Waldgebiet, dessen Name auf einen heiligen Hain der Prussen hinweist. Hier hatte Kaiser Wilhelm II. sein Hofjagdrevier. Durch die Heide schlängelt sich die Rominte, ein Flüßchen, das die Russen Krasnaja (= die Schöne) nennen und das nach 80 km bei Gussew (Gumbinnen) in die Pissa (Pissa) mündet. Auf einer Anhöhe des linken Rominteufers nahe dem Dörfchen Theerbude, später Rominten und heute **Raduschnoje** (РАДУЖНОЕ) genannt, ließ sich Kaiser Wilhelm II. im Sommer 1891 von norwegischen Zimmerleuten ein *Jagdhaus* aus rotgebeizten Fichtenstämmen im skandinavischen Stil erbauen, einst ein einstöckiger Mittelbau, den zweistöckige Flügel flankierten. In den 1970er Jahren brachte man das Jagdhaus nach Kaliningrad (Königsberg), wo es seitdem den Kulturpark bei der Luisenkirche bereichert (s. S. 241). 1893 gesellte sich die *Hubertuskapelle* dazu, ein Stabholzkirchlein für die kaiserliche Jagdgesellschaft. Seitdem kam der Kaiser alljährlich im September zur Jagd in die Rominter Heide. 1936 ließ sich Hermann Göring, von 1933 bis 1945 Ministerpräsident von Preußen und »Reichsjägermeister«, in der Nähe das Jägerhaus Rominten bauen, das in den Kämpfen des Zweiten Weltkriegs niederbrannte.

Der **Wischtyter See** (osero Wischtynezkoje) schließt die Rominter Heide nach Osten hin ab. Sein Ostufer bildet die Grenze zu Litauen. Der Name stammt von dem heute litauischen Städtchen Vištytis, dem russischen Grenzflecken Wischtynez (Wischtyten) der Jahrhundertwende.

Nesterow (Ebenrode/Stallupönen)

Nesterow (Ebenrode/Stallupönen)

Fast völlig verändert hat sich die kleine Stadt Nesterow (НЕСТЕРОВ, Ebenrode, vorher Stallupönen), 25 km östlich von Gussew (Gumbinnen) und 12 km westlich der Grenze zu Litauen und einst zum Russischen Reich. Außer dem Bahnhof an der Eisenbahnstrecke nach Minsk und Moskau und mehreren Wohnvierteln ist nach den Kämpfen des Jahres 1944 nichts von der kleinen Landstadt geblieben, sie wurde zu 90 % zerstört. 4900 Einwohner hat Nesterow heutzutage.

Dem alten Ortsnamen Stallupönen nach bestand hier in prussischer Zeit eine Kultstätte (stalas = Opfertisch, upė = Fluß), eine heidnische Opferstätte nahe dem Wasser. Im Jahre 1539 war Stallupönen ein Dorf mit neun Höfen, allesamt von litauischen Bauern bewohnt. Noch zu Beginn des 18. Jh. versuchten die litauisch predigenden Pfarrer von Stallupönen, das heidnische Ziegenbockopfer zum Frühlingsfest am Himmelfahrtstag zu verbieten. Vergeblich.

Zwischen 1709 und 1711 fiel fast die ganze Einwohnerschaft der Pest zum Opfer. Neubürger aus Nassau, Franken und der Schweiz füllten nach Abflauen der Seuche die Lücken. 1722 erhob Friedrich Wilhelm I. den Marktort zur Stadt. Joachim Ludwig Schultheiß von Unfriedt entwarf die langgestreckte, rechteckige Stadtanlage, die Altstadt und Neustadt umfaßte und zwei Märkte hatte. 1732 ließ sich eine größere Gruppe Salzburger Emigranten in Stallupönen nieder. 1936 wurde der prussisch-litauische Name Stallupönen durch das deutsche Ebenrode ersetzt.

Mittelpunkt der kleinen Stadt Nesterow ist ein großes **Memorial** für die während des Zweiten Weltkriegs in Ostpreußen gefallenen Soldaten der Roten Armee. Blumen schmücken Grab und Bronzebüste von Antonin N. Nesterow, einem Helden der Sowjetunion, der hier im September 1944 sein Leben ließ. Nesterow ist eine Stadt ohne Kirche, denn von der 1726 erbauten evangelischen **Pfarrkirche** blieben nur geringe Reste der Fundamente, über denen demnächst eine neue, diesmal orthodoxe Kirche entstehen soll. Wie in den meisten Städten Ostpreußens überstand auch der Ebenroder Bahnhof den letzten Krieg, vor allem weil er weit außerhalb des Stadtkerns liegt. Auch Wohnhäuser aus dem 19. und sogar aus dem 18. Jh. kann man noch, besonders im Südwesten der Stadt, entdecken.

Tschernyschewskoje (Eydtkau/Eydtkuhnen)

12 km sind es von Nesterow (Ebenrode/Stallupönen) bis zur kleinen Grenzstadt Tschernyschewskoje (ЧЕРНЫШЕВСКОЕ, Eydtkau, vorher Eydtkuhnen), einem Ort, der schon 1557 als Grenzdorf zu Rußland erwähnt wurde, aber erst nach der Inbetriebnahme der Eisenbahn 1861 zum lebendigen Marktflecken aufstieg. Immerhin traf sich hier die Strecke Berlin–Königsberg–Eydtkuhnen (742 km) der Preußischen Ostbahn mit der Strecke Eydtkuhnen–Wilna (191 km) der Petersburg-Warschauer Eisenbahn. Während Eydtkuhnen noch um die Mitte des 19. Jh. kaum 200 Seelen zählte, hatte es 1868 bereits 2000, 1905 über 5000 Einwohner, die hauptsächlich vom Grenzhandel – auch vom Schmuggel – lebten. Getreide, Holz, Geflügel, Wildbret und Flußkrebse waren zu Beginn des 20. Jh. die wichtigsten Handelsgüter. Daneben blühte in Eydtkuhnen ein umfangreiches Wechsel- und Inkassogeschäft. Die Einwohnerschaft war recht gemischt, so daß es neben der stattlichen evangelischen Kirche auch ein kleines katholisches Gotteshaus, ein Bethaus der Baptisten und eine Synagoge gab. Von diesen Bauwerken existiert heute nur noch die Ruine der evangelischen Kirche. 1922 erhielt der Marktflecken das Stadtrecht.

Ausflug nach Bagrationowsk

Ausflug nach Bagrationowsk (Preußisch Eylau)

Wladimirowo (Tharau)

Von der A 195, die von Kaliningrad (Königsberg) etwa 40 km südwärts nach Bagrationowsk (Preußisch Eylau) führt, läßt sich mit kurzem Abstecher der kleine Ort Wladimirowo (ВЛАДИМИРОВО, Tharau) erreichen, ein schon im Jahre 1315 erwähntes Kirchdorf, in dem 1615 Anna Neander, das Ännchen von Tharau, als Tochter des Pfarrers Andreas Neander geboren wurde. Als Anna Neander 1633 in Königsberg den Pfarrer Johannes Partatius heiratete, verfaßte Simon Dach zu ihrer Hochzeit das Lied »Ännchen von Tharau«, das eines der beliebtesten deutschen Volkslieder wurde (s. S. 189).

In der evangelischen **Pfarrkirche** von Tharau wurde Anna Neander von ihrem Vater getauft. Die Kirche hatte 1945 nur geringe Schäden erlitten, die russischen Einwohner von Wladimirowo nutzten sie zunächst als Scheune, später als Klubhaus und überließen sie schließlich dem Verfall. 1990 begann man auf deutsche Initiative hin mit ersten Sicherungsmaßnahmen. Das ehemalige **Pfarrhaus** der Tharauer Kirche stammt aus dem Jahre 1771. Das Haus, in dem Anna Neander geboren wurde und ihre Jugendjahre verbrachte, war der Vorgängerbau.

Gwardejskoje (Mühlhausen)

Direkt an der A 195 liegt Gwardejskoje (ГВАРДЕЙСКОЕ, Mühlhausen). Diese am Anfang des 14. Jh. gegründete Siedlung zählt zu den ältesten Orten Natangens. 1414 bereits bezeichnete man das Kirchdorf als »kleine Stadt«. Es erhielt aber niemals Stadtrechte, sondern unterstand immer einem Patron. 1468 war es der Landrichter Daniel von Kunheim, dessen Enkel mit einer Tochter Martin Luthers verheiratet war.

Die vermutlich schon 1305 erbaute **Pfarrkirche** wurde mehrmals, zuletzt 1906/07 erneuert. Die Ereignisse des Jahres 1945 überstand sie, zwar ausgeplündert, aber ohne baulichen Schaden. Vor dem Altar ruht Margaretha, die jüngste Tochter Martin Luthers, mit ihrem Mann und sechs ihrer neun Kinder.

Bagrationowsk (Preußisch Eylau)

Bagrationowsk (БАГРАТИОНОВСК, Preußisch Eylau), das »westlichste Tor Rußlands«, ist im allgemeinen die erste Stadt, die ein mit dem Auto durch Polen anreisender Tourist im russischen Gebiet Kaliningrad erreicht. Aus der Ordensburg von 1325 wurde inzwi-

Zeitgenössische Darstellung der Schlacht bei Preußisch Eylau am 7./8. 2. 1807 – Napoleons einzige ›Niederlage‹ im vierten Koalitionskrieg

schen ein modernes Hotel, die Stelle des Remters nimmt seit 1996 die erste von den Russen in der Kaliningrader Oblast erbaute orthodoxe Kirche ein. Bekannt wurde Preußisch Eylau 1807 durch die erste Schlacht, in der Napoleon auf einen Sieg verzichten mußte. Die Stadt am Pasmar (Majskaja) zählt heute wie vor dem Zweiten Weltkrieg gut 7000 Einwohner.

Die Geschichte von Bagrationowsk begann 1325, als der Baumeister Arnolph von Eylenstein im Auftrag des Hochmeisters Werner von Orseln auf einer kleinen Anhöhe westlich der heutigen Stadt die Burg Yladia baute. Der Name »Yladia« geht auf den benachbarten See »Ylawa« zurück und wurde zu »Eylau«. Die zur Burg gehörende Siedlung entwickelte sich längs der Straße nach Königsberg. 1514 erhielt Eylau das Marktrecht, 1585 wurde es zur Stadt erhoben, seit 1819 ist es Kreisstadt bzw. Rayonhauptstadt. Wie die meisten anderen Orte litt auch Eylau unter Stadtbränden und Kriegen.

Im Januar 1807 stieß eine russische Armee unter General Levin A. T. Bennigsen (1745–1826) nach Ostpreußen vor, um Napoleons Angriff auf Rußland abzuwehren. Am 7. 2. stellte Bennigsen seine 58000 Soldaten auf einer Anhöhe nordöstlich von Preußisch Eylau auf. 400 Geschütze richteten ihre Rohre auf 80 000 Franzosen. General Pjotr Iwanowitsch Bagration (1765–1812) sicherte mit seinen Truppen die Stadt. Am Morgen des 8. 2. griffen die Franzosen unter Napoleons Befehl bei heftigem Schneesturm an, gegen Mittag schien sich ihr Sieg abzuzeichnen. Doch gegen 15 Uhr erschien das preußische Korps unter Generalleutnant Anton Wilhelm von L'Estocq (1738–1815) und rettete die Situation. Nach der Schlacht bei Jena und Auerstedt besaßen die Preußen nur noch 8000 Mann, die in Eilmärschen nach Preußisch Eylau geschickt worden waren. Zwar versuchte der französische General Michel Ney, die Preußen aufzuhalten, aber 5500 Soldaten erreichten noch rechtzeitig die Kampflinie, um die fast sichere russische Niederlage abzuwenden. Nach Eintritt der Dunkelheit endete die Schlacht unentschieden, zum ersten Mal war Napoleon nicht Sieger geblieben. Doch die Verbündeten hatten 26 000 Gefallene und Verwundete zu beklagen, während Napoleons Verluste ›nur‹ 18 000 Mann betrugen, die er in den folgenden Monaten durch frische Truppen ersetzte. Die Entscheidung zu Napoleons Gunsten brachte am 14. 6. 1807 die Schlacht bei Friedland (s. S. 291).

An die Schlacht bei Preußisch Eylau erinnert das **L'Estocq-Denkmal,** ein neogotischer Sandsteinpfeiler in einem Wäldchen nahe der Grenze. Anton Wilhelm von L'Estocq befehligte das preußische Korps, das die Schlacht zu einem Unentschieden führte. König Friedrich Wilhelm IV. ließ das Memorial 1856 von August Stüler entwerfen. Auf dem Hauptplatz der Stadt zeigt eine Bronzebüste das Bildnis des russischen Feldherrn Pjotr Iwanowitsch Fürst Bagration (1765–1812), nach dem die Stadt 1946 ihren Namen erhielt. In der Nähe des Hauptplatzes steht das frühere **Landratsamt.** In dem neogotischen Backsteinbau von 1900 residieren die Stadtverwaltung und das *Stadtmuseum* (»Heimatmuseum«), zu dessen informativer Sammlung ehemalige Preußisch Eylauer wesentlich beigetragen haben. Sehenswert ist auch der **Wasserturm** von 1913.

Auf einer kleinen Anhöhe im Westen der Stadt stand die 1338 erstmals erwähnte **Ordensburg.** Sie wurde auf Anordnung des Komturs von Balga, Dietrich von Altenburg, Anfang des 14. Jh. erbaut. 1521 ging das Anwesen an das Adelsgeschlecht von Lehndorff über, im 18. Jh. wurde es Mittelpunkt einer Domäne, und 1811 kam es schließlich als Rittergut »Henriettenhof« in Privatbesitz. An die Burg, die im Königsberger Bezirk als einzige Ordensburg bis in die neue Zeit hinein erhalten blieb, erinnern heute nur noch Reste des dreigeschossigen Hauptbaus aus Backstein auf Feldsteinsockel und ein gewaltiger Wirtschaftsbau der Vorburg. Dieses dreiteilige Gebäude, ebenfalls aus Ziegeln auf Feldsteinunterbau errichtet, mit Wehrgeschoß und Storchennest auf dem Dach, verwandelten polnische Restauratoren aus Olsztyn (Allenstein) inzwischen in ein Hotel mit vielen Annehmlichkeiten wie Restaurant, Konferenzsälen, Bankfiliale – in das moderne Kultur- und Servicezentrum »Stary Zamok« (= Alte Burg).

An die Stelle der früheren Ordensburg trat 1995/96 eine **russisch-orthodoxe Kirche** im traditionellen Sakralbaustil des 17. Jh. – mit goldglänzender Kuppel, mit Kokoschniki, halbkreisförmigen Verzierungen des Dachabschlusses, Girkas, in der Mitte eines Doppelbogens herunterhängenden Zapfen, und dem Kolokolnja, einem Glockenturm.

Kunstgeschichtliches Glossar

Apsis Halbrunder, auch mehreckiger, mit einer Halbkuppel überwölbter Raumteil

Arkade Aneinandergereihte Bogen, die auf Säulen oder Pfeilern ruhen; auch Bezeichnung für den Bogengang

Atrium Ungedeckter Vorhof (hier einer Kirche), mit Säulengängen umgeben

Attika Wandartiger Aufbau über dem Hauptgesims eines Bauwerks, um das Dach zu verdecken und das Gebäude höher erscheinen zu lassen

Balustrade Brüstung oder Geländer mit kleinen Säulen (Baluster) als Geländerstütze

Basilika Kirchenbauform mit erhöhtem Mittelschiff und zwei (gelegentlich auch vier) Seitenschiffen

Basrelief Bezeichnung für das Flachrelief

Belvedere Aussichtsterrasse auf dem Dach oder im Dachgeschoß von Wohnhäusern

Blendarkade Der geschlossenen Wand »vorgeblendete«, schmückende Bogenstellung, Element der Wandgliederung

Botschka Dachform in der Gestalt eines Halbzylinders mit hochgezogenem Oberteil (russische Architektur)

Chor Den Geistlichen vorbehaltener Teil des Kirchenraums mit Altar und Chorgestühl, meist erhöht, oft durch →Chorschranken abgegrenzt

Chorschranke Schranke, die den Altarraum vom Gemeinderaum trennt; in russisch-orthodoxen Kirchen tritt die →Ikonostase an die Stelle der Chorschranke

Deesis Darstellung des thronenden Christus zwischen Maria und Johannes dem Täufer, den beiden »Fürbittern«

Diakonikon Sakristeiraum in den Ostkirchen

Donjon Innerer Hauptturm der mittelalterlichen Burgen

Epitaph Gedächtnismal für einen Verstorbenen, auch Grabinschrift

Fiale Schlankes, spitzes Türmchen als Bekrönung von Strebepfeilern und an Tür- und Fensterüberdachungen

Fresko Wandmalerei, bei der mit Kalkwasser angerührte Farben auf noch feuchten Kalkverputz aufgetragen werden; Farben und Verputz sind nach dem Trocknen untrennbar verbunden

Fries Waagerecht verlaufender Bauteil, zur Raumgliederung und als Schmuck

Gesims Über das Gebälk vorspringendes oder aus der Mauer hervorstehendes Bauglied; betont horizontale Bauabschnitte

Girka Ornamentaler Zapfen, der in der Mitte eines Doppelbogens hängt, architektonisches Schmuckelement der russischen Baukunst

Grisaille Malerei in grauen Farbtönen

Historismus Kunststil von etwa 1820 bis 1900, verband die verschiedensten Kunst- und

Baustile vergangener Epochen mit Auffassungen der eigenen Zeit: Neogotik, Neorenaissance, Neobarock

Ikonostase Bilderwand (Ikonenwand) zwischen Altar- und Gemeinderaum

Joch Raumabschnitt, der einer Gewölbeeinheit entspricht. Er wird in der Längsrichtung des Kirchenschiffs gezählt

Kapitell Ausladendes Kopfstück einer Säule, eines Pfeilers oder eines →Pilasters, Bindeglied zwischen Stütze und Gebälk

Kasematte Durch Mauerwerk oder Erdaufschüttung gegen feindlichen Beschuß gesicherter Raum in Festungen

Kenotaph Gedächtnismal für einen Toten, der an anderer Stelle begraben wurde

Kielbogen Geschweifter kielförmiger Spitzbogen, von der islamischen Baukunst übernommenes Bauelement der Spätgotik

Klassizismus Stil der europäischen Kunst von etwa 1770 bis 1830, gekennzeichnet durch Rückgriffe auf die klassische Antike

Kokoschnik Ein Blend- oder Ziergiebel aus Halbkreis- oder →Kielbogen, meist in mehreren Reihen zur Hauptkuppel aufsteigend (russische Architektur)

Konche Muschelartig gestalteter Abschluß der →Apsis

Königstür Durchgang in der Mitte der →Ikonostase, auch Heilige Tür, Paradiestür oder Zarentor genannt

Krypta Unterirdischer Kultraum; Gang, Gruft, Grab- oder Reliquienkapelle, meist unter dem →Chor

Laterne Türmchenartiger, mit Fenstern versehener Aufbau über einer Gewölbe- oder Deckenöffnung

Lettner Eine halbhohe Wand, die den Altarraum des Klerus (der Geistlichen) vom übrigen Kirchenraum trennt. Der zur Brücke ausgebaute Lettner diente Lesungen, dem Aussetzen der geweihten Hostie, aber auch geistlichen Spielen und der Verkündigung von Verordnungen. In der Gotik wurde der Lettner durchbrochen, im Barock gänzlich beseitigt

Lisene Senkrechter Mauerstreifen ohne Basis und →Kapitell; zur Gliederung einer Wand

Mansarddach Dach mit unterschiedlicher Neigung, also mit gebrochener Dachfläche; nach dem frz. Architekten J. H. Mansart (1648–1708)

Mezzanin Niedriges Zwischengeschoß, meist unter dem Dachgeschoß

Oklad Prunkvolle Verkleidung der Ikone, die nur Gesicht und Hände der abgebildeten Person frei läßt, meist aus Edelmetall

Palas Hauptgebäude der mittelalterlichen Burg mit Wohn- und Repräsentationsräumen

Patrozinium Der Schutzheilige oder das Glaubensgeheimnis, dem eine Kirche geweiht ist

Pilaster Wandpfeiler zur Versteifung und zum Schmuck der Wände sowie zur Rahmung von Fenstern und Türen

Plafond Flache Decke eines Raumes

Portikus Von Säulen oder Pfeilern getragener Vorbau an der Eingangsseite eines Bauwerks

Presbyterium Raum des Hochaltars in der Apsis katholischer Kirchen

Querhaus Quer zum Langhaus einer Kirche verlaufender Bauteil. Die Durchdringung von Langhaus und Querhaus ergibt die Vierung

Refektorium Speisesaal in einem Kloster

Reliquiar Behältnis zur Aufbewahrung der Überreste vom Leichnam eines Heiligen in vielen Formen (Reliquienschrein, Kopf-, Arm-, Kuppelreliquiar)

Risalit Aus der Fluchtlinie einer Gebäudefront in ganzer Höhe vorspringender Gebäudeteil

Rocaille Muschelornament, Muschelwerk,

Sakristei Nebenraum der Kirche für den Geistlichen und zur Aufbewahrung der liturgischen Geräte und Gewänder

Stele Steinsäule oder aufrecht stehende Steintafel, mit Relief versehen, häufig beschriftet

Tambour Zylindrischer oder polygonaler Unterbau einer Kuppel, meist mit Fenstern versehen

Tympanon Giebelfeld, meist mit Skulpturen ausgefüllt

Volute Ornament in der Form einer Spirale, eines Schneckenhauses (Volutenkapitell)

Zwerchgiebel Der Giebel des Zwerchhauses, eines quer zum Hauptdach ausgerichteten, geschoßhohen Dachhäuschens

Praktische Reisehinweise

Reisevorbereitung

Informationen für unterwegs

Reise-Informationen von A bis Z

Reisevorbereitung

Auskunft

Da sich der internationale Tourismus in Litauen und ganz besonders im Königsberger Gebiet nach der Wende noch nicht recht entwickeln konnte, ist es nicht leicht, über Land und Leute genauere Informationen zu erhalten. Staatliche Fremdenverkehrsbüros sind im Ausland noch nicht eingerichtet. Als halbamtliche Auskunftsstellen stehen lediglich zur Verfügung:

Baltische Zentrale für
Fremdenverkehr
Woldsenstr. 36
25813 Husum
✆ 0 48 41/30 04

Baltisches
Fremdenverkehrsbüro
c/o Baltisches Reisebüro
Bayerstr. 37/1
80335 München
✆ 0 89/59 67 83

Beide Auskunftsstellen sind auch für Interessenten in Österreich und in der Schweiz zuständig. Kompetente Auskünfte erteilen ferner spezielle Reiseveranstalter (s. S. 315). Wer Geduld hat, kann die folgende litauische Dienststelle bemühen:

Ministerium für
Wirtschaftsbeziehungen
Tourismusabteilung
Gedimino pr. 30/1
2695 Vilnius
✆ 00370-2/62 26 10

Örtliche Auskunftsstellen in Litauen:

Exkursionsbüro
Lelijų g. 5
4490 Birštonas
✆ 00370-10/5 63 94

Exkursionsbüro
Sodų g. 9
4690 Druskininkai
✆ 00370-33/5 34 34

Tourismusbüro
Ligoninės g. 1
4740 Ignalina
✆ 00370-29/5 38 05

Tourismusbüro
K. Donelaičio g. 27
3000 Kaunas
✆ 00370-7/20 42 89

Exkursionsbüro
Rotušės a. 11
3000 Kaunas
✆ 00370-7/22 46 38

Exkursionsbüro
Tomo g. 2
5800 Klaipėda
✆ 00370-61/1 47 32

Exkursionsbüro
S. Dariaus ir S. Girėno g. 18
5720 Palanga
✆ 00370-36/5 18 73

Exkursionsbüro
Respublikos g. 38
5300 Panevėžys
✆ 00370-54/6 41 85

Exkursionsbüro
Varpo g. 22a

5400 Šiauliai
✆ 00370-14/3 45 09

Staatliches Reisebüro
Kalvarijų g. 2
2000 Vilnius
✆ 00370-2/35 23 20

Informationskiosk
Smetonos g. 1
2000 Vilnius

Örtliche Auskunftsstellen im Königsberger Gebiet:
Tourist-Information
Leninskij pr. 28
Kaliningrad

Deutsch-Russisches Haus
ul. Jaltinskaja 2a
Kaliningrad

Reiseveranstalter

Für halbwegs erfahrene Globetrotter ist es keineswegs gefährlich, nach Litauen oder in das Königsberger Gebiet ohne die organisierende Hand eines Veranstalters zu reisen. Die Menschen dort sind überaus gastfreundlich und hilfsbereit. Sie freuen sich über jeden Besuch aus dem ›Westen‹, der ihre angestammte bzw. neue Heimat schön findet und sich hier wohlfühlt, der nicht nur kritisiert und alles besser machen möchte, sondern der ein ermunterndes Lächeln für die Menschen übrig hat, die sich so tapfer durch die Widrigkeiten der politischen Wende kämpfen.

Wer aber dennoch lieber in einer Gruppe mit deutschsprachigem Reiseleiter reisen möchte bzw. die Besorgung der notwendigen Formalitäten (Hotelbuchung, Visabeschaffung, Kauf der Flugtickets usw.) als lästig empfindet, dem seien folgende Veranstalter von Osteuropareisen genannt:

Baltisches Reisebüro
A. und W. Wencelides
Bayerstr. 37/1
80335 München
✆ 0 89/59 36 53/94

DERTOUR, Deutsches Reisebüro GmbH
Emil-von-Behring-Str. 6
60439 Frankfurt am Main
✆ 0 69/95 88-00

DNV-Touristik GmbH
Max-Planck-Str. 10–12
70806 Kornwestheim
✆ 0 71 54/13 18 30

Greif-Reisen
A. Manthey GmbH
Universitätsstr. 2
58455 Witten-Heven
✆ 0 23 02/2 40 44

Ost-Reise-Service
Artur-Ladebeck-Str. 139
33647 Bielefeld
✆ 05 21/14 21 67

Rautenberg
Blinke 8
26787 Leer/Ostfriesland
✆ 04 91/92 97 03

Reise-Service Busche
Sackstr. 5
31547 Rehburg-Loccum
✆ 0 50 37/35 63

Schnieder Reisen GmbH
Harkortstr. 121
22765 Hamburg
✆ 0 40/3 80 20 60

Einreise- und Zollbestimmungen

Für den Besuch Litauens und des Königsberger Gebietes sind Reisepaß und jeweiliges Visum erforderlich. Das Visum wird nur von der Botschaft der Republik Litauen bzw. von der Botschaft der russischen Föderation ausgestellt (s. S. 334f.). Das litauische Visum gilt auch für Lettland und Estland, nicht aber für die Kaliningradskaja Oblast. Umgekehrt gilt das russische Visum für alle Republiken der Gemeinschaft Unabhängiger Staaten (GUS) mit Ausnahme der Ukraine und auch nicht für die baltischen Staaten. Für die Erteilung des russischen Visums muß der Antragsteller eine Unterkunft (Hotel-, Motel-, Campingplatzbuchung) nachweisen; den Nachweis kann der Reiseveranstalter erbringen, der im allgemeinen auch die Anträge zur Bearbeitung an die Botschaft weiterreicht. Als Unterkunftsnachweis genügt eine in Rußland bestätigte offizielle Einladung.

Bei Reisen mit Auto oder Motorrad braucht man Fahrzeugschein und Führerschein; es wird jedoch empfohlen, auch den internationalen Führerschein mitzunehmen. – In Litauen wie im Königsberger Gebiet besteht kein Haftpflichtversicherungszwang. Die Internationale Grüne Versicherungskarte gilt daher nicht, doch stellen viele Versicherungsgesellschaften eine besondere Bescheinigung für Litauen und/oder Rußland aus. Der Abschluß einer Kurzkasko- und Insassenunfallversicherung ist zu empfehlen.

Zollfrei dürfen vorübergehend als persönliche Gebrauchsgegenstände eingeführt werden: Fotoapparat, Schmalfilm- oder Videokamera mit Filmen bzw. Video-Cassetten, Kofferradio, Videogerät, Musikinstrument, Fernglas, Schreibmaschine, Laptop, Schmuck. Es empfiehlt sich, alle wertvolleren Gegenstände in die »Zolldeklaration« einzutragen, um ggf. eine reibungslose Wiederausfuhr sicherzustellen.

Zollfrei zum Verbrauch bleiben 250 Zigaretten oder 250 g andere Tabakwaren, 1 Liter Wein und 0,5 Liter Spirituosen sowie eine angemessene Menge Kölnisch Wasser und Parfum. Die Ein- und Ausfuhr von Waffen jeder Art ist verboten. Für Jagdwaffen ist eine besondere Genehmigung erforderlich. Nähere Auskünfte erteilen die litauische bzw. die russische Botschaft (s. S. 334f.).

Bei der Ausreise sollten Sie für wertvollere Souvenirs die Kaufbelege vorzeigen können. Die Ausfuhr von Antiquitäten (alles, was vor 1946 entstand, gilt als Antiquität) und Kunstgegenständen (Gemälde, Plastiken, Ikonen) aus dem Königsberger Gebiet muß von der Kulturabteilung der Oblast-Verwaltung genehmigt sein. Verboten ist hier auch die private Ausfuhr von Rohbernstein in entsprechender Größe und/oder Menge.

Anreise

Pauschalreisen nach Litauen und in das Königsberger Gebiet vermitteln alle Reisebüros. Spezielle Reiseveranstalter (s. S. 315) bringen eigene Kataloge heraus. Das Angebot reicht von ein- bis mehrwöchigen Rund- oder Zielreisen über Kombinationen von Litauen und Königsberger Gebiet bis zu Reisen durch das gesamte Baltikum, zum Teil bis St. Petersburg.

Verkehrsmittel für Pauschal- wie Individualreisende sind Flugzeug (Ziel-Flughäfen: Vilnius, Palanga, Kaunas; Kaliningrad [Königsberg]), Bahn, Bus oder Schiff (Zielhafen: Klaipėda [Memel]; Kaliningrad [Königsberg]). Als festes Reiseziel empfehlen sich beispielsweise die Seebäder Nida (Nidden), Juodkrantė (Schwarzort), Palanga, Swetlogorsk (Rauschen) und Selenogradsk (Cranz), die Heilbäder Druskininkai, Birštonas und Likėnai, die Orte Jasnaja Poljana (Trakehnen) und Majowka (Georgenburg) für Reiterferien und die litauischen Nationalparks sowie die Forsten des Königsberger Gebietes für ausgedehnte Wanderungen.

... per Auto

Wer mit dem eigenen Auto einreist, benutzt entweder ein Fährschiff nach Klaipėda (Memel) bzw. Kaliningrad (Königsberg) oder fährt durch Polen und/oder Weißrußland, wofür er ein Transitvisum benötigt. Von Polen aus erreicht er Litauen über Suwałki bei Sangruda; von Weißrußland aus kann er über Grodno (Hrodna) bei Druskininkai, über Lida bei Šalčininkai oder über Minsk bei Medininkai einreisen. Das Königsberger Gebiet ist auf dem Landweg am besten von Polen aus zu erreichen, bei Bagrationowsk (Preußisch Eylau) oder bei Mamonowo (Heiligenbeil). Litauen und das Königsberger Gebiet sind bei Sowjetsk (Tilsit)/Panemunė, A 216/A 12, und bei Tschernyschewskoje (Eydtkuhnen)/Kybartai, A 229/A 7, miteinander verbunden.

Der *Straßenzustand* in Litauen und in der Kaliningrader Oblast ist sehr unterschiedlich. So zählen Litauens Straßen zu den besten innerhalb der ehemaligen Sowjetunion. Fernstraßen weisen kaum Schäden auf, nur Nebenstraßen sind mit besonderer Vorsicht, vor allem bei Dunkelheit, zu befahren. Als weniger gut bis schlecht entpuppt sich der Zustand der Straßen im Königsberger Gebiet, obwohl auch hier inzwischen fast alle Fernstraßen und die meisten Nebenstraßen ausgebaut und asphaltiert wurden. Lediglich in geschlossenen Ortschaften zeigt sich oft noch das alte, inzwischen arg mitgenommene Vorkriegs-Kopfsteinpflaster. Gefahrenstellen sind im nördlichen Ostpreußen selten markiert; man muß sogar auf löchrige Brücken gefaßt sein, über die es dann im Schrittempo zu balancieren gilt.

Die *Verkehrsregeln* entsprechen in Litauen wie in der russischen Oblast Kaliningrad grundsätzlich den internationalen Normen. Die Höchstgeschwindigkeit beträgt innerhalb der Ortschaften 60 km/h, außerhalb 90 km/h und auf der Autobahn (in Litauen vierspurig zwischen Vilnius und Klaipėda [Memel] und zwischen Vilnius und Panevėžys) 100 km/h. Kraftfahr-

Entfernungstabellen

Litauen

	Alytus	Birštonas	Druskininkai	Ignalina	Kaunas	Klaipėda	Nida	Palanga	Panevėžys	Plungė	Šiauliai	Šilutė	Tauragė
Alytus													
Birštonas	32												
Druskininkai	57	89											
Ignalina	214	200	242										
Kaunas	71	39	128	212									
Klaipėda (Memel)	283	251	340	424	212								
Nida (Nidden)	331	299	388	472	260	48							
Palanga	313	281	370	454	242	30	78						
Panevėžys	189	157	246	195	118	237	285	230					
Plungė	265	233	322	368	194	64	112	57	173				
Šiauliai	247	215	304	278	176	154	202	147	83	90			
Šilutė (Heydekrug)	285	253	342	426	214	46	94	76	268	110	174		
Tauragė (Tauroggen)	214	182	271	355	143	117	165	147	197	121	103	71	
Vilnius	104	90	132	110	102	314	362	344	142	296	225	316	245

Kaliningrad (Königsberg) – Vilnius 365 km
Kaliningrad (Königsberg) – Klaipėda (Memel) 132 km

Königsberger Gebiet

	Bagrationowsk	Baltijsk	Gussew	Gwardejsk	Jasnaja Poljana	Kaliningrad	Mamonowo	Nesterow	Polessk	Prawdinsk	Selenogradsk	Sowjetsk	Swetlogorsk
Bagrationowsk (Preußisch Eylau)													
Baltijsk (Pillau)	88												
Gussew (Gumbinnen)	132	161											
Gwardejsk (Tapiau)	55	84	77										
Jasnaja Poljana (Trakehnen)	152	181	20	97									
Kaliningrad (Königsberg)	40	48	113	36	133								
Mamonowo (Heiligenbeil)	60	96	161	84	181	48							
Nesterow (Ebenrode/Stallupönen)	157	186	25	102	15	138	186						
Polessk (Labiau)	81	95	103	26	123	47	95	128					
Prawdinsk (Friedland)	30	97	102	25	122	49	90	127	51				
Selenogradsk (Cranz)	72	80	145	68	165	32	80	170	79	81			
Sowjetsk (Tilsit)	134	163	68	79	88	115	163	65	68	104	147		
Swetlogorsk (Rauschen)	79	50	152	75	172	39	87	177	86	88	29	154	
Tschernjachowsk (Insterburg)	105	134	27	50	47	86	134	52	76	75	118	60	125

zeuge über 3,5 t dürfen auch außerorts und auf Autobahnen nie schneller als 70 km/h gefahren werden. Wer seinen Führerschein noch nicht länger als zwei Jahre besitzt, darf ebenfalls nur 70 km/h fahren. Es empfiehlt sich, die jeweilige Höchstgeschwindigkeit wegen allzu häufiger Radarkontrollen nicht zu überschreiten. Vor allem die litauische Polizei paßt höllisch auf, daß niemand zu schnell fährt oder irgendwelche Verkehrsvorschriften verletzt. Sie ist stolz darauf, die schärfsten Strafen in Europa zu verhängen.

Sowohl in Litauen als auch im russischen Königsberg besteht absolutes Alkoholverbot. Die nationalen Bestimmungen sehen außerdem vor, daß alle Kraftfahrzeuge – außer Motorrädern – einen Feuerlöscher an Bord haben müssen.

Insgesamt gesehen macht das Autofahren in Litauen und im Königsberger Gebiet noch richtig Spaß, denn die Straßen sind herrlich leer, nur in den Großstädten brodelt es fast so arg wie bei uns. Die Leere der Landstraßen zeugt aber keineswegs von einer geringeren Motorisierung, denn jede Familie hat hier inzwischen einen Wagen. Aber der Kraftstoff ist im Verhältnis zum Einkommen sehr teuer und im Königsberger Gebiet oftmals ausverkauft (bleifreies Benzin gab es in Königsberg bisher immer). So fährt nur, wer wirklich fahren muß. An sonnigen Wochenenden gibt es allerdings auf den Straßen ins Grüne kein Halten mehr für motorisierte Ausflügler. – Im Königsberger Gebiet sucht man abseits der großen Fernstraßen einen Wegweiser meist vergeblich, was selbst die Einheimischen gelegentlich irritiert.

Benzin. In Litauen wie im Königsberger Gebiet gibt es Normalbenzin (92 Oktan), Superbenzin (95 und 98 Oktan) und Dieselkraftstoff. Bleifreies Benzin bekommt man nur in Litauen und in Kaliningrad (Moskowskij pr., nahe dem »Haus der Räte«, bleifrei 95 Oktan, verbleit 98 Oktan; mit einer Tankfüllung erreicht man jeden Ort des Gebiets, hin und retour). – Tankstellen befinden sich meistens an den Ausfallstraßen der Städte. Und fast überall gilt noch immer die alte Regel aus sowjetischer Zeit: Erst zahlen, dann tanken! Im Königsberger Gebiet tankt man oft auf irgendwelchen Parkplätzen aus Tankfahrzeugen der Armee, die die Aufschrift ›БЕНЗИН‹ (Benzin) oder einfach nur die Oktanzahl »76« bzw. »92« tragen. In Litauen schießen immer mehr moderne Tank- und Service-Zentren nach westlichem Vorbild aus dem Boden.

Bei *Pannen* hilft jeder, der helfen kann. Notfalls funken motorisierte Polizeistreifen eine Werkstatt an. Bei *Unfällen* muß immer die Straßenpolizei (Miliz) hinzugezogen werden (Polizeinotruf: 02, Unfallrettung: 03). Straßenhilfsdienste stehen bisher weder in Litauen noch im Königsberger Gebiet zur Verfügung. Der Automobilclub von Litauen (LAS) in Vilnius unterhält in der Hauptreisezeit (1. 6.–30. 9.) Mo–Fr 9–18 Uhr eine deutschsprachige Auskunft für Notfälle: ✆ 8-22/35 21 86.

... per Flugzeug
Der kleine, aber modern eingerichtete Flugplatz (aerouostas, airport) von Vilnius liegt 13 km südlich der City. Von hier fliegen mehrere Fluggesellschaften (Lufthansa, Hamburg Airlines, Lithuanian Airlines) im Liniendienst nach Frankfurt, Berlin und Hamburg (Flugzeit: ca. 2.10 Std.), die Austrian Airlines fliegt nach Wien, die Schweizer erreichen Vilnius zur Zeit über Frankfurt oder Wien bzw. von Zürich aus die Stadt Kaunas.

Der zweite internationale Flugplatz Litauens befindet sich in Palanga, der vor allem von deutschen Besuchern des Memellandes und der Kurischen Nehrung bevorzugt wird. Im Sommerhalbjahr besteht ab Hamburg je eine Verbindung täglich. Charterflugzeuge landen nach Bedarf.

Den dritten Flugplatz des Landes besitzt Kaunas. Der kleine Airport ging aus einem sowjetischen Militärflugplatz hervor. Von hier fliegt zur Zeit nur die Air Lithuania nach Zürich, Prag, Budapest und Oslo sowie nach Palanga, wo man Anschlüsse nach Hamburg und in das schwedische Kristianstad erreicht.

30 km nordöstlich von Kaliningrad (Königsberg), bei dem Dorf mit dem früheren Namen Powunden, haben die Russen in einem ehemaligen Militärflughafen den internationalen ›Aeroport Chrabrowo‹ eingerichtet, einen Airport ohne jeden Komfort, sogar ohne verkehrsmäßige Anbindung durch Busse oder Taxis an Kaliningrad. Wer nicht in der Gruppe reist, muß sich zwangsläufig kurzfristig einer solchen anschließen, sofern er nicht von seinem Gastgeber abgeholt wird. Der Flughafen Chrabrowo (аеропорт храброво) wird nur von der russischen Aeroflot, der weißrussischen Belaria und der SAS (Skandinavian Airlines) angeflogen. Neben Moskau, St. Petersburg, Minsk und Kiew sind Berlin, Hamburg und Kopenhagen die einzigen Streckenziele. Charterflüge nehmen allerdings auch von Frankfurt am Main, von Hannover und Stuttgart ihren Ausgang.

... per Eisenbahn
Vilnius und Berlin sind durch ein tägliches Zugpaar miteinander verbunden; die Fahrzeit beträgt knapp 20 Stunden. Mehrere Züge verkehren zwischen Vilnius und Klaipėda (Memel) über Kaunas. Kaunas hat Zugverbindungen nach Vilnius, Klaipėda, nach Rīga (Lettland), Tallinn (Estland) und dreimal täglich über Sowjetsk (Tilsit) nach Kaliningrad (Königsberg).

Zwischen Kaliningrad (Südbahnhof, Yuschnij Woksal) und Berlin-Lichterfelde verkehrt der ›Königsberg-Expreß‹ (Fahrzeit: ca. 15 Std.). Weitere Züge fahren von Kaliningrad nach Vilnius (Litauen), Rīga (Lettland), Moskau, St. Petersburg, Gomel (Weißrußland) und Charkow (Ukraine). Vom Kaliningrader Nordbahnhof (Sewernyj Woksal) verkehren zahlreiche Züge fast im Stundentakt nach Selenogradsk (Cranz) und Swetlogorsk (Rauschen).

... per Schiff

Der internationale Fährhafen im Süden von Klaipėda (Memel) befindet sich auf einer riesigen künstlichen Insel im Haff. Von hier aus fahren die deutschen Schiffe ›Greifswald‹ und ›Mukran‹ und die litauischen Schiffe ›Kaunas‹ und ›Klaipėda‹ täglich in 18 Stunden zum Hafen Neu-Mukran auf Rügen. Weitere Fährschiffe pendeln viermal wöchentlich in ca. 30 Stunden zwischen Klaipėda und Kiel, zweimal wöchentlich in 18 Stunden zwischen Klaipėda und dem südschwedischen Åhus (Kristianstad) und zweimal wöchentlich in 34 Stunden zwischen Klaipėda und dem dänischen Fredericia (s. a. S. 333).

Mit dem Bus durchs Land

Sowohl Litauen als auch das Königsberger Gebiet sind von einem dichten Bus-Liniennetz überzogen, so daß jedes noch so einsam gelegene Dorf werktäglich mindestens einmal erreicht werden kann. Auch im Fernverkehr sind Busse oft beliebter als die Eisenbahn.

Vom Busbahnhof in Vilnius (Autobusų stotis), Sodų g. 22, verkehren schnelle Busse im Fernverkehr nach Erfurt (Fahrzeit: 28 Std.) und mehrmals täglich nach Kaliningrad (Königsberg; Fahrzeit: ca. 8,5 Std.), nach Klaipėda (Memel), Palanga, Panevėžys, Minsk, Warschau. Alle 15 bis 30 Minuten verkehren Busse nach Kaunas (Fahrzeit: 1,5–2 Std.).

Vom Kaunasser Busbahnhof (Autobusų stotis), Vytauto pr. 24–26, fahren Überlandbusse nach Erfurt, Kaliningrad (Königsberg), Klaipėda (Memel), Palanga, Šiauliai usw.

Vom Busbahnhof in Klaipėda (Memel) (Autobusų stotis), Butkų juzės 9, fahren Überlandbusse über Nida (Nidden) oder Sowjetsk (Tilsit) nach Kaliningrad (Königsberg), nach Kaunas, Vilnius, ins Memelland nach Šilutė (Heydekrug), nach Rīga (Lettland) und nach Minsk (Weißrußland). Zwischen Klaipėda und Palanga verkehren die Busse täglich zwischen 6.30 und 22 Uhr im 45-Minuten-Takt (Fahrzeit: 30 Minuten).

Vom Kaliningrader Busbahnhof (Awtowoksal, автовокзал), Privalsalnaja pl. am Südbahnhof, fährt man nach Vilnius, Warschau, Rīga, Danzig und donnerstags auch nach Hannover (Fahrzeit: ca. 20 Std.).

Vorsorge für den Krankheitsfall

Es ist empfehlenswert, eine Auslandskrankenversicherung abzuschließen, die ggf. eine Behandlung vor Ort bzw. einen evtl. notwendigen Rücktransport übernimmt (s. S. 333, Ärztliche Hilfe).

Klima und Reisezeit

Weder in Litauen noch im südlich angrenzenden Königsberger Gebiet hat man Grund, im Sommer über allzu große Hitze und im Winter über allzu große Kälte zu klagen. Das Klima, eine veränderliche Mischung aus asiatischem Festlandsklima und westeuropäischem Meeresklima, ist ausgeglichen und insgesamt dem mitteleuropäischen ähnlich.

Die schönste Reisezeit ist von Anfang Mai bis Mitte Oktober. Die Saison der Ostseebäder reicht von Juni bis September, wobei die Hauptsaison nur die Monate Juli und August umfaßt.

Die Kleidung sollte den mitteleuropäischen Verhältnissen entsprechen, stets jedoch ergänzt durch Pullover oder Strickjacke etwa für kühle Sommerabende sowie durch Wind- und Regenkleidung für schlechtes Wetter. Im Sommer regnet es in Litauen und im Königsberger Raum zwar weniger häufig als im Winter, dafür aber um so kräftiger und ausdauernder.

Wer zwischen Mai und August reist, sollte immer ein Mücken-Schutzmittel bei sich haben, vor allem, wenn er den Urlaub in der zauberhaften Seenlandschaft der litauischen Nationalparks oder in den einsamen Wald- und Bruchgebieten der Kaliningrader Oblast verbringen möchte.

Klimatabelle	Jahresdurchschnitts-temperatur	Höchsttemperatur	Tiefsttemperatur	Jährl. Niederschlag
Vilnius	+ 6,6 °C	34,7 °C	– 23,5 °C	743 mm
Klaipėda (Memel)	+ 7,3 °C	29,0 °C	– 14,5 °C	696 mm
Kaliningrad (Königsberg)	+ 6,7 °C	36,0 °C	– 30,1 °C	660 mm

Informationen für unterwegs

Unterkunft

Die Hotelunterkünfte in **Litauen** erreichen durch Modernisierung inzwischen weitgehend den internationalen 2- bis 4-Sterne-Standard, bei westlichen Werteskalen angepaßten Preisen; eine Einteilung in Qualitätskategorien ist aber noch nicht konsequent durchgeführt. Bescheidener sind die meisten Hotels im **Königsberger Gebiet** ausgestattet, doch entstehen auf Initiative deutscher Reiseveranstalter selbst in kleineren Landorten sehr gepflegte Pensionen, die überwiegend von Rußlanddeutschen geleitet werden.

Vielerorts stehen ansprechende Privatquartiere zu erschwinglichen Preisen (15–40 DM pro Person) zur Verfügung; s. auch den Leitfaden ›Bed & Breakfast‹, erhältlich bei Kiosken und Buchhandlungen in Vilnius und Kaunas.

Hotels

Vilnius
Adelita, Rodūnės kelias 2, 31 Zimmer, 2 Suiten
Draugystė, Čiurlionio g. 84, 109 Zimmer, 22 Suiten
Gintaras, Sodų g. 14, 200 Zimmer, 8 Suiten
Karolina, Sausio 13-osios g. 2, 104 Zimmer
Lietuva, Ukmergės g. 20, 334 Zimmer, 18 Suiten
Mabre Residence, Maironio g. 13, 14 Zimmer
Neringa, Gedimino pr. 23, 32 Zimmer
Pušis, Blindžių g. 17, 74 Zimmer
Šarūnas, Raitininkų g. 4, 56 Zimmer, 10 Suiten
Skrydis, Airport, Rodūnės kelias 8, 66 Zimmer
Sportas, Bistryčios g. 13, 93 Zimmer
Trinapolis, Verkių g. 66, 48 Zimmer
Turistas, Ukmergės g. 14, 85 Zimmer, 3 Suiten
Victoria, Saltoniškių g. 56, 42 Zimmer, 3 Suiten
Villon, A 2 (19 km nördlich von Vilnius), 74 Zimmer, 3 Suiten
Žaliasis tiltas, Vilniaus g. 2, 66 Zimmer, 5 Suiten

Kaunas
Baltija, Vytauto pr. 71, 160 Zimmer, 5 Suiten
Lietuva I, Daukanto g. 21, 78 Zimmer, 7 Suiten
Lietuva II, Laisvės al. 35, 32 Zimmer, 3 Suiten
Minhotel, Kūzmos g. 8, 24 Zimmer
Nemunas, Laisvės al. 88, 50 Zimmer
Neris, Donelaičio g. 27, 179 Zimmer
Perkūno Namai, Perkūno al. 61, 11 Zimmer
Preksta, Pramonės pr. 16, 64 Zimmer, 2 Suiten
Sandija, Jonavos g. 47, 8 Zimmer
Sportas, Aušros g. 42a, 217 Zimmer

Klaipėda (Memel)
Jūra, Malūninkų g. 3, 80 Zimmer
Karavelė, Gulbių g. 8, 50 Zimmer
Klaipėda, Naujoji sodo 1, 225 Zimmer, 11 Suiten
Pamarys, Šaulių g. 28, 30 Zimmer, 5 Suiten
Vetra, Taikos pr. 80a, 17 Zimmer
Vėtrungė, Taikos pr. 28, 270 Zimmer, 3 Suiten
Viktorija, Šimkaus g. 2, 131 Zimmer, 3 Suiten

Melnragė (Mellneraggen), 4 km nördlich von Klaipėda
Melnragė, Molo g. 1a, 27 Zimmer
Morena, Audros g. 8a, 17 Zimmer

Giruliai (Försterei), 8 km nördlich von Klaipėda
Pajūris, Šlaito g. 18a, 38 Zimmer
Pasaka, 26 Zimmer

Nida (Nidden)
Auksinės Kopos, Kuverto g. 17, 80 Zimmer, 8 Suiten
Jūratė, Pamario g. 3, 250 Zimmer

Rūta, Kuverto g. 15, 150 Zimmer

Juodkrantė (Schwarzort)
Ažuolynas, Liudviko Rėzos g. 54, 60 Zimmer
Santauta, Kalno g. 26, 60 Zimmer
Smilga, Kalno g. 18, 20 Zimmer

Palanga
Baltija, Kęstučio g. 26, 275 Zimmer
Rugelis, Vanagupės g. 12, 110 Zimmer, 33 Suiten
Vanagupė, Vytauto g. 171, 87 Zimmer, 15 Suiten

Im Königsberger Gebiet ist die Buchung einer Unterkunft Voraussetzung für die Erteilung eines Visums.

Kaliningrad (Königsberg)
Baltika (Балтика), Moskowskij pr./Zaozero pr., 151 Zimmer, 9 Suiten
Baltikinn (Балтикинн), Hotelschiff, nab. Bagramjana, 174 Zimmer
Chaika (Цайка), ul. Pugachewa 13, 24 Zimmer, 2 Suiten
Deima (Дейма), ul. Tolstikowa 15-20, 50 Zimmer, 14 Suiten
Hansa (Ганза), Hotelschiff, nab. Bagramjana 6, 55 Zimmer, 4 Suiten
Kaliningrad (Калининград), Leninskij pr. 81, 200 Zimmer
Moskwa (Москва), pr. Mira 19, 200 Zimmer
Tourist (Турист), ul. Aleksandr Newskowo 53, 100 Zimmer, 3 Suiten
Tschajka (Чайка), ul. Pugatschowo 13, 80 Zimmer

Swetlogorsk (Rauschen)
Baltika (Балтика), ul. Verschlagina 8, 100 Zimmer
Rauschen (Раушен), ul. Nowaja 2, 53 Zimmer

Camping

In **Litauen** ist freies Zelten überall erlaubt, nur nicht in den Städten, in den Nationalparks und in den Nehrungsdünen. Einige Campingplätze:
Vilnius: ›Rytu kempingas‹ 25 km östlich von Vilnius bei Rukainiai an der Straße nach Minsk, in der Nähe eines Sees und eines kleinen Flusses. Stromanschluß, Sauna, Video-Café.
Trakai: ›Slėnis‹, 4 km nördlich von Trakai bei Totoriškės an der Straße nach Vievis
Giruliai: ›Šlaito‹ neben einem Sanatorium
Palanga: ›Užkanavės‹ südlich des Seebades Palanga.

Auf **Königsberger Gebiet** sind bislang noch keine Campingplätze eingerichtet, geplant sind sie für Kaliningrad (Königsberg), Swetlogorsk (Rauschen) und Selenogradsk (Cranz). Freies Zelten ist nicht erlaubt.

Essen und Trinken

Einen Unterschied zwischen litauischen und russischen Speisen festzustellen, mag dem besten Feinschmecker kaum gelingen, denn immerhin gehörte Litauen fast 200 Jahre zu Rußland. In dieser langen Zeit paßte sich die Küche Litauens zunehmend an die Küche Rußlands an und umgekehrt. Daneben fanden auch ostpreußische Rezepte in Litauen Eingang, denn das Memelland und das sogenannte Kleinlitauen bzw. Preußisch Litauen verbanden ja die beiden benachbarten Gebiete. Und im Osten Litauens, im sogenannten Wilnagebiet, überwog noch vor 60 Jahren das polnische Element, das seine ethnischen Spuren auch in der Kochkunst hinterließ. Wer also heute von Vilnius über Kaunas nach Kaliningrad reist oder umgekehrt, wird überall fast dasselbe vorgesetzt bekommen. Oft gleichen sich sogar die Namen der Speisen, wie zum Beispiel *blynas – blini* (блин) für kleine, flache Pfannkuchen.

Beliebt zu jeder Tageszeit sind die zahllosen leckeren Vorspeisen, die die Litauer *ūžkandis*, die Russen *sakuska* (закуска) nennen. Zu Schwarzbrot, Graubrot oder warmen Blinis werden Räucherlachs, gebeizter Stör, Kaviar (roter Keta oder schwarzer Beluga), marinierte Steinpilze, Gänseleber, Salzgurke, gebratenes Fleisch oder Geflügel usw. gereicht. Bei den Russen sollte man einen *piroschok* (пирожок) probieren, eine winzige Pastete (ähnlich einer Pirogge), gefüllt mit vollendet gewürzter Farce. Dazu trinkt man Wodka, russischen oder litauischen.

Auf das Hauptgericht könnte man verzichten, denn geschmacklich vermag es selten mit den Vorspeisen zu konkurrieren. Im Königsberger Gebiet sollte man zuvor noch eine der köstlichen Suppen probieren, vielleicht die *schtschi* (щи), die berühmte Weißkohlsuppe aus kräftiger Bouillon mit Fleischeinlage, mit Gewürzen und Kräutern pikant abgeschmeckt und schließlich mit ein oder zwei Löffeln dicker saurer Sahne, jener unvergleichlichen *smetana* (сметана), übergossen. Enthält die Schtschi noch rote Rüben, so haben wir es mit der weltbekannten *borschtsch* (борщ) zu tun. Zu den kalten, im Sommer sehr geschätzten Suppenköstlichkeiten zählen die *botwinja* (ботвинья) und die *okroschka* (окрошка). Ein wonniges Gemisch, das viel Fleisch oder Fisch, auch Geflügel, immer aber Salzgurke, Zwiebeln und saure Sahne enthält, ist die *soljanka* (солянка).

Als Getränk empfiehlt sich in **Litauen** einheimisches oder ausländisches Bier *(alus)*, wobei das in Litauen gebraute helle oder auch dunkle Bier ganz vorzüglich mundet. Wein *(vynas)* wird aus der Ukraine oder aus westlichen Ländern importiert; Sekt *(šampanas)*, zumeist Krimsekt, kommt ebenfalls aus der Ukraine. Wodka *(vodka)* brennen die Litauer in eigener Regie aus bestem Weizen. Aus Litauen kommen sogar die bekanntesten russischen Wodkamarken, wie ›Moskowskaja‹ und ›Stolitschnaja‹, die in Kaunas in Lizenz gebrannt werden. Ansonsten trinkt man ›limonadas‹ oder Coca Cola und nach dem Essen meistens Tee *(arbata)* oder lieber noch Kaffee *(kava)*.

Im **Königsberger Gebiet** trinkt man einheimisches oder Importbier. Zum Essen wie als Arznei bei Verdauungsbeschwer-

Speisekarten sind in Litauen – ausgenommen in den Restaurants der internationalen Hotels – fast ausschließlich in litauischer Sprache abgefaßt, gelegentlich führen sie auch die russischen Speisebezeichnungen in kyrillischer Schrift. So hilft es sicher, wenn man wenigstens ein paar Gerichte kennt, zum Beispiel:

blynai su mėsa	Kleine Pfannkuchen mit Fleisch
blynai su varške	Kleine Pfannkuchen mit Quark
blynai su ikrais	Kleine Pfannkuchen mit Kaviar
blynai su bananais	Kleine Pfannkuchen mit gebackener Banane
cepelinai	Kartoffelpüree mit Hackfleischfüllung
karbonada	Kotelett
kepsnys	Braten
Kijevo kotletas	Hühnchen Kiew
kotletas	Kotelett
kugelis	Kartoffelpuffer mit Räucherspeck
suktinis	Roulade mit Käsefüllung
vištiena	Huhn
žuvis tešloje	Panierter Fisch

In der Kaliningrader Oblast wird die Auswahl der Gerichte aus der in Kyrillisch geschriebenen Speisekarte noch schwieriger. Hier einige Beispiele:

говядина (gowjadina)	Rindfleisch
свинйна (swinjina)	Schweinefleisch
жаренье (scharenje)	Braten
пирожка (piroschka)	Kleine Pastete
пельмени (pelmeni)	Teigklößchen mit Fleischfüllung
курица (kuriza)	Huhn
яичница (jaitschniza)	Rührei
рыба (ryba)	Fisch

den und ähnlichen ›touristischen‹ Problemen hilft auch hier ein original russischer bzw. litauischer Wodka (водка): ›Moskowskaja‹ (40 %), ›Stolitschnaja‹ (40 %), ›Sibirskaja‹ (42 %), ›Krepkaja‹ (56 %). Wodka wird stets in Mengen von 50 oder 100 ccm ausgeschenkt, man trinkt ihn also gewissermaßen aus Wassergläsern!

Auch hier werden als Getränke Limonade, Mineralwasser oder Cola, Kaffee bzw. am liebsten Tee (tschaj, Han) bevorzugt. »Wenn du ein gutes Weib hast«, sagen die Russen, »einen Borschtsch und einen kräftigen Tee, kannst du mit deinem Leben zufrieden sein.« *Kwas* (квас), jenes uralte russische Nationalgetränk aus vergorenem Schwarzbrot, trinkt man in Rußland immer weniger, statt dessen Cola oder Bier. Daher tragen die zweirädrigen gelben

Tankwagen, die hier und da auch in Kaliningrad am Straßenrand stehen, nur noch selten die Aufschrift »квас« (kwas), sondern »пиво« (piwo, Bier). Sollten Sie noch einen Kwas-Wagen entdecken, probieren Sie unbedingt das leichte, herbe, köstlich erfrischende Getränk. Während an heißen Sommertagen die Russen ihren Kwas gleich kannenweise holen, wird man Ihnen sicher gern ein Glas leihen.

Von den wenigen im Lande verbliebenen Deutschen haben die Russen einige leckere Gerichte und süffige Getränke übernommen, allesamt uralte ostpreußische Spezialitäten, wie den *Beetenbartsch,* einen deftigen Rote-Bete-Eintopf, die *Königsberger Klopse,* das *Gänse-Weißsauer,* den *Spickhecht* und den *Schmandhering,* die *Balbäuschen* und die *Schabbelbohnen mit Schmand,* die *Geelerkes* (Pfifferlinge in saurer Sahne), schließlich die süßen Sachen wie *Glumskuchen* (Quarkplinsen) und *Kirschenmichel* (Kirschauflauf) und vieles andere. Und auch die alten ostpreußischen Getränke tauchen hier und da wieder auf, denn nur allzu gern sind die russischen Neubürger bereit, von den ostpreußischen ›Heimwehtouristen‹ zu lernen, zumindest was die Alkoholika betrifft. Da ist zum Beispiel der berühmte *Bärenfang,* der *Rußer Milchpunsch,* der *Nikolaschka* aus Cognac mit gezuckerter Zitronenscheibe, der *Pillkaller Reiterschnaps,* bei dem eine mit Mostrich (Senf) bestrichene Scheibe geräucherter Leberwurst ein Glas Korn bedeckt, das nach Genuß der ersteren verdauungsfördernd geleert wird.

Restaurants

Natürlich kann das folgende Restaurantverzeichnis keinen Anspruch auf Vollständigkeit erheben. Die Restaurants sind alphabetisch geordnet und nicht nach Qualitätsstufen, für die sich der Autor ohnehin nicht verbürgen kann, denn allzuoft wechseln Inhaber und Personal der Restaurants. Die Preise entsprechen mitteleuropäischen Verhältnissen.

Vilnius

Geležinis Vilkas, Lukiškių g. 3
Golden Dragon, Aguonų g. 11, 12–22 Uhr, chin. Spezialitäten
Idabasar, Subačiaus g. 3, 12–1 Uhr, deutsche Spezialitäten
Juoda-Raudona, Gedimino pr. 14
Juodasis riteris, Pilies g. 16
Karolina hotel Chinese place, Sausio 13-osios g. 2, 12–22 Uhr, chin. Spezialitäten
Lietuvos Jeruzalė, Pylimo g. 4, koschere Küche
Literatų Svetainė, Gedimino pr. 1
Lokys, Stiklių g. 8/10, litauische Küche
Markus ir Ko, Žydų g. 4a, 12–24 Uhr, irische Spezialitäten
Medininkai, Aušros vartų 8, litauische Küche
Metų Laikai, Nemenčinės pl. 4
Neringa, Gedimino pr. 23, litauische Küche
Nigaila, Aušros vartų 11
Olimpija, Vrublevskio g. 6, 10–23 Uhr, chin. Spezialitäten
Paukščių takas, Fernsehturm, Sausio 13-osios g. 10

Pilies Menė, Pilies g. 8, Blini-Spezialitäten
Ponių Laimė (Ladies' Happiness), Gedimino pr. 31
Ritos Slėptuvė, Goštauto g. 8, 10–2 Uhr, amerik. Spezialitäten
The Twins O'Brien, Vokiečių g. 8, irische Spezialitäten
Trys Draugai Steakhouse, Pilies g. 25, 12–24 Uhr, amerik. Spezialitäten
Turistas, Ukmergės g. 14
Žurnalistika, Vilniaus g.

Trakai
Kibininė, Karaimų g. 65, karäische Spezialitäten

Kaunas
Atlantas, Savanorių pr. 192
Eliza, Vilniaus g. 30, franz. Spezialitäten
Gildija, Rotušės a. 2
Kaukas, Šimkaus al. 2
Margiris, Gustaičio g. 6
Metropolis, Laisvės al. 68
Minhotel, Kuzmos g. 8
Neris, Donelaičio g. 27
Pasimatymas, Krėvės pr. 57
Sandija, Jonavos g. 47
Sandra, Savanorių pr. 214
Tulpė, Laisvės al. 47

Klaipėda (Memel)
Antika, Liepų g. 12, Café-Restaurant
Astra, Pilies g. 14
Juoda-Balta, H. Manto g. 15
Klaipėda, Naujoji sodo g. 1
Linas Baras, Naujoji sodo g. 3
Luiza, Puodžių 4
Luja, H. Manto g. 20
Meridianas (Schiffsrestaurant), Danės krantinė
Prūsija, Šimkaus g. 6
Trio, Vilties g. 12
Vaiva, H. Manto g. 11, Fischspezialitäten
Vokiečių Baras, S. Daukanto g. 24, deutsche Spezialitäten
Vyturys, Laukininkų g. 13
Žilinskas, Kurpių g. 1

Palanga
Alovė, Vytauto g. 123
Du Broliai, Daukanto g. 15
Eglė Žalčių Karalienė, Basanavičiaus g. 6
Studija, Gintaro g. 33

Nida (Nidden)
Aitra, Naglių g. 29
Ešerinė, Naglių g. 2
Peteris, Taikos g. 13
Rasyte, Lotmiškio g. 11
Seklyčia, Lotmiškio g. 11
Užuovėja, Skruzdynės g. 1
Vilnelė, Pajurio g. 12
Vyturys, Kuverto g. 15

Juodkrantė (Schwarzort)
Baras, Liudviko Rėzos g. 42
Meškos Galva, Kalno g. 3
Naglis, Liudviko Rėzos g. 6

Kaliningrad (Königsberg)
Atlantika, Leninskij pr. 44
Bar Italy, Leninskij pr. 27, ital. Spezialitäten
Belarus, ul. Schitomirskaja 14
Casino Universal, Mira pr. 43
Elma, ul. Chmelnizkowo 61a, Musik-Café im Keller der Philharmonie (Krypta der früheren Kirche der hl. Familie)
Olsztyn, ul. Olschtynskaja 1
Rus, ul. Tschernjachowskowo 78
Valencia, Pobedy pr. 1, span. Spezialitäten

Swetlogorsk (Rauschen)
Alina, ul. Oktobrskaja 12
Bierbar, ul. Oktobrskaja
Jantar, Kaliningradskij pr. (am Bahnhof Swetlogorsk II)

Lahmer Gaul, ul. Oktobrskaja
Rauschen, Nowaja ul. 2
Seestern, Promenade, ostpreußische Spezialitäten
U lukomorija, ul. Oktobrskaja 14

Museen/Gedenkstätten

Vilnius
Bastion (Artilerijos bastėja), Bokšto g. 20/18, Mi–So 11–18 Uhr
Burgmuseum (Vilniaus pilies muziejus), Gedimino kal., Mi–So 11–18 Uhr
Fernsehturm, Sausio 13-osios g. 10, täglich 10–20 Uhr; geschl. am 1. Mo jeden Monats
Gemäldegalerie der Stadt Vilnius (Vilniaus paveikslų galerija), Didžioji g. 4, Di–So 12–18 Uhr
Genozid-Gedenkstätte Paneriai (Panerių muziejus), Agrastų g. 17, Mi–Mo 11–18 Uhr
Jüdisches Museum (Žydų muziejus und Lietuvos valstybinis žydų muziejus), Pylimo g. 6 bzw. Pamėnkalnio, So–Fr 10–17 Uhr
KGB-Museum, Aukų g. 4, Mo–Fr 10–13, 14–17 Uhr; Sa und So 11–17 Uhr
Historisch-Ethnographisches Museum, Neues Arsenal (Lietuvos istorijos ir etnografijos muziejus), T. Vrublevskio g. 1, Mi–So 11–18 Uhr
Litauisches Kunstmuseum (Lietuvos dailės muziejus), Didžioji g. 31, Di–So 12–18 Uhr
Mickevičius-Gedenkstätte, Bernardinų g. 11, Fr 14–18 Uhr, Sa 10–14 Uhr
Museum für Angewandte Kunst, Altes Arsenal (Taikomosios dailės muziejus), Arsenalo g. 3, Di–So 12–18 Uhr
Nationalgalerie (Nacionalinė galerija), Studentų g. 8, Di–So 12–18 Uhr
Puschkin-Gedenkstätte, Subačiaus g. 124, Mi–So 11–18 Uhr
Radvila-Palast (Radvilų rūmai), Vilniaus g. 22, Di–So 12–18 Uhr
Zentrum für moderne Kunst (Vilniaus šiuolaikinio meno centras), Vokiečių g. 2, Di–So 12–18 Uhr

Trakai
Historisches Museum in der Burg, Di–So 12–18 Uhr

Kaunas
Čiurlionis-Kunstgalerie (M. K. Čiurlionio dailės muziejus), V. Putvinskio g. 55, Di–So 12–18 Uhr; geschl. am letzten Di jeden Monats.
Gemäldegalerie (Paveikslų galerija), K. Donelaičio g. 16, Di–So 12–18 Uhr
Keramikmuseum (Keramikos muziejus), Rotušės a. 15, So–Fr 14–19 Uhr
Maironis-Museum der litauischen Literatur (Maironio lietuvių literatūros muziejus), Rotušės a. 13, Mi–So 10–17.30 Uhr
Militärmuseum Vytautas der Große (Vytauto Didžiojo Karo muziejus), K. Donelaičio g. 64, Mi–So 11–17 Uhr, geschl. am letzten Do jeden Monats
Museum der Medizin und Pharmazie, Rotušės a. 28, Mi–So 11–17 Uhr
Museum der Volksmusik (Liaudies muzikos ir instrumentų muziejus), Kurpių g. 12, Mi–So 11–18 Uhr
IX. Fort (Fašizmo aukų muziejus IX-forte), Žemaičių pl. 73, Di–So 10–18 Uhr

Postmuseum (Ryšių muziejus), Rotušės a. 18, Mi–So 10–18 Uhr
Synagoge (Sinagoga), Ožeškienės g. 17, So–Fr 18–19 Uhr, Sa 9.30–12.30 Uhr
Teufelsmuseum (›Velnių muziejus‹, A.-Žmuidzinavičius-Sammlung), V. Putvinskio g. 64, Di–So 11–17 Uhr; geschl. am letzten Di jeden Monats
Žilinska-Kunstgalerie (M. Žilinsko dailės galerija), Nepriklausomybės a. 12, Di–So 12–18 Uhr; geschl. am letzten Di jeden Monats
Zoo (Zoologijos sodas), Radvilėnų pl. 21, tägl. 10–20 Uhr
Zoologisches Museum (T. Ivanausko zoologijos muziejus), Laisvės al. 106, Di–So 12–18 Uhr

Rumšiškės
Freilichtmuseum (Lietuvos etnografijos muziejus), Mi–So 11–19 Uhr, nur im Sommer

Klaipėda (Memel)
Ausstellungssaal (Dailės parodų rūmai), Aukštoji g. 3, Mi–So 11–19 Uhr
Gemäldegalerie (Paveikslų galerija), Liepų g. 33, Mi–So 12–19 Uhr
Kleinlitauen-Museum (Mažosios Lietuvos istorijos muziejus), Didžioji vandens g. 6, Mi–So 11–19 Uhr
Meeresmuseum und Aquarium (Jūros kultūros centras ›Jūrų Lietuva‹), Smiltynės g. 3 (Süderspitze), Di–So 14–19 Uhr
Schmiedemuseum Kleinlitauens (Mažosios Lietuvos kalvystės muziejus), Šaltkalvių g. 2, Mi–So 11–19 Uhr
Uhrenmuseum (Laikrodžių muziejus), Liepų g. 12, Di–So 12–17.30 Uhr

Palanga
Bernsteinmuseum (Gintaro muziejus), Vytauto g. 17, im Botanischen Garten, Di–So 11–22 Uhr
Historisch-Ethnographisches Museum (Istorijos ir etnografijos muziejus), Vytauto g. 23a, Di–So 11–17 Uhr

Nida (Nidden)
Historisches Fischerhaus (Ethnographisches Museum), Naglių g. 4, Mi–So 11–17 Uhr
Thomas-Mann-Haus, Skruzdynės g. 17, Di–So 10–17 Uhr

Kaliningrad (Königsberg)
Bernsteinmuseum (Музей янтаря), pl. Marschala Wasiljewskowo 1, im Dohnaturm, Di–So 10–18 Uhr
Bunkermuseum (Блиндаж), ul. Universitetskaja, tägl. 10–18 Uhr
Museum für Geschichte und Kunst (ehem. Stadthalle), ul. Klinitscheskaja 21, Di–So 10–18 Uhr
Museum der Weltmeere (Музей мирового океана), nab. Bagramjana 1, Di–So 10–18 Uhr
Staatliche Kunstgalerie (Художественная галерея), Moskowskij pr. 60/62, tägl. 11–19 Uhr
Zoo (Зоопаркц), pr. Mira 12, tägl. 9–16.30 Uhr

Nationalparks

Litauen besitzt fünf Nationalparks (s. u.), die alle überaus sehens- und besuchenswert sind. Wer wenig Zeit hat, sollte zumindest durch den Aukštaitija-Park fahren, den ältesten und größten Nationalpark des Landes. Nach Trakai und auf die

Kurische Nehrung kommt man wohl ohnehin.

Die *Kaliningrader Oblast* hat bislang noch keinen offiziellen Nationalpark, hier darf man das ganze Gebiet als Nationalpark ansehen – als eine völlig sich selbst überlassene Naturlandschaft.

Aukštaitija-Nationalpark
Direktion: 4740 Palušė
✆ 82 29/5 28 91

Džukija-Nationalpark
Direktion: 4670 Marcinkonys, Miškininkų 62
✆ 82 60/4 47 36, 4 46 41

Kuršių Nerija-Nationalpark
Direktion: 5870 Nida (Nidden), Taikos g. 13
✆ 82 59/5 22 34

Trakai-Nationalpark
Direktion: 4050 Trakai, Vytauto g. 22
✆ 82 38/5 13 75

Žemaitija-Nationalpark
Direktion: 5640 Plateliai, Didžioji g. 10
✆ 82 18/4 83 43, 4 83 37

Urlaubsaktivitäten

Angeln

Angler, die an einem der unbeschreiblich schönen, fischreichen Seen ihrem Hobby nachgehen wollen, erhalten nähere Informationen bei den Direktionen der litauischen Nationalparks (s. o.) oder beim Verein der Jäger und Fischer, Stiklių g. 6–8, 2001 Vilnius.

Reiten

Im Königsberger Gebiet können Freunde des Trakehnerpferdes Reiterferien buchen, in Majowka (Georgenburg) bei Tschernjachowsk (Insterburg), wo seit 1995 alljährlich im August ein internationales Springturnier (›Volvo-Pokal‹) stattfindet, demnächst aber auch in Jasnaja Poljana (Trakehnen), dem einstigen Zentrum der berühmten Trakehnerzucht.

Wandern

Obwohl es in Litauen und auch im Königsberger Gebiet bisher noch keine Wanderkarten gibt, dürfte wohl kaum eine europäische Zone für wunderschöne und ausgedehnte Wanderungen ähnlich geeignet sein. In Litauen ziehen vor allem die fünf riesigen Nationalparks (s. o.) Wanderfreunde an, im Königsberger Gebiet ist es die unendliche Einsamkeit, die Unberührtheit der Natur, die schon früher als einzigartig empfunden wurde und sich in den letzten fünfzig Jahren durch die in dieser Hinsicht begrüßenswerte Passivität seiner neuen Bewohner noch wesentlich verstärkt hat.

In der Oblast bieten sich vor allem die *Kurische Nehrung* (Kurschskaja kosa), die Elchniederung mit dem *Groß Poppelner Forst* (Polesskij les) und dem *Taweltingker Forst* (Primorskij les) sowie der *Trappöner Forst* (Nemanskij les) für ausgedehnte Wanderungen an. Die bezaubernde Rominter Heide in der Südostecke der Oblast ist zur Zeit noch militärisches Sperrgebiet, das man zwar mit einer Sondergenehmigung betreten darf, was aber in dem Dreiländereck zu Weißrußland und Polen abseits der ohnehin kaum befahrenen Straßen auch dann nicht ganz ungefährlich ist. Wandern kann man auch im *Eichwalder Forst* (Tschernjachowskij les) und im *Kranichbruch-Forst* (Frunsenskij les) bei Tschernjachowsk (Insterburg), in den *Frisching-Forsten* (Oserskij les und Gwardejskij les) um das *Zehlauer Bruch* (Oserskij sapowednik) und schließlich – hier sogar mit Möglichkeiten, Fahrräder zu mieten – von Swetlogorsk (Rauschen) aus in die waldreiche Umgebung bis Salskoje (St. Lorenz) und Krasnotorowka (Heiligenkreuz).

Ausflüge per Schiff
Eine Reise, die man nicht versäumen sollte, ist die vierstündige Fahrt mit dem Tragflächenboot von Kaunas die Memel (Nemunas) hinunter quer über das Kurische Haff nach Nida (Nidden). Die ›Raketa‹-Boote starten in den Monaten Juni bis August täglich von der Prieplauka (Anlegestelle) am Raudondvario pl. 107. An Wochenenden fährt ein Tragflächenboot von Kaunas sogar bis Klaipėda (Memel).

Und wer im Sommer eine lustige Schiffsreise die Memel aufwärts mag, der nehme an einer Ausflugsfahrt vom Kaunasser Meer (Kauno marios) nach Birštonas, Prienai und Alytus, womöglich gar bis Druskininkai teil.

Reise-Informationen von A bis Z

Ärztliche Hilfe

Ärztliche Hilfe erhält jeder ausländische Tourist in *Litauen* bei den niedergelassenen Ärzten und in den zum Teil noch bestehenden, relativ gut ausgestatteten Polikliniken (lit.: poliklinika; russ.: поликлиника, poliklinika). Die Ärzte verstehen Englisch, zum Teil auch Deutsch. Die Behandlung ist bar – bevorzugt in westlicher Währung (US-$ oder DM) – zu bezahlen (s. a. S. 322). Im *Königsberger Gebiet* sind ärztliche Privatpraxen noch relativ wenig verbreitet.

Impfungen sind zur Zeit weder in Litauen noch in der Kaliningradskaja Oblast vorgeschrieben. Gewohnte Medikamente sollte man in entsprechender Menge mit sich führen, sonst sind alle notwendigen Arzneien in den Apotheken (lit.: vaistinė; russ.: аптека, apteka) bzw. in den Polikliniken zu bekommen. Kopfschmerztabletten, Grippemittel usw. führen zum Teil auch die Hotelapotheken.

Botschaften und Konsulate

... in Litauen
Deutsche Botschaft
Sierakausko g. 24/8
2600 Vilnius
✆ 00370-2/65 02 72, 26 36 27, 66 28 92

Österreich und die Schweiz haben bislang noch keine Botschafter mit Litauen ausgetauscht. Bürger dieser beiden Staaten wenden sich daher an die Deutsche Botschaft in Vilnius bzw. an die Litauische Botschaft in Bonn.

... in der Russischen Föderation
Deutsche Botschaft
ul. Mosfilmowskaja 56
Moskau
✆ 0070 96/9 56 10 80

Deutsches Generalkonsulat
ul. Furschtadtskaja 39
St. Petersburg
✆ 0078 12/2 73-55 98, -57 31, -59 37

Österreichische Botschaft
Starokonjuschennyj per. 1
Moskau
✆ 0070 96/2 01-73 07, -79 40

Schweizerische Botschaft
Stopani per. 2–5
Moskau
✆ 0070 96/9 25 53 22

... Litauens in Deutschland
Botschaft der Republik Litauen
Argelanderstr. 108a
53115 Bonn
✆ 02 28/91 49 10

... Rußlands in Deutschland, Österreich und der Schweiz
Botschaft der Russischen Föderation
Waldstr. 42
53177 Bonn
✆ 02 28/31 20-75, -83, -89

Visastelle der Außenstelle Berlin der Botschaft der Russischen Föderation
Reichensteiner Weg 34–36
14195 Berlin
✆ 0 30/8 32 70 04

Generalkonsulat der Russischen Föderation
Am Feenteich 20
22085 Hamburg
✆ 0 40/2 27 63 80

Generalkonsulat der Russischen Föderation
Kickerlingsberg 18
04105 Leipzig
✆ 03 41/5 18 76

Generalkonsulat der Russischen Föderation
Seidlstr. 28
80335 München
✆ 0 89/59 25-28, -03

Generalkonsulat der Russischen Föderation
Thünenstr. 3
18057 Rostock
✆ 03 81/4 92 27 42

Botschaft der Russischen Föderation
Reisnerstr. 45–47
1030 Wien
✆ 01/7 12 32 33

Generalkonsulat der Russischen Föderation
Bürglsteinstr. 2
5020 Salzburg
✆ 06 62/2 41 84

Botschaft der Russischen Föderation
Brunnadernstr. 53
3006 Bern
✆ 0 31/3 52 05 67

Generalkonsulat der Russischen Föderation

24, rue Schaub
1202 Genève
✆ 0 22/7 34 79 55

Einkauf und Souvenirs

Sowohl in Litauen als auch im Königsberger Gebiet gibt es für Litas bzw. Rubel nahezu alles zu kaufen, wonach man begehrt. Dagegen bevorzugen Hotelangestellte, Taxifahrer und manche Souvenirhändler die Westwährungen DM und US-$. Österreichische Schillinge und Schweizer Franken sind noch zu wenig bekannt und werden daher nicht immer akzeptiert.

Ein relativ preiswertes Mitbringsel aus Litauen wie aus dem Königsberger Gebiet ist Bernsteinschmuck: Ringe, Broschen, Armreifen und Ketten aus dem schönen fossilen Harz, von weißlich gelb bis bläulich schwarz, mit oder ohne eingeschlossenen Pflanzen oder gar Insekten. Je nach Materialbeschaffenheit und Verarbeitung zahlt man für Bernsteinschmuck Litas oder Rubel im Wert von wenigen bis etlichen tausend DM. Gute Juweliere akzeptieren Kreditkarten. Straßenhändler bieten oft Preßbernstein an, den man vor allem an seinem gleichmäßigen Aussehen erkennt.

Holzschnitzarbeiten sind in **Litauen** sehr beliebt. Nicht nur Touristen interessieren sich für die kunstvollen Arbeiten, jeder Litauer schmückt mit ihnen sein Heim und verwendet sie oft sogar im Haushalt. In kleinen Kruzifixen oder Teufelchen, Hexen oder Elchen, Kochlöffeln oder Spinnrocken, Schatullen oder Kurenwimpeln offenbart sich die unerschöpfliche Phantasie der Volkskünstler. Auch Musikinstrumente der litauischen Folklore, wie Schalmei *(Skudučiai)*, Hirtenflöte *(Birbynės)* und Zither *(Kanklės)*, sind beliebte Souvenirs aus dem Land der unendlichen Wälder.

Bezaubernd sind die farbenfrohen Nationaltrachten, mit denen sich die Litauer zu Gesang, Tanz und Musik und nicht selten auch bei Familienfesten kleiden. Mit traditionellen Ornamenten und Symbolen bestickte Blusen und Röcke, prächtig gewebte Gürtelbänder *(justos)*, kesse Kappen und Hauben sind reizvolle Andenken an Litauen. Auch mit Stikkereien versehene Tischtücher, Decken, Handtücher, Servietten aus dem berühmten litauischen Leinen, aus Schafwolle gestrickte Pullover, Jacken, Mützen, Handschuhe und Stolas werden gern gekauft.

Gehämmertes und gepreßtes Leder, Korbarbeiten und Strohgeflechte, erlesene Kunstschmiede- und Metallgußarbeiten, vor allem aber Keramik in traditionellen und modernen Formen und Farben machen die schöne Auswahl zur Qual. Von besonders ansprechender Formgebung ist die wiederentdeckte schwarze Keramik.

Schließlich beeindrucken die Werke der volkstümlichen litauischen Graphik: ein- und mehrfarbige Holz- und Scherenschnitte mit märchenhaften Motiven. An vorchristliche Zeiten erinnern die reizvoll bemalten

Ostereier *(margučiai)* und die merkwürdig gebundenen Weidenbäume (*verbos,* Palmsonntagsblumen), beides Symbole der Fruchtbarkeit und des Naturerwachens.

In Pilaitė, Salotė, Sudervė und anderen Dörfern im Osten Litauens werden die über meterhohen ›Weidenbäume‹ aus Getreideähren, gefärbten Ziergräsern und getrockneten Feldblumen geflochten und mit farbenfrohen Bändern geschmückt.

Im **Königsberger Gebiet** konnte sich bei der jungen, aus sehr vielen sowjetischen Republiken zusammengewürfelten Bevölkerung noch keine nennenswerte Volkskunsttradition entwickeln. Hier gibt es bislang nur Bernsteinschmuck und originalen Wodka im Angebot, beides dafür aber edle Mitbringsel. Den Bernstein bearbeiten zum Teil noch deutschstämmige Königsberger Schleifer, und die berühmten russischen Wodkamarken »Moskowskaja« und »Stolitschnaja« werden in Königsberg bzw. in Litauen gebrannt.

Weitere Souvenirs gibt es in der Kaliningrader Oblast noch kaum, wenn man von den ›Importen‹ aus dem russischen Kernland, wie den *Matrjoschkas,* den berühmten ›Puppen in der Puppe‹ aus Sergijew Possad oder Chotjkowo, den schwarz-rot-gold bemalten Holzschalen und -löffeln, Holztabletts und -bechern aus Chochloma, den traditionsreichen, kostbaren Lackminiaturen aus Palech und Fedoskino absieht, die exklusiv in vielen Hotel-Shops angeboten werden.

Einladungen und Geschenke

Touristen kommen selten in den Genuß, von einer litauischen oder russischen Familie eingeladen zu werden, da die Aufenthaltsdauer meistens zu kurz ist, um nähere Kontakte knüpfen zu können. Erreicht Sie dennoch eine Einladung, so folgen Sie ihr in zwangloser Garderobe. Der Dame des Hauses überreichen Sie Blumen, am besten Rosen. Blumen sind das Lieblingspräsent der Russen, von denen es die Litauer übernommen haben. Nirgendwo sieht man so viele Blumenstände, so viele Menschen mit einem Blumenstrauß in der Hand wie in Rußland, also auch in Kaliningrad und in Vilnius. Außer Blumen dürfen Sie der Dame, niemals dem Herrn, eine Flasche Wein überreichen. Dem Hausherrn gebührt eine Flasche Wodka oder eine Flasche »Konjakas« (lit.) bzw. »коньяк« (russ.).

Aus den Medien wissen wir, daß es den Litauern und besonders den Bewohnern des Königsberger Gebietes wie fast allen Menschen in den Republiken der ehemaligen Sowjetunion wirtschaftlich nicht gerade gut geht. Überhaupt wird sich daher jeder, mit dem Sie in näheren Kontakt kommen, über kleine, praktische Geschenke freuen; beliebt sind Strumpfhosen, Kosmetik- und Hygieneartikel oder Kaffee, Tee, Zigaretten, Schokolade und Bonbons, Kaugummis, Kugelschreiber, Filzstifte, Taschenrechner usw. Aber schenken Sie bitte möglichst keine getragenen Sachen.

Feiertage

Litauen
1. Januar: Neujahrsfest; 16. Februar: Unabhängigkeitstag (1918); 11. März: Wiederherstellung der Unabhängigkeit Litauens (1990); Karfreitag und Ostersonntag; 1. Mai: Tag der Arbeit; 6. Juli: Krönung des Mindaugas zum König von Litauen (1253); 23. September: Gedenktag des jüdischen Genozids; 1. November: Allerheiligen; 25. und 26. Dezember: Weihnachten

Königsberger Gebiet
1. Januar: Neujahrsfest; 7. Januar: orthodoxes Weihnachtsfest; 8. März: Internationaler Frauentag; Ostern; 1. Mai: Tag der Arbeit; 2. Mai: Frühlingsfest; 9. Mai: Tag des Sieges (Ende des Zweiten Weltkrieges); 12. Juni: Tag der Unabhängigkeit (Austritt Rußlands aus der UdSSR, 1991); letzter Sonntag im Juli: Tag der Marine; 7. und 8. November: Gedenktage für die Opfer des Stalinismus (früher: Jahrestag der Großen Sozialistischen Oktoberrevolution)

Fotografieren und Filmen

Grundsätzlich können Sie alles fotografieren, was Sie sehen, nur keine militärischen Anlagen. In Museen und Kirchen ist Fotografieren und Filmen im allgemeinen erlaubt, doch meist nur ohne Stativ und Blitzlicht. Filmmaterial nehmen Sie am besten in ausreichender Menge mit, denn nicht immer erhalten Sie in Litauen wie in der Kalingrader Oblast das von Ihnen bevorzugte Filmfabrikat.

Geld und Geldwechsel

Die **litauische Währung** ist seit 1993 der Litas (lit), der aus 100 Centas (ct) besteht, sich recht beständig an den US-$ klammert und daher weitgehend seine Parität behält: 1 US-$ = 3,90 Litas und entsprechend etwa 1 DM = 2,25 Litas. Es gibt Banknoten zu 1, 2, 5, 10, 20, 50 und 100 Litas. Wechseln sollte man nur in der Bank oder in den offiziellen Wechselstuben *(valiutos keitykla)*, die Sie in den Hotels und in vielen Geschäften finden. Geldwechsel auf der Straße ist verboten und zudem gefährlich, außerdem ist der Kurs nicht günstiger. Reiseschecks (American Express, Diners Club, Eurocard usw. in DM oder US-$), nimmt jede Bank entgegen. Mit den gängigen Kreditkarten (American Express, Diners Club, Eurocard, VISA usw.) kann man in den meisten Geschäften einkaufen sowie Restaurant-, Hotel- und Mietwagenrechnungen begleichen.

Die **russische Währung** ist seit eh und je der Rubel, nur ist er heute nicht mehr viel wert. 1995 erhielt man für 1 DM 3600 Rubel, und der Kurs rutscht langsam, aber stetig weiter. So führt man ständig einen Packen Scheine bei sich, Scheine zu 100, 200, 500, 1000, 5000, 10 000 und ggf. 50 000 Rubel. Der US-$ wurde Anfang 1996 mit 5000 Rubel bewertet. Als

Fremdwährung werden überwiegend nur DM und US-$ anerkannt. Sogar die Banken lehnen oftmals ab, Österreichische Schillinge oder Schweizer Franken zu wechseln. Reiseschecks (in DM oder US-$) nehmen nur Banken entgegen. Bei Kreditkarten berechnen die Banken saftige Gebühren. Ein Tip: Wechseln Sie jeweils nur einen kleineren Betrag, denn meistens möchten die Geschäftsleute lieber DM oder US-$ als Rubel (5-DM-Scheine und 1-US-$-Scheine sind zweckmäßige und vielseitig verwendbare Zahlungsmittel)

Heilbäder

Die drei bedeutendsten Heilbäder Litauens sind Druskininkai (s. S. 121), Birštonas (s. S. 154) und Likėnai.

Druskininkais Quellen im südlichsten Zipfel Litauens helfen bei Herz- und Kreislaufbeschwerden, bei Nervenschmerzen und Atemwegsverengungen, bei Frauenkrankheiten, bei Stoffwechsel- und Verdauungsstörungen und gegen Verkalkungen des Bewegungsapparats. In *Birštonas,* romantisch inmitten einer Memelschleife gelegen, werden Mineral- und Moorbäder, Inhalationen, Bewegungstherapien und andere Anwendungen gegen Verdauungsstörungen und Nervenleiden empfohlen. *Likėnai,* ein kleiner Kurort im Norden Litauens, bietet Schwefelquellen zur Behandlung von Herz- und Kreislaufbeschwerden, von Nervenleiden und Gelenkkrankheiten.

Kriminalität

Seit der politischen Wende ist in allen ehemaligen Republiken der Sowjetunion, besonders in den Großstädten, die Kriminalitätsrate angestiegen. Wer mit seinen Vermögenswerten nicht allzu leichtsinnig bzw. vertrauensselig umgeht, wird im allgemeinen nichts zu befürchten haben. Noch immer ist die Kriminalität in Vilnius oder in Kaliningrad (Königsberg) bei weitem nicht so stark wie beispielsweise in Hamburg oder in Frankfurt am Main. Teuren Schmuck sollte man jedoch daheim lassen, die Kleidung sei unauffällig, Bargeld verstecke man am Körper (in speziellen Gürteln oder in Brustbeuteln), einsame Grünanlagen meide man bei Dunkelheit.

Lokale Stadtmagazine

In einigen litauischen Städten und neuerdings auch in Königsberg werden spezielle, meist zweisprachige (englisch/deutsch) Informationsbroschüren (manchmal mit Veranstaltungshinweisen) angeboten, erhältlich in Buchhandlungen, Zeitschriftenkiosken und mitunter auch an Hotelrezeptionen, z. B. ›Vilnius ...‹ bzw. ›Klaipėda ...‹ bzw. ›Kaunas ...‹ bzw. ›Königsberg in Your Pocket‹.

Notruf

Polizei ✆ 02
Unfallrettung ✆ 03

Öffentliche Verkehrsmittel

In allen größeren Städten Litauens, in Vilnius, Kaunas, Klaipėda usw., verkehren in ausreichender Folge Autobusse und Trolleybusse (Oberleitungsbusse), in Königsberg auch Straßenbahnen.

Der Fahrzeugpark in Litauen wie in der Kaliningrader Oblast ist allerdings erheblich überaltert und daher störanfällig; zum Teil werden in Deutschland ausgemusterte Fahrzeuge öffentlicher Verkehrsunternehmen eingesetzt. Trotzdem verkehren die Busse bzw. Bahnen im allgemeinen mit angenehmer Pünktlichkeit. Streckenübersichten findet der Reisende in den käuflichen Stadtplänen sowie in den Info-Broschüren ›Vilnius (Kaunas, Klaipėda, Kaliningrad) in Your Pocket‹ (s. a. S. 338).

Öffnungszeiten

Die Öffnungszeiten der Geschäfte, Banken, Postämter usw. ändern sich häufig. Die Geschäfte in Litauen wie im Königsberger Gebiet haben jedoch im allgemeinen von 11 bis 20 Uhr geöffnet, Kaufhäuser und Lebensmittelgeschäfte von 8 bis 21 Uhr. Manche Läden öffnen früher bzw. schließen später, viele sind über Mittag geschlossen. An Sonn- und Feiertagen haben vereinzelt Lebensmittelläden geöffnet.

Bei den Museen sind die Zeiten überwiegend verläßlich und auch meist konstant (s. S. 330f.).

Post

Die meisten größeren Hotels besitzen eigene Postschalter, die während der Frühstückszeit und in den frühen Abendstunden geöffnet sind. Briefmarken bekommt man meistens auch dort, wo Postkarten angeboten werden. Über Postgebühren in Litauen und im Königsberger Gebiet können zur Zeit keine verläßlichen Angaben gemacht werden. Die freundlichen Postangestellten geben gerne Auskunft.

Hier einige zentrale Postämter und Öffnungszeiten. In litauischen Postämtern werden übrigens oft auch ältere Briefmarken, gestempelt und ungestempelt, Grußpostkarten und andere nette Dinge angeboten:

Vilnius, Gedimino pr. 7, Mo–Fr 8–20 Uhr, Sa/So 9–19 Uhr

Kaunas, Laisvės al. 102, tägl. 8–22 Uhr

Klaipėda (Memel), Liepų g. 16, Mo–Fr 9–19, Sa/So 9–17 Uhr

	litauisch	*russisch*
Post	paštas	potschta (почта)
Postamt	paštases	potschtamt (почтамт)
Postkarte	atvirūkas	otkrytka (открытка)
Briefmarke	pašto ženklas	potschtowaja marka (почтовая марка)

Klaipėda (Memel), Aukštoji g. 13 (Senasis paštas = Alte Post), Mo–Sa 10–14 und 15–18 Uhr
Nida (Nidden), Taikos g. 13, Di–Sa 10–13 und 14–18.30 Uhr
Juodkrantė (Schwarzort), Kalno g. 3, Mo–Sa 10–17.30 Uhr
Kaliningrad (Königsberg), ul. Leonowa 22, Mo–Fr 9–18 Uhr, Sa/So 10–18 Uhr

Sprachführer

Die **litauische Sprache** gehört zur indogermanischen Sprachfamilie und innerhalb dieser zur baltischen Sprachgruppe. Das Litauische wird in zwei Dialektformen gesprochen, als Hochlitauisch (Aukschtaitisch) und als Niederlitauisch (Schemaitisch). Ein auffallendes Charakteristikum sind die Wortendungen »as« und »is«, die gern an Personen- oder Ortsnamen angehängt werden, wie »Eduardas« (Eduard) oder »Sovietskas« (Sowjetsk, Tilsit). Besondere Aussprachezeichen bzw. Ausspracheweisen sind č = tsch, ė = gedehntes e, ę = ä, ei = ej, į = gedehntes i, iai = ie, ie = ije, š = sch, ų = betontes u, ū = gedehntes u, ž = j wie Journalist.

Die **russische Sprache** gehört ebenfalls zur indogermanischen Sprachfamilie, aber innerhalb dieser zu den ostslawischen Sprachen. Die russische Schrift leitet sich von der kyrillischen Schrift ab, die aus der griechischen Majuskelschrift hervorgegangen ist. Ihr Name erinnert an den Slawenapostel Kyrillos

Das russische Alphabet

Druckschrift		*Transkription und Aussprache*	*Druckschrift*		*Transkription und Aussprache*
А	а	a	П	п	p
Б	б	b	Р	р	r
В	в	w	С	с	s (wie Slawe), ss
Г	г	g (in den Endungen -ого und -его wie w gesprochen)	Т	т	t
			У	у	u
Д	д	d	Ф	ф	f
Е	е	e, je	Х	х	ch
Ё	ё	jo	Ц	ц	z
Ж	ж	sch (wie Journal)	Ч	ч	tsch
З	з	s (wie Saal)	Ш	ш	sch
И	и	i	Щ	щ	schtsch
Й	й	j	Ы	ы	y (wie ü in dünn)
К	к	k	Ъ	ъ	nicht gesprochen
Л	л	l	Ь	ь	nicht gesprochen
М	м	m	Э	э	e
Н	н	n	Ю	ю	ju
О	о	o	Я	я	ja

(826/27–869). 1917 wurde die russische *Kyrilliza* auf 33 Buchstaben reduziert.

In internationalen Karten wird statt der Transkription der russischen Schriftzeichen oft die wissenschaftliche Transliteration mit diakritischen Zeichen gewählt, z. B. Železnodorošnyi (Schelesnodoroschnyj).

Die wichtigsten Vokabeln

	litauisch	*russisch*
bitte	prasau	poschal(uj)sta (пожалуйста)
danke	aciu	spassibo (спасибо)
Guten Tag	laba diena	sdrawstwujtje (здравствуйте)
Auf Wiedersehen	iki pasimatymo	do swidanija (до свидания)
Entschuldigung!	atsiprasau!	iswinite! (извините!)
	atleiskite!	winowat! (виноват!)
ja	taip	da (да)
nein	ne	njet (нет)
wo	kur	gdje (где)
gut	geras, labas	choroscho (хорошо)
schlecht	blogas	chudoj (худой)
groß	didelis	bolschoj (большой)
klein	mažas	malenkij (маленький)
Straße	gatvė	uliza (улица)
Boulevard	bulvaras	bulwar (бульвар)
Allee	alėja	alleja (аллея)
Platz	aikštė	ploschtschad (площадь)
Zentrum	centras	zentr (центр)
Brücke	tiltas	most (мост)
Kirche	bažnyčia	zerkow (церковь)
Kathedrale	katedra	sobor (собор)
Museum	muziejus	musej (музей)
Haus	namas	dom (дом)
Rathaus	rotušė	ratuscha (ратуша)
Burg, Schloß	pilis	samok (замок)
Eingang	įėjimas	wchod (вход)
Ausgang	išėjimas	wychod (выход)
geöffnet	atidaras	otkryto (открыто)
geschlossen	uždaras	sakryto (закрыто)
Denkmal	paminklas	pamjatnik (памятник)
Markt	turgus	rynok (рынок)
Krankenhaus	ligoninė	bolnitscha (больнича)
Arzt	gydytojas	wratsch, doktor (врач, доктор)
Polizei	policija	polizija (полиция)
Auto	automobiles	awtomobil (автомобиль)
Benzin	benzinas	bensin (бензин)
Werkstatt	autoservissas	masterskaja (мастерская)

Bahnhof	geležzinkelio stotis	woksal (вокзал)
Bushaltestelle	autobuso stotele	ostanowka (остановка)
Post	paštas	potschta (почта)
Flughafen	aeroūostas	aeroport (аеропорт)
Hafen	uostas	port (порт)
Deutschland	Vokietija	Germanija (Германия)
Österreich	Austrija	Awstrija (Австрия)
Schweiz	Šveicarija	Schwejzarija (Швейцария)
Hotel	viešbutis	gostiniza (гостиница)
Restaurant	restoranas	restoran (ресторан)
Bar	baras	bar (бар)
Café	kavine	kafe (кафе)
Toilette	tualetas	tualet (туалет)
Speisekarte	meniu, valgiaraštis	menju (меню)
Tee	arbata	tschaj (чай)
Kaffee	kava	kofe (кофе)
Bier	alus	piwo (пиво)
Wein	vynas	wino (вино)
Suppe	sriuba	sup (суп)
Fleisch	mėsa	mjasso (мясо)
Huhn	vištiena	kuriza (курица)
Fisch	žuvis	ryba (рыба)
Brot	duona	chleb (хлеб)
Butter	sviestas	maslo (масло)
Salz	druska	sol (соль)
Pfeffer	pipirai	perez (перец)
Zucker	cukrus	sachar (сахар)
saure Sahne	grietine	smetana (сметана)
Glas	stiklas	stakan (стакан)
Teller	lėkštė	tarelka (тарелка)
Gabel	šakutė	wilka (вилка)
Löffel	šaukštas	loschka (лошка)
Messer	peilis	nosch (нож)
Serviette	servetėlė	salfetka (салфетка)
Montag	pirmadiensis	ponedelnik (понедельник)
Dienstag	antradiensis	wtornik (вторник)
Mittwoch	trečiadiensis	sreda (среда)
Donnerstag	ketvirtadiensis	tschetwerg (четверг)
Freitag	penktadiensis	pjatniza (пятница)
Samstag	šeštadiensis	subbota (суббота)
Sonntag	sekmadiensis	woskresenje (воскресенье)
1	vienas	odin (один)
2	du	dwa (два)

3	trys	tri (три)
4	keturi	tschetyre (четыре)
5	penki	pjat (пять)
6	šeši	schest (шесть)
7	septyni	sjem (семь)
8	aštuoni	wosjem (восемь)
9	devyni	djewjat (девять)
10	dešimt	djesjat (десять)
100	šimtas	sto (сто)
1000	tukstantis šimtai	tisjatscha (тысяча)

Straßenkarten

Die verläßlichsten und aktuellen Straßenkarten von Litauen und dem Königsberger Gebiet sowie Übersichts- und Detailpläne der wichtigsten Städte gibt der litauische Verlag Briedis (Elch), P.O. Box 12791, Vilnius 2056, heraus. Da gibt es einen Gesamtplan des Baltikums ›Via Baltica‹ (1:1 000 000), eine dreiteilige Straßenkarte von Litauen ›Lietuvos Keliai‹ (1:400 000) und Stadtpläne von Vilnius (1:23000, 1:7000, 1:200000), Kaunas (1:25000, 1:10000, 1:200 000) und Klaipėda (1:15 000, 1:7500) mit Palanga (1:11500), alle in litauischer, deutscher und englischer Sprache. Ebenso erschien im Briedis-Verlag eine Reisekarte ›Nord-Ostpreußen‹ (Kaliningradskaja Oblast, Gebiet Königsberg, Maßstab 1:300000) mit russisch-deutschen Ortsnamen (ohne kyrillische Schreibweise) und mit Hinweiszeichen auf Sehenswürdigkeiten. Sämtliche Karten sind in Litauen, im Königsberger Gebiet und zum Teil auch schon in Deutschland erhältlich. Der Münchner RV-Verlag hat eine Euro-Regionalkarte ›Litauen‹ (mit Königsberger Gebiet [1 : 300 000]) herausgegeben.

Strom

Die Stromspannung in den Hotels beträgt heute fast durchweg 220 Volt. Nehmen Sie für elektrische Geräte mit Schukostecker einen Adapter mit, da die Hotelzimmer überwiegend mit Euro-Steckdosen ausgerüstet sind.

Telefonieren

... in Litauen
Litauen verfügt über das modernste Telefonsystem aller ehemaligen Sowjetrepubliken, denn hier kann man von jedem Hauptanschluß aus jedes Land der Welt erreichen. Noch sind fast alle Ortsgespräche kostenlos. Da die öffentlichen Telefone mitunter außer Betrieb sind, führt man Ortsgespräche zweckmäßigerweise in einem Geschäft oder Lokal; das kostet nur wenige Centas. Öffentliche, ge-

bührenpflichtige Telefone sind mit den alten russischen 15-Kopeken-Münzen zu füttern. Die Münzen oder entsprechende Jetons *(Žetonas)* erhält man für je 3 Centas in den Telefonzentralen. Notfalls hilft auch eine litauische 20-ct-Münze.

Gespräche in andere Orte Litauens oder in das Ausland meldet man am besten in der örtlichen Telefonzentrale (Selbstwählverfahren s. u.) an:
Vilnius, Vilniaus g. 33, durchgehend geöffnet
Kaunas, Laisvės al. 102, tägl. 8–22 Uhr
Klaipėda (Memel), Liepų g. 1, tägl. 8–13, 14–15.30 und 16.30–23 Uhr
Nida (Nidden), Taikos g. 13, tägl. 8–24 Uhr
Juodkrantė (Schwarzort), Kalno g. 3, 9–13 und 16–23 Uhr, Sa/So 9–13 und 16–22 Uhr

Hierzu hinterlegt man am entsprechenden Schalter einen Betrag. Man wählt die gewünschte Nummer und drückt die Taste ›3‹, sobald die Verbindung zustandegekommen ist.

Einige *Ortsnetz-Kennzahlen* (nach Anwählen der ›8‹ ist auf das Wählzeichen zu warten, bevor man weiterwählt):

Vilnius	8-22
Kaunas	8-27
Klaipėda (Memel)	8-26
Neringa	8-2 59
Palanga	8-2 36

Ruft man aus einem anderen baltischen Land oder GUS-Staat an, ist zunächst die Landeskennung 8-012 für Litauen zu wählen, dann die jeweilige Städtevorwahl ohne die erste Ziffer, also z. B. nach Vilnius: 8-012-2 + Teilnehmernummer.

... im Königsberger Gebiet
Um von den öffentlichen Telefonzellen aus sprechen zu können, braucht man jeweils einen Telefon-Jeton, den man fast umsonst an zahlreichen Kiosken bekommt. Sobald die Verbindung zustandegekommen ist, muß man den kleinen Knopf neben der Wählscheibe drücken.

Ferngespräche führt man am besten vom Fernamt aus (in Kaliningrad, ul. Leonowa 22, täglich durchgehend geöffnet, in den Hotels ›Kaliningrad‹ und ›Moskwa‹ täglich 7.30–23 Uhr).

Auch hier einige *Ortsnetz-Kennzahlen* (nach Anwählen der ›8‹ auf Wählton warten, dann erst weiterwählen):

Kaliningrad (Königsberg)	8-02
Baltijsk (Pillau)	8-245
Gwardejsk (Tapiau)	8-2593
Selenogradsk (Cranz)	8-250
Sowjetsk (Tilsit)	8-261
Swetlogorsk (Rauschen)	8-2533
Tschernjachowsk (Insterburg)	8-2413

Bei Telefonaten ins Königsberger Gebiet ebenfalls Landeskennung 8-011 wählen, dann Städtevorwahl ohne die erste Ziffer, also etwa für Sowjetsk: 8-011-61 + Teilnehmernummer.

Um das *Ausland* zu erreichen, ist von Anschlüssen in Litauen und im Königsberger Gebiet zuerst 8-10 zu wählen, dann folgt die Landesvorwahl: Deutschland 49, Österreich 43, Schweiz 41.

Toiletten

Öffentliche Toiletten (lit. tualetas, russ. tualet, туалет) findet man in Litauen wie im Königsberger Gebiet meistens unterirdisch in den städtischen Parkanlagen. Wie bei uns sind sie durch Symbole für Männer und Frauen gekennzeichnet, im Königsberger Gebiet steht manchmal auch ein Ж für Damentoilette und ein M für Herrentoilette. In Litauen ist die Benutzung im allgemeinen gebührenpflichtig: 20 Centas = 9 Pf, dafür sind die Örtlichkeiten aber sauber. Ansonsten sucht man die Toiletten am besten in Cafés, Restaurants, Hotels oder Kulturhäusern, notfalls auch in Bahnhöfen auf. Toilettenpapier sollte man immer bei sich haben.

Trinkgeld

Das Zahlen von Trinkgeldern galt in der Sowjetära als Unsitte des Kapitalismus. Auch heute gewöhnen sich die Litauer und die Russen nur schwer daran, für eine gute Dienstleistung ein zusätzliches Salär anzunehmen. Oft lehnen sie irritiert oder höflich bestimmt ab. Nur in den internationalen Touristenzentren hat sich diese Einstellung seit der Wende geändert. Man handle also behutsam und verständnisvoll, und wenn man gibt, dann unauffällig.

Als Richtschnur für die Höhe des Trinkgeldes gilt das Aufrunden des Rechnungsbetrages um 5 bis höchstens 10 % auf eine glatte Summe; das gilt für die Bedienung in Restaurants und für Taxifahrer. Gepäckträger im Hotel, im Bahnhof oder auf dem Flugplatz erwarten einen 1-US-$-Schein oder den ungefähren Gegenwert in der Landeswährung für jedes Gepäckstück, sofern man nicht in einer Gruppe reist, deren Leitung auch für das Trinkgeld zuständig ist. Einen ähnlichen Betrag hinterläßt man an jedem Morgen für das Stubenmädchen im Hotelzimmer, doch sollte man sich nicht wundern, wenn das Geld unangetastet bleibt. Die Garderobenfrau im Theater, Konzertsaal, Museum, Restaurant freut sich über einen Betrag in Höhe des Gegenwertes von etwa 20 bis 50 Pf. Diese Angaben sind natürlich nur Richtwerte!

Zeit

Die Uhrzeit in Litauen unterscheidet sich von unserer Mitteleuropäischen Zeit (MEZ) um plus 1 Stunde. Litauen kennt ebenfalls die Einrichtung der Sommerzeit.

Die Uhrzeit im Königsberger Gebiet ist mit der litauischen identisch und weicht damit von der Moskauer Zeit um eine Stunde ab. Ist es in Kaliningrad 12 Uhr, zeigen die Uhren in Moskau 13 Uhr. Auch in der Oblast gibt es die Sommerzeit, die wie in Litauen bzw. in Westeuropa beginnt und endet.

Zeitungen

Deutsche Tageszeitungen und Illustrierte sind in jeder größeren Stadt Litauens sowie in den internationalen Hotels zu bekommen. Im Königsberger Gebiet ist das schon schwieriger. Hier wird bislang allein der sehr informative ›Königsberger Expreß‹ angeboten, eine Monatsschrift, herausgegeben und redigiert in Kaliningrad.

Literaturauswahl

Litauen

Alttoa, Kaur u. a.: Kunstdenkmäler Baltische Staaten. Ein Bildhandbuch, Leipzig 1992

Anders, Margarete: Balten in Bayern und Bayern im Baltikum, Pfaffenhofen 1988

Archäologische Schätze aus Litauen. Begleitband zur gleichnamigen Ausstellung 1992/93

Armalas, Vilius: Lietuvių Liaudies Menas. Lithuanian Folk Art, Vilnius 1993

Autorengemeinschaft: The Tears of the Heliads, Moskau 1991

Bajorat, Archibald: Nida – Nidden – Neringa. Erinnerung und Gegenwart, Vilnius 1995

Bajorat, Rutha und Archibald: Baltisches Allegro, Vilnius 1990

Baliulis, Algirdas: Trakų, Miestas ir Pilys, Vilnius 1991

Baumann, Karl: Die Prußen. Ein sympathisches Volk zwischen Weichsel und Memel, Leer 1991

Böckler, Erich (Hg.): Beiträge zur Geschichte der baltischen Kunst, Gießen 1988

Broga, Albertas: Kaunas, Vilnius 1993

Ceitlinas, Jevsejus: Žydų Muziejus. The Jewish Museum, Vilnius 1994

Čerbulėnas, Klementas: Lietuvos Architektūros Istorija II, Vilnius 1994

Daukantas, Simonas: Lietuvių Tautiniai Rūbai. Lithuanian National Costume, Vilnius 1994

Dohrn, Verena: Baltische Reise. Vielvölkerlandschaft des alten Europa, Frankfurt am Main 1994

Dokšas, Žigmantas: Juknaičiai, Vilnius 1986

Drėma, Vladas: Dingęs Vilnius. Lost Vilnius, Vilnius 1991

Ehlermann-Mollenhauer, Maja: Ernst Mollenhauer. Ein Expressionist aus Ostpreußen, Heidelberg 1992

Ezergailis, Andrew (Hg.): Die baltischen Provinzen Rußlands zwischen den Revolutionen von 1905 und 1917, Köln/Wien 1982

Freund, Florian u. a.: Ess firt kejn weg zurik... Geschichte und Lieder des Ghettos von Wilna 1941–1943, Wien 1992

Gibavičius, Rimtautas: Vilniaus Architektūra, Vilnius 1978

Gimbutas, Marija: Die Balten. Volk im Ostseeraum, München/Berlin 1983

Gornig, Gilbert H.: Das Memelland. Gestern und heute. Eine historische und rechtliche Betrachtung, Bonn 1991

Hagen, Valesca: Die russisch-baltische Küche, München ^{4}1982

Haumann, Heiko: Geschichte der Ostjuden, München ^{3}1991

Hein, Ewald: Cymbala. Cyclus in 17 Bildern des Malers Eduardas Jonušas, Ratingen 1995

Hellmann, Manfred: Grundzüge der Geschichte Litauens und des litauischen Volkes, Darmstadt [4]1990

Jähnert, Katrin: Litauisch für Globetrotter, Bielefeld [2]1993

Jarmokienė, V. B.: Kauno Architektūra, Vilnius 1991

Jungfer, Victor: Alt-Litauen. Eine Darstellung von Land und Leuten, Sitten und Gebräuchen, Berlin/Leipzig 1926

Jungfer, Victor: Hinter den Seen, hinter den Wäldern. Bilder litauischen Volkstums, Tübingen [2]1948

Jungfer, Victor: Kulturbilder aus Litauen. Ein Beitrag zur Erkenntnis des litauischen Volkstums, Berlin/Leipzig/Riga 1918

Jungfer, Victor: Litauen – Antlitz eines Volkes, Tübingen [2]1948

Jungfer, Victor: Litauischer Liederschrein. Volkslieder in deutschen Übertragungen und Nachdichtungen, Tübingen [2]1948

Kerbelytė, Bronislava (Hg.): Litauische Volksmärchen, Berlin 1978

Kitkauskas, Napalys: Vilniaus Arkikatedros Požemiai, Vilnius 1994

Landsbergis, Vytautas: M. K. Čiurlionis. Time and Content, Vilnius 1992

Lietuvos istorijos paminklai. Monuments of Lithuanian History, Vilnius 1990

Ludwig, Klemens: Das Baltikum: Estland, Lettland, Litauen, München [3]1992

Maceina, Antanas: Das Volkslied als Ausdruck der Volksseele. Geist und Charakter der litauischen Dainos, in: Jahrbuch des baltischen Forschungsinstituts. Commentationes Balticae II 1954, Bonn 1955

Marcinkas, Feliksas: Juodkrantė mit Raganų Kalnas, Vilnius 1993

Marcinkevičius, Justinas: Vilnius. Ein Bildband, Rostock 1992

Martinaitis, Marcelijus: Senoji Lietuvių Skulptura. Die alte litauische Holzskulptur, Vilnius 1994

Maser, Peter (Hg.): Jüdischer Alltag. Jüdische Feste. Dortmund [3]1989

Minkevičius, Jonas: Lietuvos Architektūros Istorija I, Vilnius 1988

Minkevičius, Jonas: Lietuvos Bažnyčių Menas. The Art of Lithuanian Churches, Vilnius 1993

Nielsen-Stokkeby, Bernd: Baltische Erinnerungen. Estland, Lettland, Litauen zwischen Unterdrückung und Freiheit, Bergisch Gladbach [2]1992

Nimtz-Wendlandt, Wanda: Erzählgut der Kurischen Nehrung, Marburg 1961

Nimtz-Wendlandt, Wanda: Die Nehringer. Volkstum, Brauchtum, Volksglaube auf der Kurischen Nehrung, Marburg 1986

Orabuena, Jose: Groß ist deine Treue (Roman des jüdischen Wilna), München 1961

Ostašenkovas, Aleksandras: Kryžių Kalnas. Berg der Kreuze, Kaunas 1993

Peitsch, Helmut: Rund um das Kurische Haff. Heute von Memel nach Cranz und in die Haffdörfer, Leer 1990

Petrauskas, Feliksas: Druskininkai, Vilnius 1988

Pietsch, Richard: Fischerleben auf der Kurischen Nehrung, Berlin 1983

Ramonienė, D.: Senoji Lietuvos Grafika. XVI.–XIX. Jh., Kaunas o. J.

Range, Jochen D. (Hg.): Märchen aus Litauen, Frankfurt am Main 1995

Rhesa, Ludwig: Dainos oder litauische Volkslieder, Königsberg 1825

Šapoka, A.: Lietuvos Istorija, Kaunas 1989

Schmidt, Alexander: Geschichte des Baltikums. Von den alten Göttern bis zur Gegenwart, München ²1993

Schröter, Klaus: Thomas Mann in Selbstzeugnissen und Bilddokumenten, Reinbek bei Hamburg ²⁶1994

Schulz, Gerhard: Das polnisch-litauische Königreich. Machtverfall und Teilung, München 1995

Šepetys, Lionginas: Mikalojus Konstantinas Čiurlionis, Vilnius 1984

Stanevičius, Antanas: Rätselraten um Ännchen von Tharau, Klaipėda 1992

Stemberger, Günter: Die Juden. Ein historisches Lesebuch, München 1995

Stölting, Erhard: Eine Weltmacht zerbricht. Nationalitäten und Religionen in der UdSSR. Frankfurt am Main ³1991

Stravinskas, Antanas u. a.: Lietuvių Liaudies Menas. Lithuanian Folk Art. Mažoji Architektūra III. Small-scale Architecture, Vilnius 1992

Thienemann, Johannes: Rossitten. Drei Jahrzehnte auf der Kurischen Nehrung, Neudamm 1938

Sutkus, Antanas: Neringa, Vilnius 1994

Uther, Hans-Jörg (Hg.): Märchen aus dem Baltikum, München 1992

Valius, Saulius: Licht. Internationales Symposium in Litauen 1993, Vilnius – Nida, Ratingen 1995

Wichert, Ernst: Litauische Geschichten, Hamburg 1934

Zborowski, Mark/Herzog, Elizabeth: Das Schtetl. Die untergegangene Welt der osteuropäischen Juden, München ³1992

Königsberger Gebiet

Albrecht, Dietmar: Wege nach Sarmatien. Zehn Tage Preußenland. Orte, Texte, Zeichen, Lüneburg 1995

Beer, Karl-Theo: Die Ostseeküste auf alten Ansichtskarten, Herford 1991

Bobrowski, Johannes: Litauische Claviere, Leipzig 1987

Bock, Gisela Reineking von: Bernstein. Das Gold der Ostsee, München 1981

Buxa, Werner: Bilder aus Ostpreußen. Über 500 Fotos vom Leben, wie es damals war, Augsburg 1993

Dobson, Christopher u. a.: Die Versenkung der »Wilhelm Gustloff«, Frankfurt am Main/Berlin 1995

Goodall, D. Machin: Die Pferde mit der Elchschaufel. Das Schicksal der Trakehner, Hamburg [5]1986
Grau, Dieter: Stallupöner Geschichten. Geschichten und Bilder aus dem Land zwischen Trakehnen und Rominten, Husum [2]1993
Grudde, Hertha: Plattdeutsche Volksmärchen aus Ostpreußen, Königsberg 1931, Reprint Hildesheim 1985
Haslinger, Margarete/Wagner, Ruth Maria: Von Beetenbartsch bis Schmandschinken. Rezepte aus der guten ostpreußischen Küche, Leer [5]1989
Helmold von Bosau: Chronik der Slawen, Kettwig [2]1990
Hermanowski, Georg: Ostpreußen in Farbe. Land des Bernsteins. 144 Großfotos, Würzburg [2]1989
Hinze, Christa/Diederichs, Ulf (Hg.): Sagen aus Ostpreußen, Reinbek bei Hamburg 1994
Iwanow, Juri: Von Kaliningrad nach Königsberg. Auf der Suche nach verschollenen Schätzen, Leer 1991
Jäger, Eckhard/Schreiner, Rupert: Das alte Königsberg. Veduten aus 400 Jahren, Regensburg 1987
Jähnig, Bernhart/Spieler, Silke: Das Königsberger Gebiet im Schnittpunkt deutscher Geschichte und in seinen europäischen Bezügen, Bonn 1993
Kakies, Martin (Hg.): Von Memel bis Trakehnen in 144 Bildern, Leer 1968
Kluge, Birgitta (Hg.): Königsberg in alten und neuen Reisebeschreibungen, Düsseldorf 1989
Lachauer, Ulla: Die Brücke von Tilsit, Hamburg 1994
Lachauer, Ulla: Land der vielen Himmel, Berlin 1992
Längin, Bernd G.: Unvergessene Heimat Ostpreußen. Städte, Landschaften und Menschen auf alten Fotos, Augsburg 1995
Lasch, Otto: So fiel Königsberg, Stuttgart/München 1994
Lehndorff, Hans Graf von: Ostpreußisches Tagebuch. Aufzeichnungen eines Arztes aus den Jahren 1945–1947, München [21]1993
Marsch, Angelika: Die Salzburger Emigration in Bildern, Weißenhorn [3]1986
Miegel, Agnes: Gedichte und Prosa, Düsseldorf/Köln 1977
Miegel, Agnes: Wie Bernstein leuchtend auf der Lebenswaage. Gesammelte Balladen, Leer 1994
Miegel, Agnes: Alt-Königsberger Geschichten, München [3]1991
Pohl, Erich: Die Volkssagen Ostpreußens, Königsberg 1943, Reprint Hildesheim 1975
Rautenberg, Carl Ludwig: Das Leben der Königin von Preußen Luise Auguste Wilhelmine Amalie, Mohrungen 1837, Reprint Leer 1977
Reinoß, Herbert (Hg.): Jugendjahre in Ostpreußen, München 1992
Reinoß, Herbert (Hg.): Meine Heimat Ostpreußen. Erinnerungen an ein geliebtes Land, Augsburg 1989
Rothkirch, Malve Gräfin (Hg.): Königin Luise von Preußen. Briefe und Aufzeichnungen 1786–1810, München 1985
Schneidereit, Otto A.: Die Prussen und der Deutsche Orden, Berlin 1994

Schön, Heinz: Flucht über die Ostsee 1944/45 im Bild. Ein Foto-Report über das größte Rettungswerk der Seegeschichte. Stuttgart ^{4}1995

Schumacher, Bruno: Geschichte Ost- und Westpreußens, Augsburg 1994

Sudermann, Hermann: Das Bilderbuch meiner Jugend, Frankfurt am Main 1990

Sudermann, Hermann: Die Reise nach Tilsit und andere litauische Geschichten, München 1989

Tettau, W. J. A. von/Temme, J. D. H.: Die Volkssagen Ostpreußens, Litthauens und Westpreußens, Berlin 1837, Reprint Hildesheim 1974

Waetzoldt, Stephan (Red.): Deutsche Kunst aus dem Osten, Würzburg 1989

Weis, Norbert: Königsberg. Immanuel Kant und seine Stadt, Braunschweig 1993

Welder, Michael: Reise nach Königsberg. Spurensuche von Litauen in das nördliche Ostpreußen, Leer 1990

Welder, Michael: Reise nach Ostpreußen. Spurensuche zwischen Weichsel und Memel, Leer 1992

Weldt, Dietrich: Nord-Ostpreußen damals und heute, Leer 1993

Zimmerling, Dieter: Der Deutsche Ritterorden, Düsseldorf/Wien/New York 1988

Abbildungsnachweis

Archiv für Kunst und Geschichte (AKG), Berlin 24, 28, 41, 42, 43, 45, 46, 49, 53 oben, unten, 54, 55 oben, Mitte, unten, 184, 187, 194, 223, 224, 278, 280, 308

Raimund Bauer, Hamburg 84, 85, 139 oben, 147 oben, unten, 191

Bildarchiv Preußischer Kulturbesitz, Berlin 44

Joachim Blauel/Artothek, Peißenberg 52

Blauel/Gnamm/Artothek, Peißenberg 205

M. K. Čiurlionis State Museum of Art, Kaunas 124

dpa-Bildarchiv, Düsseldorf 33, 34

Ralf Freyer, Freiburg Klappe vorn, hinten, 62/63, 72, 74/75, 77, 81, 164, 165, 174, 182, 196/197, 202, 203, 208, 228/229, 231 oben, 236 oben, unten, 240, 248 oben rechts, unten links, unten rechts, 249 rechts, 265, 272, 283

Christel Gorys, Krefeld Umschlagrückseite unten, 7, 14, 22, 66 oben, unten, 73, 89, 90, 92 links, 94, 96, 98, 105, 108, 125, 149 unten, 155 links, rechts, 177, 178, 181, 186, 190, 192, 193, 204, 214, 216, 235, 241, 248 oben links, 259, 261, 266, 271, 274, 289, 292, 295, 300

Wolfgang Korall, Au in der Hallertau Umschlagrückseite oben, 64, 69, 97, 102, 106,

120, 122, 130, 139 unten, 141, 142, 149 oben, 150, 179, 189, 238, 246, 270, 282, 296, 297, 302, 303

W. Krecichwost/Helga Lade Fotoagentur, Frankfurt a. M. 13

Hans Joachim Kürtz, Heikendorf Titelvignette, 71, 79, 100, 101, 112, 126, 133, 136, 137, 158 unten, 162, 168, 169, 213, 218, 220, 239, 244, 299

Kai Ulrich Müller, Berlin Titelbild, 31, 58, 87, 92 rechts, 103, 116 oben, unten, 131, 134, 140, 153, 175, 201 links, rechts, 217, 232, 237 oben, unten, 249 links, 260, 263

Rymantas Penkauskas, Kaunas 17, 18 oben, unten, 19

Karten und Stadtpläne: Berndtson & Berndtson, Fürstenfeldbruck

Alle übrigen Abbildungen stammen aus den Archiven des Autors und des Verlags.

Register

Personen

Orte

Umschlagvorderseite: Inselburg Trakai
Vordere Umschlaginnenklappe: Kaliningrad (Königsberg), Dom
Vignette: Juodkrantė (Schwarzort), Holzskulptur auf dem Hexenberg
Hintere Umschlaginnenklappe: Vilnius, Peter-und-Paul-Kirche
Umschlagrückseite: Bauernhof bei Prienai; Vilnius, Peter-und-Paul-Kirche, Grundriß; Bronzeskulptur »Fischertöchter« bei Šventoji

Über den Autor: Erhard Gorys, geboren 1926 in Breslau, studierte Kunstgeschichte und Rechtswissenschaften in Göttingen und Cambridge. Zahlreiche Studienreisen führten ihn nach Nordafrika, Vorderasien und Osteuropa. Im DuMont Buchverlag erschienen von ihm die Kunst-Reiseführer »Das Heilige Land«, »Moskau und St. Petersburg« und »Tschechische Republik«.

Die Deutsche Bibliothek – CIP-Einheitsaufnahme

Gorys, Erhard:
Litauen und Königsberg: Stadtkultur und historische Landschaften am Baltischen Meer / Erhard Gorys. –
Köln: DuMont, 1996
(Kunst-Reiseführer)
ISBN 3-7701-2695-5

1. Auflage 1996

Satz und Druck: Rasch, Bramsche
Buchbinderische Verarbeitung: Bramscher Buchbinder Betriebe

Printed in Germany ISBN 3-7701-2695-5